2015年教育部哲学社会科学研究重大课题攻关项目
《社会主义核心价值观与法治文化建设研究》（项目编号:15JZD05）的
阶段性成果之一

“十三五”国家重点出版物出版规划项目

新中国法治发展70年观察丛书

丛书主编 李步云 郭道晖

新中国法治建设70年

蒋传光——著

中国法制出版社
CHINA LEGAL PUBLISHING HOUSE

作者简介

蒋传光，法学博士后，现为上海师范大学法政学院院长、教授、博士生导师，中国法学会理事，中国法律史研究会理事，中国法理学研究会常务理事，中国外国法制史研究会理事，中国儒学与法律文化研究会常务理事，上海市法学会理事，上海市法学会法理法史学研究会副会长，上海市法学会比较法学研究会副会长，上海市法学会法社会学研究会副会长，上海市学位委员会第五届学科评议组成员，上海市领军人才。

主要研究领域和方向为法理学、法社会学、法治文化、中国特色社会主义法治理论体系。出版《中国法律十二讲》《邓小平法制思想概论》《中国特色法治路径的理论探索》《马克思主义法学理论在当代中国的新发展》等著作21部，在《政法论坛》《法学家》《法制与社会发展》《环球法律评论》《法律科学》《马克思主义研究》等刊物发表论文130多篇。承担教育部哲社重大课题攻关项目1项、国家社科项目2项，承担教育部等其他省部级项目10余项。

在中国特色社会主义法学理论体系、中国特色社会主义法治道路、法治文化、我国社会控制模式选择、中国古代法律和宗教的关系等方面进行了研究，发表了一系列研究成果。一些学术研究成果，曾获安徽省社科优秀成果著作二等奖和论文三等奖，中纪委“纪念党的纪律检查机关恢复重建30周年暨反腐倡廉建设理论研讨会优秀论文”奖，上海市社联“纪念新中国成立60周年”理论研讨会优秀论文奖，分别获第二届、第三届“上海市法学优秀成果奖”论文类二等奖、著作类二等奖，上海第十四届社科成果著作一等奖等。

新中国法治发展70年观察丛书

总　序

新中国成立70年以来，在经济、政治、文化、社会、生态等多个方面取得了举世瞩目的成就，在法律制度建设方面也取得了从无到有的进展，在法学研究方面更加关注我国国情和本土问题。这些法律制度为我国的发展提供了坚实的保障，也为我国在新时代推进制度建设和法学研究提供了丰富的经验。在法治建设方面所取得的成就离不开学术界与实务界法律人的共同努力。

党的十八届四中全会作出全面推进依法治国的决定，十九大报告中更提出“全面推进依法治国总目标是建设中国特色社会主义法治体系、建设社会主义法治国家”。推进“法治中国”建设是中国共产党领导中国人民在新时代作出的重要决策，也是马克思主义法学理论中国化的又一重要理论和实践发展。新中国成立70年以来的进程中包含着法治建设的进程，虽然中间有过短暂的挫折，但是总体上还是在向确立依法治国基本方略并进一步推进法治国家建设的方向发展。

我们认为，我国走上依法治国道路的起点是1978年召开的党的十一届三中全会，这次会议公报指出，法律要具有稳定性、连续性和极大的权威，做到“有法可依，有法必依，执法必严，违法必究”，要保证法律面前人人平等。尽管公报没有明确出现“法治”的提法，但这一系列法治原则体现了依法治国、建设法治国家的思想。写于1979年的《论以法治国》（李步云、王德祥、陈春龙）一文，被认为是最早明确提出并系统论述“依法治国”的文章。当时用的是“以法”，但和后来的“依法”有相近的内涵。这篇论文指出中国必须建设法治国家，并从历史背景、理论依据、观念变革、制度保障等方面对实行“以法治国”作了全面而系统的论证。最终，这篇文章以《要实行社会主义法治》为题于1979年12月2日在《光明日报》摘要刊载。20世纪90年代初，作为《法学研究》的主编（李步云）和《中国法学》的主编（郭道晖），我们商量在编审稿件时，凡是涉及谈论以法治或法制作为治国方略的，一律采用水字旁的“治”（即“治理”之“治”，“治”是水字旁，“水可载舟亦可覆舟”，取人民是法治主体之意）。从1994年下半年开始，中央政治局决定每年举办两次法制讲座。当时，中国社会科学院为1995年1月和1996年2月的两次讲座成立了课题组，李步云教授是这两次课题组的成员，司法部决定由中国社会科学院法学所所长王家福代表课题组在中南海作讲解。其中，1996年2月的讲座主题是“关于实行依法治国，建设社会主义法制国家的理论和实践问题”。为了这一主题李步云教授经过半个多月的准备，写成了“依法治国，建设社会主义法治国家”这一讲稿。一个月后，第八届全国人民代表大会第四次会议的一系列重要文件都将“依法治国，建设社会主义法治国家”作为法治建设的总方针和奋斗目标确定下来。经过我们和法学界反复论证，1997年，党的十五大明确将“依法治国”确立为治国方略。1999年，“依法治国”被写入《中华人民共和国宪法》。这也是我们法学界为新中国的建设贡献的一点智慧。

回顾新中国70年法治建设的发展历程，系统展示取得的巨大成就，认真总结背后的宝贵经验，对于我们以后更好地建设法治中国、进一步完善中国特色社会主义国家制度和法律制度，具有重大的理论意义和实践价值。这一想法得到了中国法制出版社的高度认同，应中国法制出版社的邀请，我们筹划组织了《新中国法治发展70年观察丛书》，旨在通过这套书，展示新中国成立70年来法治建设和法学研究的丰硕成果。

这一想法也得到了学界同仁的积极响应。他们中既有李其瑞、蒋传光、穆兴天、贾洛川、李显冬、刘仁文、杨立新、刘作翔等（以分册设置为序）学界名家，也有宋海彬、邱昭继等优秀青年学者。在此特向为本丛书作出贡献的所有专家学者表示衷心的感谢。他们在自己的研究领域做出了受到学界认同的成果，我们相信他们的观察和研究是踏实勤恳的，他们围绕“新中国法治发展70年观察”这个话题所研究的成果是值得参考的。在学者们的共同努力下，我们分别从马克思主义法治理论中国化、新中国法治建设、新中国民族法制建设、新中国监狱制度建设、新中国自然资源法治创新、新中国刑法、新中国民法等几个方面设立了分册，进行专项总结和研究。我们的设想也得到了国家新闻出版署的支持，《新中国法治发展70年观察丛书》被列入了《“十三五”国家重点图书、音像、电子出版物出版规划》。

作为九十岁左右的法律人，我们见证了新中国的诞生和发展，看到了这个国家、这个民族所取得的非凡成就，我们期望以《新中国法治发展70年观察丛书》记录我国走向法治的必然过程，也期待通过这套书展示我国在法学和法治建设方面取得的成就，这也是作为法学学者的我们献给新中国70周年华诞的一份礼物。

李步云　郭道晖

2019年10月

前言 *Preface*

中华人民共和国成立70年来，我国的经济、政治、文化、社会、生态文明、党的建设等各个领域，都取得了巨大的成就。法治建设也是如此。尤其是改革开放40余年来，我国的法治建设取得了历史性进步，并实现了跨越式发展。

中国是有着悠久历史的文明古国，法治文明源远流长，并形成内容丰富、特点鲜明的法律传统，在世界法律文化史上占有重要地位。1840年鸦片战争后，西方法律文化随着西方列强的坚船利炮涌入中国。在民族危机加深，各种社会力量在探索自强救国的过程中，提出了各种改革法律的方案。迫于形势，清朝政府在19世纪末20世纪初进行变法修律活动，开始了中国传统法制向近代法制的转型。这一转型始自清末的预备立宪、法制改革，完成于南京国民政府“六法体系”的确立。

自清末变法修律以后到国民党在大陆统治期间，虽然摈弃了在中国延续两千多年的诸法合体的封建法律制度模式，以日本为媒介，效法西法，完成了中国传统法律的转型，建立了以《六法全书》为基础的法律体系。但由于社会动荡不定，战乱频仍，法治理念和法治秩序始终未能得以有效确立。

1949年10月1日，中华人民共和国成立，从此中国法治建设进入一个新的历史时代。新中国成立70年来，法治建设经历了摧毁与建立（1949年—1957年）、发展与偏离（1957年—1966年）、停滞与毁灭（1966年—1976年）、恢复与发展（1978年—1997年）和法治建设新时期（1997年至今）五个阶段。70年来，既有为创立、开拓和发展社会主义法治而进行的卓有成效的工作，也有一系列失误和十年“文化大革命”的破坏；随着时代的演进，经过不断探索和艰苦努力，法治建设积累了丰富的实践经验，但也留下了深刻的教训。因此，回顾新中国70年来法治建设的发展历程，吸取历史教训，正确总结经验，无疑会为全面落实依法治国方略，建设社会主义法治国家提供有益的借鉴。

新中国法治建设70年，是不断探索中国特色社会主义法治之路的70年。新中国成立初期，在彻底废除国民党政权《六法全书》以后，以马列主义的国家观和法律观为指导，结合中国国情与实际，借鉴苏联模式，与政治、经济制度建设相一致，我国的法治建设在立法、执法、司法等方面取得了初步成就。

在一边倒学习苏联的过程中，在法治建设领域，也存在脱离中国实际的教条主义倾向；在批判资产阶级旧法的同时，也以完全否定的态度对待一切法律及其文化传统，从而对新中国的法治建设产生了消极影响。始自20世纪50年代后期的法律虚无主义倾向，到“文化大革命”时期达到了顶峰。

鉴于历史的教训，特别是“文化大革命”的深刻教训，1978年12月召开的党的十一届三中全会，在指导思想上进行了拨乱反正，对民主法治建设的认识产生了历史性的飞跃，把发展社会主义民主、健全社会主义法制作为国家建设的重要目标提出来，从而使中华人民共和国的法治建设进入了重建和迅速发展的新的历史时期，成为我国建立法治国家的历史转折点和起点。

自党的十一届三中全会以后，是探索中国特色社会主义道路的40余年，也是探索中国特色社会主义法治之路的40余年。1982年9月，邓小平在党的十二大开幕式上的论述是中国法治建设遵循的指导思想。

改革开放40余年来，立足中国的国情，面对中国的问题，对如何建设中国特色社会主义法治国家，在理论和实践上进行了探索。回顾40余年来法治建设的历程，我国法治建设的发展阶段可用两个“十六字方针”来概括：第一个“十六字方针”为“有法可依、有法必依、执法必严、违法必究”，第二个“十六字方针”为“科学立法、严格执法、公正司法、全民守法”。改革开放40余年来，在两个“十六字方针”的引领下，我国的法治建设取得了巨大的成就，并实现了跨越式发展。确立了依法治国这一基本治国方略，实现了从人治向依法治理的历史性转变；以宪法为核心的中国特色社会主义法律体系已经形成；法律知识广泛普及，全社会的法治观念有了很大提高；尊重和保障人权已经成为全社会的共识并被载入宪法；中国共产党确立了民主执政、科学执政和依法执政的执政原则；依法行政成为政府工作运行的准则；司法体制改革稳步推进，司法不公和司法腐败现象逐步得到克服和纠正；法学研究和法学教育进一步繁荣和发展，为全面推进依法治国提供了理论引领。

党的十八大以来，以习近平总书记为核心的党中央，对全面推进依法治国进行了顶层设计，为社会主义法治国家建设进程制定了“路线图”，强调了法治在国家治理中的重要性，明确了全面推进依法治国的指导思想、总目标、发展道路、工作布局、重点任务等一系列理论问题，对科学立法、严格执法、公正司法、全民守法的“新十六字方针”进行了论述、阐释和全面部署，系统阐述了全面依法治国的新理念、新思想、新战略，回答了党的领导和依法治国的关系等一系列重大理论和实践问题，使依法治国理论有了进一步的创新和发展，全面推进依法治国的各项举措正有条不紊地逐项落实，我国法治建设迈出重大步伐，取得了跨越式发展，依法治国开启新征程。

以十八届四中全会通过的《中共中央关于全面推进依法治国若干重大问题的决定》(以下简称《决定》)为标志，中国特色社会主义法治理论框架体系已基本形成；为确立宪法权威，完善了宪法监督实施机制；法治政府建设全面推进；深入推进以司法责任制为重点的司法体制改革，进入顶层设计、整体统筹的新阶段，并取得明显成效；法治文化建设取得重大进展，全社会法治观念明显增长；为建立集中统一、权威高效的监察体系，国家监察体制改革取得成绩；组建中央全面依法治国委员会，强化了对全面依法治国的组织领导。

新中国成立70年来，中国的法治理论体系构建和中国的法治实践，都取得了有目共睹的成就。但我们应该清醒地看到，由于中国是一个有着长期封建传统的国家，现代法治理念的基础还很薄弱，法治观念在全社会还没有深入人心；新中国成立后的一段时间里，法律虚无主义盛行；改革开放后法治建设虽然逐步走上正轨，但仍处于起步阶段，因而，中国特色社会主义法治国家建设中存在的不足和缺陷还非常明显，同依法治国的理想目标仍有很大距离。

新中国成立70年的风雨历程告诉我们：中国要实现富强、民主、文明、和谐、美丽和长治久安的目标，必须在坚持改革开放，发展社会主义经济的同时，不断健全和完善社会主义法制，依法治国，建设社会主义法治国家；法治兴则国兴，法治衰则国危；中国法治社会建设要坚持走中国特色的创新之路，在学习、借鉴发达国家先进法治经验的同时，不照搬西方的模式，要正确对待中国的传统法律文化，立足中国的实践，面对中国的问题；要不断提高全社会的法律意识和法治观念，夯实建立法治国家的社会基础。中共十九大报告提出，深刻领会习近平新时代中国特色社会主义思想的精神实质和丰富内涵，在各项工作中全面准确贯彻落实，一个重要方面就是坚持全面依法治国基本方略，深化依法治国的实践。如何进一步落实十八届四中全会《决定》提出的全面推进依法治国的举措，深化依法治国实践；如何完善相关制度设计及在全面落实上下功夫，进而实现全面推进依法治国的总目标，建成社会主义法治国家的宏伟大厦，则是未来我国法治建设所要着重解决的问题。

当代中国的法治之路仍处于初始阶段，展望未来，建设社会主义法治国家是一个复杂艰巨的系统工程，不可能一蹴而就，只要我们坚持不懈、勇于探索、不断创新，深化全面依法治国实践，建设中国特色社会主义法治国家的目标一定能够实现。

目录 *Contents*

第一章

废除《六法全书》与新中国法律体系的构建

中国诸法合体的封建法律制度延续了两千多年。清朝末年，在内忧外患的巨大压力下，清政府被迫实行变法修律，摈弃了这一传统封建法律制度模式。到南京国民政府时期，中国完成了传统法律的转型，建立了以《六法全书》为基础的法律体系。

中华人民共和国的法律制度体系，既彻底摈弃了中国传统法律制度的原则，又与依西法为模式建立的“六法”体系划清了界限。可以说，新中国的法律制度是在彻底废除国民党政权以《六法全书》为基础的旧法统前提下，在吸收和继承新民主主义法制建设经验的基础上，以马列主义国家观和法律观为指导，结合中国实际，借鉴苏联社会主义法制模式建立起来的。

第一节
中国传统法律的近代转型

一、中国传统法律的特点

关于中国古代最早成文法的产生，相传始于约公元前 21 世纪的夏朝。《左传·昭公六年》有“夏有乱政，而作禹刑”的记载。中国古代成文法产生的时间比较公认的说法是商朝。因为商代已产生比较成熟的文字，据说也有一些不公布的成文法。例如，商王盘庚时期，曾有“以常旧服，正法度”。[①]荀子也曾有“刑名从商”的论断[②]，说明以刑法为主的中国古代法到商朝已略具规模。

西周时期，继续沿用商朝的一些制度和习惯，同时也进行了大规模的立法建制活动。周朝的立法活动包括制定周礼和编订刑书。在周朝初期，摄政的周公通过“制礼作乐”建立起一套通行全国的系统的礼制。编订的刑书有《九刑》《吕刑》等。

春秋初期，各诸侯国基本上都沿用西周的法律。但这时的成文法都是不公开的。公元前 536 年，在执政子产的主持下，郑国“铸刑书于鼎，以为国之常法”。[③]这是我国古代第一次正式公布成文法。此后其他各诸侯国也陆续

① 《尚书·盘庚上》。
② 《荀子·正明》。
③ 《左传·昭公六年》杜预注。

仿效，推动了法制改革的深入发展。

战国时期，魏国李悝制定的《法经》被称为中国历史上第一部较为系统的封建法典，是中国古代成文法典的原始源头，开创了中华法系独树一帜的立法先河。

综合各种史料的记载，《法经》共有六篇，分别为《盗法》《贼法》《囚法》（亦作《网法》）《捕法》《杂法》《具法》。在篇章结构和体例、立法宗旨、内容实质等各个方面，《法经》对后世两千多年的各代立法产生了深远影响。此后秦国商鞅变法，即在《法经》六篇的基础上，"改法为律"[①] 而制定秦律。"汉承秦制"[②]，萧何又以秦律为基础增律三章，制订《九章律》，为魏晋以后各代成文法典所继承。中华法系的法典代表作《唐律》十二篇几乎包括了《法经》六篇的全部内容。

从秦汉以后，历经魏晋南北朝，到隋唐时期，古代中国封建国家的制定法日臻成熟和完善。《唐律》集历代封建法典之大成，被视为中国古代封建法典的典型代表。唐高宗永徽年间颁布施行的《唐律疏议》，是唐朝立法的杰出成果，也在中国古代立法史上写下了辉煌的一页。《唐律疏议》在体例编排、篇目设置上以北齐律及隋《开皇律》为蓝本，保持着"刑名法例为首，实体犯罪居中，诉讼程序之后"的格局，全律共有十二篇。

唐律对后世封建法典产生了很大的影响，自唐朝以后，五代时期的法律如《大梁新定格式律令》，其卷数和篇目与《唐律》完全一致。[③] 宋朝唯一的律法《宋刑统》几乎是唐律的翻版，甚至原文照录《唐律疏议》，只是将每篇律条分为若干门，在律条后附加有关的敕、令、格、式、"起请条"，以及刑制有所更改而已。元朝在司法实践中，也"每引（唐律）以为据"。[④] 明朝洪武六年制定《明律》"篇目一准于唐"[⑤]；洪武二十二年更修明律，才改为三十

---

① 《唐律疏议·名例律》。

② 《晋书·刑法志》。

③ 《旧五代史·刑法志》。

④ 元泰定四年柳贯撰《唐律疏议序》。

⑤ 《明史·刑法志》。

门，分吏、户、礼、兵、刑、工六律，仍以《名例律》为第一。《清律》采取明律的体例，但内容及原则基本上因袭《唐律》。唐律对东亚邻国如日本、朝鲜，以及越南、琉球和西域的古代法典也有深远影响。

中国古代制定法的一个主要特点，就是法典结构形式上的“诸法合体、民刑不分”。从世界范围来看，进入文明社会初期的法典编纂体例，大都是诸法合体、民刑不分的。但是中国从公元前 5 世纪到 20 世纪初，历经两千五百余年仍然沿袭诸法合体、民刑不分的法典编纂体例。这种保守性是世界上少有的。尽管在这个漫长过程中，出现了行政法逐渐法典化的趋向，但在代表性的法典中，如《唐律》《大明律》《大清律例》，仍然以刑法为主，涵盖了民事、行政、经济、司法等各个部门法。中国古代的法律在表现形式上，除律典外，还有其他表现形式，如令、格、科、比、式、敕等。

在中国古代的法律体系中，还有一种形式即“例”。中国古代重视国家制定法，以致成文的法典是传统法律的主干。但成文法的制定，程序复杂，旷日费时，而且具有落后于生活发展的局限性，为此，在司法实践中也适用判例以弥补律文的不足。早在先秦时期就适用判例，秦简中“廷行事”就是法律化了的判例。汉承秦制，经过朝廷批准而整理的断案成例称为“决事比”，是汉朝法律的重要形式之一。唐朝法律比较完备，但并未因此杜绝司法实践中援例断案，关键是不要引例破敕，以例破律。宋初，也很重视律的作用，但随着专制皇权的膨胀，敕、例的地位逐渐上升，甚至出现了以敕代律，以例破律的现象。明清时期，律与例并存，是中国古代判例法最为发展的时期。由上可以看出，虽然国家制定法始终处于正统地位，但在制定法的发展过程中，判例法也与之同步存在，各自发挥着国家所赋予的职能。制定法与判例法相互为用，可以说是中华法系的特点和优点。①

① 关于中国古代的“例”，参阅张晋藩：《中国法律的传统与近代转型》第十二章“立法修律，比附判例”，法律出版社 2005 年版。

二、清末的法律变革

1905年至1911年，是中国封建法制步入近代化的转折时期，它以清末预备立宪为起点，以部门法修定为内容，逐步开始了法律近代化的进程，同时也标志着延续两千余年的中国古代法律制度开始解体。

1840年鸦片战争后，帝国主义的坚船利炮打开了中国几千年故步自封的大门，中国沦为半殖民地半封建社会。外国侵略者凭借各种不平等条约攫取了中国政治、经济、司法大权。在西学东渐和民族危机的双重背景下，救亡图存成为中国近代史上的一条主线。当权的洋务派主张“中学为体，西学为用”，以此为改革的指导思想。康有为、梁启超等主张实行君主立宪，并发动了戊戌变法。孙中山、章太炎等主张废除君主制，实行民主共和制。他们都曾对中西两种法律制度和思想进行过比较系统的研究，提出融中西政治法律经验为一体的改革方案。这些思想对中国人民产生了巨大的启蒙作用。与此同时，清政府迫于国内外的压力，为了不给西方殖民主义者践踏中国司法主权以口实，尽快收回领事裁判权，也不得不研究外国的法律，修订本国的法律，改革司法制度。

建立在自然经济基础之上的以礼治文化为底蕴、以专制主义体制为支撑的传统中国法律制度走向解体，半殖民地半封建性质的法律制度开始形成，从此也开始了中国法律近代化的进程，即从古代传统封建法律向近代资本主义法律的转型。

光绪二十四年（1898年）以慈禧太后为首的顽固统治集团镇压戊戌变法运动，1900年又爆发义和团运动，及已渐成气候的资产阶级民主革命，这一切使得清政府无法再将其腐朽的统治继续延续，不得不打出变法改制的旗号以寻出路。光绪二十六年十二月（1901年1月）逃往西安的慈禧下诏变法修律，提出“世有万古不易之常经，无一成不变之治法。穷变通久，见于大易；损益可知，著于论语。盖不易者三纲五常，昭然如日星之照世；而可变者令甲令乙，不妨如琴瑟之改弦……大抵法积则弊，法弊则更”，“法令不更，锢习不破，欲求振作，当议更张”。要求“军机大臣、大学士、六部九卿、出使各国大臣、各省督抚，各就现在情弊，参酌中西政治，举凡朝章国故，吏治民生，学校科举，军制财政，当因当革，当省当并……如何而国势始兴，如何而人才始盛，如何而度支始裕，如何而武备始精，各举所知，各抒所见，通限两个月内悉条议以闻……倘再蹈因循敷衍之故辙，空言塞责，遇事偷安，宪典具在，决不宽贷”。[①]

这道清朝最高统治集团发出的上谕和后来两广总督刘坤一，湖广总督张之洞会奏的“变法三折”拉开了清末修律的序幕。光绪二十八年（1902年），袁世凯、刘坤一、张之洞举荐沈家本、伍廷芳主持修律馆，“就目前新政宜改订者，择要译修”。[②]“将一切现行律例，按照交涉情形，参酌各国法律，悉心考订，妥为拟议，务期中外通行，有裨治理。”[③]至此，清末修律正式提上日程。

始于光绪三十一年（1905年）的“预备立宪”被视为法律近代化的起点之一。“预备立宪”是清政府推行的一场以预备“仿行宪政”为名的政治活动，其实质目的在于对内抵制势不可挡的革命运动，敷衍拉拢已经打出民主革命旗帜的资产阶级立宪派，对外博取帝国主义的欢心，以缓和内外矛盾和舆论压力，巩固自身统治。在长达数年的“预备立宪”活动中，最为重要的包括两个方面：一为《钦定宪法大纲》与《十九信条》的起草和公布，二为设置咨议局与资政院。

从光绪三十二年到宣统三年，沈家本等主持的修律馆，仿照大陆法系的构架，制定了一系列中国历史上前所未有的新法律，包括行政法、民商法、刑法、民事刑事诉讼法和法院组织法，以及前面已介绍过的宪法。中国古代法律“诸法合体、民刑不分”的传统体例，发生了历史性的变化。以六个主要部门法组成的中国近代法律体系开始建立。为中华民国时期“六法”体系的建立奠定了基础。

---

① 《光绪朝东华录》，总第4601—4602页。

② 袁世凯：《会保熟悉中西律例人员沈家本第听候简用折》。

③ 《清德宗实录·卷四九八》。

三、清末的司法改革

随着西方法律文化的输入，通过在各租界的司法实践，西方近代法律关于正当程序等观念，逐步被认识、接受，促使人们反思中国传统的司法制度。在司法改革方面，晚清修律时制定的程序法曾包括三个法律草案，一是《刑事、民事诉讼法草案》，二是《刑事诉讼律草案》，三是《民事诉讼律草案》。这三部草案引用了一系列西方近代诉讼制度、诉讼原则和具体诉讼程序来改造我国旧有的封建司法审判制度。在法院组织法方面，1906 年由法部制定了《大理院审判编制法》，该法对审判机构的职能、机构设置、人员编制作出规定，是中国历史上第一部专门的法院组织法。1907 年 9 月修订法律馆又编成《法院编制法》，于 1910 年 2 月 7 日正式颁布。该法是一部全面系统的各级审判机构组织法。它移植了大陆法系的四级三审制、审判独立、公开审判、检察官公诉、合议制等审判制度和原则。这些法律的制定，标志着以确立司法与行政分离、完善司法体制为主要内容的司法改革渐次展开。清末司法改革主要分为两个方面：一是司法机构的改革，二是诉讼审判制度的改革。

清末司法改革，改变了中国沿袭两千多年的司法行政合一的传统社会政治结构，这不能不说是中国近代司法史上的一件大事。因为正是这一形式上的改革揭开了近代司法的序幕，其所创设的许多制度皆为民国司法制度所借用。虽然由于种种原因，清末的司法改革不可避免地带有一些缺陷和不足，并最终因辛亥革命的爆发而宣告流产，但这可以说是清朝统治者对封建政体自觉进行的一次根本性革命。这场革命顺应了中国社会的发展潮流，具有历史进步性，值得予以充分肯定。

四、清末修律的历史影响

清政府在 20 世纪初进行的这场大规模修律活动，虽然是在外来压力下被迫进行的，本身存在着一定的缺陷和局限性，但也在客观上产生了一定的影响：

1. 清末变法修律导致中华法系走向解体。随着修律过程中一系列新的法典法规的出现，中国封建法律制度的传统格局开始被打破。清末修律标志着延续几千年的中华法系开始解体。

2. 清末变法修律为中国法律的近代化奠定了初步基础。通过清末大规模的立法，参照西方资产阶级法律体系和法律原则建立起来的一整套法律制度和司法体制，对北洋政府和南京国民政府法律制度的形成与发展提供了条件。

3. 清末变法修律在一定程度上引进和传播了西方近代法律学说和法律制度。

4. 清末变法修律在客观上有助于推动中国资本主义经济的发展。

从此，中国法律摆脱了几千年“诸法合体、民刑不分”的封建法律体制的禁锢，开始与西方法律接轨，走上了近代法治文明的新征程。

第二节 中华民国的法律制度

一、中国法律完成近代转型的标志

1911年10月10日爆发的辛亥革命，推翻了清王朝的腐朽统治，结束了中国两千多年的封建帝制。1912年中华民国南京临时政府的成立，开始了中国资产阶级民主法制的新纪元。从1912年1月创建资产阶级共和法制，到1949年10月新中国成立，中华民国的中央政府多次更迭，先后经历了南京临时政府时期（1912年1月—1912年4月）、民国北京政府时期（1912年4月—1928年6月）、南京国民政府时期（1927年4月—1948年5月）。而跟随着国体一次又一次地颠覆，资产阶级民主法制也经历了曲折发展的过程。

辛亥革命胜利后，国体变更，政权易主，国家更需要在政权体制上探索出一条新的道路，以尽快稳定新的统治政权，并建立具有民主色彩的国家体制。从1912年民国政府建立，到1928年南京国民政府统一全国的16年中，由北洋政府推动并具体实施的法律近代化的重点，在于宪制的探索和变革。从《临时约法》《天坛宪草》，到《曹锟宪法》；从“第一届国会”到“新国会”“新新国会”；从责任内阁制、大总统制到府院之争、议会与政府的对峙，涉及宪制的宪法、国会、政府，频繁地转换。南京国民政府建立后，一改此前法律近代化的侧重点，迅速展开大规模的基本法律的制定、完善活动。南京国民政府的立法者，总结清末法制改革以来历朝政府在立法方面的经验和教训，吸收西方各国先进的法律理论和制度，同时，保留中国传统法律中的一些原则，在不到三年的时间里，即制定、颁布一系列重要的基本法律，包括民法、刑法、民事诉讼法、刑事诉讼法等，中国近代法律的典型形态——六法体系基本形成。[①] 这标志着中国传统法律近代转型完成，或者说中国法律近代化的基本任务宣告完成。

二、中华民国的法律制度体系

1927 年成立的南京国民政府，继承了清末时期和北洋政府的法律，建立了较为完备的法律制度体系。从 1927 年到 1949 年的 22 年时间里，形成了宪法、民法、刑法、民事诉讼法、刑事诉讼法、法院组织法及其关系法六大类。[②]《六法全书》就是这六大部门法的汇编，也是其成文法的总称，构成了南京国民党政府法律制度的基本框架。

从法律渊源上，南京国民党政府的法律体系由法典、单行法规和判例、解释构成。法典即上述六种法律的合编，统称《六法全书》，因此《六法全书》也就成了南京国民政府法律的代名词。很多单行法规都分别附在"六法"有关法律之后。判例是指最高法院在使用成文法时，对某一具体案件所作的判决和裁定。解释是指司法院对法律条文在具体运用中所作的具有法律效力的解释。另外，司法机关认可的习惯、法理以及蒋介石的手令、国民党的党规和决议，也是国民党政府的重要法律形式，是成文法之外的法律渊源。

但是，六法体系是以大陆法系国家的法律体系和法律原则及精神为基础构建的，与中国法律传统必然存在一个磨合期，因此，六法体系在国民党统治大陆期间并没有得到普遍推行。另外，国民党政府于 1929 年宣布开始训政时期，抛出"训政保姆论"，将国民视为婴儿，将国民党比作政治保姆，实行"以党治国"，进而导致了国民党的独裁政治，最终丧失人心。

---

① 朱勇主编:《中国法制史》，法律出版社 1999 年版，第 436 页。

② 对"六法体系"有不同的划分方法，一般有两种：一种分为宪法、民法、刑法、民事诉讼法、刑事诉讼法、法院组织法，另一种分为宪法、民商法、刑法、民事诉讼法、刑事诉讼法、行政法六大类。

第三节 新民主主义法律制度——新中国法治的萌芽

新民主主义法律制度，是指在南京国民政府统治时期，中国共产党领导人民进行新民主主义革命的过程中，在革命根据地创建的法律制度的总称。1927 年以后，随着第一次国共合作的失败，中国共产党领导人民，同国民党展开了武装斗争，在国民党统治力量薄弱的地区，开辟了一个又一个革命根据地，建立起具有国家雏形的人民民主政权。为了适应政权建设和革命斗争形势的需要，各个历史时期的根据地革命政权，都以马克思列宁主义的国家观和法律观为指导，以中国共产党的纲领、路线、方针和政策为依据，制定了一系列的法律和法规。新民主主义法律制度的经验和成果，在许多方面被新中国的社会主义法制所吸收、继承和发展，成为新中国法治的萌芽和前奏。

新民主主义法律制度的发展历史，根据各个时期革命的不同特点，可以划分为四个历史阶段：①

第一个阶段，新民主主义法律制度的萌芽阶段（1921 年—1927 年）。1921 年中国共产党成立后，明确提出了反帝反封建的革命纲领。为了实现这一纲领，中国共产党领导了全国的工人运动和农民运动，并通过各种革命组织，制定了许多具有法律效力的规约禁令。例如，1922 年 8 月中国劳动组合书记

① 也有一些著作和教科书把新民主主义法律制度的发展历史，从 1927 年第一次大革命失败后算起，到 1949 年新中国成立，划分为三个历史阶段，不包括 1921 年中国共产党成立到 1927 年第一次大革命失败这一阶段。

部制定的《劳动法案大纲》，是我国最早的劳动立法纲领。1925 年成立的省港罢工工人代表大会和省港罢工委员会及其制定的《组织法》及《会议规则》，为日后人民代表大会制度的产生提供了重要经验，并为中共中央所肯定。[①] 在农民运动中成立的各级农民代表大会通过的惩治土豪劣绅和减租减息决议案，在实践中发挥了革命法律的作用。

第二个阶段，新民主主义法律制度的初创和奠基阶段（1927 年—1937 年）。1927 年大革命失败后，中国共产党领导了一系列武装起义，开辟了农村革命根据地，逐步建立起乡、区、县、边区各级红色革命政权。1931 年 11 月和 1934 年 1 月，在江西瑞金召开了两次全国工农兵（苏维埃）代表大会，宣告中华苏维埃共和国的成立，通过了《中华苏维埃共和国宪法大纲》以及选举法、组织法、行政法规、婚姻法、刑事法规、诉讼程序法规等各种法律、法令、法规，使新民主主义法律制度进入了初具规模的奠基阶段。但由于当时出现了“左”的路线干扰，许多法律中存在极“左”的错误。

第三个阶段，新民主主义法律制度日益完善和全面发展阶段（1937 年—1945 年）。自 1937 年至 1945 年的抗日战争时期，中国共产党在敌后抗日根据地，建立起乡、县、边区各级抗日民主政权。在法制建设方面，继承并发扬了苏区的优良传统，纠正了苏区的“左”倾错误，制定和颁布了一批法律法规，如施政纲领、人权保障条例，以及一批刑事和民事等法律法规。在审判工作中创立了马锡五审判方式，将萌芽于苏区的人民调解制度进一步制度化、法律化，使抗日民主政权的法制建设日益完善，并进入全面发展阶段。

第四个阶段，新民主主义法律制度向全国推进阶段（1945 年—1949 年）。解放战争后期，解放区的面貌发生了根本变化。解放区由小到大，形成几个大解放区。在各大解放区，除建立了一些具有过渡性质的政权组织形式外，在法制建设方面也制定了一系列法律法规，在土地立法、劳动立法、刑事立法和司法制度方面，都有一系列新的建树。这一切都为中华人民共和国成立

---

① 《中共中央文件选集》（第 13 册），中共中央党校出版社 1987 年版，第 766 页。转引自曾宪义主编:《中国法制史》，北京大学出版社 2000 年版，第 343—344 页。

后的政权和法制建设，创造了有利的条件。

新民主主义法律制度与中华人民共和国成立后的社会主义法制，属于同一历史类型，并处于直接历史渊源地位。新中国成立后的社会主义法制建设，可以说是对新民主主义法律制度的继承和发展，如解放战争时期具有代表性的宪法性文件，《陕甘宁边区宪法原则》（1946年）、《内蒙古自治政府施政纲领》（1947年）、《中国人民解放军宣言》（1947年）、《华北人民政府施政方针》（1948年）、《中国人民解放军布告——宣布约法八章》（1949年）等，这些文件不仅成为当时各解放区人民政府的施政方针，而且也为后来制定《中国人民政治协商会议共同纲领》积累了经验。[①]我国第一部社会主义宪法"五四宪法"，关于国体、政体和人民民主权利等内容的规定，也是对这些宪法性文件内容和新民主主义宪制运动经验的总结。再如，刑事法律方面，镇压与宽大相结合、严禁逼供刑讯、适用刑法坚持人人平等的立法指导方针；"首恶者必办，胁从者不问，立功者受奖"的刑事政策等；创立于解放战争时期改造轻微犯罪的新刑罚种类"管制"，增设的无期徒刑等，对新中国的刑事法律制度产生了一定的影响或被继承。此外，根据地时期的婚姻法和继承法也为新中国成立后的婚姻立法和继承法的制定奠定了基础。应当说，新民主主义法律制度为中华人民共和国成立后的社会主义法治建设，积累了丰富的立法和司法经验，奠定了坚实的历史基础，也使得新中国成立后彻底废除国民党政权的法律制度成为必然。

---

① 曾宪义主编：《中国法制史》，北京大学出版社2000年版，第349—350页。

第四节 废除国民党《六法全书》与新中国法律体系的构建

一、新中国法治建设的历史前提

如同任何一个事物均是其既有历史发展的产物一样，新中国法治建设也有其历史前提。中华人民共和国法治建设的一个前提条件，就是义无反顾地废除国民党的旧法统，打破旧法制。这个过程在中华人民共和国在大陆取得政权之前就已然开始了。

（一）新中国成立时对国民党旧法统的废除

在西方社会历史中，关于法律与革命的关系，美国哈佛大学伯尔曼教授曾有过描述："所有重大革命没有在第一天就成功地废除革命前的法律，并在第二天就建立起一种新的和永久的革命的法律制度。每次重大革命都经历了一个过渡时期，在这期间，相继迅速地制定了新的法律、法令、规章和命令，并迅速地对它们进行修改、废除和更换。不过，每次重大革命最终都与革命前的法律妥协，通过将它们吸收到反映革命为之奋斗的主要目标、价值和信仰的新法律制度中而恢复它的许多成分。因此，由重大革命所确立的新法律制度虽然保持在原来法律传统之内，但都改变了该法律的传统。"[①]

① ［美］伯尔曼：《法律与革命——西方法律传统的形成》，中国大百科全书出版社 1993 年版，第 34 页。

但是这一论断仿佛在东方的中国并不适用。正如列宁明确指出的，“将捣毁注定要灭亡的资产阶级社会的全部法制”[①]，建立起符合人民利益和要求的国家机器和法律制度。1949年年初，在解放战争即将取得全面胜利之时，为了彻底废除国民党政权赖以存在的旧“法统”，为新中国的法制建设指明方向，中共中央明确宣布，废除国民党的《六法全书》，建立人民的法制。1949年2月22日，中共中央发布《关于废除国民党的六法全书与确定解放区的司法原则的指示》（以下简称《指示》），这是中共废除《六法全书》最早的文件。同年4月，华北人民政府发布了《废除国民党的六法全书及一切反动的法律的训令》（以下简称《训令》），对废除《六法全书》进行了更为明确的规定。《指示》和《训令》的基本内容有以下三个方面：

第一，针对司法干部和政权干部队伍中，对《六法全书》存在的错误的、模糊的认识，揭示了《六法全书》的阶级本质。《指示》指出：“法律和国家一样，只是保护一定统治阶级利益的工具。国民党的《六法全书》和一般资产阶级法律一样，以掩盖阶级本质的形式出现，但是实际上既然没有超阶级的国家，当然也不能有超阶级的法律。《六法全书》和一般资产阶级法律一样，以所谓人人在法律方面一律平等的面貌出现，但是实际上在统治阶级与被统治阶级之间，剥削阶级与被剥削阶级之间、有产者与无产者之间、债权人与债务人之间，没有真正共同的利害，因而也不能有真正平等的法权。因此，国民党全部法律只能是保护地主与买办官僚资产阶级反动统治的工具，是镇压与束缚广大人民群众的武器。”在《六法全书》中，也包括有些所谓保护全体人民利益的条款，一方面，是为了照顾一下它的同盟者或它试图争取的同盟者的某些部分利益，以此来巩固其阶级统治；另一方面，不能不敷衍一下他的根本敌人——劳动人民，企图以此来缓和反对它的阶级斗争。因此，“不能因国民党的六法全书有某些似是而非的所谓保护全体人民利益的条款，便把它看作只是一部分而不是在基本上不合乎广大人民利益的法律，而是把它看作是基本上不合乎人民利益的法律”。

① 《列宁全集》（第20卷），人民出版社1989年版，第16页。

第二，宣布废除《六法全书》，人民司法工作应以人民的新法律作为依据。《指示》宣布："在以无产阶级为领导的工农联盟为主体的人民民主专政政权下，国民党的六法全书应该废除。人民司法工作，不能再以国民党六法全书为依据，而应该以人民的新法律作依据。""在人民新的法律还没有系统地发布以前，应该以共产党政策以及人民政府与人民解放军所发布的各种纲领、法律、条例、决议作依据。目前，在人民的法律还不完备的情况下，司法机关的办事原则应该是：有纲领、法律、命令、条例、决议规定者，从纲领、法律、命令、条例、决议之规定；无纲领、法律、命令、条例、决议规定者，从新民主主义的政策。"《训令》规定，各级人民政府的司法审判，不得再援引国民党《六法全书》及一切反动法律的条文。

第三，确定了教育和改造司法干部的指导原则。《指示》要求："司法机关应该经常以蔑视和批判六法全书及国民党其他一切反动的法律法令的精神，以蔑视和批判欧美日本资本主义国家一切反人民法律法令的精神，以学习和掌握马列主义毛泽东思想的国家观、法律观及新民主主义的政策、纲领、法律、命令、条例、决议的办法来教育改造司法干部"。只有这样做，才能使我们的司法工作真正成为人民民主政权工作的有机构成部分。只有这样做，才能提高我们司法干部的理论知识、政策知识与法律知识的水平与工作能力。只有这样做，才能彻底粉碎那些学过旧法律而食古不化的人的错误的和有害的思想，把他们改造成为新民主主义政权下的人民的司法干部。

这个指示及之后的训令具有重要的历史意义。可以说，它确立了中华人民共和国法制建设的基础和出发点，其精神一直是新中国建立后法制建设的指导方针，对中国法制建设产生了极其深远的影响。这一指示，被后来制定的具有临时宪法性质的《中国人民政治协商会议共同纲领》(以下简称《共同纲领》) 作为一项建国的法制原则规定下来。《共同纲领》第 17 条规定："废除国民党反动政府一切压迫人民的法律、法令和司法制度，制定保护人民的法律、法令，建立人民司法制度。"自此以后，废除《六法全书》由党的指示变为法律的内容，取得了形式上的合法性。《指示》和《共同纲领》的发布和实施，不仅推动了新民主主义法制在全国的迅速推进，还为新中国的法制建设奠定了基础。以国民党“六法”体系为中心的“法统”被彻底废止，代表人民民主专政新政权的法律体系进入新的发展时期。

（二）对废除国民党《六法全书》的评说

中共中央《关于废除国民党的六法全书与确定解放区的司法原则的指示》，是一个在中国法制史上具有重要意义的文件。它突破了近代以来中国法律“缓慢进化”的瓶颈，以一种暴风骤雨般的方式，给中华民国法律体系画上了句号。应该说，历史上的中国是一个很重视历史传承的国家，正如所谓的“商承夏制”“秦循周礼”。几千年来朝代更迭，江山易主，但对于律例法令，以往各朝各代的统治者都抱着“传承”的态度，即便是废旧立新，也往往是换汤不换药。

那么为什么《六法全书》如此“短命”？综合分析其原因是多方面的。简单来说，主要有以下几点：首先，时代“确实”变了。百年之间，从封建统治的大清帝国到资本主义的中华民国，再到当时即将建立的新民主主义的中华人民共和国，其中之变化用“天翻地覆”来形容都不为过，人们出于革命的热情对旧事物的破坏已然形成了一种“习惯”。其次，南京国民政府制定的《六法全书》并非中国土生土长之物，而大都是“舶来品”，虽然也经过了张知本、吴经熊、王宠惠等一大批法学家的多年起草、反复修订，且继承了孙中山先生的五权宪法和三民主义的法律思想，具有一定的中国特色，但其在中国施行的时间毕竟不长，其自然是“根浅叶稀”“水土不服”，没能真正深入人心，以获得持久的生命力。最后，废除《六法全书》，是强调法律的阶级性的结果。《指示》指出，法律和国家一样，只是保护一定统治阶级利益的工具。在此观念指导下，在政权更迭后，被认为是国民党统治工具的《六法全书》遭到废止，是逻辑的必然。

此外，中国的马克思主义者对资产阶级的虚伪性特别地深恶痛绝，在当时他们看来，“六法全书同一般的资产阶级法律一样，以所谓人人在法律方面一律平等的面貌出现，但实际上在统治阶级与被统治阶级之间、剥削阶级与被剥削阶级之间、有产者与无产者之间、债权人与债务人之间没有真正共同的利害，因而也不能有真正平等的法权”。而革命胜利者希望彻底与旧时代道别的心情，我们亦可以从下述字里行间小窥一二：“不能因国民党的六法全书有某些似是而非的所谓保护全体人民利益的条款，便把它看作只是一部分而不是在基本上不合乎广大人民利益的法律，而应把它看作是基本上不合乎人民利益的法律。”“我们在抗日时期，在各根据地曾经个别地利用过国民党法律中有利于人民的条文来保护或实现人民的利益。在反动统治下，我们也常常利用反动法律中个别有利于群众的条文来保护与争取群众的利益，并向群众揭露反动法律的本质上的反动性。无疑的，这样做是正确的。但不能把我们这种一时的策略上的行动解释为我们在基本上承认国民党的反动法律，或者认为在新民主主义政权下能够在基本上采用国民党的反动的旧的法律。”①

对废除《六法全书》这桩公案，法学界有不同的评说。直到20世纪90年代，对中共中央废除《六法全书》的指示，正面、肯定的评价是主流，但进入21世纪之后，反思之声渐多。现在有些研究者认为《指示》的精神是错误的，产生了严重的消极影响，例如，认为“这个文件写得不好，起的作用也不好；我国的民法学中断的原因，源出于此；其对我国法治建设的不利影响，至今犹得”。② 有的甚至称之为“第三次王明路线”。③《指示》中一段话至今仍广受批评，即“司法机关应该经常以蔑视和批判六法全书及国民党其他一切反动法律法令的精神，以蔑视和批判欧美日本资本主义国家的一切反人民法律法令的精神，以学习和掌握马列主义——毛泽东思想的国家观、法律观及新民主主义的政策、纲领、法律、命令、条例、决议的办法来教育改造司法干部”。

虽然这种全盘否定的说法有失偏颇，但我们也应看到，在当时的历史时期，这种破旧几乎是革命所不可避免的，而且其无论是对于新中国政权的合法性，或是稳定全国广大解放区也都起到了积极作用。

---

① 《中共中央关于废除国民党六法全书与确定解放区的司法原则的指示》(1949年2月22日)。

② 纪坡民:《产权与法》，生活·读书·新知三联书店2001年版，第325页。

③ 李林:《建国前夕和建国初期对旧法制的废除与新法制的建设》，载《上海党史与党建》2006年4月号。

评价废除国民党《六法全书》这一历史事件，应当历史地、辩证地去看。有学者认为："1949 年摧毁旧法制的革命行动在中国具有必然性，如果在今天借历史和开放给我们的慧眼来评判，说它有什么过错的话，错误不在于摧毁旧法制行动本身，而在于宣布以极端蔑视的态度对待一切法律及其文化和传统，由它而强化的法律虚无主义思想和造成的以政策代替法律的后果，这对新中国法制建设产生了极其深远的消极影响。"[①] 而这也为之后一段时期法治在中国彻底被抛弃、摧毁埋下了伏笔。

二、新中国建立初期法制建设的指导思想

每一种法律制度的建立，都是在一定的思想理论指导下完成的。当代中国的法律制度是在中华人民共和国成立后创建的。这套法律制度在创建的过程中，其思想理论基础或者说指导思想，除在一定程度上受我国法律文化传统和近现代传入的法律思想影响外，主要是建立在马克思主义的法律思想和学说基础上的。尽管马克思的经典学说没有对社会主义制度下的法律制度作出全面、系统的阐述，但却有许多重要的理论表达或提示，中国当时的新法学者和法律工作者尽力挖掘其散布于各种著作中的法律观点来指导法制建设。

新中国成立初期，废除国民党《六法全书》后，由于当时特定的历史背景，我国全面学习苏联。在法学领域也不例外。这种学习是全方位的，从法学教育、法学研究直至立法、司法实践。我国大批翻译出版苏联的法学论著，法理学科所用的名称是苏联的《国家与法的理论》，各部门法也都刻意地模仿，尤其是宪法的制定更是如此。在制宪的指导思想上，我们明确了要学习苏联。苏联法制被运用到中国法制建设的理论及实践的各个方面。新中国建立前夕，毛泽东曾郑重向世人宣告，我们就是要一边倒，倒向社会主义苏联一边。他认为："一边倒，是孙中山的四十年经验和共产党的二十八年经验教给我们的，

① 蔡定剑：《对新中国摧毁旧法制的历史反思》，载郭道晖等主编：《中国当代法学争鸣实录》，湖南人民出版社 1998 年版，第 17 页。

深知欲达到胜利和巩固胜利，必须一边倒。积四十年和二十八年的经验，中国人民不是倒向帝国主义一边，就是倒向社会主义一边，绝无例外。骑墙是不行的，第三条道路是没有的。”①

在这种思想的指引下，再加上苏联人民当时给我们提供的国际主义援助，很快在全国范围内兴起了学习苏联的热潮。法学界也不例外。从 1950 年 1 月 31 日起，中央人民政府法律委员会在其所编印的《中央政法公报》上连续刊载由苏达里可夫和贝可夫等编的《苏维埃国家和法律的基础》一书，系统地将马克思列宁主义的国家学说和苏联社会主义国家无产阶级专政的历史经验介绍到中国，成为指导中国法制建设实践的重要理论。1954 年《政法研实》创刊后，又先后发表了大批介绍和研究苏联社会主义国家法制建设的理论文章。后又派出访苏代表团，到苏联各地认真、系统地访问和学习苏联从中央到地方的各级苏维埃检察机关、审判机关、司法管理机关和法律科学研究与教育机关，对新中国的法制建设起到了极大的借鉴和推动作用。②

新中国法学界对社会主义苏联法治建设理论和实践经验的学习和借鉴，推动了中国法律工作者和研究者的马克思主义法治观的确立。在此基础上，中国法律界用马克思主义观点，对资产阶级和形形色色非马克思主义的法律思想观念进行了系统全面的批判，以消除既存资产阶级法律思想的影响，进而巩固人民民主专政。例如，在当时宪法草案全民大讨论之际，全国法学界集中批判了资产阶级宪法的虚伪性，揭露了其资产阶级专政的实质；通过司法改革运动，批判了唯心主义的旧法观点，树立了唯物主义依靠群众、相信群众的审判作风；结合人民陪审制度的建立，揭露和批判了资产阶级“陪审制度”的虚伪性和阶级局限性，反对资产阶级“司法独立”“审判独立”的欺骗性。③

通过“学苏批资”活动，马克思主义法学理论在中国逐渐确立了主导地

---

① 《毛泽东选集》(第 4 卷)，人民出版社 1991 年第 2 版，第 1472—1473 页。

② 陈景良主编:《当代中国法律思想史》，河南大学出版社 1999 年版，第 93 页。

③ 陈景良主编:《当代中国法律思想史》，河南大学出版社 1999 年版，第 93—94 页。

位，因而成为新中国法治建设的思想基础和指导思想。总的来看，其具体内容一般包括以下几个主要方面：

第一，关于法律的起源和发展。法律不是从来就有的，它是在社会发展的一定历史阶段上，随私有制、阶级和国家的产生而产生的。法律是阶级矛盾不可调和的产物，随着社会关系发展和经济基础的变革而发展。法律的产生和存在与经济发展的一定历史阶段相适应，它不是永恒存在的，它以阶级和国家的产生存在为前提。法律随着阶级和国家的消亡必将消亡。

第二，关于法律的本质。马克思主义法学认为，法律是被上升为国家意志的统治阶级的意志，并由国家制定或认可，以国家强制力来保证实施。

第三，法律取决于经济基础。法律的内容归根结底是由统治阶级的物质生活条件决定的。法律是一定经济基础上的上层建筑的组成部分，法律的产生取决于一定的社会物质生活条件，但并非对社会物质生活的简单摄影。法律和上层建筑其他因素反作用于社会物质生活条件。经济基础并不直接创造法律规范，它只是在最基础上和总体上对法律起决定作用。

第四，法律的作用。法律是统治阶级实行对敌专政的工具。它通过调整社会关系，维护和巩固统治阶级的统治。

在马克思法律思想的指导下，我国进行了卓有成效的法治建设与探索。当然，这其中也有一些脱离中国实际的教条主义解释，以及过分强调阶级斗争等倾向，这种倾向在后来的法治建设中产生了消极作用。

三、新中国法律制度构建的开端

在破除国民党旧法制的基础上和以马克思主义法律思想为主的理论的指导下，在法治的初创时期，与政治、经济制度建立相一致，新中国法律制度的重建工作也开始启动。

我国政治与法治的建设是从《中国人民政治协商会议共同纲领》（以下简称《共同纲领》）、《中央人民政府组织法》和《中国人民政治协商会议组织法》开始的。1949 年 9 月 21 日至 30 日，中国人民政治协商会议第一次会议在北京召开，会议通过了《共同纲领》《中央人民政府组织法》和《中国人民政治协商会议组织法》，选举产生了中央人民政府委员会。

《共同纲领》是个重要的临时宪法性文件。它共有 7 章 60 条，主要确立了新中国的性质和任务，政权机关、军事制度、经济政策、文教政策、民族政策、外交政策等原则。它规定了公民的基本政治权利。

《中央人民政府组织法》也是建国初期的一个重要临时宪法性文件。它是规定中央国家政权机关组织与活动的基本法律，内容包括总纲、中央人民政府委员会、政务院、人民革命军事委员会、最高人民法院、最高人民检察署，以及该法的修改权及解释权等，共 6 章 31 条，该法还详细规定了中央人民政府各机构的组织、职权、活动方式及构成原则。

《中国人民政治协商会议组织法》规定了全国政协全体会议和政协全国委员会的组织与职权。

上述三个法律的制定和发布，标志着中华人民共和国法律制度构建的开始。

第二章

法律虚无主义与当代中国法治进程的中断

1949 年 10 月中华人民共和国成立后，随着国民党政权被推翻以及旧的国家机器和法律制度被摧毁，建立了新型的人民民主政权。以 1949 年 9 月第一届全国政协会议制订的具有临时宪法性质的文件——《共同纲领》和《中央人民政府组织法》为基础，开始了新中国法治的创立和发展时期。新中国成立以来，从 1949 年新中国成立到 1978 年中共十一届三中全会召开的前 30 年时间里，如同我国社会主义革命和建设所走过的道路一样，我国的社会主义法治建设也经历了曲折发展甚至遭到严重破坏的历程，其中既有建国初期社会主义法治的创建和稳步发展的良好时期，也有从 20 世纪 50 年代后期开始，由于法律虚无主义的逐步盛行，法治建设曲折发展时期；还有造成全国性动乱，法治建设遭到严重破坏的十年“文化大革命”时期。新中国前 30 年社会主义法治建设的曲折历程，虽然使我国的法治建设付出了沉重的代价，但这些代价仍然是在探索中国特色社会主义发展道路过程中付出的。正是法治建设中的这些教训，使我们深深地认识到，建设富强、民主、文明、和谐、美丽的社会主义国家，实现国家的长治久安，在以经济建设为中心，坚持改革开放的同时，必须不断健全和完善社会主义法制，依法治国，建设社会主义法治国家；正是有了这些教训，才有了中共十一届三中全会后我国社会主义法治建设的新时代。

第一节
新中国成立初期法治的创建

这一阶段又可分为两个小阶段：一是摧毁旧法统、创建新法治阶段（1949年—1954年）；二是社会主义改造阶段，也是社会主义法治稳步发展时期（1954年—1957年）。

从1949年到1954年，被称为新中国成立初期。在新中国成立初期，新中国的主要任务是建立人民民主专政的国家机构，恢复被战争破坏的国民经济，肃清国民党的残余势力。这一时期法治建设主要围绕着巩固刚刚成立的政权展开，一方面彻底摧毁以《六法全书》为代表的旧的法律制度，另一方面制定了一系列急需确立的法律制度，建立立法和司法机构。新中国成立初期的法治建设，是新中国法治建设的开端，为以后的法治建设奠定了基础。

在破除旧法统的基础上和在马克思主义国家观和法律思想的指导下，在法治的初创时期，与政治、经济制度建立相一致，我国的法治建设取得了一系列的成就，主要表现在政治制度的建立、立法、执法、司法等方面。

一、法治建设的前提：人民民主政治制度的建立

1949年10月1日，中央人民政府委员会在首都北京宣布就职，并宣告中华人民共和国中央人民政府成立。从中华人民共和国成立到1954年宪法制定，是我国法治建设在摧毁旧法统的基础上向建立新法制的过渡时期。之所以称之为过渡时期，是因为这个时期的国家政权性质、政权体制和立法、司法制

度还不确定，只具有临时解决问题的过渡性质法律。1954年宪法的制定，把国家体制确定下来，我国法治建设开始步入正轨。

我国政治与法治的建设是从《共同纲领》和《中央人民政府组织法》开始的，这两个法律实际上构成了中国的临时宪法。根据这两个法律的精神，我国建立了人民民主的国家机构，实现了民主建政。

民主建政是从军管会到由选举建立人民政权的过程。在打碎旧的国家机器后，建立新的人民民主国家政权，是新中国成立初期民主法治建设的一项迫切任务。在刚解放的地方，政权是由军事管制委员会接管的，由军管会自上而下地委任人员组成地方人民政府。但这还不是一个民选的民主政权，要建立民选的民主政权必须召开人民代表大会。1950年6月，毛泽东在党的七届三中全会中强调指出："必须认真地开好足以团结各界人民共同进行工作的各界人民代表会议。人民政府的一切重要工作都应交人民代表会议讨论，并作出决定。必须使出席人民代表会议的代表有充分的发言权，任何压制人民代表发言的行动都是错误的。"①

为开好各界人民代表会议，推进民主建政，1949年12月，中央人民政府委员会通过了《省各界人民代表会议组织通则》《市各界人民代表会议组织通则》《县各界人民代表会议组织通则》，政务院也通过了大城市、区、乡的各界人民代表会议组织通则，并发出了一系列的指示。

这样，在中央政府的推动下，从1950年到1952年，全国范围内形成了一个以召开各界人民代表会议为主要形式的民主建政高潮。经过多年的努力，我国从中央到地方的各级政权全部建立。在全国范围内普遍召开了各界人民代表会议，成为人民行使当家作主权利的一种初级形式，为进一步建立人民代表大会制度奠定了基础。随后不久，中央人民政府委员会决定召开各级人民代表大会。1953年发布了选举法，从1953年下半年到1954年6月，进行了第一次规模空前的全国普选，产生了各级人民代表大会，人民代表大会制度终于建立，而与之相关联的其他政治制度也得以确立，从而最终实现了共

① 《毛泽东文集》（第6卷），人民出版社1999年版，第71页。

产党全面执政的目标。

政权组织的全面建立，是我国法治建设的前提条件，在这一前提条件具备之后，我国的法治建设随着历史的进程而在全国范围内展开。

二、法治创建初期的主要立法成就

一个国家的法治建设是一个动态的过程和体系表现，但其首要的前提和外在标识仍然是立法。所以，一个国家某个时段其立法成绩如何，直接关涉该国法治建设的全局。

（一）立法体制的确立

在 1954 年《宪法》(以下简称“五四宪法”)发布之前的《共同纲领》时期，中央人民政府委员会、各大行政区和省政府共同享有制定法律、法令的权力。到“五四宪法”发布之后，我国建立起正式的立法体制，立法权归由全国人民代表大会统一行使。“五四宪法”规定，全国人民代表大会是最高国家权力机关，它有权修改宪法，制定法律。全国人大常委会有权解释法律，制定法令。中华人民共和国主席根据全国人大的决定或全国人大常委会的决定，颁布法律和法令。同时，国务院还有权根据宪法、法律和法令，规定行政措施，发布决议和命令，向全国人大或者全国人大常委会提出议案。民族自治区、自治州、自治县的自治机关可以依照当地民族的政治、经济和文化特点，制定自治条例和单行条例，报请全国人大常委会批准。

“五四宪法”与《共同纲领》相比，立法权已明显趋于集中统一。“五四宪法”和地方组织法都没有规定地方政府有立法权。这种立法体制实行了不到 1 年，为了加强国家立法工作，加快法制建设的步伐，1955 年 7 月召开的第一届全国人大第二次会议通过了《关于授权常务委员会制定单行法规的决议》，授权全国人大常委会依据宪法的精神，根据实际需要，适时地制定地方性质的法律，即单行法规。

为了使建国初期的立法走上宪法体制下的法治轨道，实现国家法制的统一性、连续性与稳定性，在第一届全国人大第一次会议上就通过了《关于中华人民共和国现行法律、法令继续有效的决议》，宣布自1949年10月1日中华人民共和国建立以来，由中央人民政府制定、批准的现行法律、法令，除了同宪法相抵触的法律以外，继续有效。这样，就把新中国成立之初制定的过渡法律纳入该宪法体制之下。

（二）立法成就

在新中国建立初期，国家百废待举，此外还要肃清帝国主义、封建主义、官僚资本主义残余势力。因而在立法方面，“不宜追求制定一些既不成熟，又非急需的完备、细密的成套的法规，以致闭门造车”，而“应当按照当前的中心任务和人民急需解决的问题，根据可能与必要，把成熟的经验定型化，由通报典型经验并综合各地经验，逐步形成制度和法制条文，逐步地由简而繁，由通则而细则，由单行法规而形成整套的刑法、民法……”。①

按照这个方针，在新的立法体制下，全国人大及其常委会抓紧立法工作。从1954年人民代表大会制度建立到1957年上半年以前，全国人大及其常委会制定和批准法律、法令40多个，立法工作从当时的实际需要出发，主要集中在继续加强国家政权组织建设，推进社会主义改造和保障经济建设方面。这些法律与建国初期的立法一起，构成了我国法制建设初创时期的立法成就。其立法成就主要表现在以下方面：

1. 宪法部门法律。从1949年的《共同纲领》和《中央人民政府组织法》，到1951年9月颁布的《人民法院暂行组织条例》《最高人民检察署暂行组织条例》，再到1954年全国人大一届会议发布的《宪法》《全国人民代表大会组织法》《国务院组织法》《人民法院组织法》《人民检察院组织法》《地方各级人民代表大会和地方各级人民政府组织法》，宪法部门的法律可以说已经基本能够满足我国当时的需要。

这一时期最能代表立法成就和高度的无疑是1954年的《宪法》。“通常一

---

① 1951年5月11日彭真在政务院会上的工作报告：《关于政法工作的情况和目前任务》。

部新宪法的诞生之前，往往伴随有流血革命、政治斗争、军事政变等政治行为的背景（或者说在这些巨大的社会变动之后，就会重新制定一部新宪法），因此，此部新宪法无可避免地会成为各方政治势力的竞技场，各种政治立场、意识形态都会在此时纷纷出现，彼此互相较劲角力，结果可能是某一方获胜而主导宪法的全盘制定；也有可能是各方各派实力相差不多，没有一方足以取得主导权，从而使得宪法内容充满妥协性。但不论何者，从宪法的制定到宪法内容规范的形成都是极具政治性。”①“五四宪法”的诞生也不例外。在经历了近一个世纪的殖民、入侵、反抗、内战后，中国的制宪工作终于真正展开，其本身也带有浓重而独特的时代气息。

“五四宪法”是中国历史上第一部真正意义上的民主制定的宪法。中国的近现代史中曾经有过多部“宪法”，从晚清的《钦定宪法大纲》《十九信条》到中华民国时期的《临时约法》《天坛宪草》等，其中没有一部是真正由人民民主参与制定的。它们不是地方诸侯对中央“勤王”的产物，就是软弱的民族资产阶级一厢情愿的结果，而宪法所保障的主要对象——广大的人民群众，则从来没有能够介入宪法创立的过程中。

1953 年 1 月，中央人民政府委员会开会决定成立宪法起草委员会，毛泽东任主席。毛泽东对这部宪法是非常重视的，以至于到杭州去还要带宪法和法学理论著作，还亲自给中央委员列出一些历史上的和其他国家的宪法文本作为参阅文件。②“宪法起草委员会在 1954 年 3 月接受了中国共产党中央委员会提出的宪法草案初稿，随即在北京和全国各大城市组织各民主党派、各人民团体和社会各方面的代表人物共八千多人，用两个多月的时间，对这个初稿进行了认真的讨论。应当说，这八千多人都是宪法起草工作的参加者。以这个初稿为基础经过修改后的宪法草案，由中央人民政府委员会在 1954 年 6

① 许庆雄：《宪法入门》，台北月旦出版公司 1997 年版。

② 其中有：（1）1936 年苏联宪法及斯大林报告；（2）1918 年苏俄宪法；（3）罗马尼亚、波兰、德国、捷克等国宪法；（4）1913 年天坛宪法草案，1923 年曹锟宪法，1946 年蒋介石宪法（可代表内阁制、联省自治制、总统独裁制三型）；（5）1946 年法国宪法（可代表较先进完整的资产阶级内阁制宪法）。《毛泽东文集》（第 6 卷），人民出版社 1999 年版，第 320—321 页。

月14日公布，交付全国人民讨论。全国人民的讨论进行了两个多月，一共一亿五千多万人参加。”[①] 如此大规模地对宪法草案进行讨论以及领导人对制宪工作的高度重视，在中国制宪史上是空前的，这也和当时人民高涨的政治热情密切相关。

在20世纪50年代后期，随着法律虚无主义逐渐盛行，“五四宪法”在颁布几年之后就基本上被抛弃了。虽然它并非像一些学者认为的那样完全是“一纸空文”，“在一九五七年之前还保持着一定的稳定性，在实现对农业、手工业和资本主义工商业的社会主义改造方面，在巩固人民民主政权和建设社会主义法制方面，在保障公民的权利和自由方面都起到了重要的作用，在人民群众中享有一定的权威和尊严”。[②] 但自1957年以后，特别是在十年“文化大革命”期间，1954年《宪法》实际上被不宣而废。

2. 重要的社会立法。首先，为了巩固政权，维护社会秩序进行了剿匪和镇压反革命。为此发布了《惩治反革命条例》《管制反革命暂行办法》《惩治土匪暂行条例》《城市治安条例》《农村治安条例》等。为打击革命队伍内部的腐化行为，恢复发展国民经济，稳定经济秩序，发布了《全国税政实施要则》《关于统一财政经济工作的决定》《妨碍国家货币治罪条例》《禁止国家货币出入境办法》《救济失业工人暂行办法》《劳动保险条例》《私营企业暂行条例》《惩治贪污条例》《关于处理贪污、浪费及奢侈官僚主义错误的若干规定》等。

其次，为了巩固新政权，我国进行了土地改革立法。中华人民共和国建立之前，已在大约1.5亿人口的老解放区完成了土地改革。新中国成立之初，为了在全国范围内及时废除封建土地制度，保证新解放区土地改革顺利进行，1950年6月，中央人民政府发布了《土地改革法》。此外，从中央到地方，各级人民政府结合各自的实际情况，还制定了许多土地改革的法规、法令、条例、通则、决议和指示。

最后，为了使社会出现新的面貌，以确立新型的新民主主义婚姻家庭关

---

① 《刘少奇选集》(下卷)，人民出版社1985年版，第133页。

② 肖蔚云:《我国现行宪法的诞生》，北京大学出版社1986年版，第18页。

系，新中国发布了《婚姻法》(1950 年 4 月)。这是在《共同纲领》指导下颁布的第一部法律。这部法律是对几千年封建婚姻制度的彻底废除，也是新中国实现妇女解放、男女平等的标志。由于婚姻法的实施涉及对封建婚姻家庭关系的深刻变革，不少人民群众，包括政府工作人员对婚姻法也不太了解，甚至存在误解和对抗情绪。1953 年，政务院为了落实婚姻法，展开了一次全国规模的声势浩大的法律实施运动。

三、新中国司法制度的建立和司法改革

新中国的司法制度是在打碎旧的司法制度的基础上，同新生的人民政权一起建立的。根据 1949 年 9 月发布的《中央人民政府组织法》，1949 年 10 月 1 日成立的中央人民政府委员会任命沈钧儒为最高人民法院院长，任命罗荣桓为最高人民检察署署长。并根据《共同纲领》的规定，着手在全国建立人民法院和人民检察署的工作。1951 年，中央人民政府通过并发布了《人民法院暂行组织条例》《最高人民检察署暂行组织条例》《地方各级人民检察署组织通则》等法律，统一了人民法院和人民检察机关的职权，自上而下地开始建立各级人民法院和人民检察署的组织体系。

新中国成立初期，司法机关的建立最直接的目的是保护土改和镇压反革命。1950 年 7 月 20 日，政务院发布了《人民法庭组织通则》，在全国建立起人民法庭来承担镇反的司法审判工作。人民法庭的权力很大，它有权逮捕、拘禁并判处被告死刑、徒刑、没收财产、劳役、当众悔过或宣告无罪。

1951 年 9 月，中央人民政府发布了《人民法院暂行组织条例》，使我国法院建设走上正轨。根据该法，人民法院分三级：中央人民政府设最高人民法院为全国最高审判机关，负责领导和监督全国各级审判机关的审判工作。下设省级人民法院及其分院、分庭，基本上是第二审法院。基层一审法院是县级人民法院。一般实行三级二审制，特殊情况下实行三审或一审制。地方人民法院实行双重领导，地方各级人民法院除受上级人民法院的领导和监督外，还受人民政府委员会的领导和监督。各级人民法院设审判委员会，主要处理

重大疑难案件，并在政策和审判原则上进行指导。

与此同时，人民检察机关也着手建立。根据1951年9月中央人民政府发布的《最高人民检察署暂行组织条例》和《地方各级人民检察署组织通则》的规定，最高人民检察署为全国最高检察机关，受中央人民政府委员会直辖，领导下级检察机关，对政府要员、公务人员和全国国民之严格遵守法律，负最高的检察责任。最高人民检察署在大行政区或其他区域设分署。省、直辖市设人民检察署，在专区设分署。县、市设人民检察署。检察署的领导体制由建国初的垂直领导改为同法院一样的双重领导体制。各级检察署设检察委员会，确定有关检察工作的方针政策及其他重要事项，委员会意见不一致时，由检察长决定。

建设新政权需要一整套司法机构的工作人员。新中国成立初期，司法干部极其缺乏，许多县级的司法机构建立不起来。在这种情况下，一方面中央决定加紧培训司法工作人员，另一方面吸收旧法统下工作的司法人员来充实司法机构。可以说，新中国的司法干部队伍在一定程度上是在改造旧司法人员的基础上建立起来的。

但是，随着土改、“三反”“五反”等运动的胜利开展，司法机关的工作人员暴露出很多严重问题，如思想不纯、恋旧、政治不纯、组织不纯和作风不纯等。旧法观点不仅在不少留用的旧司法人员中相当严重，而且在一些党政领导干部中也存在。再加上当时对土改、镇压反革命、惩治贪污等问题的处理缺少明晰的法律规定，不少司法干部对此思想比较混乱。

基于此种局面，为了纯化司法人员的队伍以提高司法效率，政府决定开展司法改革运动。即在“三反”运动胜利的基础上，对各级司法机关进行彻底改造和整顿，以从政治上、组织上、思想作风上提高纯洁性。开展司法改革运动，首先要清除旧法人员中的思想不纯和政治不纯问题。对旧法观点进行了系统的批判，否认旧法的可继承性。彻底批判了资产阶级法律思想，包括资产阶级“三权分立”学说、“司法独立”原则等。在进行思想批判的同时，在司法改造方面采取了严厉的组织措施，将已经堕落蜕化、作风恶劣或坚持旧观点不改的干部撤换掉。经过司法改造运动，对审判队伍进行了彻底整顿，旧司法人员基本上被清除出司法队伍和交出审判大权。这是对新中国成立初期接管旧司法建立起来的司法队伍进行的一次脱胎换骨的改造。旧法思想受到致命打击，原来对旧法观点的理论批判已经被对旧法人员整体的清除所代替。随着对人的清除，旧法观点也随之消失，从而在根本上划清了敌我界限和新旧法律观点的界限。

司法改革运动从 1952 年 6 月开始到 1953 年 2 月结束，历时 9 个月。通过司法改革，从组织上、政治上和思想作风上纯洁了司法干部队伍，真正端正了人民法院的政治立场。司法改革意味着共产党已彻底接管了司法机关，至此，新中国才算初步完成了自己的司法干部队伍建设。

第二节 法治建设的发展与偏离

这一时期，我国法治建设处于进一步发展和在发展中偏离的阶段。从1957年到1966年“文化大革命”爆发前，是我国开始全面建设社会主义的时期，也是法治建设受到“左”的思想干扰而曲折发展的时期。在这一时期，我国的法治建设取得了一定的成绩，但从1957年“反右”斗争以后，党和国家在指导方针上产生严重失误，“左”倾思想和法律虚无主义日渐抬头，并取代了新中国成立初期的法治观念，在发展中逐渐出现了偏离。

一、法治建设在探索中前进

在新中国成立初期法治建设的基础上，1956年中共八大会议对社会主义法治建设提出了正确的指导方针。1956年9月召开的中国共产党第八次全国代表大会指出，必须进一步扩大社会主义民主，大力反对官僚主义，加强各级人大和它对各级国家机关的监督，加强人民群众对国家机关及其工作人员的批评和监督，着手系统地制定比较完备的法律，健全我们国家的法制。但这一指导方针并没有得到认真的遵循。

自1957年以后，由于当时的认识水平，“对法制建设时而重视，时而放松，没有坚持贯彻执行”。尽管这一时期轻视法律的法律虚无主义思潮开始蔓延，“立法工作受到冲击，我国法制建设开始从高潮往下滑坡”[①]，但对法治还没有

① 俞敏声主编:《中国法制化的历史进程》，安徽人民出版社1997年版，第196页。

完全抛弃，法治建设也取得了一些成绩。这从当时党和国家领导人对法治的有关论述和法治建设的情况也能得到证明。

毛泽东在《关于正确处理人民内部矛盾的问题》一文中强调："人民中间的犯法分子也要受到法律的制裁。"①"人民为了有效地进行生产，进行学习和有秩序地过生活，要求自己的政府、生产的领导者、文化教育机关的领导者发布各种适当的、带强制性的行政命令。没有这种行政命令，社会秩序就无法维持，这是人们的常识所了解的。"②为了维护正常的社会秩序，需要制定全体公民一律遵循的法令和规章并贯彻执行。刘少奇在《政法工作和正确处理人民内部矛盾》一文中也指出："人民内部也要有法制，国家工作人员和群众也要受公共章程的约束。"③对于那些故意扰乱社会正常秩序，不愿接受公共章程约束的个别人，"我们并不赞成放纵他们。相反，必须给予必要的法律的制裁。惩治这种人是广大群众的要求，不予惩治则是违反群众要求的"。④

社会主义法治的强制性以及对人民群众的教育功能，往往是通过国家机关充分履行其职能体现出来的。为此，中国共产党的领导人十分注重国家机关的活动在处理人民内部矛盾中的积极作用。毛泽东说："我们的国家机关是无产阶级专政的国家机关。拿法庭来说，它是对付反革命的，但也不完全是对付反革命的，要处理很多人民内部闹纠纷的问题。看来，法庭一万年都要。因此在阶级消灭以后，还会有先进和落后的矛盾，人们之间还会有斗争，还会有打架的，还可能出各种乱子。你不设一个法庭怎么得了呀！"⑤董必武也强调："社会关系是人同人的关系，一切人民内部矛盾最终都是人同人关系上的矛盾。人民法院惩罚犯罪并以此教育公民，能产生调整人民内部矛盾的作用。所以，人民法院对人民内部犯罪案件应当依法正确审判，不应当因为犯

① 《毛泽东文集》(第7卷)人民出版社1999年版，第207页。

② 《毛泽东文集》(第7卷)人民出版社1999年版，第209页。

③ 《刘少奇选集》(下卷)，人民出版社1984年版，第452页。

④ 《毛泽东文集》(第7卷)，人民出版社1999年版，第237页。

⑤ 毛泽东:《在中国共产党第八届中央委员会第二次全体会议上的讲话》，1956年11月15日。转引自陈景良主编:《当代中国法律思想史》，河南大学出版社1999年版，第131页。

罪者是劳动人民而不予以严肃处理。案件如果不正确处理，就不但不能产生调整人民内部矛盾的作用，反而会产生促使矛盾复杂化、尖锐化的作用。”①

在这一时期，中共领导人不仅重视国家机关在实施法律以使社会秩序化中的作用，而且很注重从守法的角度来看待法律的实现问题。早在1954年宪法通过后，毛泽东就要求“全国人民每一个人都要实行”。②1957年1月27日，他在省、市、自治区党委书记会议上的重要讲话中，强调全党和全国人民“一定要守法，不要破坏革命的法制。法律是上层建筑。我们的法律，是劳动人民自己制定的。它是维护革命秩序，保护劳动人民利益、保护社会主义经济基础，保护生产力的。我们要求所有的人都遵守革命法制”。③在1962年前后，党的领导人曾短暂地反省过破坏法治的教训。根据毛泽东的指示，刑法、民法的起草工作又提上了议事日程。从1962年5月开始，对刑法草案第22稿进行全面修改，到1963年10月，写出了第33稿。同时，全国人民代表大会常务委员会办公厅又组织人员进行第二次民法起草工作。经过两年多的努力，于1964年7月草拟了《民法》(试拟稿)，共三编24章262条。④这两个法律草案后来由于遍及全国的“四清”运动的开展而没有公布。毛泽东在一次同斯诺的谈话中也反省自己是“和尚打伞，无法无天”。在《工作方法六十条》中，他也提到领导干部要学点法。但在日益紧张的阶级斗争和政治斗争面前，讲法治也只不过是在领导人头脑中暂时性的念头而已。

但不管怎样，在党和国家领导人的重视与推动下，我国在这10年里，虽然总体来说法制建设在逐步走向削弱，但仍取得了一定的成绩，总的来说是在探索中发展的。

① 《董必武政治法律文集》，法律出版社1986年版，第536—537页。转引自陈景良主编：《当代中国法律思想史》，河南大学出版社1999年版，第131—132页。

② 《毛泽东文集》(第6卷)，人民出版社1999年版，第328页。

③ 《毛泽东文集》(第7卷)，人民出版社1999年版，第197—198页。

④ 李步云主编：《中国法学——过去、现在和未来》，南京大学出版社1988年版，第252页。作者注：这个民法草案，由于随之而来的“四清”运动、法律虚无主义的盛行以及“文化大革命”的发动而被废除。

第一，全国人大及其常委会在大多数的时间里基本上开展了活动，行使了职权。如期举行会议，是最高国家权力机关行使职权，发挥其作用的一个基本条件。1957年到1966年的10年中，全国人民代表大会第一、二、三届各次会议，除1961年未举行、1964年第三届全国人大一次会议跨年度举行和1966年未举行外，基本上依照宪法规定，每年举行了会议。在召开的全国人大各届各次会议上，听取和审议通过了全国人大常委会的工作报告和政府工作报告（第二届全国人大二次、四次会议没有听取政府工作报告），审查和批准了上一年的国家决算和当年的国家预算（第二届全国人大三次会议授权全国人大常委会审查和批准我国第二个五年计划后两年的国民经济调整计划和相应的国家预算）。另外，第二届全国人大第一、二、四次会议审查和批准了当年的国民经济计划，第一次会议通过了《1956年—1957年农业发展纲要》。所有这些，对于国家建设事业的继续发展发挥了一定作用。

第二，立法工作取得了进展。据统计，从1957年到1966年3月，我国共制定法律、法规、法规性文件675件。全国人大及其常委会的立法工作从1958年年初到1966年7月，虽然有所削弱，甚至一度处于停顿状态，但还是进行了一些立法活动。在这8年多时间里，全国人大及其常委会通过或原则通过了国家建设征用土地办法、户口登记条例、农业税条例、工商统一税条例（草案）、地方经济建设公债条例、关于适当提高高级农业生产合作社股份基金的补充规定、关于改进税收管理体制的规定（草案）、商标管理条例、关于民族自治地方财政管理暂行办法、外国人入境出境过境居留旅行管理条例；对已制定的军官服役条例进行了修改；批准了26项民族自治地方人大和人民委员会的组织条例等。国务院及其各部委也制定和发布了许多行政措施和决议、命令、指示，对有关国民经济计划、基本建设、工业、农业、交通、邮电、工商行政管理、财政、金融、文教卫生、公安、司法、检察、对外贸易、外交关系等方面的事务和工作制度作了规定。

第三，审判、检察和社会治安管理工作取得较好成绩。这一时期，人民法院依照宪法和人民法院关于公开审判、辩护、合议等项审判制度的规定，依法审理了大量的刑事、民事案件。审判和特赦释放日本战争罪犯，特赦释放国内战争罪犯和其他罪犯，取得了巨大成功，在国内外产生了良好影响。检察机关和公安机关配合有关部门，坚决地打击了反革命分子和其他刑事犯罪分子的破坏活动。劳改、劳教工作成绩显著，社会治安空前良好。

1962 年 11 月，最高人民法院召开第六次全国司法工作会议，根据中央关于各方面工作都要走上轨道的精神，发布了《关于人民法院工作若干问题的规定》，即“法院工作十条”。解决了法院执行政策和法律中的一些程序问题。在此期间，总结过去的经验教训，检察工作也有所好转。

第三章

十一届三中全会与法治建设的新开端

中共十五大报告，在党的历史上第一次把依法治国，建设社会主义法治国家，作为党领导人民治理国家的基本方略郑重地提了出来。这不仅是我们党领导方式、执政方式、治国方略的重大转变，也是总结贯彻中共十一届三中全会作出的发展社会主义民主，健全社会主义法制这一战略决策的长期实践经验所得出的结论。如果说，中共十五大提出的依法治国的方略，是我国社会主义法治建设进程中的一座新的里程碑，那么，中共十一届三中全会强调发展社会主义民主，健全社会主义法制，则是我国走向法治社会的历史起点。

第一节 中共十一届三中全会是当代中国法治国家建设的历史起点

1978 年 5 月 11 日，《光明日报》以特约评论员的名义发表了《实践是检验真理的唯一标准》一文，并由此引发了全国范围的关于真理标准问题的大讨论。这篇文章被认为是当代中国第一次思想解放的宣言书。这场大讨论，是当代中国一次伟大的思想解放运动，它为中共十一届三中全会的召开作了思想上的准备。江泽民《在纪念党的十一届三中全会召开 20 周年大会上的讲话》中对十一届三中全会进行了高度评价。他说："十一届三中全会，是建国以来我党历史上具有深远意义的伟大转折。党在思想、政治、组织等领域的全面拨乱反正，是从这次全会开始的。伟大的社会主义改革开放，是由这次全会揭开序幕的，建设有中国特色社会主义的新道路，是以这次全会为起点开辟的。当代中国的马克思主义——邓小平理论，是在这次全会前后开始逐步形成和发展起来的。十一届三中全会是一个光辉的标志，它表明中国从此进入了社会主义事业发展的新时期。"①

中共十一届三中全会已成为当代中国历史的一个重要分期和转折点，被称为社会主义时期的"遵义会议"。它是中国共产党重新探索建设中国特色社会主义的新起点，也是中国共产党领导的第二次革命的伟大开端。它不仅是建国

① 江泽民:《在纪念党的十一届三中全会召开 20 周年大会上的讲话》，载《光明日报》1998 年 12 月 19 日。

以来党和国家历史上具有深远意义的伟大转折，也是我国社会主义民主和法治建设历程中的历史性转折。这次会议重新确定的“解放思想，实事求是”的思想路线，不仅推动实现了全党工作重点的历史性转变，开辟了我国改革开放和社会主义现代化建设的历史新时期；也为我国实施依法治国，建设社会主义法治国家指明了方向。依法治国的方针与实践，是从中共十一届三中全会实现了在指导思想上的拨乱反正之后，才逐步开始的。中共十一届三中全会以来改革开放的发展历程，也是我国民主与法治重建和发展以及探索建设法治国家的历程。因而，从一定意义上说，没有中共十一届三中全会，就没有中共十五大依法治国方略的提出，更不可能有建立社会主义法治国家宏伟目标的确立。

1978 年 12 月，邓小平在中共十一届三中全会召开前的中央工作会议上，作了题为《解放思想，实事求是，团结一致向前看》的重要讲话。这个讲话，中共十五大报告曾给予了很高的评价：“1978 年邓小平《解放思想，实事求是，团结一致向前看》这篇讲话，是在‘文化大革命’结束以后，中国面临向何处去的重大历史关头，冲破‘两个凡是’的禁锢，开辟新时期新道路、开创建设有中国特色社会主义新理论的宣言书。”① 这篇讲话，实际上成为几天后召开的中共十一届三中全会的主题报告。

邓小平在这篇讲话中，既总结了“文化大革命”践踏法制，广大干部群众惨遭非法迫害的历史教训，又顺应了历史的潮流，从新时期经济建设发展的需要着眼，对社会主义法治建设的一系列重大问题提出了鲜明的主张，明确提出“坚持和发展民主和法制是党和国家坚定不移的方针”。他强调，国要有国法，党要有党规党法。为了保障人民民主，必须加强法制。“必须使民主制度化、法律化，使这种制度和法律不因领导人的改变而改变，不因领导人的看法和注意力的改变而改变。”② 为完善立法，他指出应集中力量制定刑法、民法、诉讼法和其他各种必要的法律，真正做到有法可依，有法必依，执法

① 江泽民：《高举邓小平理论伟大旗帜，把建设有中国特色社会主义事业全面推向二十一世纪》，载“中国网”（http://www.China.com.cn/2yjy/2019-07/13/content_18122516.htm）1997 年 9 月 12 日，最后访问时间：2019 年 10 月 11 日。

② 《邓小平文选》（第 2 卷），人民出版社 1994 年版，第 146—147 页。

必严，违法必究。[①] 在邓小平的著作中，在论及社会主义民主法制建设问题时，在绝大多数场合下，使用的都是“法制”一词。[②] 但从邓小平关于社会主义法治建设的一系列论述中，我们可以看出，邓小平并未像理论家那样对“法制”与“法治”进行严格的区分，而是经常从表述习惯上使用。他在使用“法制”一词时，有时是指静态的法律制度，有时又指动态的法治。如果我们不局限于表达形式，而是从精神实质、从宏观着眼，邓小平法制思想的精髓或核心就是依法治国，实行法治。

在中央工作会议结束后召开的中共十一届三中全会上，根据邓小平的讲话，对民主和法治问题进行了认真的讨论，提出在全党工作重点转移的同时，要加强民主建设，强调民主和集中的辩证关系，“为了保障人民民主，必须加强社会主义法制，使民主制度化、法律化，使这种制度和法律具有稳定性、连续性和极大的权威，做到有法可依，有法必依，执法必严，违法必究。从现在起，应当把立法工作摆到全国人民代表大会及其常务委员会的重要议程上来。检察机关和司法机关要保持应有的独立性；要忠实于法律和制度，忠实于人民利益，忠实于事实真相；要保证人民在自己的法律面前人人平等，不允许任何人有超越于法律之上的特权”。[③] 中共中央根据邓小平的民主法治思想作出的这些决策，是总结“文化大革命”的教训得出的最重要成果之一，为中国的发展指明了一条依法治国的正确道路，得到了全国人民的坚决拥护。可以说，自此以后，在邓小平法制思想的指引下，我们国家逐步走上了依法治国，建设社会主义法治国家的道路。因而，中共十一届三中全会，既是我国在新的历史时期建立法治国家的转折点，也是当代中国建立法治国家的历史起点。

---

① 《邓小平文选》(第 2 卷)，人民出版社 1994 年版，第 146—147 页。

② 邓小平在 1986 年《关于政治体制改革问题》的谈话中，明确使用过“法治”一词，强调要通过政治体制改革，“处理好法治与人治的关系，处理好党和政府的关系”。参见《邓小平文选》(第 3 卷)，人民出版社 1993 年版，第 177 页。另外，1979 年 4 月 15 日，邓小平在会见美籍华人李政道的谈话中，1979 年 7 月 24 日，邓小平在对华润公司工矿部一干部来信的批示中，也分别使用了“法治”一词。参见《邓小平年谱(1975—1997)》(上)，中央文献出版社 2007 年版，第 505 页、第 538 页。

③ 《中国共产党第十一届中央委员会第三次全体会议公报》，载《三中全会以来重要文献选编》(上)，人民出版社 1982 年版，第 11 页。

第二节
当代中国选择法治道路的历史背景

中共十一届三中全会开启了当代中国重视和加强民主法治建设的发展道路，并不是偶然的，应当说是中国共产党对其他社会主义国家兴衰成败经验教训进行总结，以及对我国社会主义法治建设曲折历程反思的结果。

一、当代中国选择法治道路的国际背景

从国际上说，当代中国选择法治道路是基于对其他社会主义国家的兴衰成败经验教训的总结。邓小平在《党和国家领导制度的改革》这篇讲话中这样说过："斯大林严重破坏社会主义法制，毛泽东同志就说过，这样的事情在英、法、美这样的西方国家不可能发生。"[①] 苏联在社会主义国家建立之初，就建立了比较完备的法律体系。在社会主义民主的形式方面，苏联采取了苏维埃——人民代表机关的国家制度，这反映出苏联的政治制度包含着民主和法制的一面；但另一方面，苏联实行的又是共产党中央高度集权的领导体制。当时列宁要求："党的代表大会所通过的决议，对于整个共和国都是必须遵守的。"[②] 他认为："任何国家机关未经党中央指示，都不得解决任何重大政治问

① 《邓小平文选》(第2卷)，人民出版社1994年第2版，第333页。

② 《列宁全集》(第32卷)，人民出版社1985年第2版，第207页。

题或组织问题。”[①] 这一高度集权的领导体制，一直延续下来，阻碍了苏联民主和法治的进一步发展。

在斯大林领导苏联的 29 年中，苏联的社会主义法治建设取得了一定的成就，同时又犯了人所共知的破坏社会主义法治的严重错误。尤其是 1937 年前后苏联肃反运动时期，所发生的肃反扩大化错误，给苏联的党和人民带来了巨大灾难，也给国际共产主义运动造成了损失。

斯大林的错误给苏联人民的心理造成长期抹不去的阴影，苏联高度集权的经济体制和政治体制也越来越不能适应社会生产力发展的需要，因而到 20 世纪 80 年代中期，社会各界普遍要求进行改革。但苏联的经济体制改革进展很慢，政治体制改革却进展极快。在短短的几年里，苏共就从实行“公开化”、放开舆论开始，到实行政治多元化和多党制。这种改革的结果，搞乱了人民的思想，使苏共的组织瓦解，并导致了苏联共产党在 1991 年下台、国家解体的悲惨结局。

由于斯大林在相当长的时期内曾经是显赫一时的国际共产主义运动的公认领袖，再加上中华人民共和国成立初期，由于当时特定的历史背景，我国也实行了“全盘苏化”的政策，因而斯大林在法学领域中的一些观点及苏联高度集权的政治体制和管理模式，不仅传入我国，而且也被全盘接受。

二、当代中国选择法治道路的国内背景

从国内背景来看，当代中国选择法治道路，是对我国社会主义法治建设曲折历程反思的结果。邓小平曾经说过：“旧中国留给我们的，封建专制传统比较多，民主法制传统很少。解放以后，我们也没有自觉地、系统地建立保障人民民主权利的各项制度，法制很不完备，也很不受重视。”[②] 中国是一个历经两千多年封建专制统治的国家。自秦始皇统一中国后，其间虽经过了历

① 《列宁全集》(第 4 卷)，人民出版社 1985 年第 2 版，第 157 页。
② 《邓小平文选》(第 2 卷)，人民出版社 1994 年第 2 版，第 332 页。

代王朝的更替，但都未影响这个制度在不断吸取经验中发展和延续，在封建集权专政的体制下，人们迷信权威、畏惧权力、重义务轻权利、缺乏民主和法治的传统。崇尚人治，是封建专制统治的最大特点。人治，又称一人之治，即集国家立法、行政、司法和军政大权于一身。因此，人们往往把它与专制、独裁等同起来。自汉武帝以后，儒家学说跃居社会的统治地位，成了历代封建王朝的指导思想。儒家主张人治。我国著名思想家孔子说过："其人存则其政举，其人亡则其政息……故为政在人。"[①]我国民主革命的先行者孙中山先生曾对儒家的人治思想进行了批判，他说："吾国昔为君主专制国家，因人而治，所谓一正君而天下定。数千年来，只求正君之道，不思长治之方"，国家只能长期处于混乱之中。[②]中国社会历史发展的这种特点，决定了我国民主和法治建设的基础很不坚实。

中华人民共和国成立后，我们建立了人民民主制度，制定和实施了1954年《宪法》及其他法律制度，对当时的革命和建设曾经起过重要的保障作用。但是，由于经济与政治体制上权力的过分集中，以及后来"以阶级斗争为纲"的政治运动的冲击，我们没有认识到依法治国的重要意义，法治思想削弱，人治思想上升。特别是从20世纪50年代后期开始，由于"左"倾思潮泛滥，法律虚无主义开始盛行，广大干部和群众法治观念淡薄，习惯于只按政策办事，按领导人的意志办事，正如邓小平所说的，"往往把领导人的话当作'法'，不赞成领导人说的话就叫做'违法'，领导人的话改变了，'法'也就跟着改变"[③]。主张"法律至上"的观点，被冠以"依法抗党"的罪名，使我国的法治国家建设遭受挫折，并导致了十年"文化大革命"的灾难。

发生于20世纪60年代的十年"文化大革命"，是一个完全置法治于不顾的时代。

邓小平曾说："没有'文化大革命'的教训，就不可能制定十一届三中全

---

① 《礼记·中庸》。

② 孙中山：《元旦布告》，载《孙中山全集》（第4卷），第285页。

③ 《邓小平文选》（第2卷），人民出版社1994年第2版，第146页。

会以来的思想、政治、组织路线和一系列政策。”[①]20 世纪 70 年代后期，十年动乱结束不久，亲身经历了社会主义法治遭到破坏、权利遭受侵犯的广大人民群众和干部，深切体会到社会主义民主和法治的重要性。全国上下众口同声强烈呼唤社会主义民主和法治。正是在这样的历史背景下，1978 年邓小平总结历史教训，尤其是“文化大革命”的教训，在中共十一届三中全会召开前的中央工作会议上，作了题为《解放思想，实事求是，团结一致向前看》的重要讲话。在这个讲话中，他提出了一系列加强社会主义民主和法治建设的主张和思想。一直到去世以前，邓小平在改革开放和建设有中国特色社会主义的整个过程中，在不同的场合，从不同的角度，以不同的方式，对社会主义民主和法治建设的各个方面作了阐述，形成了他完整的法治思想体系，并成为构建当代中国法治社会的指导思想。

① 《邓小平文选》(第 3 卷)，人民出版社 1993 年版，第 272 页。

第三节
新中国法治之路开启的标志

中共十一届三中全会深刻总结历史经验教训，特别是“文化大革命”的深刻教训，对民主法治建设的认识产生了一个历史性的飞跃，把发展社会主义民主、健全社会主义法制作为国家建设的重要目标提出来，从而使中华人民共和国的法治建设进入了重建和迅速发展的新历史时期，成为我国建立法治国家的历史转折点和起点。

依法治国，必须加强立法工作，建立完备的社会主义法律体系。“文化大革命”结束以后，鉴于“文化大革命”时期无法无天的状况，加强民主法治建设，首先要做到有法可依，建立完善的法律制度。

根据中共十一届三中全会的精神，加强立法工作立即被摆到全国人民代表大会及其常务委员会的重要议事日程。1979 年，第五届全国人大第二次会议制定并公布了七个重要法律，即《刑法》《刑事诉讼法》《全国人民代表大会和地方人民代表大会选举法》《地方各级人民代表大会和地方各级人民政府组织法》《人民法院组织法》《人民检察院组织法》《中外合资经营企业法》。邓小平曾把这些法律的制定和出台，视为我国新时期社会主义建设的新开端。在出席第五届全国人大第二次会议的党内负责人会议上，他谈到民主与法制问题时强调：“我们制定法律的步伐要加快。确实要搞法制，特别是高级干部要遵守法制。以后，党委领导的作用第一条就是应该保证法律生效、有效。没有立法之前，只能按政策办事；法立了以后，坚决按法律办事。我们这次大会要认真立法，大会以后还要立一系列的法。这是很严肃的事情。国际上认为中国有个新的开端，不但指四个现代化，还有加强民主和法制。”① 这次会议后不久，邓小平在会见日本公明党第八次访华团时，结合这次的立法成就对完善我国的立法问题又作了进一步的阐述。他说：“我们好多年实际上没有法，没有可遵循的东西。这次全国人大开会制定了七个法律。有的实际上部分地修改了我们的宪法，比如取消革命委员会，恢复原来的行政体制。这是建立安定团结政治局面的必要保障。这次会议后，要接着制定一系列的法律。我们的民法还没有，要制定；经济方面的很多法律，比如工厂法等，也要制定。我们的法律太少了，成百个法律总要有的，这方面有很多工作要做，现在只是开端。”② 对 1979 年五届全国人大二次会议制定颁布的七个法律，他也给予了很高的评价。他说：“在建国以来的二十九年中，我们连一个刑法都没有，过去反反复复搞了多少次，三十几稿，但是毕竟没有拿出来。现在刑法和刑事诉讼法都通过和公布了，开始实行了。全国人民都看到了严格实行社会主义法制的希望。这不是一件小事啊！”③ 此后，当代中国开始进入大规模的立法时期。随着适应社会政治经济建设的主要法律的陆续颁布，为我国法治建设的恢复和进一步发展奠定了基础。

① 《邓小平年谱（1975—1997）》（上），中央文献出版社 2007 年版，第 527—528 页。
② 《邓小平文选》（第 2 卷），人民出版社 1994 年第 2 版，第 189 页。
③ 《邓小平文选》（第 2 卷），人民出版社 1994 年第 2 版，第 243 页。

第四节 中共十一届三中全会以来我国法治建设的成就

自1978年中共十一届三中全会以来，我国的法治建设经历了种种曲折历程，把依法治国的方针付诸实践时，无论在立法、执法和司法等方面，还是在理论观念和现实实践中，都存在着许多问题，离依法治国的要求还有相当大的差距，但经过改革开放以来长时间的不断努力，通过加强民主、健全法制及完善执法、司法等一系列重大举措，建设社会主义法治国家也取得了令世人瞩目的伟大成就。

十一届三中全会以来我国法治建设的发展阶段可用两个“十六字方针”来概括，第一个“十六字方针”为“有法可依、有法必依、执法必严、违法必究”（以下简称“十六字方针”），第二个“十六字方针”为“科学立法、严格执法、公正司法、全民守法”（以下简称“新十六字方针”）。法治建设的历程就是落实两个“十六字方针”的历程，改革开放以来法治建设的成就就是落实两个“十六字方针”的结果。改革开放40年来，在两个“十六字方针”的引领下，我国的法治建设取得了巨大的成就，并实现了跨越式发展。

一、“十六字方针”实现了向依法治理的转变

（一）“十六字方针”的提出

有法可依、有法必依、执法必严、违法必究，是改革开放后我国社会主

义法治建设的基本方针和要求。“十六字方针”内容的完整表述，是邓小平首先提出的，在中共十一届三中全会公报中被正式确认，以后又被载入许多党的重要文件中。

鉴于“文化大革命”时期法治被完全破坏的状况，邓小平首先考虑的是要做到有法可依，建立完善的法律制度。关于完善立法的思想，在1978年中共十一届三中全会召开前夕的中央工作会议上，邓小平进一步作了系统阐释。他在《解放思想，实事求是，团结一致向前看》的著名讲话中，在提出新时期加强法治建设任务的同时，针对当时我国立法很不完备，很多法律还没有制定出来的情况指出：“应该集中力量制定刑法、民法、诉讼法和其他各种必要的法律，例如工厂法、人民公社法、森林法、草原法、环境保护法、劳动法、外国人投资法等等……做到有法可依，有法必依，执法必严，违法必究。”①

在中央工作会议结束后召开的中共十一届三中全会上，根据邓小平的讲话精神，在提出全党工作着重点和全国人民的注意力转移到社会主义现代化建设上来的同时，“对民主和法制问题进行了认真的讨论”，提出“为了保障人民民主，必须加强社会主义法制，使民主制度化、法律化，使这种制度和法律具有稳定性、连续性和极大的权威，做到有法可依，有法必依，执法必严，违法必究”。②“十六字方针”自此在党的文献中被正式提出和确认，成为中共十一届三中全会后党的重要文献强调的重点和法治建设的指导方针，为以立法为导向的法治建设指明了方向。

有法可依、有法必依、执法必严、违法必究的“十六字方针”，包括了对立法、执法、司法、普法等法治建设各方面工作的基本要求，因而具有很强的针对性和深远的指导意义。我国新时期法治建设在这一方针的指引下，取得了令人瞩目的成就。

---

① 《邓小平文选》（第2卷），人民出版社1994年第2版，第146页。

② 《中国共产党第十一届中央委员会第三次全体会议公报》，载《三中全会以来重要文献选编》（上），人民出版社1982年版，第10—11页。

（二）“十六字方针”指引下的法治建设成就

改革开放以来，在“十六字方针”的引领下，立足中国的国情，面对中国的问题，对如何建设中国特色社会主义法治国家，在理论和实践上进行了探索，并取得了很大的成就。

第一，确立了依法治国基本治国方略。中共十五大从建设中国特色社会主义政治、继续推进政治体制改革的高度，第一次把依法治国、建设社会主义法治国家作为治国的基本方略郑重地提了出来。中华人民共和国第九届全国人民代表大会第二次会议通过的宪法修正案，又把依法治国、建设社会主义法治国家写入宪法，成为宪法的基本原则之一。中共十六大把发展社会主义民主政治，建设社会主义政治文明，视为全面建设小康社会的重要目标。坚持党的领导、人民当家作主和依法治国的有机统一，被确立为建设中国特色社会主义法治国家的指导思想。中共十七大提出坚定不移发展社会主义民主政治，坚持依法治国基本方略，树立社会主义法治理念，实现国家各项工作法治化，保障公民合法权益，并对全面落实依法治国基本方略，加快建设社会主义法治国家进行了部署。当代中国治国方略的这种历史性转变，是我国社会主义法治建设进程中具有里程碑意义的一个伟大进步，是十一届三中全会以后探索法治道路的历史必然。

第二，实现了从人治向依法治理的转变。鉴于苏联斯大林时期破坏法治和中国“文化大革命”的教训，如何从制度上防范人治产生，建立使党和国家的政治生活纳入法治轨道的机制，是中共十一届三中全会以后社会主义法治建设探索的一个重大问题。要避免类似“文化大革命”那样的错误发生，就要从制度上解决问题，改革党和国家领导制度，建立防止人治产生的机制。基于此，革除政治体制上存在的一些弊端[①]，纠正党的权力过分集中于个人，党内个人专断和个人崇拜等现象，废除干部领导职务终身制，使民主制度化、

① 邓小平在《党和国家领导制度的改革》一文中，对党和国家领导制度中存在的主要弊端进行了系统深入的分析，为我国的政治体制改革指明了方向。参见《邓小平文选》(第2卷)，人民出版社1994年第2版。

法律化，抛弃人治，厉行法治，依法治国，成为改革开放后的共识，并推动了政治体制改革的深入进行，促进了从人治向依法治理的转变。

第三，中国特色社会主义法律体系已经形成。根据改革开放和建立社会主义市场经济体制的需要，中共十五大确立了到 2010 年形成中国特色社会主义法律体系的要求，我国的立法工作取得了巨大成就，按期实现目标。以宪法为核心的中国特色社会主义法律体系已经形成，国家政治、经济和社会生活的主要方面基本上做到了有法可依，实现了由把领导人的话当作法向有法可依的转变，有力地推动和保障了改革开放和社会主义现代化建设的顺利进行。

第四，法律知识广泛普及。通过普法宣传教育，依法治国的精神理念得到传播并成为共识，全社会的法治观念有了很大提高，公平、正义理念正潜移默化地影响着人们的价值观念，人们依法保护自己合法权益的意识显著增强。

第五，尊重和保障人权被载入宪法。为了保障宪法规定的公民的各种基本权利得到实现，依据宪法制定了一系列相应的法律法规。2004 年全国人大通过的宪法修正案将“国家尊重和保障人权”郑重地载入宪法。为使公民的合法权益不受行政机关、司法机关的违法侵害，构筑了全面的民主监督和法律救济系统。坚持以人为本，尊重和保障人权已经成为全社会的共识。

第六，中国共产党确立了民主执政、科学执政和依法执政的执政原则。自 20 世纪 90 年代中期以来，中共中央领导集体根据社会主义法治建设实践的需要，不定期地聘请法学专家就建设法治国家的理论与实践问题举办法制讲座。在这一举措的促进下，领导干部自觉学法用法意识增强。同时对广大民众自觉学习法律，提高法律意识，也起到了重要促进作用。

第七，依法行政成为政府工作运行的准则。随着经济体制改革的进一步深入，在社会政治、经济文化的推动下，我国行政法治建设取得了很大的成绩，如明确了我国依法行政的目标——建设法治政府，第一次全面规划了建设法治政府的宏伟蓝图；明确了政府的职能定位，行政管理体制改革不断深化。对行政权的监督体制进一步完善，建设有限政府、责任政府；推行了行政问责制和行政执法责任制；实行行政公开制度，建设阳光政府等。2004 年 3 月，国务院发布《全面推进依法行政实施纲要》，其在总结几十年法治建设经验基础之上，指明了今后十年政府全面推进依法行政的指导思想和具体目标、基本原则和要求、主要任务和措施，并作出了系统规划和安排，明确了经济调节、市场监管、社会管理、公共服务的政府职能，正式确立了建立法治行政、打造法治政府的总目标，充分表明国务院坚持执政为民，全面推进依法行政、建设法治政府的坚定决心。该纲要标志着我国依法行政进入了全面推进、自觉发展、不断深化的阶段，建设法治政府已成为我国各级行政机关的内在迫切要求。

第八，司法体制改革稳步推进。自中共十一届三中全会以来，根据不同时期的历史特点和司法工作面临的任务，在司法机关和司法队伍建设；推进司法改革，保障社会公平和正义的实现；优化司法职权配置，规范司法行为，建设公正高效权威的社会主义司法制度等方面，形成了系统的中国特色社会主义司法理论。司法改革工作正在逐步深化，并取得初步成效，司法不公和司法腐败现象逐步得到克服和纠正。

第九，法学研究和法学教育进一步繁荣和发展。中共十一届三中全会以后，尤其是确立了建设社会主义市场经济的战略后，我国的法学研究及其理论成果无论在质上还是在量上，都有了突破性的进展，对中国法治实践和人的思想认识中需要解决的一些重大理论问题进行了探讨，促进了人们思想观念的转变和法治社会的建设。自20世纪70年代末以来，我国法学教育的规模以空前未有的速度扩大。法学教育的层次日趋齐全，结构亦日臻完善。目前，我国已经基本建立了由普通高等法学教育、成人法学教育、法律职业教育构成的多渠道、多形式、多层次的法学教育体系，为社会输送了大量的高素质法治人才。

依法治国，建设社会主义法治国家作为治国方略已经确立。然而，依法治国，建设社会主义法治国家是一个前无古人的伟大创举，也是一个复杂艰巨的系统工程，不可能一蹴而就。1978年改革开放以后的民主法治建设功不可没，奠定了现代法治大厦之基。

二、“新十六字方针”实现了由立法导向的法治建设向体系化法治建设的转变

“新十六字方针”即“科学立法、严格执法、公正司法、全民守法”，是中共十八大报告正式提出的。此后，习近平总书记在多次重要讲话中对此作出强调。中共十八届四中全会通过的《中共中央关于全面推进依法治国若干重大问题的决定》，明确把其列为实现全面推进依法治国总目标的内容，成为中国进入新时代依法治国遵循的“新十六字方针”。

（一）“新十六字方针”提出的背景和过程

前已述及，中共十一届三中全会确立了法治建设的“十六字方针”，以此为引领，在总结我国社会主义法治建设成功经验和深刻教训的基础上，“提出为了保障人民民主，必须加强法治，必须使民主制度化、法律化，把依法治国确定为党领导人民治理国家的基本方略，把依法执政确定为党治国理政的基本方式，积极建设社会主义法治，取得历史性成就”。[①] 尽管如此，我国的法治建设与实现全面建成小康社会的目标、与全面深化改革的要求之间，法治建设的现状与法治建设的目标预期之间，存在着差距，“同党和国家事业发展要求相比，同人民群众期待相比，同推进国家治理体系和治理能力现代化目标相比，法治建设还存在许多不适应、不符合的问题”。[②] 这些不适应、不符合的问题，主要表现在以下方面：

第一，在全面建成小康社会和全面深化改革的背景下，法治建设在治国理政中的地位和功能更加突出。我国目前全面建成小康社会进入决定性阶段，改革进入攻坚期和深水区，国际形势复杂多变，针对“我们党面对的改革发

① 《中共中央关于全面推进依法治国若干重大问题的决定》，载《党的十八届四中全会〈决定〉学习辅导百问》，学习出版社、党建读物出版社 2014 年版，第 2 页。

② 对法治建设还存在许多不适应、不符合的问题，十八届四中全会通过的《决定》从立法、执法司法、尊法信法守法用法等方面进行了概括和列举。参见《党的十八届四中全会〈决定〉学习辅导百问》，学习出版社、党建读物出版社 2014 年版，第 2—3 页。

展稳定任务之重前所未有、矛盾风险挑战之多前所未有，依法治国在党和国家工作全局中的地位更加突出、作用更加重大”[①]的新形势新任务，“必须更好发挥法治的引领和规范作用”。

第二，依法治国方略在推进和落实过程中，在立法、执法司法、尊法信法守法用法等方面还存在不少问题。“有的法律法规未能全面反映客观规律和人民意愿，针对性、可操作性不强，立法工作中部门化倾向、争权诿责现象较为突出；有法不依、执法不严、违法不究现象比较严重，执法体制权责脱节、多头执法、选择性执法现象仍然存在，执法司法不规范、不严格、不透明、不文明现象较为突出，群众对执法司法不公和腐败问题反映强烈；部分社会成员尊法信法守法用法、依法维权意识不强，一些国家工作人员特别是领导干部依法办事观念不强、能力不足，知法犯法、以言代法、以权压法、徇私枉法现象依然存在。”[②]

第三，我国的法治建设并未达到预期效果。就具体层面的问题而言，官民违法犯罪多发现象没有得到根本扭转，法治化进程的速度与社会期望的反差加大，法律权威性没有实质提升，法律定分止争的能力下降，包括各级领导在内的全社会的法治观念和法治思维并未确立。

在此背景下，中共十八大报告为了“加快建设社会主义法治国家”，对“全面推进依法治国”进行了战略部署，提出“法治是治国理政的基本方式。要推进科学立法、严格执法、公正司法、全民守法，坚持法律面前人人平等，保证有法必依、执法必严、违法必究”。[③]中国特色社会主义法治建设进入新时代遵循的“新十六字方针”，即“科学立法、严格执法、公正司法、全民守法”就此确立。

中共十八届四中全会通过的《中共中央关于全面推进依法治国若干重大

① 《中共中央关于全面推进依法治国若干重大问题的决定》，载《党的十八届四中全会〈决定〉学习辅导百问》，学习出版社、党建读物出版社 2014 年版，第 1—2 页。

② 《中共中央关于全面推进依法治国若干重大问题的决定》，载《党的十八届四中全会〈决定〉学习辅导百问》，学习出版社、党建读物出版社 2014 年版，第 2—3 页。

③ 《胡锦涛文选》（第 3 卷），人民出版社 2016 年版，第 634 页。

问题的决定》，则把“新十六字方针”纳入了全面推进依法治国的总目标，提出“全面推进依法治国，总目标是建设中国特色社会主义法治体系，建设社会主义法治国家。这就是，在中国共产党领导下，坚持中国特色社会主义制度，贯彻中国特色社会主义法治理论，形成完备的法律规范体系、高效的法治实施体系、严密的法治监督体系、有力的法治保障体系，形成完善的党内法规体系，坚持依法治国、依法执政、依法行政共同推进，坚持法治国家、法治政府、法治社会一体建设，实现科学立法、严格执法、公正司法、全民守法，促进国家治理体系和治理能力现代化”。①

（二）“新十六字方针”引领下法治建设的巨大成就

中共十八大以来，特别是中共十八届四中全会对全面依法治国进行部署之后，全面推进依法治国的各项举措正有条不紊地逐项落实，“科学立法、严格执法、公正司法、全民守法深入推进，法治国家、法治政府、法治社会建设相互促进”，② 在“新十六字方针”的引领下，我国法治建设迈出重大步伐，取得跨越式发展。

第一，对全面推进依法治国进行了顶层设计。为贯彻落实中共十八大精神，首次以依法治国为主题召开的中共十八届四中全会，立足我国社会主义法治建设实际，直面我国法治建设领域的突出问题，对全面推进依法治国进行了全面部署和顶层设计，为社会主义法治国家建设进程制定了“路线图”，“明确了全面依法治国的指导思想、发展道路、工作布局、重点任务”③，回答了党的领导和依法治国关系等一系列重大理论和实践问题，提出了推进依法治国进程的 180 多项举措。

① 《中共中央关于全面推进依法治国若干重大问题的决定》，载《党的十八届四中全会〈决定〉学习辅导百问》，学习出版社、党建读物出版社 2014 年版，第 3 页。

② 习近平：《决胜全面建成小康社会　夺取新时代中国特色社会主义伟大胜利——在中国共产党第十九次全国代表大会上的报告》，人民出版社 2017 年版，第 4 页。

③ 《加强党对全面依法治国的集中统一领导，更好发挥法治固根本稳预期利长远的保障作用》，载《人民日报》2018 年 8 月 25 日。

第二，中国特色社会主义法治理论框架体系已经形成。中共十八届四中全会提出："围绕社会主义法治建设重大理论和实践问题，推进法治理论创新，发展符合中国实际、具有中国特色、体现社会发展规律的社会主义法治理论，为依法治国提供理论指导和学理支撑。"[①] 中共十一届三中全会以来，伴随着改革开放的进程，结合中国特色社会主义法治建设的实践，提出一系列具有鲜明中国特色的社会主义法治思想、法学理论，为中国特色社会主义法治理论体系的形成奠定了丰富的思想理论基础。中共十八大以来，针对中国特色社会主义进入新时代，依法治国在党和国家工作全局中的地位更加突出、作用更加重大的新的时代背景，对全面推进依法治国，加快建设社会主义法治国家面临的重大理论和实践问题进行了回应和阐释。综观中共十八大以来党的各类文献对建设社会主义法治国家的阐释，从理论层面上来看，既有对中共十一届三中全会以来在探索社会主义法治道路、制度构建等方面理论成果和成功经验的肯定，以及对法治实践所取得成果的概括、提炼和总结，也有适应改革开放新形势和针对社会转型期出现的各种现实问题的理论创新和提出的一系列新举措。以十八届四中全会通过的《决定》为标志，中国特色社会主义法治理论框架体系已基本形成。[②]

第三，完善了宪法监督实施机制。为确立宪法权威，完善了全国人大及其常委会宪法监督制度，健全宪法解释程序机制；加强备案审查制度和能力建设，建立合宪性审查机制；将每年12月4日定为国家宪法日；在全社会普遍开展宪法教育，弘扬宪法精神；建立宪法宣誓制度，凡经人大及其常委会选举或者决定任命的国家工作人员正式就职时公开向宪法宣誓。上述举措，对提升人们的宪法观念将会起到重要的促进作用。

第四，法治政府建设全面推进。中共十八大以来，各级政府始终把实行科学民主决策、坚持依法行政、推进政务公开、健全监督制度、加强廉政建

---

① 《中共中央关于全面推进依法治国若干重大问题的决定》，载《党的十八届四中全会〈决定〉学习辅导百问》，学习出版社、党建读物出版社2014年版，第6页。

② 蒋传光:《十八大以来依法治国理论的创新和发展》，载《学习与探索》2016年第6期。

设作为政府工作的基本准则。在规范行政权力运行，建设服务政府、责任政府、法治政府和廉洁政府方面，采取了一系列新举措，迈出了新步伐。深入推进依法行政，坚持依法全面履行政府职能，把政府活动全面纳入法治轨道；各级政府及其工作人员严格遵守宪法法律，自觉运用法治思维和法治方式推动工作，坚持法定职责必须为，法无授权不可为；积极推行政府法律顾问制度；各级政府依法接受同级人大及其常委会的监督，自觉接受人民政协的民主监督，主动接受社会和舆论监督，认真听取人大代表、政协委员意见，听取民主党派、工商联、无党派人士和各人民团体意见，让权力在阳光下运行。全面推进政务公开，推广电子政务和网上办事，充分发挥传统媒体、新兴媒体作用，利用好网络平台，及时回应社会关切。坚持科学决策、民主决策、依法决策，完善公共决策吸纳民意机制，政府重大决策和政策以多种形式向社会广泛征求意见，健全公众参与、专家论证、风险评估、合法性审查和集体讨论决定等政府决策程序。建立重大政策落实督查问责机制；深化行政审批制度改革，取消和调整行政审批事项，全国所有省市县三级政府部门权力和责任清单均已公布；加大审计监督的力度；探索建立政府绩效管理制度，建立并切实执行以行政首长为重点的行政问责制度，努力提高行政效能。坚持严格规范公正文明执法，有权不可任性，用权必受监督。改革信访工作制度，完善信访和调解联动工作体系，预防和化解社会矛盾。

第五，司法体制改革有重大突破。中共十八大以来，深入推进以司法责任制为重点的司法体制改革，进入顶层设计、整体统筹的新阶段，并取得明显成效。一是深化法院组织体系改革，最高人民法院设立6个巡回法庭，推进跨行政区划法院建设，设立知识产权法院和知识产权法庭。二是全面实施立案登记制改革，依法制裁虚假诉讼，维护正常诉讼秩序；开展跨域立案试点，解决了群众诉讼不便问题。三是全面推进司法责任制等基础性改革，基本完成法官员额制改革，实现人员向办案一线集中；完善法官、合议庭办案责任制，实现让审理者裁判，由裁判者负责，法官对办案质量终身负责；坚持放权与监督相结合，构建全员全过程的监督管理机制；完善司法人员依法履职保障机制；推进人财物省级统管改革，着力构建新型司法管理体制。四是推进矛盾纠纷多元化解和案件繁简分流。强化诉调对接，充分发挥人民调解作用，引导当事人选择调解、仲裁等方式化解矛盾。推进案件繁简分流，进一步提高办案效率。开展刑事速裁和认罪认罚从宽制度改革试点，缩短办案周期。五是推进人民陪审员制度改革，提高陪审员的广泛性和代表性，让人民参与司法、监督司法；完善陪审员参审机制。六是积极推进以审判为中心的刑事诉讼制度改革，确保刑事案件审判质量。七是深化司法公开，努力让人民群众感受到公平正义。八是废除了延续半个多世纪的劳教制度。[①]通过上述系统改革，司法质量、效率和公信力持续提升，人民群众对公平正义的获得感增强。

第六，法治文化建设取得重大进展，全社会法治观念明显增长。法治文化建设是法治国家建设的根基，是法治之魂。中共十八大以来，弘扬社会主义法治精神，建设社会主义法治文化，一直是法治建设的核心内容。把社会主义核心价值观融入法治建设，写入宪法，并制定了融入法治建设立法修法规划，[②]强调把法治思维和法治方法作为“深化改革、推动发展、化解矛盾、维护稳定”的方法[③]，用严格执法、公正司法引领守法光荣、违法可耻的社会氛围，要求领导干部带头学法用法，把法治教育纳入国民教育体系，在中小学设立法治知识课程，健全普法宣传机制，深入开展多层次多形式法治创建活动，发挥人民团体社会组织在法治社会建设中的积极作用，推进覆盖城乡居民的公共法律服务体系建设，健全群众依法维权和矛盾纠纷化解机制等。法治文化建设稳步推进，全社会的法治意识、法治观念显著增强。

第七，国家监察体制改革取得成绩。2016年12月，中共中央办公厅印发《关于在北京市、山西省、浙江省开展国家监察体制改革试点方案》，部署在3省市设立各级监察委员会，从体制机制、制度建设上先行先试、探索实

① 《中共中央关于全面深化改革若干重大问题的决定》，载《党的十八届三中全会〈决定〉学习辅导百问》，党建读物出版社、学习出版社2013年版，第22页。

② 参见《中共中央办公厅、国务院办公厅印发〈关于进一步把社会主义核心价值观融入法治建设的指导意见〉》(《人民日报》2016年12月26日)，中共中央印发《社会主义核心价值观融入法治建设立法修法规划》(《人民日报》2018年5月8日)。

③ 《胡锦涛文选》(第3卷)，人民出版社2016年版，第635页。

践，为在全国推开积累经验。[①] 此后 2016 年 12 月 25 日第十二届全国人民代表大会常务委员会第二十五次会议决定，在北京市、山西省、浙江省开展国家监察体制改革试点工作。[②]2017 年 11 月，根据中共十九大对深化国家监察体制改革作出的重大决策部署，在总结北京市、山西省、浙江省改革试点工作经验基础上，中共中央办公厅发布《关于在全国各地推开国家监察体制改革试点方案》，部署在全国范围内深化国家监察体制改革的探索实践，完成省、市、县三级监察委员会组建工作，实现对所有行使公权力的公职人员监察全覆盖。[③]2017 年 11 月 4 日，根据党中央确定的改革试点方案，第十二届全国人民代表大会常务委员会第三十次会议决定，在全国各地推开国家监察体制改革试点工作。[④] 为了贯彻和体现深化国家监察体制改革的精神，为成立监察委员会提供宪法依据，2018 年 3 月 11 日十三届人大一次会议通过的宪法修正案在宪法第三章《国家机构》中增加一节“监察委员会”，就国家监察委员会和地方各级监察委员会的性质、地位、名称、人员组成、任期任届、领导体制、工作机制等作出规定。至此，国家监察体制改革的任务顺利完成。深化国家监察体制改革的目标，是建立党统一领导下的国家反腐败工作机构，实施组织和制度创新，整合反腐败资源力量，扩大监察范围，丰富监察手段，实现对行使公权力的公职人员监察全面覆盖，建立集中统一、权威高效的监察体系，履行反腐败职责，深入推进党风廉洁建设和反腐败斗争，构建不敢腐、不能腐、不想腐的有效机制。深化国家监察体制改革，是推动全面从严

---

① 参见中共中央办公厅印发《关于在北京市、山西省、浙江省开展国家监察体制改革试点方案》，载《人民日报》2016 年 11 月 8 日。

② 《全国人民代表大会常务委员会关于在北京市、山西省、浙江省开展国家监察体制改革试点工作的决定》（2016 年 12 月 25 日第十二届全国人民代表大会常务委员会第二十五次会议通过），载《人民日报》2016 年 12 月 26 日。

③ 《中共中央办公厅印发〈关于在全国各地推开国家监察体制改革试点方案〉》，载《人民日报》2017 年 10 月 30 日。

④ 《全国人民代表大会常务委员会关于在全国各地推开国家监察体制改革试点工作的决定》（2017 年 11 月 4 日第十二届全国人民代表大会常务委员会第三十次会议通过），载《人民日报》2017 年 11 月 5 日。

治党向纵深发展的重大战略举措，对于健全中国特色国家监察体制，强化党和国家自我监督具有重要意义。

第八，强化了对全面依法治国的组织领导。为了把加强党对全面依法治国的领导落到实处，中共十八届四中全会提出：“健全党领导依法治国的制度和工作机制，完善保证党确定依法治国方针政策和决策部署的工作机制和程序。”[①] 据此，中共十九大报告提出了进一步的落实举措，即“成立中央全面依法治国领导小组，加强对法治中国建设的统一领导”。[②] 为贯彻十九大精神而制定的《深化党和国家机构改革方案》，决定组建中央全面依法治国委员会，并对其进行了定位，明确了其工作职责。根据中共中央印发《深化党和国家机构改革方案》，中央全面依法治国委员会是党中央决策议事协调机构，负责全面依法治国的顶层设计、总体布局、统筹协调、整体推进、督促落实；主要职责是，统筹协调全面依法治国工作，坚持依法治国、依法执政、依法行政共同推进，坚持法治国家、法治政府、法治社会一体建设，研究全面依法治国重大事项、重大问题，统筹推进科学立法、严格执法、公正司法、全民守法，协调推进中国特色社会主义法治体系和社会主义法治国家建设等。[③]2018 年 8 月 24 日，习近平总书记主持召开中央全面依法治国委员会第一次会议，标志着中央全面依法治国委员会工作正式启动。“这是推进新时代全面依法治国的战略举措，在我国社会主义法治建设史上具有里程碑意义。”[④] 组建中央全面依法治国委员会，有利于加强党对全面推进依法治国统一领导、统一部署、统筹协调，更好落实全面依法治国基本方略。

中共十八大以来，针对改革开放新形势和社会转型期在社会主义法治国家建设中出现的各种现实问题，提出了关于依法治国的一系列理论创新观点

---

① 《中共中央关于全面推进依法治国若干重大问题的决定》，载《党的十八届四中全会〈决定〉学习辅导百问》，学习出版社、党建读物出版社 2014 年版，第 25 页。

② 习近平：《决胜全面建成小康社会　夺取新时代中国特色社会主义伟大胜利——在中国共产党第十九次全国代表大会上的报告》（2017 年 10 月 18 日），人民出版社 2017 年版，第 38 页。

③ 中共中央印发《深化党和国家机构改革方案》，载《人民日报》2018 年 3 月 22 日。

④ 《推进新时代全面依法治国的重大战略举措》，载《人民日报》2018 年 8 月 25 日。

和一系列新举措，“依法治国开启新征程”。[①]

三、“新十六字方针”是对“十六字方针”在理论与实践上的超越

两个“十六字方针”的提出，清晰地见证了我国法治建设的理论和实践探索与发展历程、取得的成就、法治理念的转变，尤其是见证了法治建设的目标，从建立完善的中国特色社会主义法律体系到建设中国特色社会主义法治体系的转型升级。目前，我国法治建设的目标定位已经确立，前进的方向已经明确，法治理论体系逐渐成熟和定型，法治理念已经深入人心，法治建设实现了跨越式发展。

（一）“新十六字方针”是“十六字方针”在新时代的转型升级

两个“十六字方针”折射出改革开放以来，我国法治建设的巨大进步。从两个“十六字方针”的逻辑关系来看，“十六字方针”是“新十六字方针”的基础和前提，没有“十六字方针”，就不可能有“新十六字方针”。“新十六字方针”是对“十六字方针”在继承基础上的发展和提升，“明确了新时期全面推进依法治国的重点环节和主要任务”。[②]“新十六字方针”是“十六字方针”的升级版，是在“十六字方针”引领下取得成绩的基础上，对法治建设更高目标的追求。

从有法可依、有法必依、执法必严、违法必究的“十六字方针”，到科学立法、严格执法、公正司法、全民守法的“新十六字方针”的转变，意味着“在法律体系形成之后，法治建设的重心必然转向提高法律体系的质量，转向法

① 《中共中央关于制定国民经济和社会发展第十三个五年规划的建议》，人民出版社2015年版，第2页。

② 李建国：《全面推进依法治国的总目标》，载《党的十八届四中全会〈决定〉学习辅导百问》，学习出版社、党建读物出版社2014年版，第88页。

律的实施”；[①]从着重解决无法可依、以立法为导向到追求科学立法、民主立法、依法立法的良法之治；从强调有法必依、执法必严、违法必究单一的法律严格执行，到追求严格执法、公正司法、全民守法多层面的良法之下的善治；从通过普法宣传提高人们的法律意识到建设社会主义法治文化；从以形成中国特色社会主义法律体系为目标，到追求以形成完备的法律规范体系、高效的法治实施体系、严密的法治监督体系、有力的法治保障体系，形成完善的党内法规体系为内容的法治体系作为目标。“建设中国特色社会主义法治体系这一总目标的提出，意味着我国法治建设的战略转型和全面升级，以此为标志，中国的法治建设进入了新的历史阶段，站在了新的历史起点上。”[②]

简言之，“十六字方针”提出的背景，是针对十年“文化大革命”严重破坏法治给社会造成的严重危害；针对家长制、一言堂，把领导人的话当作法，对民主的破坏；针对市场经济体制改革目标确立后对完善法律制度的需求，从而把民主制度化、法律化，建立完善的中国特色社会主义法律体系作为追求目标。

“新十六字方针”提出的背景则发生了重大变化，此时，虽然中国特色社会主义法律体系已经形成，“民主法治建设迈出重大步伐”[③]，但在全面建成小康社会和全面深化改革进入关键时期，依法治国在党和国家工作全局中的地位更加突出、作用更加重大。为加快社会主义法治国家建设，对如何全面推进依法治国进行顶层设计，为社会主义法治国家建设制定“路线图”则成为当务之急。法治建设的目标追求，也由建立完善的法律体系转型升级为建设中国特色社会主义法治体系，建设社会主义法治国家。

（二）“新十六字方针”引领下的法治建设进入新时代

中共十八大以来，以习近平同志为核心的党中央，强调了法治在国家治

① 张文显:《建设中国特色社会主义法治体系》，载《法学研究》2014年第6期。

② 张文显:《建设中国特色社会主义法治体系》，载《法学研究》2014年第6期。

③ 习近平:《决胜全面建成小康社会　夺取新时代中国特色社会主义伟大胜利——在中国共产党第十九次全国代表大会上的报告》(2017年10月18日)，人民出版社2017年版，第4页。

理中的重要性，明确了全面推进依法治国的指导思想、总目标、发展道路、工作布局、重点任务等一系列理论问题，从目前法治工作的格局出发，对科学立法、严格执法、公正司法、全民守法的“新十六字方针”进行了论述、阐释和全面部署，系统阐明了全面依法治国的新理念、新思想、新战略，回答了党的领导和依法治国的关系等一系列重大理论和实践问题，回应了人民群众的呼声和社会关切，构建了中国特色社会主义法治理论的框架基础，使依法治国理论有了进一步的创新和发展，为全面推进依法治国，建设社会主义法治国家提供了理论引领。

第四章

依法治国与治国方略的转变

1997年中国共产党第十五次全国代表大会，从建设中国特色社会主义政治、继续推进政治体制改革的高度，在党的历史上第一次把依法治国、建设社会主义法治国家，作为当代中国的治国方略正式确立下来。中华人民共和国第九届全国人民代表大会第二次会议通过的宪法修正案，又把依法治国、建设社会主义法治国家写入宪法，使其上升为国家意志。依法治国方略的提出，可以说是中国共产党领导方式、执政方式、治国方略的重大进步，标志着当代中国的社会主义民主法治建设进入了一个新的历史时期。

第一节
依法治国方略的提出和在实践中的确立

如何看待法治在治国中的作用，依法治国和国家的繁荣与发展及长治久安有何种关系。对于这些问题的认识，在我们党和国家的历史上有过曲折的历程。在中华人民共和国成立后的一段时间内，我党对法治建设还是非常重视的，曾经制定过一些法律，对当时的社会主义革命和建设起过重要的保障作用。但是，当时由于经济与政治体制上权力的过分集中，中共八大以后仍然执行“以阶级斗争为纲”的政治路线，以及国际、国内的其他一些主客观原因，自1957年以后，“左”的思潮开始泛滥，法治思想开始削弱，人治思想上升。这突出地表现在当时的高层领导轻视法律在国家生活中的作用，甚至在某种程度上存在过法律虚无主义的思想倾向，出现了权大于法、以政策代替法律的局面。这种状况可以说是导致十年“文化大革命”悲剧发生的一个根本原因。在“文化大革命”中，新中国成立后制定的第一部宪法和其他一系列法律法规遭到了无情的践踏，正常的社会秩序和经济建设遭到了巨大的破坏，无数公民的人格尊严和各种权利遭到了严重侵犯。

提出依法治国、加强法治建设是从中共十一届三中全会开始的。20世纪70年代后期，“文化大革命”刚刚结束不久，亲身经历了社会主义法治遭到破坏、权利遭受侵犯的广大人民群众和干部，深切体会到社会主义法治的重要性，全国上下对健全社会主义法治产生了一种强烈的企盼。正是在这样的历史条件下，中共十一届三中全会召开了。1978年12月召开的中共十一届三中全会，被看作对中国法治建设作出重大战略决策的一次会议。在中共十一届三中全会前夕召开的中央工作会议上，邓小平总结历史教训，尤其是“文化大革命”期间法治遭到破坏的教训，顺应历史发展的潮流，提出了发展社会主义民主、健全社会主义法治的方针。他明确指出：“为了保障人民民主，必须加强法制，必须使民主制度化、法律化，使这种制度和法律不因领导人的改变而改变，不因领导人的看法和注意力的改变而改变。”[①] 并同时提出了“有法可依，有法必依，执法必严，违法必究”的十六字方针。根据邓小平的讲话精神，中共十一届三中全会公报也明确指出，为了保障人民民主，必须加强社会主义法治，使民主制度化、法律化，使这种制度和法律具有稳定性、连续性和极大的权威。[②] 并提出了社会主义法治建设所应遵循的原则和指导方针。1980 年 12 月，邓小平对“民主法律化、制度化”思想作了进一步阐述，提出：“我们的民主制度还有不完善的地方，要制定一系列的法律、法令和条例，使民主制度化、法律化。社会主义民主和社会主义法制是不可分的。不要社会主义法制的民主，不要党的领导的民主，不要纪律和秩序的民主，不是社会主义民主。相反，这只能使我们的国家再一次进入无政府状态，使国家更难民主化，使国民经济更难发展，使人民生活更难改善。”[③]

邓小平的上述思想和中国共产党提出的加强法治建设的基本方针，得到了全国人民的坚决拥护。自此以后，可以说，我们国家逐步走上了探索建设中国特色社会主义法治国家的发展道路。依法治国，建设社会主义法治国家，已成为我们的治国目标和政治文明的核心内容。

我们也应当看到这样的一个事实，就是尽管中共十一届三中全会以后，已经提出了要加强社会主义民主法治建设，但依法治国、建设社会主义法治国家并未真正受到人们的重视。

如同世界上任何事情的发展都难以一帆风顺一样，中国社会历史发展的特点决定了中国的法治之路是不平坦的。依法治国、建设社会主义法治国家，

① 《邓小平文选》（第 2 卷），人民出版社 1994 年第 2 版，第 146 页。

② 参见《三中全会以来重要文献选编》（上），人民出版社 1982 年版，第 11 页。

③ 《邓小平文选》（第 2 卷），人民出版社 1994 年第 2 版，第 359—360 页。

这一观念真正被人们普遍接受是在建立社会主义市场经济体制的目标被提出以后。建立市场经济，必须有完备的法律制度，已成为人们的共识。社会主义市场经济与其他市场经济一样，市场经营活动的运行，市场秩序的维系，国家对经济活动的宏观调控和管理，以及生产、交换、分配、消费等各个环节，必须有与之相适应的法律加以规范、引导、制约和保障。市场经济比较成功的国家的实践经验已证明了这一点。如果历史上没有发达的资本主义市场经济法律制度，就不可能有今天发达的资本主义市场经济，那么我们同样可以说，如果没有健全的社会主义市场经济法律体系的建立，也就不可能有繁荣、健康的社会主义市场经济。要想在较短的时间内，基本上确立起社会主义市场经济法律制度，把我国的社会主义市场经济完全纳入法治轨道，非常关键的一点，就是在举国上下特别是在领导层中真正树立法治观念，实行依法治国。

正是在这样的背景下，中国共产党第三代领导集体，从中国共产党的事业和民族利益出发，明确提出了在中国共产党的领导下，“扩大社会主义民主，健全社会主义法制，依法治国，建设社会主义法治国家”，在理论与实践上，确立了中国共产党从主要依靠政策执政和领导改革开放转变到主要依靠法律执政和领导改革开放及现代化建设的指导思想。

我们知道，在学术研究中，法学家们经常使用“法治”这个概念。但如果我们仔细研究一下中共十一届三中全会以来党和国家的文献，包括《邓小平文选》，就可以发现这样一个现象，使用的都是“加强社会主义法制建设”“建设社会主义法制国家”这样的表述，很少使用“法治”这个概念。“加强社会主义法治”“依法治国，建设社会主义法治国家”这种表述，作为国家文献语言的使用，有一个转化过程。

为了提高全民族的民主观念、法治观念和法律素质，扎扎实实地推进依法治国、建设社会主义法治国家的进程，自 1994 年 12 月以来，党中央领导集体根据社会主义法治建设实践的需要，不定期地聘请法学专家就建立法治国家的理论与实践问题举办讲座。在这一举措的促进下，各级领导干部纷纷以各种形式学习法律，全国城乡掀起了新一轮学习法律的热潮，为依法治国、建立法治国家奠定了广泛而坚实的群众思想基础。

1996年年初，江泽民圈定了《关于依法治国，建设社会主义法制国家的理论和实践问题》，作为中共中央1996年第一次法治讲座的题目。1996年2月8日在中央就此专题举办的法治讲座会上，江泽民发表了《坚持依法治国》的重要讲话。在这个讲话中，江泽民在表述上对“加强社会主义法治”“依法治国”进行了肯定。他认为，依法治国是社会进步、社会文明的一个重要标志，是我们建设社会主义现代化国家的必然要求。[①]1996年3月17日，第八届全国人大第四次会议批准的《国民经济和社会发展“九五”计划和2010年远景目标纲要》，明确地将“依法治国，建设社会主义法制国家”作为战略目标加以规定，成为当代中国现代化建设的重要指导方针。这一切都为中共十五大提出依法治国方略提供了理论上的准备，并使之成为合乎事物发展规律的历史必然。

在中共十五大报告中，“依法治国”是在政治方面突出强调的一个重要内容，并以很大的篇幅对依法治国、建设社会主义法治国家进行了全面阐释，并从中国的国情出发，说明了依法治国的含义，指出：“依法治国，就是广大人民群众在党的领导下，依照宪法和法律规定，通过各种途径和形式管理国家事务，管理经济文化事业，管理社会事务，保证国家各项工作都依法进行，逐步实现社会主义民主的制度化、法律化，使这种制度和法律不因领导人的改变而改变，不因领导人看法和注意力的改变而改变。”[②]这一表述，既表明了当代中国的依法治国同过去的那种只重视人治、不重视法治的状况是有区别的，同时也和西方的法治模式划清了界限。

确立依法治国的基本方略，表明人民当家作主、管理国家和社会，已被进一步纳入了法治轨道；充分说明了我们党对执政的规律和特点有了更为深刻的认识，对提高执政水平有了更高的要求。它标志着我们党在总结实践经验的过程中，对政治体制改革和治国的基本方略作出了最佳的选择，也是我国社会主义法治之路的一个重要里程碑。

---

① 《江泽民文选》(第1卷)，人民出版社2006年版，第513页。

② 《江泽民文选》(第2卷)，人民出版社2006年版，第28—29页。

第二节 “法制”和“法治”的含义与建设法治国家应遵循的原则

一、“法制”和“法治”的含义

中共十八大主要是中共十八届四中全会以前，在我国的法学著作、政治法律文献和社会舆论中，人们常常使用“法制”一词，或把“法制”与“法治”交替使用。对“法制”与“法治”如何理解，两者的含义有无差异，两者能否等同等问题，法学界曾有过讨论。[①] 从“法制”与“法治”这两个概念本身来看，对其含义人们并没有统一的认识。

（一）法制的含义

“法制”一词在我国古代就已出现，如“命有司，修法制，缮囹圄”。[②] 但在 1949 年中华人民共和国成立前，法制一词较少使用，主要用作以“法制史”命名的著作或法制局、法制委员会之类的机关名称。1949 年后，“法制”一词广为使用。“文化大革命”前对我国法制一般称为“革命法制”或“人民民主法制”。在 1978 年年末中共十一届三中全会后，才通称为“社会主义法制”。[③]

---

① 孙国华：《法制与法治不应混同》、张浩：《简论法制与法治》、张正德：《论邓小平评建立法治社会的思想》，载《中国法学》1993 年第 3 期、1995 年第 5 期。

② 《礼记·月令》。

③ 沈宗灵主编：《法理学》，北京大学出版社 2003 年版，第 150 页。

法制，顾名思义，就是指国家的法律和法律制度。在其词源意义上，它仅仅描述法律和法律制度本身，并不具有任何价值含义。因为自从人类进入阶级社会以来，任何政权形式为了维护自己的统治，都要建立与其统治目的相适应的法律和法律制度。但我们现在所使用的法制一词已经超出了它的词源意义，具有深刻的价值内涵。

1997年中共十五大提出依法治国，建设社会主义法治国家的治国方略之前，对法制一词，通常有三种理解：（1）从广义上、静态意义上来理解，是指国家的法律和制度或法律制度的简称。在这种意义上，只要有国家制定法律和制度，便有法制。（2）从狭义上、动态意义上来理解，是指依照法律来治理国家的一种治国方式、原则和制度，也就是这个国家不仅有法可依，而且一切国家机关、政党和公民都把宪法、法律作为最高的行为准则，依法办事。这种意义上的“法制”，与“法治”含义相同，而且在奴隶制和封建制国家不存在，它是同近代资产阶级民主一起产生的。（3）从动态和静态结合的意义上来理解，这种意义上的法制既包括国家创造的法律制度，又包括法律在现实中的运行和实现的过程，把立法、执法、司法、守法和法律监督等环节作为一个有机联系的整体，其中心环节是依法办事。多数法学教科书和学者都是从此种意义上理解“法制”一词的。

（二）法治的含义

关于法治的含义，中外法学家均未取得共识，说法不一。但无论人们对“法治”的文本表述存在多大的差异，实质上的“法治”内涵却是相对稳定的。一般认为，这是西方政治家、法学家提出的严格依照法律治理国家的一种治国方式和理论思想，最早是由古希腊思想家亚里士多德提出的，主张建立共和政体，反对一人专制和“贤人政治”。亚里士多德说：“法治应包括双重意义：已成立的法律获得普遍的服从，而大家所服从的法律本身是制订得良好的法律。”[①] 亚里士多德在他的著作《政治学》一书中认为“法治应当优于一

① ［古希腊］亚里士多德：《政治学》，商务印书馆1965年版，第129页。

人之治”[①]，并对此进行了充分的论证，如法律没有感情，不会受统治者个人好恶的影响；法律是集体制定的，众人的判断总比一个人的判断更加可靠；法治具有正义性和稳定性；法治可以调动多数人的积极性等。如此看来，法治不等于“法制”而是指“法的统治”（rule of law），即法在国家与社会生活中居于至上的统治地位。

亚里士多德的经典论述已经指明了“法治”内涵的基本要素，可以说自此以后的一切关于“法治”的诠释几乎都是围绕这一论述而展开。亚里士多德的法治理论，为近代启蒙思想家创立的民主与法治理论奠定了思想基础。他们主张依法治国，提出主权在民，宣称法律至高无上，主张在法律面前人人平等，实行三权分立等，为资产阶级反对封建专制提供了思想武器。

现在我国法理学教科书对法治没有统一的概念。有的从不同的层面上对其进行了揭示。如认为：（1）法治是一种宏观的治国方略；（2）法治是一种理性的办事原则；（3）法治是一种民主的法制模式，又常常被理解为“以民主为基础和前提的法制”；（4）法治是一种文明的法律精神；（5）法治是一种理想的社会状态。[②]

从一般的意义上，对法治的含义是这样理解的，现代法治是与民主密切相关的，它是一种贯彻法律至上、严格依法办事的治国原则和方式。它包含两个方面的内容，一方面要有良好的法律，另一方面这种良好的法律要有至高无上的权威，要得到普遍的服从和遵守，核心是依法办事。它除了强调依法治国，还注重对国家权力的限制和制约，以极大的限度保护公民的民主权利，是与“人治”相对应的治理国家的原则和方式。

通过对“法制”与“法治”的含义分析可以看出，这两个概念既有联系也有区别。虽然法学界很多人主张两者在依法办事的意义上可以通用，但它们之间的区别还是很明显的。如果把“法制”限定在法律制度的意义上使用，法制是法治的前提和基础，但法治不是法制的必然。有法治必然有法制，但

① ［古希腊］亚里士多德：《政治学》，商务印书馆 1981 年版，第 167—168 页。

② 张文显主编：《法理学》，法律出版社 1999 年版，第 237—238 页。

有法制不一定导致法治。法制关注的焦点是秩序，法治关注的焦点是法律的至上权威。为了不产生歧义，为了有助于对法制问题的研究，在使用中，还是把“法制”与“法治”明确分开使用为好。

目前，法学界对“法制”与“法治”两个概念不再混同使用，“法制”一词专指法律制度，不再赋予其他含义。中共十八大尤其是十八届四中全会以来，提出全面推进依法治国，总目标是建设中国特色社会主义法治体系，建设社会主义法治国家。为实现这个总目标，提出了一系列新举措，规划了路线图。2018 年第十三届全国人大一次会议通过的第五个宪法修正案，将宪法序言第七自然段中“健全社会主义法制”修改为“健全社会主义法治”。修改的理由是，从健全社会主义法制到健全社会主义法治，是我们党依法治国理念和方式的新飞跃。作这样的修改，有利于推进全面依法治国，建设中国特色社会主义法治体系，加快实现国家治理体系和治理能力现代化，为党和国家事业发展提供根本性、全局性、稳定性、长期性的制度保障。这一修改，标志着在党和国家的正式文献中，“法制”一词正式被“法治”一词取代。

二、建设法治国家应遵循的原则

如何把法治理念变为法治的现实，使法治一词中所隐含的正义、道德、公平、正当程序、个人权利和尊严的观念在现实中得到服从，并成为具有约束力和塑造力的制度，最为重要的是对法治理念中具有重要意义的原则进行抽象，并且在现实的政治和法律制度中加以贯彻。

关于法治要素或原则，中外学者的归纳也是纷然杂陈，西方的学说流派更是丰富。例如，英国宪法学家戴雪在他的著作《英宪精义》中对法治进行了阐释，并提出了法治的三个原则。戴雪指出：“法律主治实构成英宪的基本原理，共含三个指意。换言之，法律主治可由三处观察点审视。第一指意解作国法的至尊适与武断权力相违反。四境之内，大凡一切独裁，特权，以至宽大的裁夺权威，均被摒除。英吉利人民受法律治理，唯独受法律治理……第二指意解作人民在法律前之平等。换言之，四境之内，大凡一切阶级均受命于普通法律，而普通法律复在普通法院执行。当法律主治用在此项指意时，凡一切意思之含有官吏不受治于普通法律及普通法院者皆被摒除……第三指意表示一个公式，用之以解证一件法律事实。这件法律事实是：凡宪章所有规则，在外国中，皆构成宪法条文的各部分；而在英格兰中，不但不是个人权利的渊源，而且只是由法院规定与执行个人权利后所产生之效果。申言之：英吉利法院及巴力门常用法律行为，以测定元首及公仆所有地位，即以保障个人权利。”①

当代英国另一位法学家拉茨把法治原则归纳为几条。第一，法律应该是公开和明确的规则。第二，法律应该相对稳定，不能频繁改变。第三，特别法的制定尤其要符合公开、稳定、明确和普遍的原则。第四，审判公开而且公正。第五，法院应该有权审查其他法治原则的实施。第六，司法程序应简便易行。第七，惩罚犯罪的机构所享有的自由裁量权应该受到法律的严格限制。②

美国法学家富勒概括了法治社会应具备的八项原则。第一，法律的一般性。第二，法律的公布。第三，适用于将来的而非溯及既往的法律。第四，法律的明确性。第五，避免法律中的矛盾。第六，法律不应要求不可能实现的事情。第七，法律的稳定性。第八，官方行动和法律的一致性。③美国另一位学者罗尔斯则认为法治原则应包括：(1) 法律的可行性；(2) 同类案件要同样处理；(3) 法无明文不为罪；(4) 通过自然正义观反映的各种律令，主要是合理的审判程序。④

1959 年在印度新德里召开的国际法学家会议通过的《德里宣言》也提出了以下法治原则：(1) 根据全面正义的法治精神，立法机关的职能在于创造和维持使个人尊严、个人发展得到维护的各种条件；(2) 既要防范行政权力

① [英] 戴雪：《英宪精义》，中国法制出版社 2001 年版，第 244—245 页。

② 李林：《法治的理念、制度和运作》，载《依法治国，建设社会主义法治国家》，中国法制出版社 1996 年版，第 238 页。

③ 沈宗灵：《现代西方法理学》，北京大学出版社 1992 年版，第 58—62 页。

④ 吕世伦主编：《现代西方法学流派》(上卷)，中国大百科全书出版社 2000 年版，第 15—16 页。

的滥用，也要有一个有效的政府来维护法律秩序，借以保障人们具有充分的社会和经济生活条件；（3）要有正当的刑事审判程序。[①]

我国的一些学者也对法治的原则进行了概括，如郭道晖认为，法治的基本要求是：（1）任何人的权力都来自宪法和法律；（2）任何权力都要受立法和司法的制约；（3）法律的作用既要治民，更要治吏、制约政府。[②]张文显提出法治的十大原则：（1）社会应主要经由法律来治理；（2）社会整合应通过法律实施和实现；（3）立法政策和法律必须经由民主程序制定；（4）法律必须建立在尊重和保障人权的基础上；（5）法律必须具有极大的权威性；（6）法律必须具有稳定性；（7）法律必须有连续性和一致性；（8）法律必须以公正地调整各种利益关系，平等地保护和促进一切正当利益为其价值目标；（9）法律应能有效地制约国家权力，防止国家权力的失控与异变；（10）法律应力求社会价值的平衡与互补。[③]

一般认为法治原则或要素包括以下几个方面的内容：[④]

（1）社会应主要由法律来治理，法律在全部社会规范体系中居主导地位。

（2）法律体系的完备。凡应由法律调整的，均有恰当的法律；不同领域的法律制度之间应当互相协调、相互衔接。

（3）法律必须是可预期的、公开的和明确的。法律不能溯及既往，也不能模糊不清。

（4）法律必须经由民主程序制定。

（5）法律应该相对稳定，不能过于频繁变动，要具有连续性和一致性，以此保证和提高法律后果的可预知性、人类行为的规律性和社会运行的连续性。

（6）法律具有极大的权威性。在国家生活中，法律应当有至上的效力和最高的权威，执政者的活动不能凌驾于法律之上，应纳入法制的轨道。

（7）法律必须建立在尊重和保障人权的基础之上。法律必须尊重和保护

---

① 张文显：《二十一世纪西方法哲学思潮研究》，法律出版社1996年版，第623—624页。

② 郭道晖：《民主、法制、法律意识》，人民出版社1988年版，第23页。

③ 张文显：《法学基本范畴研究》，中国政法大学出版社1993年版，第291—304页。

④ 张文显：《马克思主义法理学》，高等教育出版社2003年版，第341—347页。

公民的人身自由、人格尊严、各种民主权利、政治自由和经济社会与文化权利。

（8）法律应能有效地制约国家权力。制约和监督国家机关及其工作人员，防止国家权力的失控和变异。

（9）司法公正。司法机关必须不偏不倚地公正审判，只服从于法律，不受其他任何行政机关、社会组织和个人的干涉。

学者们在对法治的各种原则进行理想化概括的同时，法治原则的具体应用则因国家政治制度的不同而不同。在我国，法治作为治国方略已经得到了全社会的认同，法治原则在我国法律制度中主要表现在以下方面①：

第一，人民主权原则。人民主权的实质是民主。民主是法治最重要的价值之一。我国宪法规定，中华人民共和国的一切权力属于人民。人民通过各级人民代表大会行使自己的权力。人民代表大会通过法律制定的民主程序把人民的意志反映在法律当中，因此，法治就是按照人民的意志治理国家。

第二，依法行政的原则。依法行政是指政府运用公共权力必须根据并遵循法律，这是现代法治的要义。在我国的政治体制中，这一原则表现为国家最高行政机关和地方各级国家行政机关的重要职责是具体实施国家的宪法和法律，在法律的范围内，领导和组织国家的行政工作。

第三，独立行使审判权原则。在一个法治社会里，既然法律规则是最高的权威，那么，依据法律规则，有权作出最后裁决的机构就是最终权威，这个最终权威就是司法机关。所以，尽管不同的国家为法治原则的实现设计了不同的制度，但是，所有国家几乎无一例外地认为，独立行使审判权是实施法治的关键。我国宪法规定，人民法院和人民检察院依照法律规定，独立行使职权，不受行政机关、社会团体和个人的干涉。

第四，保障人权原则。公民权利的保障则涉及法治的另外一个价值目标，那就是保护人权。在任何社会里，在强大的公共权力面前，人权都是脆弱的，需要特别加以保护。我国 1982 年《宪法》总结了中华人民共和国成立以来历次政治运动侵犯人权和人的尊严的教训，特别是“文化大革命”的教训，专

① 李步云主编:《法理学》，经济科学出版社 2000 年版，第 378—381 页。

章规定了公民的基本权利和义务，突出体现了我国宪法对公民权利的重视。我国宪法和法律对人权的保障一直很重视，不仅规定了公民享有广泛的政治社会经济文化权利，而且为权利的实现提供了物质和法律上的保障条件。随着我国法制建设的发展，保障人权的立法正在逐步完善，如《行政诉讼法》和《国家赔偿法》等法律，为公民权利的实现和权利的救济提供了相应的法律保障。此外，我国还签署和批准加入了联合国的《经济、社会、文化权利国际公约》。

2004年的宪法修正案，首次将“人权”概念引入宪法，明确规定“国家尊重和保障人权”。“人权”写入宪法，是社会主义人权发展的重大突破。1991年11月，国务院新闻办公室发表《中国的人权状况》白皮书，首次以政府文件的形式正面肯定了人权概念在中国社会主义政治发展中的地位。1997年，首次将人权概念写入党的十五大报告，从而使人权从对外宣示的主题变为党领导国内建设的主题。此次修宪把“人权”写入宪法，将“人权”由一个政治概念提升为法律概念，将尊重和保障人权由党和政府文件的政策性规定上升为国家根本大法的一项原则，这是中国宪制和政治文明建设的一件大事，是中国人权发展的一个重要里程碑。这表明人权已成为国家的价值观和我国社会主义的基本价值和目标。人权入宪，对于提高全社会的人权意识，推进社会主义政治文明建设具有重要意义。

同时在公民的具体权利方面，2004年宪法修正案进一步规定：“公民的合法的私有财产不受侵犯”，“国家依照法律规定保护公民的私有财产和继承权”，明确给予公民的私有财产和在现行宪法下不受侵犯的公有财产同等的地位，这在新中国的宪制史上是第一次。

第三节
建设法治国家标准

建设社会主义法治国家的标准是什么？或者说要在中国实现依法治国，应该具备哪些基本条件呢？对此，从不同的角度有各种各样的概括，但一般来说，要在中国实现依法治国，应该具备以下基本条件：

第一，要具有完备的社会主义法律体系。社会主义的依法治国，首先要有反映社会发展规律和时代潮流、代表人民意志和利益的法律体系，做到有法可依。这里的法律体系必须科学和严谨、完备。我国自改革开放以来的立法工作取得了重大的发展。可以说，一个以宪法为核心的社会主义法律体系框架已经形成；在国家的社会、政治、经济和其他主要领域，已经基本上做到了有法可依。但是也要看到，我们还有不少重要法律没有制定出来，法律体系尚不完备。

我国的社会主义法律体系主要应当由以下几类法律构成：一是规定国家根本制度、公民基本权利和义务、国家机关设置的宪法和宪法性法律；二是规定国家行政机关的组织、职权、行为、行使职权的程序、行政人员遴选方式的行政法；三是国家从整体利益出发对经济生活进行必要干预、对经济秩序进行维护和对市场进行宏观调控的经济法；四是对行政机关侵犯公民、法人的权利进行救济的行政诉讼法；五是规定市场经济活动的主体制度、物权、债权、知识产权、人身权制度、行为规则制度和公司、票据、保险、海商制度的民商法；六是解决民事、商事、经济纠纷的民事诉讼法；七是规定犯罪和刑罚的刑法；八是公正地进行刑事诉讼，有效地惩治犯罪和保护无辜者的刑事诉讼法；九是规定保护劳动者权益、提供社会保障，对社会弱者予以救济的社会法。立法不能头痛医头、脚痛医脚，临时对应。法的体系要协调，不应彼此重复和相互矛盾。特别是法律应反映社会发展规律和时代精神，兼顾国家、集体与个人的利益；处理好权利保障与权力行使的界限和必要的管理之间的关系，处理好权利与义务的关系。

第二，具有健全的民主制度和监督制度。社会主义的依法治国首先应当是民主国家。没有民主，也就没有真正意义上的依法治国。社会主义依法治国的根本就在于，公民的民主权利得到充分的保障；国家权力的配置，包括中央与地方、领导者个人和领导集体、执政党和国家机构、其他政党和社会组织的关系，都要体现民主原则。人民应能通过法定的民主程序当家作主，进行重大决策，管理国家大事。司法与执法体制和程序的各个环节，也都要贯彻民主原则，保证人民群众的广泛参与。

与民主制度相联的是监督制度。真正的法治国家，人民都有对立法机关、行政机关和司法机关依照法定程序进行监督的权利。我国当前应加强对国家权力的立法监督、行政监督、司法监督和人民群众的监督（包括舆论监督）。如果没有有效的监督机制，就难以保证国家机构及其工作人员完全按人民的意愿和利益办事，也很难实现人民当家作主、参政、议政的权利。

第三，具有严格的行政执法制度与公正的司法制度。依法治国，建设法治国家，要有严格的行政执法制度与公正的司法制度。在依法治国的国家中，行政权是法律赋予的。行政机关的行政行为必须在法律规定的范围内按法定程序实施，严格依法行政；行政权力不得滥用，必须接受法律的制约；滥用行政权力造成的损害必须能够经过法定程序予以救济。同时，还应建立对行政违法责任人的追究制度。

公正的司法制度是对受到侵害的人民权利给予补救的关键一环，也是维护社会公正、保障法律得以正确实施的最后一关。在健全公正的司法制度时必须注意以下几点：司法机关依法独立行使审判权和检察权，任何行政机关、社会团体和个人都不得进行干涉。司法机关依法享有的地位应当得到保障。要有公正的审判制度，保证案件的审理以事实为根据，以法律为准绳；法律面前人人平等。实行办案质量终身负责制和错案责任倒查问责制。司法机关的工作条件必须保证。

第四，要具有高素质的执法和司法队伍。古人曾说，“徒法不足以自行”。法律是靠人来执行的，法律秩序也是靠人来维持的。我们必须建设一支数量足、素质高的执法队伍，包括公务员队伍、行政执法队伍、法官队伍、检察官队伍。也要建立从事高质量法律服务的律师、公证人队伍。

所谓素质高，包括三层含义。一是要有较高的政治觉悟和道德素质。要忠于人民、忠于法律、忠于事实、大公无私、廉洁奉公、具有以身殉法的精神。要建立有效的执法监督制度，以防止那些假公济私、品质恶劣、贪赃枉法的人钻进公务员队伍和司法队伍。二是要有较高的业务素质。要精通法律，并能正确运用法律解决问题。只有经过统一资格考试合格的人，才能进入公务员队伍和司法队伍。中国古代的科举考试尽管有许多弊病，但其进步意义在于，它能通过考试将社会上的合格人才吸收到政权中来。如果我们没有对公务员队伍和司法队伍的统一资格考试，就难以避免一些庸才滥竽充数。三是要有崇高的职业道德和敬业精神。公务员和司法工作者不但要廉政，而且要勤政。只有这样，我们的法律才会融入国家和社会，得到切实的实施。

第五，全体公民具有较高的法律意识。提高全民的法律意识，这也是衡量一个国家是否是法治国家的标准。所谓法律意识，是指依法办事、依法行政、依法律己、依法行使权利和履行义务的意识。我们的法律仅靠公务员、法官和检察官来执行是远远不够的，还要靠全国人民去自觉遵守。有了法律意识，纸上的法律才能变成实际生活中的法律，成为干部和民众的内在自我要求，严格执法、守法光荣、违法犯罪可耻、徇私枉法可恶的道德标准和价值观念才能树立起来。

要提高全民的法律意识，必须加强法治宣传教育。我们在全国广泛开展的普法教育，是提高法律意识的重要途径。由于领导干部的地位、作用和责任，提高他们的法律意识尤为重要。邓小平指出，“法制教育要从娃娃抓起，小学中学都要进行这个教育，社会上也要进行这个教育”。把法治教育纳入国民教育体系，从青少年抓起，在中小学设立法治知识课程。从小培育孩子的法律意识，教育他们遵守法律，依法保护自己的权利，是百年树人的重要一环。应当把普法教育制度化、法律化，把掌握法律知识、具备法治观念作为各级领导干部和全体公民的必备素质，作为应履行的义务。另外，要把法律知识作为公务员考试、干部考核晋升的重要内容。

第五章

市场经济体制与法治国家建设的内驱力

我国自1978年以来的改革开放是从经济领域开始的，然而其对于中国的影响却是全局性的、深远的。40年来改革开放围绕“市场导向”不断深化，虽然历尽艰辛曲折甚至遭遇倒退危险，但最终形成了建设中国特色社会主义市场经济体制的改革目标，社会主义市场经济体制在我国已基本建立。伴随经济改革的不断发展，社会主义法治建设也迈出坚定的步伐，最终“依法治国，建设社会主义法治国家”成为治国基本方略。“市场经济”和“依法治国”成为中华民族复兴的强大双翼。这一切不是偶然巧合，“市场经济”和“法治”无论从它们的内在价值还是制度形式上都存在不可消除的紧密关系，资本主义市场经济如此，社会主义市场经济也不例外。今天，适应社会主义市场经济体制的法律体系已经形成，虽然还有待完善，但谁也不能否认法律已渗透至经济生活的方方面面，并在其中发挥着有效的整合作用。人们对两者的关系有了基本一致的看法，实现法治环境下的市场经济成为有识之士的共识。因此可以说，改革开放的40年来，探索建立社会主义市场经济体制的过程，就是市场机制与现代法治逐渐融合的过程。没有建立社会主义市场经济体制改革目标的确立，也就不可能有依法治国，建设社会主义法治国家治国方略的提出。

第一节 我国社会主义市场经济体制的建立

在如何正确认识社会主义市场经济与法治关系的问题上，我们必须首先把握市场经济的内涵及其特征。这是认识问题的逻辑前提，无论何种社会制度下的市场经济，它们都离不开市场经济这个基础的价值和制度架构。

一、“市场经济”的内涵及其基本特征

“市场经济”的概念发端于19世纪末期并逐渐流行至今。当时西方新古典经济学派的代表人物马歇尔、瓦尔拉和帕累托等，通过研究如何有效配置稀缺经济资源的基本问题之后认为，在完全竞争的条件下，商品经济可以通过市场机制实现经济资源的有效配置。自此，人们通常把“货币经济”或“商品经济”称为“市场经济”。

虽然“市场经济”的概念早在19世纪就已经出现，但是对其内涵的认识却众说纷纭，至今尚未统一。通过各种“市场经济”理论诠释，学者们大致把相关表述归为两类：一类是将市场经济看作社会基本制度的范畴，认为市场经济是建立在资本主义私有制基础之上的经济，是资本主义的同义语；另一类则将市场经济仅仅看作一种经济运行方式，从资源配置角度出发，认为市场经济就是由市场配置资源的经济。莫法特编写的《经济学辞典》将市场经济与资本主义制度作了明确区分，指出“资本主义等于市

场经济加私有制”。[①]

市场经济本质上是社会化大生产的产物，是社会经济发展的一个历史过程。它是随着社会分工的不断细化，商品交换关系不断发展，市场不断扩大而产生的一种通过市场机制配置资源的经济运行和组织方式。在我国，理论界对此认识有一个过程，中共十一届三中全会以前，占据主流的观点和上述第一种类型对“市场经济”内涵的认识颇为一致，即认为市场经济只是以资本主义私有制为基础的一种剥削无产阶级剩余价值的经济制度，它的存在是资本主义特有的产物。根据马克思主义经典作家的理论加之苏联经济建设实践，计划经济才是体现社会主义制度的经济运行方式。改革开放以后，人们对市场经济的认识才逐渐趋向于正确。今天学术界就市场经济的概念达成了基本一致的看法：市场经济是指主要通过竞争、价格、供求等机制来实现经济资源优化配置的一种经济运行方式。因此，“所谓市场经济，就是以商品生产与交换为目的、以自由竞争为手段的经济体制……市场经济是和计划经济相对立的一种经济体制，根据西方社会多年发展的经验，因为市场经济能够保障个人自由并发挥个人积极性、创造性，故只有它才能提供国民经济发展的自觉的和永久的动力，而计划经济则不能做到这一点。”[②]

市场经济在其发展中衍生了不同的类型，各类型的市场经济存在许多不同的特征。但不同类型的市场经济也表现出一系列共同特点。学界通常认为主要体现在以下几个方面：（1）市场经济运行主体的自主性。这一特点是从市场经济主体而言的。（2）市场经济的全球性或者说开放性。这是从市场的外延而言的。（3）市场经济活动的契约性。这是从市场经济的本质而言的。（4）市场经济的竞争性。这是从市场经济动力而言的。（5）市场经济往来的信用性。这是从市场经济的运行过程而言的。（6）市场经济体系的统一性。这是从市场经济的内在要求而言的。（7）对市场经济宏观调控的必要性。这是从对市场

① 《社会主义市场经济学》第一章，广西师范大学出版社1992年版。转引自刘丽：《社会主义市场经济条件下的法制建设》，中国政法大学1994年硕士学位论文，第1页。

② 孙宪忠：《德国社会市场经济法律制度初探》，载《外国法译评》1995年第4期。

经济运行过程的国家干预方面而言的。（8）市场经济中裁判和仲裁的必要性。这是从矫正市场经济不足方面而言的。

二、中国社会主义市场经济体制建立的形成

（一）中国计划经济体制的形成及其特征

在长达两千多年的时间里，中国一直处于封建社会。1840 年第一次鸦片战争后，中国一步一步地沦为半殖民地半封建社会。在中国共产党领导下，新民主主义革命取得胜利。新民主主义社会是过渡性阶段。到 1956 年，我国基本上完成了对生产资料私有制的社会主义改造，社会主义公有制经济已经成为国家经济的主体部分，社会主义制度在全国范围确立起来。

社会主义经济制度在中国确立的同时，“一五”计划期间，逐步形成了高度集中的计划经济体制。随着社会主义改造的深入，指令性计划的范围越来越大，以生产资料公有制为基础的社会主义经济体制初步形成了。1956 年中共八大的召开，使得毛泽东的《论十大关系》成为全党工作的指针，但是很快就因为国内外形势的变化，党的指导思想发生了“左”的错误，随后发生了长达十年之久的“文化大革命”。

不可否认，计划经济在一定程度上反映了大规模进行工业化建设的客观要求，其对于集中人力、物力和财力，保证重点建设，顺利进行和实现国家的工业化，对于保障市场稳定、改善人民生活，起到了重要作用。但这种体制又有国家管得过多，统得过死，条块分割，不能发挥企业和劳动者积极性的弊病。

（二）中国特色社会主义市场经济体制形成过程

在邓小平的领导下，1978 年中共十一届三中全会掀起延续至今的改革开放大潮。从一开始，改革开放就围绕着“市场导向”不断地深入进行，这期间虽历经曲折风波，但大的方向一直未变。围绕“市场导向”最终确立中国

特色社会主义市场经济体制经历了以下几个阶段：

计划经济为主、市场调节为辅的阶段。1978年国务院召开务虚会，研究加快中国四个现代化的问题，包括经济管理体制改革问题。当时对社会主义经济体制的提法是“计划经济和市场经济相结合”。在1982年9月中共十二大会议上，又提出了“计划经济为主，市场调节为辅”的原则。总的说来，计划经济为主、市场调节为辅原则在当时具有积极意义，但是计划和市场依然对立，改革也只是针对很少部分小商品的生产和经营。

有计划的商品经济阶段。1984年10月，中共十二届三中全会，进一步明确“社会主义经济是公有制基础上的有计划的商品经济”。“商品经济的充分发展，是社会经济发展的不可逾越的阶段，是实现中国经济现代化的必要条件。”从此确立了中国经济改革的目标是建立“社会主义有计划商品经济”的观点。1987年10月，中共第十三次全国代表大会把有计划的商品经济新体制概括为计划与市场内在统一的新体制，明确提出要运用计划调节和市场调节两种手段，逐步建立“国家调节市场，市场引导企业”的机制。这是对计划与市场关系认识的重大突破，明确了计划和市场的相互关系，已经接近社会主义市场经济理论的认识水平。

建立社会主义市场经济体制。1992年年初，邓小平视察南方时更加明确地指出，“计划多一点还是市场多一点，不是社会主义与资本主义的本质区别。计划经济不等于社会主义，资本主义也有计划；市场经济不等于资本主义，社会主义也有市场。计划和市场都是经济手段。”[①] 这从理论上冲破多年来计划经济的束缚，为中国建立社会主义市场经济体制创造了理论基础。1992年10月12日，中共十四大报告明确指出，中国经济体制改革的目标是建立社会主义市场经济体制，以利于进一步解放和发展生产力。1993年八届全国人大一次会议将《宪法》第15条修改为“国家实行社会主义市场经济”。社会主义市场经济第一次写进中国的宪法。1993年11月14日，中共十四届三中全会正式作出《中共中央关于建立社会主义市场经济体制若干问题的决定》，把

① 《邓小平文选》（第3卷），人民出版社1993年版，第373页。

中共十四大提出的建立社会主义市场经济体制的目标和原则具体化、系统化，勾画了新经济体制的基本框架，对有关的重大问题，都作出了明确的原则性规定，把社会主义市场经济的理论和实践大大推进了一步。1995 年 9 月，中共十四届五中全会明确了到 2010 年建立和完善社会主义市场经济体制的历史任务，为中国发展社会主义市场经济作出了重大的战略部署，即到 20 世纪末，经过三个阶段，初步建立起社会主义市场经济新体制。1997 年中共十五大确立了公有制为主体、多种所有制经济共同发展的基本经济制度，实现了思想理论上的一系列新突破，推动以建立社会主义市场经济体制为目标的改革进一步向纵深发展。

完善社会主义市场经济体制阶段。2003 年 10 月，中共十六届三中全会审议通过了《中共中央关于完善社会主义市场经济体制若干问题的决定》。全会强调，完善社会主义市场经济体制的主要任务是：完善公有制为主体、多种所有制经济共同发展的基本经济制度，建立有利于逐步改变城乡二元经济结构的体制，形成促进区域经济协调发展的机制，建设统一开放竞争有序的现代市场体系，完善宏观调控体系、行政管理体制和经济法律制度，健全就业、收入分配和社会保障制度，建立促进经济社会可持续发展的机制。深化经济体制改革，必须以邓小平理论和“三个代表”重要思想为指导，全面落实十六大精神，解放思想、实事求是、与时俱进，坚持社会主义市场经济的改革方向，坚持尊重群众的首创精神，坚持正确处理改革发展稳定的关系，坚持统筹兼顾，坚持以人为本，树立全面、协调、可持续的发展观，促进经济社会和人的全面发展。中共十六届四中全会要求党要提高驾驭社会主义市场经济的能力，不断提高经济工作的水平。

加快完善现代市场体系阶段。2013 年 11 月中共十八届三中全会通过的《中共中央关于全面深化改革若干重大问题的决定》提出的一个重大理论观点，就是把市场在资源配置中的“基础性作用”修改为“决定性作用”。理论和实践都证明，市场配置资源是最有效率的形式。市场决定资源配置是市场经济的一般规律，市场经济本质上就是市场决定资源配置的经济。健全社会主义市场经济体制必须遵循这条规律，着力解决市场体系不完善、政府干预过多和监管不到位问题。作出“使市场在资源配置中起决定性作用”的定位，有利于在全党全社会树立关于政府和市场关系的正确观念，有利于转变经济发展方式，有利于转变政府职能，有利于抑制消极腐败现象。该决定对加快完善现代市场体系进行了部署，提出建设统一开放、竞争有序的市场体系，是使市场在资源配置中起决定性作用的基础。必须加快形成企业自主经营、公平竞争，消费者自由选择、自主消费，商品和要素自由流动、平等交换的现代市场体系，着力清除市场壁垒，提高资源配置效率和公平性。要建立公平开放透明的市场规则，完善主要由市场决定价格的机制，建立城乡统一的建设用地市场，完善金融市场体系，深化科技体制改革。

总而言之，中共十一届三中全会以来的经济体制改革是围绕“市场导向”的全面改革，最终确立的社会主义市场经济是我国经济保持高速增长、国力增强、人民生活水平不断提高的体制保障。

第二节 市场经济与法治的关系

一、自然经济和计划经济的本质决定了他们排斥法治

法治是以市场经济为基础的，纵观法治发展的历史，“法治总是与商品经济相关，而与自给自足的自然经济和以国家垄断为内容的产品经济无缘”。[①]无论何种经济体制，规则都是不可缺少的要素。当然这里的规则不仅仅意味着法律，它还包括习俗、道德、规章制度等正式或非正式的制度形式。恩格斯指出：“在社会发展某个很早的阶段，产生了这样的一种需要：把每天重复着的生产、分配和交换产品的行为用一个共同规则概括起来，设法使个人服从生产和交换的一般条件。这个规则首先表现为习惯，后来便成了法律。”[②]只不过法律规则在今天看来最为发达而已。因此，法制规则并不为市场经济所独有，计划经济也可以说是“法制经济”，因为它也有赖于反映其基本要求的法律制度的调整和保障。所以“市场经济是法制经济”的提法并不确切。不过，市场经济与非市场经济（即自然经济和计划经济）相比较，其更需要法律的调整和保障。

自然经济是在前资本主义社会主要实行的经济运行方式，是一种自给自足的经济。生产主要不是为了交换，而是为了满足一定组织范围内的自身需

① 张文显主编：《马克思主义法理学——理论与方法论》，吉林大学出版社1993年版，第414页。

② 《马克思恩格斯选集》（第2卷），第538—539页。

要，其实质是伦理经济。“在自然经济条件下，每个人、每个经济组织（家庭、庄园、村社）做着差不多同样的事情。他们既是生产者又是消费者，劳动产品不离开他们的手，个人之间、各经济组织之间几乎不存在有机的连带关系——以劳动分工和专业化为基础的社会成员之间的依存关系。”[①]在以自然经济形态为基础的社会中，人们对经济关系以至各种社会关系的调整，主要依靠血亲、宗法伦理关系和道德规范，而对复杂的法律规则需求甚少。

计划经济是意志经济、权力（行政）经济。在计划经济体制下，“由于国家垄断了全部社会资源，并通过指令性计划以行政权力直接介入资源的配置，从事资源的直接经营与管理，因而不仅建立起单靠体现权力和特权的人格化权威形式的服从与被服从关系，而且形成了各级行政首长掌握经济调控大权的宝塔式的权力结构。政府管理经济等同于政府直接经营企业，国家运用这种权力的手段就是指令性计划。指令性计划本质上是一种行政命令，它本身就是行政权力的产物，而且它的贯彻和落实更需要以特定的行政机关和行政首脑的政治权威作后盾，这导致不受约束的行政权力和首长权力”。[②]所以计划经济的特征是行政命令、长官意志，它内在地、本能地要求人治。

在计划经济体制下，政治和经济融为一体，经济是政治的附庸，发生经济争议或纠纷，也主要靠行政机关以行政的方式仲裁、调解或决断，无需借助司法程序。这就使得以公正和平权为特质的法律在计划经济中的作用必然是微乎其微的。

二、市场经济内在地产生法治

在谈到市场经济内在地产生法治时，也就是说市场经济需要法治，法治产生是以市场经济机制为条件的。市场经济作为一种以市场为决定性配置社

① 张文显：《市场经济与法制建设三论》，载《中国法学》1993年第3期，第12页。

② 张文显：《市场经济与法制建设三论》，载《中国法学》1993年第3期，第12—13页。

会资源的经济运行方式，是社会经济发展的必然，它本身具有一些共性的本质特征，通过对这些本质特征的分析，可以得出市场经济产生（需要）法治的结论[①]。

（一）市场经济运行主体的自主性要求法治

现代市场经济的主体，已由初时的自然人转变为各种不同类型的法人。法人制度是法治赋予市场经济的基本条件。法人自主性的基本前提是财产的自主性，要求自主行使占有、使用、收益和处分财产的权利。这就要求在法治建设中完善产权法律制度，强化产权关系以及在此基础上对其利益关系的约束，运用国家强制力量保障产权人正常行使权利。法人自主性的另一个要求是自主经营、自主管理、自主进行生产经营决策。这就要求在法治建设中完善企业法律制度，用法律手段保障企业经营管理的自主权。市场经济主体还应涉及进入和退出问题，什么样的主体有资格进入市场，什么样的主体可以退出或必须退出市场，这就要求建立和完善法人登记注册制度以及破产制度。

（二）市场经济活动的契约性要求法治

从经济学的角度看，市场经济的实质就是以商品生产和交换为内容的自由经济。但是自由经济不能没有法律的约束，同时也需要政府依照法律进行控制和干预。不过，市场经济主体间进行的各种商品交换和经济交往，主要是通过契约的形式实现的。在某种意义上，市场经济最本质的法律特征乃是经济关系契约化。市场经济所表现出的各种法律层面现象，直接或间接地都与这个本质法律特征有关。只有沿着经济关系契约化的总体方向推进经济关系的法治化，法律才能为市场提供有效的服务。

（三）市场经济往来的信用性要求法治

信用是商品交换发展的必然结果，是市场经济中时时处处都涉及的问题。

---

① 肖扬：《法制建设与市场经济必须同步发展》，载《现代法学》1993年第5期。

无论是国家信用、银行信用、商业信用还是消费信用，都有赖于法律来维系正当的信用秩序，实现诚实信用原则。信用是经济活动中一种最基本的行为规范，没有信用，市场经济就会陷入无序的混乱状态，要保证良好的信用环境，法律必不可少。

（四）市场经济的竞争性要求法治

市场经济是竞争性经济。它在客观上必然要求有维护自由公平竞争的必要规则，以规范各个经济主体的行为。否则，市场机制就会失灵或扭曲。市场经济建立在充分竞争的基础之上，只有通过竞争才能够实现社会资源的合理配置，给经济发展注入持久的活力。一方面，应当制定和实行竞争主体平等的规则。市场经济主体应当享有平等的地位和机会，不能因所有制的不同、财力大小的不同、隶属关系的不同而处于不平等的境地。另一方面，还应当健全完善竞争手段公平正当的规则。要靠法治的力量来限制垄断，禁止不正当竞争行为，惩办假冒商标和生产销售伪劣产品的行为。

（五）市场经济体系的统一性要求法治

所谓统一，是指一国或地区的市场是统一的市场。市场经济的统一性要求建立在一个国家或地区范围内纵横交错、城乡贯通的流通网络之上，地区之间、城乡之间、城市与城市之间，商品与资金都要按照经济本身的需要自由交换，顺畅地流通周转。条块分割、地区封锁、行业界限、垄断经营，这些问题不解决，市场运行就会缓滞，流通就会梗阻，国内市场的统一就无法实现。因此，必须要打破任何形式的垄断、封锁和条块分割的地方保护主义，坚决制止那种部门和行业色彩极浓的封闭型市场行为，实行地区间、产业间的相互开放，没有统一市场体系的高度发展，就没有市场经济。建立和保证市场体系的统一，显然不能依赖于哪一个地方或部门，只能依靠法治的力量来实现。

（六）市场经济的国际性（全球性）要求法治

市场经济是全面开放的经济。随着世界各国在经济上相互依存、相互渗透的程度不断加深，任何国家都不可能脱离世界经济体系而独立发展。市场经济的发展，必然在经济上打破国家的界限，形成国际市场和多种形式的国际经济联系。为适应这一要求，国际经贸领域已经和正在形成一系列比较统一的、通行的国际经贸条约、惯例和规则。随着经济全球化的强势推进，各国或地区在法治建设方面尽量与国际经贸规则接轨，按国际规则或惯例办事已成为进行全球经贸交往的重要方面。

（七）对市场经济宏观调控的必要性要求法治

在完全竞争的条件下，市场的运行能实现资源的优化配置，但市场并不是万能的，更不是完美无缺的，还存在着若干自身无法克服的缺陷，这就需要国家宏观调控加以弥补。法律手段是国家对市场经济宏观调控的重要内容，它一方面通过法律制度形式明确国家宏观调控的范围，规范政府活动的界限；另一方面则通过法律制度形式明确国家宏观调控的方式方法，把计划方法、财政金融政策的方法以及运用各种经济杠杆的方法统统纳入法治轨道。具体来说在市场经济宏观调控中，运用法律手段的核心，在于按照确定的权利、责任、义务关系，调整市场主体之间的经济关系，维持市场竞争的正常秩序，使经济协调健康地发展。法律手段的实质是一种超经济的国家强制力，国家通过法律规定的各种制度，来支持、肯定或纠正、否定经济行为，达到宏观调控市场经济的目的。其内容是经济立法、经济司法和经济仲裁，具体表现为一系列关于经济活动的法律、行政法规、条例、章程、规定等。

（八）市场经济中裁判和仲裁的必要性要求法治

市场经济活动贯穿着激烈的竞争，整个市场形成了一个追求经济效益的大赛场。因此，市场经济需要有仲裁和裁判，法治建设与市场经济必须同步发展。在市场经济体制下，司法裁判和民间仲裁裁决的形式得到广泛应用。有关裁判、仲裁活动应当在法治的范围内大力加强，为市场主体创造良好的外部环境，保障市场主体及其经营者的合法权益，正确解决民商事纠纷，建立起有利于经济发展的正常的市场经济运行秩序。

除上述几方面外，还有观点认为：市场经济导致建立发达的法律体系、树立法律的至上权威、确立法律面前人人平等、为人权和自由的实现提供社会经济条件、调节权利和权力之间的结构平衡、促进法律组织的职业化、促使法律程序日臻完善、培育法治的文化基础等，限于篇幅，在此不再赘述。

从以上分析可以看出，“自然经济、计划经济和市场经济这三种不同的经济状态或体制所需要的规则，在量与质两方面都存在显著的差别。量的差别反映出社会生活规则化、法律化的程度，质的方面则使法治与专制泾渭分明。在量的方面，市场经济形态和产品经济形态更需要法律规则。这是由市场经济的社会分工、商品交换的规律所决定的。在质的方面，市场经济形态所需要的法律规则与自然经济形态和产品经济形态所需要的法律规则有着根本区别。商品生产与交换中形成的契约关系和契约观念是法治生成的最重要的决定因素。因为商品经济、契约观念、权利自由平等三方面之间有着天然的联系”。[①] 可以说，法治的实现程度取决于市场经济的发达程度。

三、法治对市场经济的作用

从应然的角度看，市场经济对于法治的需求是来自其内在的特性，但是市场经济本身并不能生成法治，这一点已为实践所证明。近200年来，众多市场经济国家法治实践的历史经验教训，说明法治建设必须伴随市场经济同步发展。据统计，现在世界上有130多个国家和地区实行市场经济体制，但并不是所有搞市场经济的国家都取得了成功。市场经济也有发达与不发达、成功与不成功之分。凡是运转效率高、搞得比较成功的市场经济国家，都是法治比较健全的国家，都是建立在法治基础上的市场经济国家。市场经济经历了从幼稚到成熟，从不完善到完善的发展过程，有关市场经济的法治建设也经历了同样的发展过程。从罗马法到法国民法典再到现代发达国家调节市场经济的立法及法治实践，都反映了法治是客观经济生活的需要，是人类社

① 公丕祥主编:《法理学》，复旦大学出版社2002年版，第279页。

会管理经验的结晶。

在市场机制堪称当代西方世界的典范，且具有各类设计得比较精细的法律的美国，其完备的法律可以说是在建立和完善市场经济过程中实践经验的结晶。其他西方经济发达国家的发展道路也莫不如此。

市场经济刚刚在我国实行之际，许多人认为只要以市场来调节经济活动，一切问题都可以迎刃而解。但事实上，随着市场经济的不断发展，社会矛盾却越来越突出甚至有时会达到尖锐的程度。吴敬琏坦言："过去很长时期内，经济学界不太重视法治。认为只要市场交换关系在全社会建立起来，经济就能顺利发展了。其实，现实远不像我们所想象的那样简单。20世纪后期中国市场经济的基本轮廓成型了，可是社会失范却越来越严重，例如，社会普遍无诚信，腐败成灾，黑社会猖獗。"[①] 他自己的体会也是："在刚开始改革的时候，常常天真地想，只要冲破计划经济，把市场放开，一切就会一帆风顺，中国的经济也就很快腾飞。"[②] 钱颖一曾经做了一个《市场与法治》的讲演，他不是从政治科学的角度提出问题，而是从经济学角度提出问题。他说，现代市场经济中的交易是高度非人格化的交易，如果不是靠一套规则来维系，就会出现混乱和无序。这种无序状态如果发展到了严重的程度，将导致所谓坏的市场经济。而要想争取一个好的市场经济，就需要把交易建立在规则的基础上，也就是要有法治。

"市场经济也有缺陷，它无法克服经济周期性波动、社会总体运行失衡、垄断、分配不公平等，所以国家有必要通过法律形式对市场进行干预或宏观调控。"[③] 总而言之，法治在市场经济体制中具有独特的功能，这也完全符合马克思主义关于"经济基础决定上层建筑，上层建筑反过来影响经济基础"辩证唯物主义的基本原理，法治对市场经济具有极大的反作用。

① 吴敬琏:《呼唤法治的市场经济》，生活·读书·新知三联书店2007年版，第140页。

② 吴敬琏:《呼唤法治的市场经济》，生活·读书·新知三联书店2007年版，第124页。

③ 公丕祥主编:《法理学》，复旦大学出版社2002年版，第279页。

（一）法治确立市场主体的地位

市场主体是指在市场上从事各种交易活动的组织和个人。市场主体包括自然人和法人。在通常情况下，市场主体中企业是最重要、最典型的，它既是物质产品的生产经营者和劳务提供者，又是各种生产要素的组织者和消费者。市场主体地位应是独立的、平等的。

市场主体的独立性来自独立、明晰的产权。产权是人权的重要内容，也是实现人权的物质保证。法治社会中保护人权的核心正是确立和保护产权，产权独立是市场主体得以确立的必要条件。只有在享有独立的产权，从而拥有进行市场活动的财产基础的前提下，市场主体的自主决策权才可能落到实处。因此，拥有独立的产权，市场活动者也就能基于自身的独立财产权利而真正确立为市场主体。

法治在消除市场经济条件下对不同市场主体的歧视方面有着重要意义。平等是市场经济的必然产物，商品交换活动所遵循的基本原则是等价交换。法治的平等意义对市场经济而言，体现在各种社会资源平等地向市场主体一体开放；市场主体在市场竞争过程中处于一个均等的起跑线；无论在劳动力市场还是资本市场，市场主体必须享有同等的公正对待而不得有任何歧视现象；市场主体平等地拥有达到其经济目标的现实手段。①

（二）法治培育健全的市场体系

市场并不完全等于市场经济，但是市场毕竟是市场经济全貌的缩影。要发挥市场机制在资源配置中的基础性作用，就必须打破地区、部门的分割和封锁，培育和发展市场体系，创造平等竞争的环境，反对不正当竞争，形成有序的大市场。

统一的立法有利于打破割据与封闭状况。与相对封闭、分割的传统计划经济不同，全面、开放、统一是市场经济的基本特征。这种开放性和统一性从外在方面表现为打破地区间和国家间的封锁，使各种商品和生产要素能够

① 公丕祥著:《法制现代化的理论逻辑》，中国政法大学出版社1999年版，第116页。

在统一的市场上自由流动和自由结合；从内在方面表现为市场运行规则的法律化和统一化，即市场运行规则不能依靠稳定性和规范性较差的政策而应依靠法律，不能只强调地方特色和部门特色，而应使之与市场经济运行的一般法规相对接。要实现这两点，依靠某个地方或部门不行，否则可能出现各种法律法规重叠矛盾的情况。所以说，统一的立法是实现市场经济开放、统一的保障。

公正和公平的执法司法体系也是纠正地方保护的重要环节。立法目的的实现，离不开健全的执法司法体系，行政执法机关、司法机关是适用法律的机关，依法执政、公正司法是培育统一市场体系的必然要求。

（三）法治完善宏观调控机制

市场经济是一种效率高的经济体制，但如前所述，市场机制并非万能，它也存在诸多所谓“失灵”现象。现代市场经济已不能完全离开国家的宏观干预，而宏观调控正是国家权力发挥作用的重要方式与途径。

宏观调控不同于微观经济管理，它不是针对单一的企业或个人，具有间接性、非个案性、非单一性的特点。正是由于这种特点，宏观调控只能用于弥补市场“失灵”，不能超过一定的度，干预企业内部事务。因为宏观调控涉及面广、范围大，如果使用不当，违背了上述一些条件，往往会“走了样”，带有“人治”的因素。为了防止国家权力在宏观调控中有扩大的倾向，将宏观调控纳入法治轨道十分重要。法治化的宏观调控首先表现为调控形式的法律化，这以调控立法的合理化为基础。宏观调控包括法律手段、经济手段及必要的行政手段，无论是运用经济办法，还是使用行政手段，一般都应注意采用法律的形式。

（四）法治促进社会保障事业的发展

市场经济以整个经济有效率运行为主要着眼点，它不能保证每个人都从中获利，因此在市场竞争中如何保护非获利者的基本生存权利，就需要社会保障的存在。社会保障可以帮助人们降低生活和工作中可能遇到的风险，保障社会成员的基本生活，增强他们的生活安全感，从而可以对一个国家的经济发展和社会稳定产生直接的影响。

法治的价值内在地包含着自由、公正、正义。所以法治国家通过颁布法律确立社会保障的必要性，如劳动法、社会保险法、养老保险法、社会救济法、农村社会保障法等。因为市场经济并不是目的，而是手段，各国也不是为了发展市场经济而发展市场经济。完善社会保障制度不仅有其必然性，也有其正当性。

第三节
我国社会主义市场经济与法治的关系

前文主要论及市场经济与法治的内涵和特征，以及它们之间的相互关系。从市场经济的共性来说，前文的论述完全适用于我国的社会主义市场经济和法治。但是问题在于，不同经济制度下的市场经济和法治不但存在诸多共性方面，也因为其生长的制度环境差异而凸显了相当程度的差异。尤其是在中国这样一个非常具有特殊性的国度建立市场经济和建设法治国家更是任重道远。

一、我国建立社会主义市场经济体制的必要性和特殊性

建立社会主义市场经济的必要性，也就是为什么要建立，在前文已有叙述，此处不再赘述。问题的关键在于什么是社会主义市场经济？特别是在“市场经济”前为什么要加“社会主义”四个字？马洪说：“我们要建立的是社会主义市场经济，并不意味着我们把市场经济分为姓‘社’的和姓‘资’的，这只是‘社会主义条件下的市场经济’的简称。”[①] 王家福说：“社会主义市场经济是以先进技术武装起来的社会化、集约化、国际化大生产的现代化市场经济，是以公有制经济成分为主、多种经济成分并存，提倡效率、竞争，崇

① 马洪主编：《什么是社会主义市场经济》，第6页。转引自丁邦开：《关于社会主义市场经济法律几个问题的探讨》，载《上海财经大学学报》2002年第5期。

尚公正、共同富裕的社会主义性质的市场经济。”①

二、依法治国，建设社会主义法治国家是我国治国基本方略

中国有长达两千多年的封建专制统治，有着丰富的法制资源，而缺少法治传统。中华人民共和国成立后，建国初期加强了法制但并未真正实行法治，一定程度上仍是人治。人治的恶果导致了十年“文化大革命”挫折，邓小平这位中国改革的总设计师，作为一位政治家，历经“文化大革命”劫难，深刻认识到民主法治的重要性。1978年12月，他指出：“为了保障人民民主，必须加强法制。必须使民主制度化、法律化，使这种制度和法律不因领导人的改变而改变，不因领导人的看法和注意力的改变而改变”。②这在不久后召开的中共十一届三中全会成为全党的共识。经过数十年的改革开放，我国终于确立“依法治国”的方针。1996年，江泽民在中共中央举办的法制讲座上提出了“实行依法治国，保障国家的长治久安”的理论；而后全国八届人大四次会议确立了“依法治国，建设社会主义法制国家”的基本方针，中共十五大更将“依法治国，建设社会主义法治国家”，作为治国方略确立下来。1999年3月15日九届人大二次会议将“中华人民共和国实行依法治国，建设社会主义法治国家”以宪法修正案的形式写进了宪法。

与我国市场经济体制的产生相类似，中国开始走向法治之路的最显著特点即是由政府来推动的，从“依法治国”的提出，到大量法律的颁布无不如此。与此不同，西方调控市场经济的法律制度是在长期的发展过程中不断形成、变化和完善的。在西欧市场经济发展过程中，商人力图用法律武器保护自身利益，解决随市场扩张而日益增多的纠纷，产生并扩大了市场经济的法律要求，推动了法律的发展。“商人不仅形成了商业习惯法，而且制定了保护

① 肖扬主编：《社会主义市场经济法制建设讲座》，第1页，转引自丁邦开：《关于社会主义市场经济法律几个问题的探讨》，载《上海财经大学学报》2002年第5期，第41页。

② 《邓小平文选》（第2卷），人民出版社1994年版，第146—147页。

利益的法律，建立法庭来解决他们之间的纠纷”。可以说这是西欧推动法治的内在力量。我国由于长期实行高度集中的计划经济体制，因此商人阶层作为一个独立阶层基本消失，社会中缺乏独立的利益主体，也形不成对法治的推动力。因此，我国的市场主体不得不由国家来培育，我国的法治也不得不由政府来推动。

对中国这样一个有数千年人治传统的国家，确定走法治之路是一个巨大的进步。建设社会主义法治国家是依法治国和未来发展的宏伟目标。

三、我国市场经济建设过程中的法治发展

如前所述，我国的社会主义市场经济与西方国家的市场经济在很多方面存在不同。但是就市场经济与法治关系而言，两者并无差别。无论在什么社会形态下的市场经济都不能离开法治而健康成长。以市场为导向的改革开放事业不但推动了中国经济的快速发展，而且有力地推动着法治发展进程。

1. 作为根本大法的宪法在我国社会生活中起着重要的作用，它规定国家最根本、最重要的问题，具有最高的法律效力。在我国进行市场经济建设的过程中，宪法对其回应最具代表性、根本性。

1982 年《宪法》实施后，对于促进我国的改革开放事业发挥了重要作用。随着改革开放的深入，尤其是对市场的初步认识，1988 年第七届全国人大第一次会议对宪法作了适应改革开放事业发展的修改，其中与经济建设直接相关的是：一是在第 11 条增加规定“国家允许私营经济在法律规定的范围内存在和发展。私营经济是社会主义公有制经济的补充。国家保护私营经济的合法的权利和利益，对私营经济实行引导、监督和管理”。二是删去第 10 条第 4 款中不得出租土地的规定，增加规定“土地的使用权可以依照法律的规定转让”。

1993 年八届全国人大第一次会议依照中共十四大确立的精神，对宪法作了第二次修正。其中与市场经济直接相关的内容包括：把家庭联产承包责任制作为农村集体经济组织的基本形式确立下来；将社会主义市场经济确立为

国家的基本经济体制，并对相关内容作了修改。

在1999年的宪法修正内容中，首先将“发展社会主义市场经济”写进宪法；明确规定“中华人民共和国实行依法治国，建设社会主义法治国家”；规定“国家在社会主义初级阶段，坚持公有制为主体、多种所有制经济共同发展的基本经济制度，坚持按劳分配为主体、多种分配方式并存的分配制度”；规定“农村集体经济组织实行家庭承包经营为基础、统分结合的双层经营体制”；将国家对个体经济和私营经济的基本政策合并修改为“在法律规定范围内的个体经济、私营经济等非公有制经济，是社会主义市场经济的重要组成部分”“国家保护个体经济、私营经济的合法的权利和利益。国家对个体经济、私营经济实行引导、监督和管理”。

2004年十届全国人大第二次会议对宪法作了第四次修正。将国家的土地征用制度修改为“国家为了公共利益的需要，可以依照法律规定对土地实行征收或者征用并给予补偿”；将国家对非公有制经济的规定修改为“国家保护个体经济、私营经济等非公有制经济的合法的权利和利益。国家鼓励、支持和引导非公有制经济的发展，并对非公有制经济依法实行监督和管理”；将国家对公民私人财产的规定修改为“公民的合法的私有财产不受侵犯。国家依照法律规定保护公民的私有财产权和继承权。国家为了公共利益的需要，可以依照法律规定对公民的私有财产实行征收或者征用并给予补偿”；增加规定“国家建立健全同经济发展水平相适应的社会保障制度”和“国家尊重和保障人权”。

2018年十三届全国人大一次会议对宪法作了第五次修正，把“创新、协调、绿色、开放、共享”的新发展理念写入宪法，这有利于更好地发挥其在决胜全面建成小康社会，开启全面建设社会主义现代化国家新征程中对我国经济发展的重要指导作用。

纵观宪法的历次修改，主要都是围绕市场经济的建设为基本方向，上文列举的主要是和市场经济建设过程直接相关的内容，事实上，那些未加列举的内容也从另外的角度巩固着市场经济的政治、文化等的基础。

2. 恩格斯指出：“民法的准则只是以法的形式表现了社会的经济生活条

件。"[1]我国的民商法律体系就是伴随着市场经济的发展历程而逐步展开的。前文在描述中国的市场经济体制形成过程中，把我国市场经济的发展分为四个过程：计划经济为主、市场经济为辅的阶段；有计划的商品经济阶段；建立社会主义市场经济体制阶段和完善社会主义市场经济体制阶段。从我国法制发展的历史看，法律的制定与修改基本符合这一描述，从而更加确证了市场经济对民商法律的决定性影响。

在计划经济为主、市场经济为辅阶段，1979年11月，全国人大常委会法制委员会组建民法起草小组，进行新中国成立后的第三次民法典起草工作。由于中国刚刚经历"拨乱反正"，农村经济体制改革初见成效，城市经济体制改革尚未完全展开，对外开放处于尝试阶段，改革政策不断调整和深化，实践中的新生事物不断出现。有些问题在实践中还没提出来，一时还难以从理论上完全解释清楚，还看不清楚如何解决，更不能用法律规范将它们确定下来。如果仓促制定民法典，其效用、稳定性及权威性都会大受影响，所以还不成熟，应该先制定单行法规，成熟一个制定一个，然后再编纂成一个统一的民法典。总之，由于我国国情复杂和认识上的阻力因素，颁布一个完整而详尽的民法的时机还不成熟。民事立法采取了非法典化的路子，立法机关将民法的起草指导方针由"批发"转向"零售"，即暂时不出台民法典，而先搞单行法。

根据这一方针，在改革开放之初的短时间内，我国发布了经济建设急需的《中外合资经营企业法》《经济合同法》《涉外经济合同法》《婚姻法》《继承法》《商标法》《专利法》等一批民商事法律、法规，有力地促进了改革开放初期的法治需求，也为今后的经济体制改革以及法治建设奠定了良好的基础。

在有计划的商品经济阶段，人们逐渐认识到市场的重要作用，基于这样的认识深化，对于民商事法律的需要就更加迫切，因此1984年中共十二届三中全会以后，我国民商事立法掀起了一次立法高潮。代表性的立法成果主要包括《技术合同法》《民法通则》《外资企业法》《中外合作经营企业法》《企

---

① 《马克思恩格斯选集》(第4卷)，人民出版社1995年版，第253页。

业破产法》《全民所有制工业企业法》《著作权法》《收养法》《妇女权益保障法》等一批重要的民商事法律，这其中以《民法通则》的制定最具代表性。它的发布使我国的民商事法律制度趋于健全，并有了较为完整的体系。标志着我国民商事法律的立法因应市场经济的形成过程而逐渐体系化。《民法通则》的发布更标志着中国以市场为导向的改革开放事业不可逆转。

1992 年中共十四大的召开标志着在中国建立社会主义市场经济体制的必然性，1993 年宪法修正案把建设市场经济体制确立为国家经济制度。这样，我国的法制建设又必然迎来再一次的立法高潮，虽然其中不乏仓促草率，但是在当时的背景下，为了建设市场经济而大规模立法是完全必要的，而这又暗示着国家在推动经济建设过程中依靠法律手段进行的重大彰显作用，为提出不久的依法治国，建设社会主义法治国家的治国方略奠定了实践基础。这一时期，我国制定了数量众多的市场经济建设必要的法律法规:《公司法》《合伙企业法》《个人独资企业法》《海商法》《保险法》《票据法》《证券法》《合同法》《担保法》等一大批民商事法律法规，同时还对不同时期制定的法律法规进行了修订，极大地促进了市场经济的快速健康发展。其中《公司法》和《合同法》成为这一时期最为重要的两部法律。

最直接反映市场经济要求的《公司法》的发布标志着我国关于企业的立法发生了从所有制标准向企业组织形式标准的根本转变，促进了国有企业改革，加快了我国社会主义市场经济体制的建立和完善。《公司法》规定了有限责任公司和股份有限公司两种基本的公司形式，规定了公司设立、变更、终止以及公司的组织机构、股份公司股份和公司债的发行与转让等内容，充分体现了中央关于国有企业改革和建立现代企业制度的精神。积极推进了“产权明晰、权责明确、政企分开、管理科学”的现代企业制度的建设。《公司法》和后来陆续出台的《合伙企业法》《个人独资企业法》组成了我国比较完整的商事主体法格局。

《合同法》的发布是我国民商事法律体系化的重要发展和突出成就，它结束了“三足鼎立”的合同法立法格局，为我国民事立法摸索出适合自己的道路。社会主义市场经济体制确立后，先前的合同法律制度的缺陷就被凸显出来。市场经济要求的重要方面之一就是法律的统一，并且计划经济体制下的“经济合同”观念也必须由市场经济体制下的“合同”观念所代替。同时，原有合同法律制度的规定原则性较强，规范性较弱甚至存在明显的缺漏，现实生活中发生的很多合同关系三部合同法都未作规定。交易规则不统一、不完善，是我们所面临的最重大的问题。而且还存在：三部合同法调整的社会关系不一致；法律主体不统一；违约责任的归责原则不统一；合同法的基本原则表述上不一致；合同形式不一致等比较突出的问题。制定统一的合同法，规范各类合同的订立、履行和违约责任等，对保护合同当事人的合法权益，维护社会经济秩序，促进国内经济、技术和对外贸易的发展，保障社会主义建设事业的顺利进行，具有十分重要的作用。合同法是规范市场交易的基本法律，是民商法的重要组成部分。从 1993 年开始，历经 6 年的努力，1999 年 3 月 15 日，九届全国人大第二次会议通过了《中华人民共和国合同法》，于同年 10 月 1 日实施。

《合同法》充分体现了社会主义市场经济体制的要求，不仅彰显了商品经济的合同观念，同时以自由为立法的价值导向构建了合同法律制度，标志我国市场经济体制下自由型合同法律价值的体系初步实现。首先，合同法实现了交易规则的统一和完善。要求合同的规范必须是统一的，只有这样才能做到裁判的公正和统一，才能促进市场经济的正常发展。其次，合同法摈弃了经济合同概念，这个概念本身就是计划经济体制的反映。《合同法》树立了市场经济体制的合同观念，结束了原有合同法上的“经济合同”与民事合同有别、经济合同内外有别的局面，体现了市场经济的本质。再次，合同法从我国实际出发，借鉴国外合同法律的有益经验，对于健全和完善我国合同法律制度具有积极的意义。最后，《合同法》在立法技术上改变了过去“宜粗不宜细”的思路，合同法律制度的完备是前所未有的，极大地强化了合同法的规范作用。《合同法》较为充分地体现了意思自治、诚实信用等民法的价值理念，符合市场经济的内在要求。

市场经济的建立不可能“毕其功于一役”，它是不断完善的过程，因此 2003 年的中共十六届三中全会审议通过了《中共中央关于完善社会主义市场经济体制若干问题的决定》。在会议精神的指引下，立法机构对前一时期的法律进行了较为重要的修改，主要表现在2005年对《公司法》的重大修订，如增加了一人有限责任公司制度、确立了公司法人人格否认制度等，更加适应市场经济的建设需要；2005年修改了《证券法》；2006年对《合伙企业法》作了重大修改，还正式发布了《企业破产法》。这一时期最为重要的立法就是《物权法》的艰难出台，它的发布在完善社会主义市场经济和构建中国特色的民商法律体系中起着重要的作用。

制定和实施物权法，意义重大。学者们普遍认为制定和实施物权法是实行社会主义市场经济体制的必然要求。市场经济的实质就是不同财产所有权主体之间的交换，这就要求主体必须是真正的财产所有权人，而交换的结果是市场主体各自获得特定财产所有权。完善的所有权制度和完善的合同制度，是实行市场经济体制的必要条件。物权法的制定和实施，对于进一步改革开放和发展社会主义市场经济具有重大而深远的意义。制定和实施物权法，为实行社会主义市场经济体制提供了基础条件。物权法规定了所有权制度、用益物权制度和担保物权制度，为建立完善的社会主义市场经济体制奠定了基础。物权法的实施，对于保护农民的土地使用权尤其具有重大意义。有利于使改革开放以来实行的家庭联产承包合同制度平稳过渡到用益物权制度，从制度上消除和减少侵害农户合法权益的行为，保护广大农户的经营自主权，进一步激发其生产积极性，保障我国农村经济的长期持续稳定发展，从而巩固农村改革的成果，促进社会主义市场经济的发展。所以王利明认为："物权法对于我国社会主义市场经济的基础作用表现在：一是物权法构建了产权制度的基本框架。市场是交易关系的总和，社会主义市场经济体制的构建首先要求产权明晰、权责明确，这样市场交易才有可能顺利进行。物权是最重要的产权类型，物权法确认了各类物权，为市场交易确立了法律前提，为市场的正常运行奠定了法律基础。二是物权法确立了平等保护原则，以维护市场主体的平等地位和基本财产权利。"[①] 因之，物权法的颁行还有利于鼓励民众

① 王利明：《物权法是社会主义市场经济的基本法律》，载《求是》2007年第10期。

创造财富，推动行政机关的依法行政等。当然对于未来民法典的制定，物权法的出台更意味着是社会主义民商事法律体系完善的重要步骤。

3. 经济法律体系也是我国社会主义市场经济所必需的，改革开放四十多年的历史也是经济法律快速发展的历史。在竞争法领域形成了以《反不正当竞争法》和《反垄断法》为核心，以《拍卖法》《招标投标法》《价格法》等法律法规为配套的法律体系，有效制止了不正当竞争行为，维护了市场竞争机制，促进了市场经济健康发展；在消费者权益保护领域形成了以《消费者权益保护法》为核心，以《产品质量法》《食品卫生法》《药品管理法》《计量法》等法律法规为配套的法律体系，切实保障了消费者的合法权益；同时在环境保护领域、社会保障领域、银行业和财税领域等，都通过立法形式加以规制，形成了适合我国市场经济建设的经济法律体系。

在我国市场经济为导向的经济建设中，直接规制市场经济自发性弊端的竞争法体系自始就为人们所重视，并且随着市场经济的不断发展，竞争法体系也逐步得到完善和发展。其采取了从分散立法模式到比较完善的集中保护阶段，有效制止不正当竞争行为，维护市场竞争机制，保护了社会主义市场经济体制的发展。改革开放之初，我国一方面注重经济建设的发展，同时也注意到市场导向的经济建设必然面临的不正当竞争和垄断行为。从 1980 年 7 月 1 日国务院通过的《国务院关于推动经济联合的暂行规定》，实际上已经体现了国家反对违反经济规律的地区和行政垄断行为。此后，围绕反不正当竞争和垄断行为，国家立法和行政机构制定发布了系列相关的法律法规，但是主要分散地体现在如国务院制定的法规或者是《商标法》《专利法》等法律中。1992 年中共十四大确立了建设社会主义市场经济体制后，1993 年第八届全国人大常委会第三次会议通过了《反不正当竞争法》，于当年 12 月 1 日正式实施。标志着我国反不正当竞争步入法制时代。它是我国第一部专门的竞争法律，是我国竞争法发展的里程碑。此后的《产品质量法》《广告法》《价格法》等法律法规也在各自领域保证有效竞争、禁止垄断行为，提高了市场运行的效率。但是反垄断法的制定并不因上述法律法规的颁行而失去作用，从竞争法体系角度而言，只有《反不正当竞争法》和《反垄断法》的共同作用才能充分保护市场经济健康发展。早在1987年国家就进行了反垄断法的制定工作。2007年8月30日，十届全国人大常委会第二十九次会议通过了《反垄断法》，并于2008年8月1日实施。它的发布，是我国竞争法体系完善的标志，必将为我国的市场经济建设发挥重大的调节作用。

4. 在刑事法律和诉讼法的立法中，同样体现了市场经济建设的要求。在1997年修订刑法前，由于1979年刑法不能适应快速发展的经济现实，只能通过单行刑法和附属刑法规定等形式来因应市场经济建设过程中出现的与经济相关的犯罪现象。但是这样的立法模式是不符合人权保护以及打击犯罪的要求的，也不能很好地满足市场经济建设的需要，因此，1997年刑法修改后，在刑法分则第三章中直接规定了破坏社会主义市场经济秩序罪等，值得关注的是规定了单位犯罪，这完全符合市场经济建设的现实情况。继1997年《刑法》废除了"投机倒把罪"后，2009年8月24日十一届全国人大常委会第十次会议举行全体会议，听取关于《全国人民代表大会常务委员会关于修改部分法律的决定（草案）》审议结果的报告。草案对我国现行法律中存在的明显不适应社会主义市场经济和社会发展要求的规定作出了修改。根据草案的规定，将《计量法》《野生动物保护法》《铁路法》《烟草专卖法》四部法律中有关"投机倒把""投机倒把罪"的规定予以删去并作出了修改。这意味着"投机倒把"这一带有计划经济色彩的名词将成为历史名词，不再出现在我国现有的法律当中。

在三大诉讼法的立法上，也注意了适应市场经济建设的要求，如1996年修正的《刑事诉讼法》就改变了1979年立法的"超职权主义"的价值追求，因为这种具有强烈的职权主义刑事诉讼色彩的立法是与当时高度计划经济体制和高度集权体制相适应的。在民事诉讼法领域，为了适应我国社会主义经济体制改革不断深化发展的需要，2007年我国修改了1991年发布的《民事诉讼法》，其中为了配合《企业破产法》的实施，将民事诉讼法中的"企业法人破产还债程序"一章删去。

第四节
把社会主义市场经济建设为法治经济

如果说“市场经济是法制经济”的提法还能因为产生歧义而让人诟病的话，那么“市场经济是法治经济”的提法从应然角度看，是完全符合市场经济与法治关系的。从这个角度出发，社会主义必须而且应当是法治经济。

但是我们也应当注意，上述提法仅仅是从“应然”角度得出的结论，至于现实生活中我们所遇到的或者感知的市场经济总是存在这样那样的不足与缺陷，如最近席卷全球的金融危机从其发生的根源上说就是市场经济自身存在的弊端的爆发。有人认为应归咎于一些金融从业人员的贪婪，但谁能否认市场经济的目的就是以承认个人利益的存在为前提！只不过金融危机的发生是因为人性的贪婪缺少了法律规制才酿成如此风波，可是从另一个角度不也凸显了法治的功能？所以通过这次市场经济体制下发生的危机，更要坚定地把我国社会主义市场经济建设为法治经济。为此，我们必须努力达到以下目标：

重视法律作用，树立法律权威；依靠法律培育和建立市场；要用法律来保障一个既有生机又有秩序的市场；加快完善社会主义市场法治体系等。

加快建设社会主义法治国家是发展社会主义市场经济的根本保证。没有完备的法制保障，就没有成熟的市场经济。当前，我国已经初步建立起社会主义市场经济体制，市场在资源配置中的决定作用得以有效发挥。同时，我们也要看到，我国的市场体制还不完善，尤其是市场经济的诚信机制和依法管理的有效机制还未完全建立起来，建立社会主义市场经济法律秩序的任务还十分艰巨。在新的形势下，市场主体和市场行为需要进一步依法规范，市场意识、诚信意识需要法治的强化和塑造，生产、交换、分配、消费等市场经济环节需要法的规范和引导，宏观调控和管理的法制化建设需要抓紧推进，经济违法犯罪需要依法打击和治理。只有在全面建设小康社会实践中，结合加快建设社会主义法治国家，逐步形成良好的市场经济法律秩序，才能为完善社会主义市场经济提供有力的法治保障。[①]

---

① 王胜俊:《加快建设社会主义法治国家》，载《法制日报》2007年11月5日第1版。

第六章

人民代表大会制度的完善与作用的加强

1954年9月，召开了第一届全国人民代表大会第一次会议，通过了《宪法》，从此建立起中华人民共和国的根本政治制度——人民代表大会制度。人民代表大会制度是中国特色社会主义制度的重要组成部分，也是支撑中国国家治理体系和治理能力的根本政治制度。根据现行宪法的规定，我国的人民代表大会制度至少包括以下主要内容：（1）国家的一切权力属于人民，人民行使国家权力的机关是全国人民代表大会和地方各级人民代表大会；（2）所有国家机构都实行民主集中制的原则；（3）全国人民代表大会和地方各级人民代表大会都由民主选举产生，对人民负责，受人民监督；（4）国家行政机关、审判机关、检察机关都由人民代表大会产生，对它负责，受它监督；（5）中央和地方的国家机构职权的划分，遵循在中央的统一领导下，充分发挥地方的主动性、积极性的原则；（6）在各少数民族聚居的地方实行民族区域自治制度，各民族自治地方都是中华人民共和国不可分割的一部分。

人民代表大会制度建立60多年来，虽然经历了一些曲折的过程，但是这项制度逐步得到完善，作用不断得到加强，基本理论不断创新，作为体现中国社会主义特色的根本政治制度正日趋走向成熟，显示了无比的优越性和巨大的生命力。

第一节
人民代表大会制度的历史回顾

我国的人民代表大会制度从萌芽、形成到发展经历了一个较为复杂曲折的过程。中国共产党成立伊始，就开始尝试建立工农兵代表会议。抗日战争期间，基于根据地政权建设经验特别是边区参议会制度，开始形成建立人民代表大会制度的构想。1940 年 1 月，毛泽东在《新民主主义论》中，首次明确提出了“人民代表大会”的概念，并指出：“没有适当形式的政权机关，就不能代表国家。中国现在可以采取全国人民代表大会、省人民代表大会、县人民代表大会、区人民代表大会直到乡人民代表大会的系统，并由各级代表大会选举政府。”[①] 抗日战争结束后，解放区的政权组织形式开始由参议会向人民代表会议过渡。就全国而言，随着解放战争即将结束，当时党的主要领导人都在努力探索取得全国政权之后应如何组织和运作这一政权。一方面，在一系列书信、指示中谈到要召开人民代表大会；另一方面，限于当时战争并未结束等条件，又明确主张要召开政治协商会议，并把召开政治协商会议作为召开人民代表大会的一种过渡。

1949 年 9 月，代行全国人民代表大会职权的中国人民政治协商会议第一次会议通过了具有临时宪法性质的《共同纲领》，将新民主主义的政权制度确定为“民主集中制的人民代表大会的制度”。然而，由于当时一些地方的军事行动还没有结束，土地改革正在进行，全国范围内人民群众还没有充分组织

① 《毛泽东选集》(第 2 卷)，人民出版社 1991 年版，第 677 页。

起来，因而还不具备召开在普选基础上产生各级人民代表大会的条件，只能采取过渡的办法，即在中央由中国人民政治协商会议代行全国人民代表大会的职权；在地方，则通过各界人民代表会议代行地方人民代表大会的职权。

随着新民主主义革命在全国范围内的胜利，建立各级人民代表大会的时机逐步成熟。1953年2月，中央选举委员会通过了《全国人民代表大会和地方各级人民代表大会选举法》(以下简称《选举法》)，建立人民代表大会的工作正式开始。1953年下半年，我国举行了历史上第一次规模空前的普选。到1954年8月，全国各地共选出地方人大代表566万多名，乡、县、省逐级召开了人民代表大会会议，建立健全了地方各级政权组织。并经由各省、自治区、直辖市和较大的市人民代表大会以及中国人民解放军、华侨等方面的选举，产生了第一届全国人民代表大会的代表1226名。1954年9月20日，第一届全国人民代表大会第一次会议的召开，标志着人大制度从中央到地方系统地建立起来了。第一届全国人民代表大会第一次会议通过的新中国第一部社会主义宪法规定："中华人民共和国的一切权力属于人民。人民行使权力的机关是全国人民代表大会和地方各级人民代表大会。"这个规定和其他条文的一些规定表明，我们国家的政治制度是人民代表大会制度。

但是，从1957年下半年的反右斗争开始，到"文化大革命"爆发，在"左"的思想影响下，由于没有切实建设社会主义民主政治，忽视人民代表大会制度建设，削弱了各级人大的工作，国家政治生活越来越不正常。虽然地方各级人大、全国人大及其常委会也做了大量工作，在个别方面也有所进步，但从总体上来说，我国人民代表大会制度建设和人大工作不是比原来进步了，而是在经过一段时间徘徊之后退步了。

1975年1月四届全国人大一次会议的召开，标志着全国人大及其常委会的各项工作开始复苏，特别是1976年10月粉碎"四人帮"之后，我国人民代表大会制度的建设开始逐步恢复。1978年12月召开的中共十一届三中全会，不仅开辟了我国改革开放和社会主义现代化建设的新时期，也使我国社会主义民主法治建设进入了一个新的时期，迎来了人民代表大会制度建设的第二个春天。从1977年到1982年，地方各级人大工作也得到了比较快的恢复和比较大的发展，各省、自治区、直辖市人大及所属各县、市人大都相继建立了常委会。1982 年 12 月，五届全国人大五次会议通过了新的宪法，标志着我国人民代表大会制度建设和人大工作进入了全面恢复和不断发展阶段。

1982 年《宪法》对人民代表大会制度进行了完善，如扩大全国人大常委会的职权、健全地方人大的组织体系等。实践证明，现行宪法是一部好宪法。同时，全国人民代表大会又与时俱进，根据我国社会政治经济文化的发展变化，分别于 1988 年、1993 年、1999 年、2004 年和 2018 年对现行宪法进行了修正，使它更加适应形势的需要。在新的历史时期，邓小平等领导人十分重视民主法治建设，强调要坚持人民代表大会制度。改革开放以来，各级人大及其常委会在党的领导下，认真履行宪法和法律赋予的职责，各方面的工作都有了新的、较大的进展。同时，人民代表大会制度也在这一进程中得到了进一步完善。比如，改革和完善了选举制度、规范了代表制度、完善并规范了立法制度、进一步充实了监督制度、制定了工作制度并建立健全了人大及其常委会的办事机构等。可以说，改革开放以来是我国人民代表大会制度发展最好的时期。

人民代表大会制度建立以来的实践充分证明，这一制度是符合中国国情和实际、体现社会主义国家性质、保证人民当家作主、保障实现中华民族伟大复兴的好制度。

第二节
人民代表大会制度的健全完善

一、人大选举制度的完善

在我们国家，选举是人民行使国家权力的主要方式。为了保障人民自由地行使选举权利，1979 年 7 月五届全国人大二次会议制定了新的《选举法》，全国人大常委会又先后于 1982 年、1986 年、1995 年、2004 年和 2015 年 5 次对《选举法》进行修改和补充，进一步完善了选举制度。因此，选举制度有三项最引人注目的改革。

（一）扩大了直接选举的范围

规定县级人大代表由选民直接选举产生，把直接选举的范围从农村乡（镇）一级扩大到乡（镇）、县两级，同时还简化了直接选举的程序。

（二）完善了候选人确定制度

改革开放后，将原来按照居住状况划分选区改为按照生产单位、事业单位、工作单位和居住状况划分选区，进一步完善代表候选人的提名程序，实行自下而上、自上而下提出并酝酿讨论、民主协商确定候选人的办法。1953 年《选举法》虽然规定了选民或者代表可以联合或者单独提出代表候选人，但强调以组织提名为主。1986 年修改后的《选举法》和《地方各级人民代表大会和地方各级人民政府组织法》（以下简称《地方组织法》）规定：各政党、各人民团体，可以联合或者单独推荐代表候选人。选民或代表 10 人以上联名也可以推荐代表候选人。1995 年修改后的《选举法》规定，选民或者代表联名推荐的候选人与政党、人民团体推荐的候选人都必须提交选民或大会会议进行酝酿，在民主协商的基础上确定为正式候选人。2004 年修改后的《选举法》恢复了县乡人大代表直接选举中的预选程序，并规定选举委员会可以组织代表候选人与选民见面，回答选民问题。选民或者代表可以依法联名推荐候选人，使选民和代表切实体会到法律规定的民主权利的真实性。例如，据湖北省 1996 年进行的全省乡镇人大换届选举的统计，该省共 1368 个乡镇，选举乡（镇）长、副（乡）镇长 8108 人，其中政党推荐的候选人当选的 7631 人，占 94.12%；代表联合提名的候选人当选的 453 人，占 5.59%；非候选人当选（属于投票时“另选他人”）的 24 人，占 0.29%。①

（三）实行差额选举

在 1979 年以前，无论选举人大代表，还是选举地方国家机关领导人员，都是采取等额选举办法。1979 年后，“在选举制度的改革中，最引人瞩目的是实行差额选举。不仅各级人大代表的选举实行了差额选举的办法，而且从 1979 年起地方各级人民代表大会选举本级国家机关领导人员也实行了差额选举的办法，并在实施过程中不断加以完善”。②1979 年发布的《地方组织法》规定，选举各级地方国家机关的正职领导人员，其候选人数一般应多一人，进行差额选举。如果提名的候选人只有一人，也可等额选举。副职领导人员和人大常委会其他组成人员则应按照规定的差额数进行差额选举。实践中，各地不仅在选举地方各级人大代表、人大常委会组成人员和政府副职中坚持实行了差额选举，而且不少地方在选举正职时，也实行了差额选举。据不完全统计，改革开放以来，全国各省、直辖市、自治区有 12 个人大常委会主任，

① 徐晓林、王亚平：《人民代表大会制度建设 20 年来的回顾与新世纪的展望》，载《政治学研究》2001 年第 5 期。

② 刘政、程湘清：《三中全会以来的人大制度建设》，载《人大研究》1998 年第 12 期。

8个省、直辖市、自治区的省长，15个高级人民法院院长和11个高级人民检察院检察长实行了差额选举。在1988年到1989年、1992年到1993年的两次地方换届选举中，省级人大常委会主任、省长、省级人民法院院长、省级人民检察院检察长都有从代表联名提出的候选人获得当选的情形。市、县（区）、乡（镇）各级人大会议选举从代表联名提出的候选人获得当选的情形就更多了。[①]

从1979年到2008年，我国先后进行过9次乡级人大代表直接选举，8次县级人大代表直接选举，6次县级以上人大代表间接选举。实践证明，人大选举制度的不断改进和完善，有利于保障人民自由地行使民主选举权利，有利于加强人民群众对国家机关及其工作人员的监督，增强了人民群众当家作主的积极性，显示了巨大的历史功效。

2010年3月14日，十一届全国人大三次会议表决通过了《关于修改〈中华人民共和国全国人民代表大会和地方各级人民代表大会选举法〉的决定》，这标志着我国社会主义民主政治又向前迈出了历史性的一步。新修改的选举法呈现八大亮点。

亮点一：取消城乡选举差别，实现“同票同权”。实行城乡按相同人口比例选举人大代表，是此次选举法修改最吸引人的地方。新修改的选举法第一次将城乡人口比例规定为1∶1，这体现了人人平等、地区平等和民族平等的“三个平等”原则。这个变动是我国民主法治建设的标志性事件，也是我国从农业社会进入工业化社会的象征。

亮点二：确保基层代表数量，解决“官多民少”现象。新修改的选举法明确规定：“全国人民代表大会和地方各级人民代表大会的代表应当具有广泛的代表性，应当有适当数量的基层代表，特别是工人、农民和知识分子代表……”这从制度上保证一线的工人、农民的代表比例，扩大群众参与国家政治生活的途径，是对人大制度发展的新探索。

亮点三：保护选民自由表达意志，选举时应当设有秘密写票处。此前选

① 王维国：《改革开放30年人民代表大会制度创新回顾》，载《中国社会科学院研究生院学报》2008年第6期；尹中卿：《地方人大二十年：回眸与前瞻》，载《人大研究》2000年第2期。

举法规定了无记名投票制度，但在选举实践中，无记名投票并不能完全保证公民权利的自主行使。新修改的选举法明确规定："选举时应当设有秘密写票处。"这个规定将更有效地保护选民自由地表达自己的意志，排除外界的不当干预，选择自己满意的候选人，更好地保持选举的公正性与纯洁性。

亮点四："身兼两地人大代表"的现象不会出现。新修改的选举法规定："公民不得同时担任两个以上无隶属关系的行政区域的人民代表大会代表。""身兼两地人大代表"的情形，不利于代表履行职责，不利于切实代表一个选区选民的利益和意志参与行使国家权力。

亮点五：代表候选人与选民见面不是可有可无。新修改的选举法特别规定："选举委员会根据选民的要求，应当组织代表候选人与选民见面，由代表候选人介绍本人的情况，回答选民的问题。"而此前的法律只是规定"选举委员会可以组织代表候选人与选民见面，回答选民的问题"。从"可以"到"应当"，这意味着组织代表候选人与选民见面不再是可有可无，这有利于选民深入了解候选人，鉴别候选人参政议政能力，以便选民更好地选举。

亮点六：保障依法选举，加大"贿选"等查处力度。新修改的选举法特别增加了一条有针对性的规定："全国人民代表大会和地方各级人民代表大会代表的选举，应当严格依照法定程序进行，并接受监督。任何组织或者个人都不得以任何方式干预选民或者代表自由行使选举权。"同时，为了及时有效查处以暴力、威胁、贿赂等手段破坏选举的行为，新修改的选举法增加规定："主持选举的机构发现有破坏选举的行为或者收到对破坏选举行为的举报，应当及时依法调查处理；需要追究法律责任的，及时移送有关机关予以处理。"

亮点七：增设"选举机构"专章，明确选举委员会职责。新修改的选举法规定："不设区的市、市辖区、县、自治县的选举委员会的组成人员由本级人民代表大会常务委员会任命。乡、民族乡、镇的选举委员会的组成人员由不设区的市、市辖区、县、自治县的人民代表大会常务委员会任命。"并且规定："选举委员会的组成人员为代表候选人的，应当辞去选举委员会的职务。"

亮点八：对代表辞职程序作出明确规定。新修改的选举法规定："常务委员会接受辞职，须经常务委员会组成人员的过半数通过。接受辞职的决议，须报送上一级人民代表大会常务委员会备案、公告。”同时还明确，“县级的人民代表大会常务委员会接受辞职，须经常务委员会组成人员的过半数通过。乡级的人民代表大会接受辞职，须经人民代表大会过半数的代表通过。接受辞职的，应当予以公告。”对代表辞职程序作出明确规定，从程序上保证了代表在不能履行职务时，有健全的退出机制。

二、人大代表制度的完善

各级人大代表是本级国家权力机关的组成人员。依靠和发挥代表的作用，是做好人大及其常委会工作的基础，是人民代表大会制度保持旺盛生命力的源泉所在。为了更好地发挥人大代表的作用，从1985年开始，通过改进代表集中统一视察的办法，逐步实行分散的、经常的视察和有组织的集中视察相结合，以利于代表深入了解情况，反映人民群众的呼声和要求。1987年全国人大常委会办公厅制发了全国人大代表视察证，使代表的视察活动逐步经常化、制度化；同年6月，六届全国人大常委会第二十一次会议讨论并提出了《关于全国人大常委会加强同代表联系的几点意见》，对常委会与代表的联系、代表与原选举单位和人民群众的联系方式和做法，作出了一系列具体的规定。许多地方人大常委会办公厅也制发了人大代表视察证，使代表的视察活动逐步经常化、制度化。

1992年4月，七届全国人大第五次会议通过《全国人民代表大会和地方人民代表大会代表法》（以下简称《代表法》）。在有关法律规定的基础上，《代表法》吸收了各地开展代表工作和代表活动的成熟经验，增加的内容主要有：（1）各级人大代表是各级国家权力机关的组成人员，依照法律规定产生，代表人民的利益和意志，依照宪法和法律赋予的职权，参加行使国家权力。（2）规定全国人大会议期间一个代表团或者30名以上的代表联名，有权书面提出对最高人民法院和最高人民检察院的质询案。（3）对代表在闭会期间的活动，包括组成代表小组开展活动、对本级或下级国家机关和有关单位的工作进行视察、应邀列席本级人大常委会会议和有关会议、约见本级或者下级国家机关负责人、采取多种方式经常听取和反映人民群众的意见和要求、依法参加特定问题调查委员会，都作了较为系统的规定。（4）加强各级人大常委会同本级人大代表的联系。（5）增加规定国家和社会为代表执行职务提供物质保障、时间保障，代表的活动经费应当列入本级财政预算。（6）对代表执行职务的司法保障作了比《全国人民代表大会组织法》更加健全和具体的补充规定。（7）规定一切组织和个人都必须尊重代表的权利，支持代表执行职务。（8）规定代表未经批准两次不出席本级人大会议的，其代表资格即行终止。

2005 年 5 月，中共中央发布 9 号文件（《中共全国人大常委会党组关于进一步发挥全国人大代表作用加强全国人大常委会制度建设的若干意见》），把进一步发挥代表作用，支持、规范和保障代表依法履行职责，作为坚持和完善人民代表大会制度的重点，对保障代表知情权、改进代表议案和建议工作、规范代表在闭会期间的活动、为代表活动提供必要的条件和保障等提出了具体要求。2005 年 6 月，全国人大常委会办公厅提出《关于加强和规范全国人大代表活动的若干意见》《全国人民代表大会代表议案处理办法》《全国人民代表大会代表建议、批评和意见处理办法》3 个工作文件。涉及创新人大代表制度的内容主要有：（1）保障代表的知情权，为代表提供多种信息，扩大代表对常委会活动的参与，为代表深入审议议案和报告创造条件，提高代表审议议案和报告的水平。（2）明确代表议案的基本要求和范围，规范代表提出议案的程序，改进议案办理工作，提高议案提出和处理的质量。（3）明确代表提出建议、批评和意见的范围和程序，督促有关部门认真负责地办理，完善有关工作制度，提高代表建议、批评和意见的提出及处理的质量。（4）加强和规范代表在大会闭会期间的活动，明确活动的内容和原则，改进和加强代表视察和专题调研工作，增强代表活动的实效，密切代表与人民群众的联系。（5）为代表活动提供经费、时间保障和服务保证。另外，2005 年 6 月全国人大常委会办公厅提出的《关于充分发挥专门委员会作用的若干意见》，对审议和研究处理代表议案和代表建议还规定了两条：一是专门委员会应通过与全国人大代表的联系，为代表依法提出高质量的议案和建议提供咨询，给予引导和帮助；二是对每年确定的重点建议，有关专门委员会要跟踪督办。

参照全国人大常委会的做法，许多地方人大常委会也制定了有关的规定或条例，建立健全了各项具体制度，使代表工作步入了制度化、规范化的发展阶段。

改革开放以来，我国的人大代表制度不断健全，代表产生的条件更加具体，代表的权利和义务更加明确，代表活动的方式更加完善，代表行为的准则更加规范，代表依法履行职责的物质保障、时间保障和司法保障更加有力、服务更加有效，代表的结构更加合理，代表的素质和履职水平有很大提高，对发挥各级人民代表大会的整体功能和保证人民代表大会制度有效运转，都起到了重要作用。

三、人大组织体系的健全

中共十一届三中全会之后，我国政治体制改革的最大突破、我国人民代表大会制度的重大发展，集中反映在县级以上地方各级人大常委会的设立上。县级以上地方各级人大设立常委会，历经了长期酝酿过程。早在1954年制定宪法时，就有人提议地方人大设立常委会，但这个意见没有被采纳。经过一段时间实践后发现，由于县级以上地方各级人大不设常委会，很多问题不好解决，尤其是难以在人民代表大会闭会期间对行政、审判、检察机关的工作进行监督。1957年上半年，全国人大常委会机关党组对如何进一步健全人民代表大会制度进行了研究，提出县级以上地方各级人大设立常委会的建议，还拟出了修改宪法的方案和关于县级以上地方各级人大设立常委会的决议草稿，后因反右运动而被搁置。1965年，中共中央又一次提出了县级以上地方各级人大设立常委会的问题，并取得了基本一致的意见。会后有两个省提出了设立人大常委会的方案，报请中共中央批准。但不久又因为发生“文化大革命”而被搁置下来。在“三起三落”之后，直到1979年重新修订《地方组织法》，这个方案才被采纳。

1979年下半年，根据新修订的《选举法》《地方组织法》，各省、自治区、直辖市在66个县、自治县、不设区的市和市辖区进行了直接选举的试点，第一批县级人大常委会在此基础上产生。省级人大常委会的设立也是从1979年下半年开始的，到1979年年底，有21个省、自治区、直辖市的人大设立了常委会，其他省级人大则在1980年设立了常委会。设区的市、自治州的人大常委会基本上也都在1980年内设立起来。到1981年年底，随着县级直接选举工作的全面铺开，全国2000多个县级人大都设立了常委会。根据1982年《宪法》和有关法律的规定，近年来各级人大及其常委会着重加强组织建设。在乡镇一级，改变了农村人民公社政社合一的体制，建立乡、镇人大，设置主席、副主席负责代表大会闭会期间的工作。

为了适应繁重工作任务的需要，全国和地方人大及其常委会加强了组织建设。主要措施有：一是增设全国人大专门委员会。1982年《宪法》明确规定，全国人民代表大会设立民族委员会、法律委员会、财政经济委员会、教育科学文化卫生委员会、外事委员会、华侨委员会和其他需要设立的专门委员会。根据这一规定，六届全国人大设立了民族、法律、财政经济、教科文卫、外事、华侨六个委员会；1988年七届全国人大一次会议增设了内务司法委员会，1993年八届全国人大一次会议增设了环境保护委员会，①1998年九届全国人大一次会议增设了农业和农村委员会，从此到第十二届全国人大为止，共设有九个专门委员会，即民族委员会、法律委员会、财政经济委员会、教育科学文化卫生委员会、外事委员会、华侨委员会、内务司法委员会、环境与资源保护委员会、农业与农村委员会。2018年十三届全国人大一次会议增设社会建设委员会，将内务司法委员会更名为监察和司法委员会，将法律委员会更名为全国人大宪法和法律委员会。现在第十三届全国人大共设有十个专门委员会。专门委员会在全国人大及其常委会领导下，负责研究、审议和拟订有关议案，开展调查研究。根据《地方组织法》的有关规定，在省、自治区、直辖市和自治州、设区的市人大，设立了法制（政法）、财政经济、教育科学文化卫生等专门委员会。专门委员会的设立，为协助人大及其常委会开展工作发挥了重要作用。二是由全国人大常委会委员长、副委员长、秘书

---

① 1994年八届全国人大二次会议改名为环境与资源保护委员会。

长组成委员长会议，处理全国人大常委会的重要日常工作。三是规定人大常委会的组成人员不得担任国家行政机关、监察机关、审判机关和检察机关的职务。这实际上是要求人大常委会的组成人员专职化，有利于对行政、监察、审判、检察机关的监督，也有利于实现委员的年轻化。

人大组织体系的完善还表现在，建立健全常委会的办事机构和工作机构。全国人大常委会根据工作需要，逐步健全了办事机构，加强了立法、研究等工作机构，充实了一批有实践经验和专业知识的人才。地方人大常委会设立后，也根据工作需要，逐步建立和健全了办事机构和工作班子。现在全国县级以上地方各级人大常委会的工作人员有7万多人。20世纪80年代初期，一些省、自治区开始在地区设立省级人大常委会派出工作机构，以加强上下级人大之间的联系，协助本级人大常委会开展对地区行政公署和设在地区的司法机关的监督工作。1995年修正的《地方组织法》首次规定："省、自治区的人民代表大会常务委员会可以在地区设立工作机构。"这是对全国各地经验的总结和肯定，从而进一步明确了地区人大工作机构的法律地位。

四、人大相应职权的扩大

在中央，全国人民代表大会统一行使最高国家权力。由于全国人大代表人数较多，不便于进行经常性工作，1982年修改宪法时，曾经酝酿过减少全国人大代表的名额。但考虑到我国国家大，人口多，有50多个民族，2700多个县，各阶层、各民族、各地方、各方面、各政党在全国人大中都需要有适当数量的代表，大量减少全国人大代表的方案短时间内难以实行。于是，从实际情况出发，修改后的宪法将原来属于全国人大的一部分职权交由它的常委会行使，规定全国人大与全国人大常委会共同行使国家立法权，共同行使监督权。全国人大制定和修改民事、刑事、国家机构和其他基本法律；全国人大常委会制定和修改除应当由全国人大制定的基本法律外的其他法律，并可对全国人大制定的法律进行部分补充和修改。在全国人大闭会期间，全国人大常委会可以审查、批准国民经济计划和预算的部分调整方案，决定国务院各部部长、各委员会主任等人选。

在地方，1979 年 7 月重新制定的《地方组织法》，规定省、自治区、直辖市人大及其常委会根据本行政区域的具体情况和实际需要，在同宪法、法律、政策、法令、政令不抵触的前提下，可以制定地方性法规，报全国人大常委会和国务院备案。1982 年《宪法》肯定了这一规定，并在修改后的《地方组织法》中进一步规定，省、自治区人民政府所在地的市和经国务院批准的较大的市的人大及其常委会，在不同宪法、法律、行政法规和本省、自治区的地方性法规相抵触的前提下，可以制定地方性法规，报省、自治区人大常委会批准后施行。同时还扩大了地方各级人大及其常委会的其他职权。实践证明，扩大全国人大常委会和地方各级人大及其常委会的职权，有利于调动中央和地方两个积极性，有利于各级人大常委会开展大量的日常工作，加快整个国家的法治建设。

五、人大工作制度的健全

各级人大及其常委会集体行使职权，其工作集中表现为开好两个会议：一个是一年一次的人大会议，一个是每两个月一次的人大常委会会议。因此，完备的议事程序和工作制度，对于保证人大及其常委会行使职权至关重要。在宪法的基础上，1982 年制定《全国人民代表大会组织法》、1987 年制定《全国人民代表大会常务委员会议事规则》、1989 年制定《全国人民代表大会议事规则》、1993 年制定《关于加强对法律实施情况检查监督的若干规定》、1999 年作出《关于加强中央预算审查监督的决定》、2000 年作出《关于加强经济工作监督的决定》、制定《立法法》等，对全国人大及其常委会的议事程序和工作制度作出了系统的规范，最高国家权力机关的工作逐步走上了制度化、程序化的轨道。为了更好地贯彻民主集中制原则、提高议事的效率和质量，在全国人大制定《地方组织法》的基础上，地方人大及其常委会也都普遍制定了《代表大会议事规则》、《常委会议事规则》和《主任会议议事规则》，以及行使地方性法规制定权、重大事项决定权、人事任免权、监督权等一系列条例和规定，为人大决策的民主化、科学化，工作的规范化、程序化，提供了制度保障。

第三节
人民代表大会制度作用的加强

一、人大立法工作的加强

1978年改革开放以来，鉴于“文化大革命”的教训，为使民主制度化、法律化，使这种制度和法律不因领导人的改变而改变，不因领导人的看法和注意力的改变而改变，全国人大的立法工作得到进一步加强。40多年来，在党中央集中统一领导下，全国人大及其常委会适应改革开放发展的需要，从无法可依的历史起点上起步，紧紧围绕党和国家工作大局，有计划、有重点、有步骤地推进法律制度建设，形成了中国特色社会主义法律体系，国家经济建设、政治建设、文化建设、社会建设、生态文明建设各个方面实现了有法可依，在深刻变革的社会大背景下形成了安定和谐的社会法律秩序，使宪法法律成为引领、规范、推动和保障改革开放的强大法治力量。[①] 为改革开放和社会主义现代化建设事业提供了法律保障。

1979年年初至2008年年初十届全国人大任期届满，全国人民代表大会及其常务委员会已经制定了229件现行有效的法律，涵盖了七个法律部门和三个不同层次；各法律部门中，对形成中国特色社会主义法律体系起支撑作用的基本法律以及改革、发展、稳定急需的法律，大多已经制定出来。有学者曾对改革开放30年的十大经典立法进行过概括：第一，1981年《经济合同法》，

① 信春鹰：《改革开放40年全国人大及其常委会的立法工作》，载《求是》2019年第4期。

契约观念启蒙者；第二，1982 年《宪法》，国家道路分水岭；第三，1986 年《民法通则》，传播权利意识；第四，1987 年《村民委员会组织法（草案）》，促进基层民主；第五，1989 年《行政诉讼法》，推行政府法治；第六，1993 年《消费者权益保护法》，保护市场消费者；第七，1997 年新《刑法》，“罪刑法定”，加强刑事司法的人权保障；第八，2000 年《立法法》，从有法可依，走向良法之治；第九，2007 年《物权法》，显示财产权的合法性；第十，2007 年《劳动合同法》，坚守劳动者权益至上。①

2012 年中共十八大以来，全国人大进一步加强重点领域立法，并取得重大立法成就。编纂民法典正稳步推进，2017 年 3 月第十二届全国人大五次会议通过了《民法总则》，其他部分的编纂正有条不紊地进行；2018 年 3 月，为了贯彻落实党中央关于深化国家监察体制改革决策部署，推进全面依法治国，实现国家监察全面覆盖，深入开展反腐败工作，第十三届全国人大一次会议表决通过了《监察法》。2019 年 3 月，为了进一步扩大对外开放，积极促进外商投资，保护外商投资合法权益，规范外商投资管理，推动形成全面开放新格局，促进社会主义市场经济健康发展，第十三届全国人大二次会议表决通过了《外商投资法》。

与法律相配套，地方人民代表大会及其常务委员会制定了 7000 多件现行有效的地方性法规，民族自治地方的人民代表大会制定了 600 多件现行有效的自治条例和单行条例。这些法律、法规，反映了改革开放的进程，肯定了改革开放的成果，对保障改革开放和社会主义现代化建设顺利进行发挥了积极的作用。现在，以宪法为核心的中国特色社会主义法律体系已经形成，国家的政治、经济、文化、社会和生态文明主要的方面已经有法可依。

在加强建设社会主义法律体系的过程中，人大立法程序和相关制度也同步得到健全和完善。全国和地方人大在立法工作中的创新之处主要有：（1）增设立法规划室。2007 年 2 月，全国人大常委会法制工作委员会增设了立法规划室，负责全国人大常委会五年立法规划和年度立法计划的初步编制工作。

① 阿计：《改革开放 30 年十大经典立法》，载《楚天主人》2008 年第 11 期。

这是全国人大常委会为增强立法科学性所采取的一个重要措施。（2）改进法律法规的提案制度。法律规定，特定机关和人大代表、人大常委会组成人员都可以向本级人民代表大会或它的常务委员会提出属于人大或人大常委会职权范围内的议案，包括立法案。特别是人大代表和人大常委会组成人员提出议案的法定人数逐步规范。（3）实行法规草案的委托起草制度。自20世纪90年代开始，逐步打破了以往法律法规草案由政府部门起草的单一格局，有的由人大有关委员会、法制工作机构和政府的法制工作机构直接组织起草，有的委托大专院校、科研单位和社会团体以及有关专家、学者起草，拓宽了法案的起草渠道，这对加快立法步伐，防止和克服立法中的部门利益倾向起到了积极作用。（4）建立立法咨询和立法听证制度。例如，2005年9月27日，全国人大法律委员会、财经委员会和全国人大常委会法制工作委员会联合举行第一次立法听证会，就《个人所得税法（修正案草案）》有关工薪所得减除费用标准（俗称"起征点"）举行听证会。（5）法律草案向社会公布。2008年4月15日，十一届全国人大常委会第二次委员长会议决定，今后法律草案一般都向社会公布。法律草案公开征求公众意见，早在20世纪50年代和80年代初已有实践。1989年4月七届人大二次会议通过的《全国人民代表大会议事规则》，对草案公布有了规定。2000年3月发布并于7月1日实施的《立法法》，作了进一步规定。截至2008年6月，我国先后共公布过2部宪法草案和16部法律草案进行公开征求意见，都收到了很好的效果。（6）实行"审次"制度。现在，全国人大常委会的立法一般实行三审。（7）增设法规备案审查室。2004年5月，全国人大常委会法制工作委员会增设了法规备案审查室，负责对报送全国人大常委会备案的行政法规、地方性法规、自治条例和单行条例、最高人民法院和最高人民检察院的司法解释的初步审查工作。这是全国人大常委会为维护法制统一所采取的一个重要措施。（8）完善立法授权，做到重大改革于法有据。2015年修改《立法法》，增加规定："全国人民代表大会及其常务委员会可以根据改革发展的需要，决定就行政管理等领域的特定事项授权在一定期限内在部分地方暂时调整或者暂时停止适用法律的部分规定。"这为立法授权改革提供了法律依据。

二、人大监督作用的加强

监督宪法和法律的实施，监督国家行政、审判、监察、检察机关的工作，是国家权力机关的重要职权和主要职责。中共十一届三中全会以来，各级人大及其常委会认真履行监督职责，不断改进监督工作，在实践中积累了许多好的经验。从 1986 年起，全国人大常委会开始酝酿监督法。在制定该法过程中，全国人大及其常委会先后通过了有关单项规定或决定，还在《预算法》《审计法》中对有关人大监督的内容进行规定。《各级人民代表大会常务委员会监督法》（以下简称《监督法》）以及这一系列单行规定或决定，构成了人大监督制度的重要内容。

1982 年 12 月，五届全国人大五次会议对《全国人民代表大会组织法》进行修改，增加规定，全国人大及其常委会共同监督宪法的实施，在全国人大闭会期间，全国人大常委会可以审查和批准计划、预算的部分调整方案。1993 年 9 月，八届全国人大常委会第三次会议通过《关于加强对法律实施情况检查监督的若干规定》。1994 年 3 月，八届全国人大二次会议通过《预算法》，涉及人大监督制度的内容有：强化预算的法律约束力，明确各级人大在预算管理中的职权，强化各级人大常委会在预算管理中的职权。1994 年 8 月，八届全国人大常委会第九次会议通过《审计法》，涉及人大监督制度的内容主要包括：细化对国家财政收支的审计监督，明确国家实行审计监督制度等。1999 年 12 月，九届全国人大常委会第十三次会议通过《关于加强中央预算审查监督的决定》。2000 年 3 月，九届全国人大常委会第十四次会议通过《关于加强经济工作监督的决定》。2004 年 5 月全国人大常委会成立了“法规审查备案室”，负责法规的备案和审查工作。2005 年 12 月，全国人大常委会办公厅出台《常委会执法检查工作程序》，主要内容包括执法检查项目的提出、计划的拟订和批准、执法检查方案的制订和审批、执法检查组的组成、执法检查的主要工作方式、执法检查报告的形成、听取和审议执法检查报告、执法检查报告及其审议意见的落实以及具体案件的处理等。2005 年 12 月 16 日全国人大常委会第四十次委员长会议完成了对《行政法规、地方性法规、自治条例和单行条例、经济特区法规备案审查工作程序》的修订，并通过了《司法解释备案审查工作程序》，以进一步建立健全法规和司法解释备案审查制度，维护国家法制统一。2006 年 7 月，全国人大常委会办公厅出台《关于办理最高人民检察院有关抗诉案件审判的意见》。2006 年 8 月，十届全国人大常委会第二十三次会议审议通过《监督法》。该法是人大监督制度规范的显著标志和核心内容，主要内容包括：（1）调整范围和重点。该法把调整范围确定为规范各级人大常委会的监督工作，重点放在完善对“一府两院”工作实施监督的形式和程序。（2）听取和审议专项工作报告。《监督法》要求有计划地安排听取和审议本级“一府两院”的专项工作报告。（3）对计划、预算执行情况的监督。（4）对法律法规实施情况进行检查。《监督法》要求常委会每年选择若干关系改革发展稳定大局和群众切身利益、社会普遍关注的重大问题，有计划地安排执法检查。（5）对规范性文件进行备案审查。《监督法》对行政法规、地方性法规、自治条例和单行条例、规章的备案、审查和撤销等作了衔接性的规定。同时对最高人民法院、最高人民检察院有关审判、检察工作中具体应用法律解释的备案、审查也作了具体规定。（6）对询问和质询、特定问题调查等监督形式的程序进行了补充规定。

改革开放以来，以起草、修改、审议、发布实施《监督法》为主线，人大监督制度不断得到规范。《监督法》从酝酿到颁布前后跨越 5 届人大，历时 20 年。《监督法》的发布实施，对于健全监督机制，加强和改进各级人大常委会的监督工作，促进依法行政、公正司法，更好地发挥人民代表大会制度的特点和优势，推进社会主义民主政治的制度化、规范化、程序化，具有重大的现实意义和深远的历史意义。

第四节 人民代表大会制度的中国特色

人民代表大会制度建立以来的实践充分证明，“人民代表大会制度是符合中国国情和实际、体现社会主义国家性质、保证人民当家作主、保障实现中华民族伟大复兴的好制度”。[①] 人民代表大会制度是具有中国特色的社会主义政治制度，主要表现在以下几个方面。

一、建立在中国特色政治理论基础之上

在中国实行人民代表大会制度而不是别的政治制度和模式，这是历史的选择，人民的意愿，治国安邦和人民当家作主的需要。以毛泽东为代表的中国共产党人，把马克思主义国家学说与我国实际相结合，对创建人民政权进行了卓有成效的探索和理论上的论述。

在抗日战争即将胜利，中国采取何种政权组织形式的问题提到了日程上来的时候，毛泽东指出：“新民主主义的政权组织，应该采取民主集中制，由各级人民代表大会决定大政方针，选举政府。它是民主的，又是集中的，就是说，在民主基础上的集中，在集中指导下的民主。只有这个制度，才既能表现广泛的民主，使各级人民代表大会有高度的权力；又能集中处理国事，使各级政府能集中地处理被各级人民代表大会所委托的一切事务，并保障人

① 习近平：《在庆祝全国人民代表大会成立60周年大会上的讲话》，载《人民日报》2014年9月6日。

民的一切必要的民主活动。"[①]这些思想为新中国成立后我国实行人民代表大会制度奠定了理论基础。1949年9月，中国人民政治协商会议第一届全体会议通过了具有临时宪法作用的《共同纲领》，确立了人民代表大会制度为新中国的人民民主政权的组织形式。周恩来在《关于〈中国人民政治协商会议共同纲领〉草案的起草经过和特点》的报告中说："新民主主义的政权制度是民主集中制的人民代表大会的制度，它完全不同于旧民主的议会制度……从人民选举代表、召开人民代表大会、选举人民政府直到由人民政府在人民代表大会闭会期间行使国家政权的这一整个过程，都是行使国家政权的民主集中的过程，而行使国家政权的机关就是各级人民代表大会和各级人民政府。"[②]

1954年9月第一届全国人民代表大会第一次会议的召开，标志着我国人民代表大会制度的正式建立。刘少奇在这次会议上所作的《关于中华人民共和国宪法草案的报告》中指出："人民代表大会制既规定为国家的根本政治制度，一切重大问题就都应当经过人民代表大会讨论，并作出决定。全国性的重大问题，经过全国人民代表大会讨论和决定，在它闭会期间，经过它的常务委员会讨论和决定；地方性的重大问题经过地方人民代表大会讨论和决定。我国的人民代表大会就是这样能够对重大问题作出决定并能够监督其实施的国家权力机关。"人民代表大会制度既指我国的根本政治制度，又指我国人民民主专政的政权组织形式，这种观点在20世纪80年代以来党的重要文献中得到了多次重申。1987年党的十三大报告明确指出："人民代表大会制度是我国的根本政治制度。"1991年江泽民在全国"两会"党员负责人会议上的讲话中指出："人民代表大会制度体现了社会主义制度的优越性，体现了社会主义民主的广泛性。它是同我国人民民主专政的国家性质相适应的政权组织形式，是我们国家的根本政治制度。"[③]1999年李鹏在阐述我国人大制度时说："所谓人民代表大会制度，就是以人民代表大会为基石构建的国家政

① 《毛泽东选集》(第3卷)，人民出版社1991年版，第1057页。

② 《周恩来选集(上卷)》，人民出版社1980年版，第369页。

③ 《江泽民论有中国特色社会主义(专题摘编)》，中央文献出版社2002年版，第298页。

权体系，它主要规定了人民代表大会同产生它的人民的关系，规定了人民代表大会同它产生的‘一府两院’等其他国家机关的关系，规定了中国共产党同人民代表大会及其他国家机关的关系。选举制度是人民代表大会制度的基础。民主集中制是人民代表大会制度的组织原则。这三个‘关系’、一个‘基础’、一个‘原则’，概括地反映了我国政治生活的全貌，集中地体现了国家的性质。一句话，人民代表大会制度是实现党的领导和人民当家作主的有效的政权组织形式。”①

2014年9月，在庆祝全国人民代表大会成立60周年大会上的讲话中，习近平强调要坚定不移走中国特色社会主义政治发展道路，对我国选择实行人民代表大会制度的历史必然性及这一制度的优势进行了系统阐释。他说：“中国实行工人阶级领导的、以工农联盟为基础的人民民主专政的国体，实行人民代表大会制度的政体，实行中国共产党领导的多党合作和政治协商制度，实行民族区域自治制度，实行基层群众自治制度，具有鲜明的中国特色。这样一套制度安排，能够有效保证人民享有更加广泛、更加充实的权利和自由，保证人民广泛参加国家治理和社会治理；能够有效调节国家政治关系，发展充满活力的政党关系、民族关系、宗教关系、阶层关系、海内外同胞关系，增强民族凝聚力，形成安定团结的政治局面；能够集中力量办大事，有效促进社会生产力解放和发展，促进现代化建设各项事业，促进人民生活质量和水平不断提高；能够有效维护国家独立自主，有力维护国家主权、安全、发展利益，维护中国人民和中华民族的福祉。”②

二、与中国特色的社会主义经济制度相适应

根据我国现行宪法规定，我国坚持以社会主义公有制为主体，多种经济成分长期存在和发展的社会主义经济制度。中国特色社会主义经济制度是我

① 引自《中国人大》1999年第7期。

② 习近平:《在庆祝全国人民代表大会成立60周年大会上的讲话》，载《人民日报》2014年9月6日。

国人民代表大会制度赖以存在的物质基础。正是在社会主义经济基础上，形成了全体人民根本利益的一致，因而我们国家可以而且必须由人民代表大会统一行使国家权力；同时在这个前提下，对于国家的行政权、监察权、审判权、检察权和武装力量的领导权，也都有明确的划分，使国家权力机关和其他国家机关能够协调一致地工作，而不能照搬西方资本主义国家的建立在私有制基础上的“三权分立”。由于我国人民代表大会制度能够适应我国社会主义的经济制度，因而对改革开放和社会主义经济建设，起着重要的保证和促进作用。

三、与中国特色的人民民主专政的国体相适应

我国是工人阶级领导的，以工农联盟为基础的社会主义国家。人民民主专政确切地表明了我国的阶级状况和政权的广泛基础和国家性质。我国的人民代表大会制度作为我国政体，能够充分反映和代表我国国体，因而能从根本上保证广大人民行使当家作主的权力，这正是有中国特色的社会主义民主的本质和核心。

四、是中国共产党领导下的社会主义民主制度

中国共产党的领导是中国特色社会主义最本质的特征。中国共产党是中国工人阶级的先锋队，是全国各族人民利益的忠实代表。建设中国特色的社会主义，必须坚持共产党的领导。党对人大工作的领导主要是政治领导，实行领导的主要方式是：使党的主张经过法定程序变成国家意志，使党组织推荐的人选通过法定程序成为国家政权机关的领导人员，通过国家政权机关实施党对国家和社会的领导，通过党组织的活动和党员模范带头作用带动广大人民群众，实现党的路线、方针和政策。中国共产党领导的多党合作和政治协商制度是我国社会主义民主制度的一个重要内容，是我国的一项基本政治制度。在我国各级人大的建设中，都十分注意切实发挥各民主党派、人民政

协的参政议政和民主监督作用，支持民主党派和无党派人士在国家机关中担任领导职务，使中国共产党领导的广泛的爱国统一战线不断得到巩固和发展。

五、坚持民主集中制的基本原则

民主集中制是我国社会主义民主制度和民主生活的根本指导原则，也是人民代表大会制度必须实行的基本原则。现行《宪法》总则中对民主集中制原则专列一条（第3条），规定："中华人民共和国的国家机构实行民主集中制的原则。"对民主集中制原则的基本内容，作了以下三个方面的表述，并在有关国家机关的组织和活动的各项条文规定中得到充分的体现：第一，全国人大和地方各级人大都由民主选举产生，对人民负责，受人民监督。第二，国家行政机关、监察机关、审判机关、检察机关都由人大产生，对它负责、受它监督。第三，中央和地方的国家机构职权的划分遵循在中央统一领导下，充分发挥地方的主动性、积极性的原则。这些规定，揭示了人民与代表机关、代表机关与其他国家机关、中央与地方之间的正确关系，把民主和集中正确地结合起来，表明了我国的各级人民代表大会既是真正的人民代表机关，也是真正代表人民统一行使国家权力的机关。

六、具有巨大的优越性和强大的生命力

从以上分析可以看出，我国的人民代表大会制度是具有中国特色的社会主义政治制度，是我国的根本政治制度，是切实保障我国人民当家作主的最好的政权组织形式。正是这样，我国的人民代表大会具有巨大的优越性和强大的生命力，在国家生活中发挥了重大的作用。主要表现在以下几个方面：

（一）人民代表大会制度是我国的基本制度

在我们国家有很多制度，如行政管理制度、财政税收制度、文化教育制度、司法制度、婚姻制度和军事制度。这些制度只能反映国家生活的某一方

面，只有人民代表大会制度才能代表国家生活的全部，能从经济、政治、法律、文化和外交等各个方面反映和代表我国的国家生活，因而是我国的基本制度。不仅如此，以上这些制度，都是在人民代表大会的基础上建立起来的。例如，在全国人大通过的宪法中，明确规定了我国人民法院的组织和活动的基本原则，包括人民法院是国家的审判机关；国家设立最高人民法院、地方各级人民法院和军事法院等专门人民法院；人民法院审理案件，除法律规定的特别情况外，一律公开进行，被告人有权获得辩护；人民法院依照法律规定独立行使审判权，不受行政机关、社会团体和个人的干涉等。这些原则性规定，是我国审判制度的法律基础。正是这样，我国的人民代表大会制度在建立和完善我们国家的各项制度中，发挥着十分重要的作用。

（二）人民代表大会制度具有最广泛的群众基础

在我们国家有许多群众组织，这些群众组织只是代表某一方面的群众。例如，工会是代表职工的群众组织，妇联是代表妇女的群众组织，而人民代表大会则是代表全体人民的政权组织。我国的各级人民代表大会，都是经过民主选举产生的。现行宪法规定，年满18周岁的公民，除依照法律被剥夺政治权利的外，都有选举权和被选举权。在这样广泛民主的基础上选举产生的各级人大，具有广泛的代表性、权威性和号召力，能够充分代表人民的利益和意志，使广大人民经过这样的政治组织参加国家的管理，使国家权力掌握在人民手中，这是改革开放和现代化建设事业顺利进行的根本保证。

（三）人民代表大会制度是发展社会主义民主的根本保证

人民民主是社会主义的本质要求和内在属性，没有民主就没有社会主义，就没有社会主义的现代化。社会主义民主，即人民民主，不仅是指公民的个别权力，或者是干部的民主作风，而且是指切实保障人民当家作主这一最根本的权利。我国的人民代表大会制度，从根本上保障人民当家作主，是建设和发展社会主义民主的可靠保障。人民代表大会制度在发展社会主义民主中的作用，主要表现在以下几个方面：第一，全国和地方各级人大通过制定宪法、法律、地方性法规和其他规范性文件，切实保障人民当家作主。第二，人民代表大会制度有利于保障和促进政治体制改革的顺利进行，包括加强各级人大及其常委会自身的建设、各级国家机构的改革，并使政治体制改革的成果制度化、法律化等。第三，人民代表大会制度能保证公民从法律上和事实上享有广泛的自由和权利，从而能调动广大人民在现代化建设中的积极性和创造性。

第七章

立法工作与中国特色社会主义法律体系的形成

立法也称法的设定，是指有关国家机关制定、修改和废止规范性法律文件的活动。法律体系是指一个国家的全部现行法律规范，按照一定的原则和要求，根据法律规范调整对象和调整方法的不同，划分为若干法律门类，并由这些门类及其所包括的不同法律规范形成相互有机联系的统一整体。一个国家只有一个法律体系。法律体系的建立与完善，是实行依法治国的前提和基础。[①]

新中国成立以来，尤其是经过改革开放以来40多年的努力，一个以宪法为核心，以宪法相关法、民法商法、行政法、经济法、社会法、刑法、诉讼与非诉讼程序法七个部门为骨架，以各种不同层级的法律、法规、规章为血肉的中国特色社会主义法律体系已经形成，为改革开放和社会主义现代化建设事业提供了法律保障。

① 沈宗灵主编:《法理学》，高等教育出版社2010年版，第303、319页。

第一节 体现中国特色之路的立法进程

新中国成立以来，社会主义立法工作尽管经历了艰难曲折的历程，但仍然取得了巨大的成就，特别是中共十一届三中全会以来，我国立法逐步走上了一条社会主义法治的健康之路。回顾这一历程，大致有以下三个重要阶段：

一、新中国初期法律制度建设的奠基

（一）废除《六法全书》，制定急需的法律

在新中国成立前夕，1949 年 2 月中共中央专门发出了废除国民党《六法全书》的指示。1949 年 9 月召开中国人民政治协商会议，通过了《共同纲领》。《共同纲领》第 17 条明确规定，废除国民党反动派政府一切压迫人民的法律、法令，制定保护人民的法律、法令。按照这个方针，新中国成立初期制定了一些保护人民的法律法规。为了妇女解放，废除封建的婚姻制度，1950 年 4 月 13 日，中央人民政府委员会通过了新中国第一部《婚姻法》。为了反对封建主义，解放广大贫下中农，1950 年 6 月，中央人民政府委员会通过了《土地改革法》，废除了封建的土地制度。为了巩固人民民主政权，在总结“镇压反革命”运动经验的基础上，1951 年 2 月，中央人民政府委员会批准了《惩治反革命条例》。为了反对腐败，保持国家机关和国家工作人员的廉洁，在总结“三反五反”运动经验的基础上，1952 年中央人民政府委员会批准了《惩

治贪污条例》等。[1]

1953年，肃清帝国主义、封建主义、官僚资本主义残余势力的社会改革运动基本完成，国民经济从恢复转到大规模有计划的建设时期，中央在提出过渡时期总路线的同时，提出今后“要逐步实行比较完备的人民民主的法制，来保护和促进社会生产力的进一步发展”。并提出，“应该加强全体国家工作人员和全体人民的守法教育，加强立法工作和司法工作”。[2]当时对法治建设进行了研究，并概括为两句话，即“有法可依，有法必依”。

1953年1月13日，中央人民政府委员会通过《关于召开全国人民代表大会及地方各级人民代表大会的决议》，为此1953年2月通过了《选举法》。

（二）社会主义法律体系开始创立

1954年至1957年是中国社会主义法律体系的创立时期。1953年年初，中央人民政府委员会决定成立中华人民共和国宪法起草委员会，毛泽东任委员会主席，朱德、宋庆龄等32人任委员。1954年9月15日，宪法草案提交第一届全国人民代表大会第一次全体会议审议通过。“五四宪法”是新中国第一部社会主义类型的宪法，为社会主义法治的建立和发展奠定了法律基础。1954年除制定了新中国第一部宪法，还制定了五部国家机构的组织法，包括全国人大、国务院、地方人大和人民委员会、法院和检察院的组织法。这些重要法律的制定，标志着新中国的法律制度建设进入了一个新的时期。

就立法工作来说，全国人大常委会成立后，彭真时任副委员长兼秘书长，主持人大常委会机关的工作。

当时，全国人大及其常委会把立法作为中心任务。为了发扬基层民主，1954年12月全国人大常委会通过了《城市居民委员会组织条例》；为了保护公民人身自由，防止乱捕、乱拘，根据《宪法》第89条的规定，1954年12

---

① 详见本书第二章“新中国建立初期法治的创建”部分。

② 1953年9月16日彭真同志在中央人民政府委员会上的工作报告:《政法工作的主要任务》。

月全国人大常委会通过了《逮捕拘留条例》，对逮捕、拘留的条件，执行逮捕、拘留的机关，逮捕、拘留的程序和拘留期限等都作了规定；为了农村实行农业合作化，制定了《农业生产合作社示范章程》；为了国家建设需要，制定了《国家建设征用土地办法》；为了维护社会治安，制定了《治安管理处罚条例》。为了促使机关工作人员全心全意为人民服务，认真履行职责，制定了《国家行政机关工作人员奖惩暂行规定》等。

1954 年《宪法》规定，全国人大常委会的职权之一就是解释法律。为了规范和加强法律解释，全国人大常委会通过了一系列有关法律解释的决定。

在起草法律方面，开始组织各方面力量，进行刑法、民法、诉讼法等法律的调查研究和起草工作。到 1957 年，刑法草案已有 22 稿。那一时期中央也很重视遵纪守法。彭真在第一届全国人大第一次会议上的发言就明确提出，公民在法律面前人人平等。他说，中华人民共和国的每一个公民，不管是属于什么民族、种族、性别和职业，不管是什么社会出身，信仰不信仰宗教或者信仰什么宗教，也不管是不是党员，是不是国家工作人员，有多高的地位，有过多大的功劳，都应该无例外地遵守宪法和法律。

二、社会主义法律制度建设的停滞和破坏

1957 年至 1976 年是中华人民共和国历史由曲折走向挫折的 20 年，党和国家的工作、社会主义民主法治建设都受到严重影响，给我们留下了深刻的教训。1957 年“反右派”、1958 年“大跃进”、1959 年“反右倾”，使几个重要法律的起草工作一度停顿下来，人大常委会机关人员精简，从 1956 年的 360 人，到 1958 年减为 59 人。1959 年 6 月国务院机构调整时，撤销了法制局。1962 年中共中央在北京召开扩大的中央工作会议，总结经验教训，纠正“左”的倾向，毛泽东又提出不仅刑法要搞，民法也要搞。这时刑法、民法的起草工作又得以恢复，刑法草案共有 33 稿，并报党中央政治局常委审查。这一段立法工作可以说是“几起几落”。

1966 年发生“文化大革命”，新中国成立后逐步建立起来的社会主义法

治遭到破坏。“文化大革命”有很多教训，其中之一就是没有重视社会主义民主和法治建设。正如十一届六中全会《关于建国以来党的若干历史问题的决议》所指出的，难于防止和制止“文化大革命”的发动和发展的一个重要条件是，没有能把党内民主和国家政治生活、社会生活的民主加以制度化、法律化，或者虽然制定了法律，却没有应有的权威。这是一个惨痛的教训。

三、改革开放以来立法的“黄金时代”

1976年粉碎“四人帮”，1978年十一届三中全会总结新中国成立以来的经验、教训，拨乱反正，确定把工作重点转移到社会主义现代化建设上来。依据16字方针，我国社会主义法治建设得到了突飞猛进的发展。

（一）逐渐深入的四大立法阶段

第一阶段从1978年到1992年，立法是在计划经济基础上，在法律工具主义思想指导下进行的。立法的主要任务是为适应经济建设和现代化建设的需要，强化行政和对经济的管理。立法的重点是经济法。经济法主要反映计划经济体制，体现政府对社会的控制和行政部门对经济的管理。政府官员把法律看成可以调动指挥别人、管老百姓的指挥棒，看成加强行政权力、保障行政权力和扩大行政权力，而不是监督行政权、规范行政权和控制行政权的手段。这种状况决定人大法律的起草和提案主要依赖于政府，政府在立法中起主导作用。这个时期制定的法律主要是政府管理性的法律。

第二阶段是1993年到2002年，国家处于由计划经济向市场经济的急剧转型过程之中，法律的转型是为使其适应市场经济和法治社会的需要。面对市场经济出现的新的行为方式，需要大量地制定法律规范，同时大量修改计划经济体制下制定的不适应市场经济需要的法律。此时，立法是以社会主义市场经济的原则为基础，以法治精神为指导进行的。其立法的主要任务是建立市场经济法律体系，进而建立中国特色的社会主义法律体系，实现依法治国。这个转变是中国立法的根本转变，为了实现这个转变，适应市场经济立法的需要，加快立法步伐，全国人大立法职能和观念也发生了重大变化。

第三阶段是2003年到2012年，全面贯彻落实科学发展观背景下的立法。2003年10月召开的中国共产党十六届三中全会，审议通过《关于完善社会主义市场经济体制若干问题的决定》，明确提出要完善社会主义市场经济体制，做到统筹城乡发展、统筹区域发展、统筹经济社会发展、统筹人与自然和谐发展、统筹国内发展和对外开放的要求，总起来说，就是要“坚持以人为本，树立全面、协调、可持续的发展观，促进经济社会和人的全面发展”。2007年，胡锦涛又进一步指出，科学发展观，第一要义是发展，核心是以人为本，基本要求是全面协调可持续，根本方法是统筹兼顾。以法律的方式体现和落实科学发展观的要求，是2003年以来中国立法工作的指导思想和中心任务。这一时期，除全国人大于2004年对1982年宪法做了必要修改外，全国人大及其常委会还制定颁布了现行有效的法律32件，它们是宪法及宪法相关法3件，行政法12件，经济法9件，社会法3件。2007年3月11日，吴邦国在全国人大会议上明确指出：“要在继续完善经济领域立法的同时，着力加强社会领域立法，为构建社会主义和谐社会提供有力的法律保障。”所以，有人说2007年是我国“立法的社会转身”。① 例如，2007年是我国劳动领域立法最为密集的一年，其中三部法律构成了劳动立法的主体：《就业促进法》为充分就业、平等就业提供了法律保障；《劳动合同法》为和谐、稳定的劳动关系奠定了法律基石；《劳动争议调解仲裁法》为劳动争议提供了法律救济的途径。这三部法律各有其突出亮点和内在逻辑，前后呼应、互相衔接，是我国劳动关系领域法制建设的重要里程碑，同时也表明我国社会立法进入全面推进重要阶段，是以人为本的科学发展观在社会主义立法中的具体体现。

第四阶段是2012年以来，完善以宪法为核心的中国特色社会主义法律

① 阿计：《中国立法的“社会”转身》，载《中国律师》2007年第10期。

体系，实现良法善治。2012年中共十八大以来，我国法治建设进入新时代，2014年10月，中国共产党第十八届中央委员会第四次全体会议通过的《中共中央关于全面推进依法治国若干重大问题的决定》，对完善以宪法为核心的中国特色社会主义法律体系提出了一系列举措。

1.健全宪法实施和监督制度。2014年11月1日第十二届全国人大常委会第十一次会议通过《全国人民代表大会常务委员会关于设立国家宪法日的决定》，将每年12月4日设立为国家宪法日，国家通过多种形式开展宪法宣传教育活动，在全社会普遍开展宪法教育，弘扬宪法精神。2015年7月1日第十二届全国人大常委会第十五次会议通过《全国人民代表大会常务委员会关于实行宪法宣誓制度的决定》（2018年2月24日第十二届全国人民代表大会常务委员会第三十三次会议修订），规定各级人民代表大会及县级以上各级人民代表大会常务委员会选举或者决定任命的国家工作人员，以及各级人民政府、监察委员会、人民法院、人民检察院任命的国家工作人员，在就职时应当公开进行宪法宣誓。宣誓誓词如下："我宣誓：忠于中华人民共和国宪法，维护宪法权威，履行法定职责，忠于祖国、忠于人民，恪尽职守、廉洁奉公，接受人民监督，为建设富强民主文明和谐美丽的社会主义现代化强国努力奋斗！"该规定对宣誓仪式的组织和具体要求进行了详细规定。2018年第十三届全国人大一次会议通过的第五次宪法修正案，将"国家工作人员就职时应当依照法律规定公开进行宪法宣誓"写入宪法。

2.强调加强重点领域立法。2014年中共十八届四中全会通过的决定提出一系列立法目标和规划：依法保障公民权利，加快完善体现权利公平、机会公平、规则公平的法律制度；以保护产权、维护契约、统一市场、平等交换、公平竞争、有效监管为基本导向，完善社会主义市场经济法律制度。以保障人民当家作主为核心，坚持和完善人民代表大会制度，坚持和完善中国共产党领导的多党合作和政治协商制度、民族区域自治制度以及基层群众自治制度。完善国家机构组织法，完善选举制度和工作机制。加快推进反腐败国家立法，完善惩治和预防腐败体系。建立健全坚持社会主义先进文化前进方向、遵循文化发展规律、有利于激发文化创造活力、保障人民基本文化权益的文化法律制度。加快保障和改善民生、推进社会治理体制创新法律制度建设。贯彻落实总体国家安全观，加快国家安全法治建设，抓紧出台反恐怖等一批急需法律，推进公共安全法治化，构建国家安全法律制度体系。用严格的法律制度保护生态环境，加快建立有效约束开发行为和促进绿色发展、循环发展、低碳发展的生态文明法律制度，强化生产者环境保护的法律责任，大幅度提高违法成本。2013 年以来五年间第十二届全国人大及其常委会共制定法律 25 件，修改法律 127 件次，2014 年对《预算法》作出较大修改和完善。2015 年修改《立法法》，完善立法体制，明确立法权限，健全保证科学立法民主立法的机制和程序。2017 年通过了《民法总则》，稳步推进了民法典的编纂。2018 年第十三届全国人大及其常委会任职以来，于 2018 年通过了具有重大历史意义的第五个宪法修正案；深化监察体制改革，通过了《监察法》。2019 年通过了《外商投资法》。此外，围绕改革开放，2018 年以来，全国人大常委会制定了《电子商务法》等 7 件法律，修改《刑事诉讼法》《公司法》等 47 部法律。

（二）这一时期立法工作的基本特点

总结这一时期的立法，主要特点有以下几个方面：第一，从政策治理到法律治理。依靠政策来治理国家是新中国成立后长时期主要的社会治理方式。依政策办事是中国共产党人在领导中国革命的过程中形成的历史性经验，在政府主导经济生活的计划经济时代，也是一种主要的治理方式。但是，随着“依法治国，建设社会主义法治国家”从党的纲领成为宪法原则，政策治理就转变为依法治理。

第二，从阶级立场到利益协调。新中国成立后很长一个时期，阶级斗争观念曾主导着我们的社会生活，直至 20 世纪 70 年代末期，我们才转变了“以阶级斗争为纲”的总体思路，实现了工作中心的转移。改革开放使中国社会处在从同质、单一性的伦理社会向异质、多样性的法理社会过渡的转型时期，出现了多种利益的分化与整合。立法逐渐成为在阶级内部各层面调整利益关系的规范。

第三，从经济侧重到社会走向。十一届三中全会明确了将党和国家的工作重点转移到经济建设上来，民主法治建设也有意无意地向经济领域侧重，相对而言，社会其他领域的立法相对薄弱。2006年十六届六中全会通过的《中共中央关于构建社会主义和谐社会若干重大问题的决定》，成为立法重点转向的社会基础，社会建设方面的立法与经济立法渐趋均衡。

第四，从管理取向到规制与权利保障并举。一段时期以来，庞大的政府组织、严密的经济控制、严格的社会限制以及整个国家对社会稳定的特殊情感等现实因素催生了管理型立法（尤其出现在行政管理领域）。管理型立法以维护社会秩序稳定为基本目标，以促进公权力主导的对社会的控制。管理型立法为改革开放政策下的经济社会发展提供了安定有序的社会环境，然而随着市场经济的深入发展，社会主体不再满足于消极秩序式的立法供应，并对以政府管理为中心的立法思路产生质疑。以人为本、保障人权、关注民生等思想在新的历史时期逐渐为大多数人所接受并转化为立法的价值追求。其实，立法的管理取向与权利保障并不矛盾，现在正走向两者的兼容与和谐。

第五，从封闭立法到民主科学依法立法。法律神秘主义的源头是立法神秘主义，以法的阶级性、严肃性摒弃其他主体的参与，是封闭式立法的特点。1978年十一届三中全会以来的法制建设从导向到实践均努力遵循着民主立法的原则。这个时期，立法机关专门委员会在人大及其常委会领导下研究、审议和拟定有关议案，公众的立法参与意识、参与能力逐步提升，以立法听证为代表的参与制度也逐步建立健全；实践发展出多种多样的公众参与方式，如重视立法中的专家建议、网络征集立法项目及立法草案修正意见、委托公共组织拟订法律草案，等等。立法过程不再只是立法权力主导下的利益分配形式，而是多种利益、多元主体的言说空间。

为深入推进科学立法、民主立法，中共十八届四中全会强调要加强人大对立法工作的组织协调，健全立法起草、论证、协调、审议机制，健全向下级人大征询立法意见机制，建立基层立法联系点制度，推进立法精细化。健全法律法规规章起草征求人大代表意见制度，增加人大代表列席人大常委会会议人数，更多发挥人大代表参与起草和修改法律作用。完善立法项目征集和论证制度。健全立法机关主导、社会各方有序参与立法的途径和方式。探索委托第三方起草法律法规草案。健全立法机关和社会公众沟通机制，开展立法协商，充分发挥政协委员、民主党派、工商联、无党派人士、人民团体、社会组织在立法协商中的作用，探索建立有关国家机关、社会团体、专家学者等对立法中涉及的重大利益调整论证咨询机制。拓宽公民有序参与立法途径，健全法律法规规章草案公开征求意见和公众意见采纳情况反馈机制，广泛凝聚社会共识。中共十九大在坚持立法的科学化、民主化的同时，进一步强调“依法立法”，使立法有据，以避免立法的随意性、任意性，从而实现“以良法促进发展、保障善治”的目标。

第六，从制定为主到立废改释并举。完整的、科学的立法范畴应包括法律制度的制定、修改、废止和解释等各种活动在内。改革开放初期，实现“有法可依”的工作显得紧迫，当社会主义法律体系初步形成，立法数量、立法层次初具规模的时候，受“宜粗不宜细”“成熟一个制定一个”等立法观念的影响，法律之间的矛盾，以及立法与社会需求、社会发展间的不协调等问题突出起来，因此，修改、废止和解释法律日益成为立法完善的重要途径。[①]

第七，进一步完善了立法体制。加强党对立法工作的领导，凡立法涉及重大体制和重大政策调整的，必须报党中央讨论决定。党中央向全国人大提出宪法修改建议，依照宪法规定的程序进行宪法修改。法律制定和修改的重大问题由全国人大常委会党组向党中央报告。

健全有立法权的人大主导立法工作的体制机制，发挥人大及其常委会在立法工作中的主导作用。建立由全国人大相关专门委员会、全国人大常委会法制工作委员会组织有关部门参与起草综合性、全局性、基础性等重要法律草案制度。依法建立健全专门委员会、工作委员会立法专家顾问制度。加强和改进政府立法制度建设，完善行政法规、规章制定程序，完善公众参与政

---

① 冯威:《我国30年立法工作的回顾与反思》，载《山东社会科学》2009年第2期。

府立法机制。重要行政管理法律法规由政府法制机构组织起草。明确立法权力边界，从体制机制和工作程序上有效防止部门利益和地方保护主义法律化，对部门间争议较大的重要立法事项，由决策机关引入第三方评估。加强法律解释工作，及时明确法律规定含义和适用法律依据。明确地方立法权限和范围，依法赋予设区的市地方立法权。

第二节
渐趋成熟的中国立法体制

我国立法体制的完善也是一个不断摸索渐进的过程，这期间大致有以下几个主要阶段：

一、中央立法权的扩展——全国人大常委会和国务院的立法权

新中国成立后相当长一个时期，我国基本上采取的是一种高度中央集权的立法体制，全国人民代表大会是行使国家立法权的唯一机关。新中国的第一部宪法即1954年《宪法》规定，全国人大是行使国家立法权的唯一机关。全国人大的常设机关——全国人大常委会只解释法律、制定法令，不制定法律。“法令”是指国家机关在职务范围内规定的带有规范性的、法律性的个别文书，与法律不同。此后，全国人大在1955年、1959年分别授予全国人大常委会部分立法权。但这两次授权都因众所周知的原因，实际并没有得到执行。1978年12月召开的中共十一届三中全会，开启了我国改革开放的新时代。总结十年浩劫的经验教训，从这一年起，在一片法治废墟上启动了恢复和重建法治的工作，立法工作被提到国家权力机关最重要的工作日程上。随后的1979年，可以说是一个改写我国法治史的年份。这一年，曾在短短的三个月内，全国人大就制定出了《刑法》《刑法刑事诉讼法》等7部法律。

面对当时共和国百废待兴、立法任务繁重的局面，每年一般只召开一次

会议的全国人大，此时已很难独自承担繁重的立法任务。重新科学、合理地划分立法权限就迫在眉睫。而立法权限涉及国家根本制度，是宪法规定的重要内容之一。要想改变立法体制，必须修改宪法。因此，1982年《宪法》对我国立法体制做出一系列重大改革，赋予全国人大常委会和国务院部分立法权就是这次改革中的两项重要内容。

在新中国法治重要奠基人彭真的倡议下，1982年《宪法》创造性地将原来全国人大制定法律的一部分权力交给全国人大常委会，规定全国人大和全国人大常委会共同行使国家立法权；刑事、民事、国家机构和其他方面的基本法律由全国人大制定，其他法律由全国人大常委会制定。在此之前，国务院作为最高国家权力机关的执行机关，只能制定行政措施或者发布政令。1978年《宪法》赋予国务院一项重要的立法权：可以根据宪法、法律，制定行政法规。同时被赋予立法权的还有国务院各部委，它们可以制定部门规章。这次立法体制的重大变革，对于加快立法，保证迅速实现国家政治、经济、文化和社会生活的有法可依，发挥了重要作用。截至2010年年底，我国现行有效的法律共有236件，涵盖宪法及宪法相关法、民商法、行政法、经济法、社会法、刑法、诉讼及非诉讼程序法七个法律部门。这些法律中的绝大多数，都是由全国人大常委会制定或修改的。即使是全国人大审议通过的法律，事先也都经过全国人大常委会的审议，有的还经过多次审议，在比较成熟后才提请全国人大审议通过。与此同时，我国现行有效的行政法规已超过690多件。这些法规不仅发挥了对法律的执行和补充性作用，而且有的还消除了国家法律的盲区。

二、地方立法权的获得与发展

1979年之前，我国各地方除民族自治地方外，基本上没有立法权。中国地缘广大，人口众多，地区差异较大，立法过度集中在中央，地方没有立法权，是不能适应我们国家不同情况需要的。1979年《地方组织法》规定了省级人大及其常委会有制定地方性法规的权力。1982年修改宪法时使这一权力得到宪法确认。1982 年修改地方组织法时，又规定了省会所在地的市和经国务院批准的较大的市的人大及其常委会可以拟订地方性法规，提请省级人大常委会审议制定，报全国人大常委会和国务院备案，即给了一些较大城市法规起草权。与此同时，民族自治地方立法得到完善。1978 年《宪法》只笼统规定了民族自治地方的自治机关可以制定自治条例和单行条例，报请全国人大常委会批准。1982 年修改宪法时，将民族自治地方立法批准权下放，自治区的自治条例和单行条例报全国人大常委会批准后生效，自治州、自治县的自治条例和单行条例只报省或自治区的人大常委会批准后生效，报全国人大常委会备案，从而给自治州、自治县两级自治地方立法带来生机。

1986 年年底通过修改《地方组织法》，地方立法权进一步下放并多样化，地方立法工作机构普遍健全起来。由于地方组织法的修改，部分省级人大和设区的市级人大设立了专门委员会这一重要立法辅助机构。此外，各地基本上都设立了法制工作委员会或政法委员会专门立法服务机构，充实和培养了一批懂法律有一定经验的立法专业人才。随着立法体制的不断变迁，地方立法权日益扩大，地方立法数量与日俱增。截至 2010 年年底，我国地方性法规数量已达 8600 多件。

2014 年中共十八届四中全会通过的《中共中央关于全面推进依法治国若干重大问题的决定》进一步明确地方立法权限和范围，依法赋予设区的市地方立法权。据此，2018 年第五次宪法修正案对《宪法》第 100 条增加一款，作为第 2 款："设区的市的人民代表大会和它们的常务委员会，在不同宪法、法律、行政法规和本省、自治区的地方性法规相抵触的前提下，可以依照法律规定制定地方性法规，报本省、自治区人民代表大会常务委员会批准后施行。"增加这一规定，有利于设区的市在宪法法律的范围内，制定体现本行政区域实际的地方性法规，更为有效地加强社会治理、促进经济社会发展，也有利于规范设区的市制定地方性法规的行为。

三、授权立法——中国特色的立法实验体制

20世纪80年代，中国的改革进一步深入。与之相适应，立法体制也处于不断发生变革的过程中。在当时我国开始进入全国经济体制改革和对外开放的新形势下，有一系列新问题需要及时作出有法律效力的规定。但是，有些重大问题涉及面广，情况复杂，还缺乏实践经验，立法条件并不成熟。经验不成熟的不能立法，实际工作又不能等待。于是，酝酿出立法体制的又一次重大变革——“授权立法”。1984年，全国人大常委会授权国务院，在改革工商税制过程中，拟定发布有关税收条例草案试行。第二年，六届全国人大二次会议又通过决定，授权国务院在经济体制改革和对外开放方面，可以制定暂行的规定或者条例。这两个决定后来被称为中国在改革过程中解决立法问题的重大措施，也拉开了“授权立法”的序幕。这种“授权立法”方式，给予国务院在改革过程中以更大的制定行政法规的权力，为最高国家行政机关开拓了广阔的经济立法空间。“授权立法”，不仅为最高国家行政机关扫清了立法屏障，也逐渐成为我国一些经济特区的“特权”。早在1980年全国人大常委会通过了关于批准《广东省经济特区条例》的决议。1981年11月26日，五届全国人大常委会第二十一次会议就通过决议：授权广东省、福建省人大及其常委会，根据有关的法律、法令、政策规定的原则，按照该省经济特区的具体情况和实际需要，制定经济特区的各项单行经济法规，并报全国人大常委会和国务院备案，打开了经济特区立法的大门。1988年4月13日，七届全国人大第一次会议通过决议，授权海南省人大及其常委会制定法规，在海南经济特区实施。1992年7月1日，七届全国人大常委会第二十六次会议通过决定，授权深圳市人大及其常委会和深圳市人民政府分别制定法规和规章，在深圳经济特区实施。1994年3月22日，八届全国人大第二次会议将这一特别立法权授予厦门市人大及其常委会和厦门市人民政府，它们分别具有制定法规和规章的权力。1996年3月17日，八届全国人大第四次会议又将同样的权力，授予汕头市和珠海市。在长达15年的时间里，全国人大常委会先后出

台的这五个授权决定，为我国开垦出一片片宝贵的立法“试验田”。与一般地方立法不得与法律、行政法规相抵触不同，特别授权的地方立法权权限很大，只须遵守法律和行政法规的基本原则，不属于基本原则的内容可以不一致。

中共十八大以来，第十二届全国人大及其常委会把确保重大改革于法有据作为立法工作的一条主线，作出授权决定 16 件，授权对象包括国务院、最高人民法院、最高人民检察院等，主要调整部分法律的实施，支持先行先试。2015 年修改《立法法》，规定全国人大及其常委会可以根据改革发展的需要，决定授权在一定期限内部分地方暂时调整或者暂时停止适用法律的部分规定，为立法授权改革提供了依据。2016 年 9 月，全国人大常委会对《外资企业法》等 4 部法律进行了修改，同时相应终止了上述两个决定的法律效力。2018 年第十三届全国人大常委会作出了授权国务院延长药品上市许可持有人制度试点期限等授权决定。40 多年改革开放的历史证明，这些立法试验如今已成长为我国立法的先行者、探索者。

四、统一而又分层次的立法体制基本形成

经过艰难但又十分成功的改革和探索，现在，统一而又分层次的立法体制已经形成，具体表现在以下方面：

（一）“一个国家、两种制度、三个法系、四个法域”

一个国家是指中华人民共和国；两种制度是指社会主义制度与资本主义制度；三个法系是指大陆属于社会主义法系，香港属于普通法系，澳门和台湾属于大陆法系；四个法域包括内地、香港、澳门、台湾。

（二）立法体制的多层次

根据《立法法》的规定，我国现行立法体制分为以下几个基本层次：（1）中央权力机关立法，即全国人大及其常委会行使国家立法权。（2）中央人民政府立法，即国务院根据宪法和法律，制定行政法规。（3）地方人大和人大常

委会立法，即省、自治区、直辖市的人大及其常委会根据本行政区域的具体情况和实际需要，在不同宪法、法律、行政法规相抵触的前提下，可以制定地方性法规；设区的市的人民代表大会及其常务委员会根据本市的具体情况和实际需要，在不同宪法、法律、行政法规和本省、自治区的地方性法规相抵触的前提下，可以对城乡建设与管理、环境保护、历史文化保护等方面的事项制定地方性法规，法律对设区的市制定地方性法规的事项另有规定的，从其规定。设区的市的地方性法规须报省、自治区的人民代表大会常务委员会批准后施行。（4）授权立法，即经济特区所在地的省、市的人大及其常委会根据全国人大的授权决定，可以制定法规，在经济特区范围内实施。（5）民族自治立法，即自治区、自治州、自治县的人大有权依照当地民族的政治、经济和文化特点，制定自治条例和单行条例，对法律、行政法规的规定作出变通规定。（6）国务院各部委、中国人民银行、审计署和具有行政管理职能的直属机构，可以根据法律和国务院的行政法规、决定、命令，在本部门的权限范围内，制定规章；省、自治区、直辖市和设区的市、自治州的人民政府，可以根据法律、行政法规和本省、自治区、直辖市的地方性法规，制定规章。（7）军事立法，中央军事委员会根据宪法和法律，制定军事法规。此外，特别行政区行使特区的立法权。

（三）立法体制的统一性

我国当前的立法体制既是分层的又是统一的，主要表现在：（1）统一法律的效力来源。1982年《宪法》规定：宪法是国家的根本法，具有最高的法律效力。全国各族人民、一切国家机关和武装力量、各政党和各社会团体、各企业事业组织，都必须以宪法为根本的活动准则。2000年发布并于2015年修正的《立法法》规定，一切法律、行政法规、地方性法规、自治条例和单行条例、规章，都不得同宪法相抵触。《立法法》同时规定，法律的效力高于行政法规、规章；行政法规的效力高于地方性法规、规章；地方性法规的效力高于本级和下级地方政府的规章。（2）规定立法的权限。以前我们对立法权限没有从法律上作明确规定，到2000年，我们根据以往的立法经验，在《立法法》中对立法权限作出了规定。一是共有11个方面的事项，属于国家的专有立法权，只能由法律规定，行政法规、地方性法规、自治条例和单行条例不能作出规定，即国家主权的事项；各级人民代表大会、人民政府、人民法院和人民检察院的产生、组织和职权；民族区域自治制度、特别行政区制度、基层群众自治制度；犯罪和刑罚；对公民政治权利的剥夺、限制人身自由的强制措施和处罚；税种的设立、税率的确定和税收征收管理等税收基本制度；对非国有财产的征收、征用；民事基本制度；基本经济制度以及财政、海关、金融和外贸的基本制度；诉讼和仲裁制度；必须由全国人民代表大会及其常务委员会制定法律的其他事项等。二是有些事项是地方的专有立法权，主要是指属于地方性事务，需要制定地方性法规的事项。还有一些事项属于中央和地方的共有立法权，这是指《立法法》规定的11项国家专有立法权以外的其他事项，在国家尚未制定法律或者行政法规前，地方可以先制定地方性法规；如果国家以后制定了法律或者行政法规，地方性法规又有抵触的，则地方性法规的规定无效，应当及时修改或者废止。三是规定备案审查制度。规范性文件的备案和审查制度也有一个逐步改革完善的过程。对国务院制定的行政法规，1982年《宪法》早就规定，如果同宪法、法律相抵触，全国人大常委会可以撤销，但是没有规定行政法规要备案。2000年的《立法法》明确了立法备案制度，规定行政法规、地方性法规、自治条例和单行条例、规章应当在公布后的三十日内依照下列规定报有关机关备案：（1）行政法规报全国人民代表大会常务委员会备案；（2）省、自治区、直辖市的人民代表大会及其常务委员会制定的地方性法规，报全国人民代表大会常务委员会和国务院备案；设区的市、自治州的人民代表大会及其常务委员会制定的地方性法规，由省、自治区的人民代表大会常务委员会报全国人民代表大会常务委员会和国务院备案；（3）自治州、自治县的人民代表大会制定的自治条例和单行条例，由省、自治区、直辖市的人民代表大会常务委员会报全国人民代表大会常务委员会和国务院备案；自治条例、单行条例报送备案时，应当说明对法律、行政法规、地方性法规作出变通的情况；（4）部门规章和地方政府规章报国务院备案；地方政府规章应当同时报本级人民代表大会常务委员会备案；设区的市、自治州的人民政府制定的规章应当同时报省、自治区的人民代表大会常务委员会和人民政府备案；（5）根据授权制定的法规应当报授权决定规定的机关备案；经济特区法规报送备案时，应当说明对法律、行政法规、地方性法规作出变通的情况。

第三节 中国特色社会主义法律体系的形成

所谓中国特色社会主义法律体系，是指适应我国社会主义初级阶段的基本国情，与社会主义的根本任务相一致，以宪法为统帅和根本依据，由部门齐全、结构严谨、内部协调、体例科学、调整有效的法律及其配套法规所构成，是保障我们国家沿着中国特色社会主义道路前进的各项法律制度有机的统一整体。这个体系由宪法和法律、行政法规、地方性法规三个层次，宪法及宪法相关法、民法商法、行政法、经济法、社会法、刑法、诉讼与非诉讼程序法七个法律部门组成。构成中国特色社会主义法律体系应有如下基本标志：涵盖各个方面的法律部门应当齐全；各个法律部门中基本的、主要的法律应当制定出来；以法律为主干，相应的行政法规、地方性法规、自治条例和单行条例，应当制定出来与之配套。

中共十五大提出："加强立法工作，提高立法质量，到2010年形成有中国特色的社会主义法律体系。"[①]中共十六大报告重申了这一立法目标。到达这一目标的进程，大致可分为三个阶段：九届全国人大"初步形成"；十届全国人大"基本形成"；2010年"形成"。据统计，到2010年年底，我国已制定现行有效法律236件、行政法规690多件、地方性法规8600多件，并全面完成对现行法律和行政法规、地方性法规的集中清理工作。涵盖社会关系各个方面的法律部门已经齐全，各法律部门中基本的、主要的法律已经制定，相应

① 《江泽民文选》（第2卷），人民出版社2006年版，第30页。

的行政法规和地方性法规比较完备，法律体系内部总体做到科学和谐统一。

上述这些法律、法规，反映了改革开放的进程，肯定了改革开放的成果，对保障改革开放和社会主义现代化建设顺利进行发挥了积极的作用。现在，国家的政治生活、经济生活、文化生活、社会生活和生态文明建设基本的、主要的方面已经有法可依。2011 年 3 月 10 日，全国人大常委会委员长吴邦国在向第十一届全国人大第四次会议作全国人大常委会工作报告时宣布："一个立足中国国情和实际、适应改革开放和社会主义现代化建设需要、集中体现党和人民意志的，以宪法为统帅，以宪法相关法、民法商法等多个法律部门的法律为主干，由法律、行政法规、地方性法规等多个层次的法律规范构成的中国特色社会主义法律体系已经形成，国家经济建设、政治建设、文化建设、社会建设以及生态文明建设的各个方面实现有法可依，党的十五大提出到 2010 年形成中国特色社会主义法律体系的立法工作目标如期完成。"[①]

回顾社会主义法律体系的形成过程，以下几个方面的立法成就值得进一步评述。

一、有关民主政治方面的主要法律

宪法是我国社会主义政治制度的法律根据，也是社会主义法律体系的核心和基础。1982 年《宪法》总结了中国社会主义发展的经验，是一部有中国特色、适应中国社会主义现代化建设需要的根本大法。它明确规定和阐明了中华人民共和国的政治制度、经济制度、公民的权利和义务、国家机构的设置和职责范围、今后国家的根本任务等，并对"一国两制"的战略构想进行了原则规定。现行宪法从 1982 年制定后，以"修正案"方式进行了五次修改：1988 年修正案规定，国家允许私营经济在法律规定的范围内存在和发展；土地的使用权可以依照法律的规定转让。1993 年宪法修正案规定，国家实行社

① 吴邦国:《全国人民代表大会常务委员会工作报告——2011 年 3 月 10 日在第十一届全国人民代表大会第四次会议上》，载《人民日报》2011 年 3 月 19 日。

会主义市场经济。1999 年宪法修正案规定，国家实行依法治国，建设社会主义法治国家；在社会主义初级阶段，坚持公有制为主体、多种所有制经济共同发展的基本经济制度，坚持按劳分配为主体、多种分配形式并存的分配制度。2004 年宪法修正案规定，国家鼓励、支持和引导非公有制经济的发展；公民的合法的私有财产不受侵犯，国家依法保护公民的私有财产权和继承权；国家尊重和保障人权等。2018 年宪法修改案把中共十八大以来党和人民在实践中取得的重大理论创新、实践创新、制度创新成果通过国家根本法确认了下来，在内容上充分坚持和加强中国共产党全面领导的内容，把“中国共产党领导是中国特色社会主义最本质的特征”写入宪法；增加倡导社会主义核心价值观的内容；修改国家主席任职方面的有关规定，“连续任职不得超过两届”删去；增加设区的市制定地方性法规的规定；增加有关监察委员会的各项规定，反映了党的十八大以来深化国家监察体制改革的成果。

上述宪法内容的修改，使我国宪法在坚持并不断完善中国特色社会主义制度的轨道上实现与时俱进，同时也要求国家发展战略不仅要关注经济发展，而且要关注政治发展和人的全面发展，要求国家制度建设和社会关系的调整要更加注重权力和权利的平衡，权力和责任的平衡，权利和义务的平衡。

截至 2019 年 10 月 1 日，有关国家机构的产生、组织、职权和基本工作制度方面的法律，已经制定的主要有:《选举法》《代表法》《全国人大组织法》《国务院组织法》《法院组织法》《检察院组织法》《地方组织法》《立法法》《监督法》《监察法》《法官法》《检察官法》《全国人大议事规则》《全国人大常委会议事规则》等。自 1979 年起，全国人大常委会对《选举法》等法律进行了多次修改，将县级人大代表的间接选举改成直接选举，等额选举发展为差额选举，使中国的选举制度更加民主。

有关民族区域自治制度、特别行政区制度、基层群众自治制度方面的法律，已经制定的主要有:《民族区域自治法》《香港特别行政区基本法》《澳门特别行政区基本法》《村民委员会组织法》《城市居民委员会组织法》等。为扩大城乡基层民主，让广大人民依法直接行使民主权利，村民委员会组织法规定，村民委员会成员候选人由村民直接提名和参加投票选举，当场公布选举结果，以体现公正、公开、公平。

有关维护国家主权、领土完整和国家安全方面的法律，已经制定的主要有:《领海及毗连区法》《专属经济区和大陆架法》《戒严法》《国家安全法》《反间谍法》《反恐怖主义法》《境外非政府组织境内活动管理法》《网络安全法》《国家情报法》以及《国旗法》《国徽法》《国籍法》等。

二、有关市场经济方面的主要法律

改革开放和现代化建设的成功经验被以法律形式固定下来，而法律的制定又进一步推动了中国特色社会主义建设的全面进步。1981 年《经济合同法》的通过，开启了合同法制的立法步伐。1985 年和 1987 年分别出台了《涉外经济合同法》和《技术合同法》与《经济合同法》，合称“三大合同法”。1999 年通过的《合同法》，标志着合同法制走向统一和完善。

1992 年，中共十四大确立建立社会主义市场经济体制。建立适应市场经济的法律体系是建设社会主义市场经济的迫切要求。因此，全国人大及其常委会，围绕建立和完善社会主义市场经济体制的目标，进一步完善了民商法律，一批重要的立法项目相继完成。1993 年《公司法》发布，开始创立现代企业法制体系，此后《合伙企业法》《个人独资企业法》《商业银行法》和《农民专业合作社法》等法律，确认了各类市场主体的合法地位，保障其公平参与市场竞争。此外，还建立了法律、财务、信息咨询等大批市场服务组织，完善了市场中介组织的法律制度。

1993 年的《反不正当竞争法》，2007 年的《反垄断法》则规范了市场竞争行为，促进了垄断行业的改革，加强了政府监管和社会监督，并相应地确立了民事赔偿和行政赔偿并存的法律救济制度。《消费者权益保护法》《产品质量法》建立了保护消费者利益和保证产品质量的法律制度。1994 年《城市房地产管理法》建立了有利于城市房地产管理，维护房地产市场秩序，保障房地产权利人合法权益的制度。《保险法》《证券法》《银行业监督管理法》《个人所得税法》《车船税法》等法律，确立了以公开、公平、公正为价值取向的行业监督管理制度，以有效防范和化解金融风险。

《中外合资经营企业法》《中外合作经营企业法》《外资企业法》和《对外贸易法》等一系列法律，为外国投资者在中国投资提供了多种模式或组织形式，充分保障了外国投资者在中国投资、开展经贸活动的合法权益。2001年加入世界贸易组织，2004年通过修订《对外贸易法》，进一步规范对外贸易经营者的权利和义务，健全货物进出口、技术进出口和国际服务贸易管理制度，建立起符合中国特色的对外贸易调查制度和对外贸易促进体制，并根据世界贸易组织规则完善贸易救济制度，完善海关监管和进出口商品检验检疫制度，确立统一、透明的对外贸易制度。按照发展社会主义市场经济的要求和“入世”承诺，中国对利用外资的有关法律法规进行了全面清理。2019年制定的《外商投资法》，为进一步扩大对外开放，积极促进外商投资，保护外商投资合法权益，规范外商投资管理，推动形成全面开放新格局，促进社会主义市场经济健康发展，提供了法律保障。

为保障市场经济的健康发展，全国人大及其常委会又制定了一批事关经济社会发展全局，关系不同社会群体切身利益的重要法律。例如，为了适应社会主义市场经济的客观需要，2006年制定了《企业破产法》，建立了优胜劣汰的企业退出机制。同时，根据我国国情就优先清偿破产企业所欠职工工资和社保资金等重大问题作出了特别的规定。与破产法律制度相适应，制定了《社会保险法》等有关社会保障制度的法律，目的是对市场竞争中的失败者尤其是失业的劳动者、不具有竞争能力的社会成员通过社会保障制度获得基本的物质保障。

2007年是中国在经济立法方面具有里程碑意义的一年。《物权法》于2007年3月16日由十届全国人大第五次会议通过，自2007年10月1日起施行。《物权法》是我国社会主义法律体系中的一部基本法律，关系着坚持和完善国家基本经济制度、完善社会主义市场经济体制、实现和维护广大人民的根本利益。《物权法》的通过，对于中国人来说，不仅仅是权利保障法、财产保障法，它更是一部转变社会观念、重塑文化心理、再造经济文明的法律。

经过改革开放40年的建立完善，我国的经济法制建设成果卓越，标志着中国的市场经济从此进入一个新阶段。虽然中国在经济领域的立法任务仍很艰巨，但基本法律框架和多数主要法律已经确定，像《公司法》《证券法》等，还根据实际情况进行了反复修订。可以说，中国经济领域的立法已进入一个大格局确定后的不断完善过程。

总的说来，中国的经济法发端于中国的改革开放，40 多年改革开放的脉动书就了中国经济法治发展衍变的全部历史。伴随着改革开放新需要而产生的中国经济法治，有两个明显的立法特点：一是在立法指导原则上，一直遵循立法决策与发展决策、改革决策紧密结合的原则，区分轻、重、缓、急，应经济体制改革最紧迫的需要而优先立法，以引导、规范、推进和保障改革开放向纵深发展；二是在立法具体形式上，采取了与经济体制改革大体相同的思路，不贪大求全，不追求一步到位，而是根据经济发展和社会条件的成熟程度分别采取授权立法、实验试点等方式，积极稳妥地向前推进。实践证明，现行经济法律体系有效地保障了中国市场经济体制改革的顺利进行，保护了改革开放取得的成果，推动了国民经济高速健康发展。

三、有关法治政府方面的主要法律

在有长达两千多年专制统治传统的中国，公权力必须受到制约这一观念的确立，在很大程度上要归功于 20 世纪八九十年代的《行政诉讼法》和《国家赔偿法》。1989 年 4 月通过的《行政诉讼法》第一次确立了俗称“民告官”的现代行政诉讼制度。该法施行三十年来，几乎所有的中央部委都被推上过被告席，而 2018 年全国各级法院审结一审行政案件 25.1 万件。[①] 另外，《行政诉讼法》也从根本上改造了行政机关的行政模式和思维定式，许多行政机关开始自觉依法行事。也正是从《行政诉讼法》起，以往偏重于授予政府权威的行政立法开始融入程序公正、公开透明、有限政府、服务行政的新思维。

---

① 周强：《最高人民法院工作报告——2019 年 3 月 12 日在第十三届全国人民代表大会第二次会议上》，载《人民日报》2019 年 3 月 20 日。

自《行政诉讼法》发布后的十多年间,《行政处罚法》(1996年)、《行政监察法》(1997年)[①]、《行政复议法》(1999年)、《行政许可法》(2003年)、《行政强制法》(2011年)纷纷制定,《行政收费法》也列入立法计划中。2014年、2017年全国人大常委会又分别两次对《行政诉讼法》进行了修改。至此,中国已经基本完成了对行政权力运作的完整法律制约,为行政侵权的受害者提供了全过程的法律救济。

1994年5月《国家赔偿法》发布,经过2010年4月、2012年10月两次修改后,重新公布,于2013年1月1日实施。《国家赔偿法》的发布实施,对加强人权司法保障起到了促进作用。据统计,2018年,各级人民法院就审结国家赔偿案件1.5万件。[②]从历史的观点看,《国家赔偿法》的最大贡献并不仅仅在于对个别受害者提供法律救济,而在于播下了"责任政府"思想的种子,极大地促进了公民的权利意识。正是从这个意义上来说,《国家赔偿法》堪称中国民主法治进程的重大突破,亦无愧于中国走向现代法治国家的经典象征。[③]

随着规制国家的出现,现代行政法不再只是单纯地限制国家权力,保障公民权利的法律,而且日益成为防范和规制风险的法律。因此,我国先后成立了证监会、保监会、电监会、质检总局、国家安全生产监督管理局、食品药品监督管理局等规制机构,经济规制和社会规制的立法也逐步得以健全。例如,2009年的《食品安全法》,对于防止、控制、减少和消除食品污染以及食品中有害因素对人体的危害,预防和控制食源性疾病的发生,保证食品安全,保障公众身体健康和生命安全,具有十分重要的意义。新型的规制国家正在浮现,体现科学发展观的规制法律体系正在形成。

总之,第一,中国依法行政已远远超越了行政合法性和合理性这一传统

① 2018年3月20日,第十三届全国人大一次会议表决通过了《监察法》,国家主席习近平签署第3号主席令予以公布,《监察法》自公布之日起施行。《行政监察法》同时废止。

② 周强:《最高人民法院工作报告——2019年3月12日在第十三届全国人民代表大会第二次会议上》,载《人民日报》2019年3月20日。

③ 阿计:《改革开放30年经典立法盘点》,载《政府法制》2008年第20期。

行政法理念和原则限域，既大大丰富和深化了这些原则的要求，也继受和接纳了听证、信赖保护、公开、参与、“比例原则”等诸多现代行政法治原则。第二，行政法的规范结构从重权力、轻权利向权力和权利并重转变。《行政诉讼法》的发布，使权力结构的重心开始发生转移，《国家赔偿法》《行政处罚法》《行政复议法》促进了这一调整，初步形成了权力和权利良性互动的局面。第三，政府职能从全能型政府向有限政府转变、从管制型政府向服务型政府转变。随着对政府与市场关系认识的不断深化，政府开始逐步转变职能，将部分职能让渡于社会。第四，行政法机制从单纯的制约机制转变为制约和激励兼顾。第五，行政行为方式从纯粹的命令、服从模式发展成为强制与非强制手段并用的多重方式。第六，在程序与实体的关系上，从重实体、轻程序，重结果、轻过程，发展到实体和程序并重，结果和过程并重。第七，行政系统内的监督和制约机制日趋合理；公众的监督、参与和支持构成依法行政不断向前发展的根本动力。[①]

四、有关民（商）事方面的主要法律

民（商）法的发展可大致分为两个阶段：1978 年—1992 年是抗争僵化的理论教条、重新探求民（商）法学自身存在的正当和发展规律的过渡阶段；1992 年十四大之后至今则是民（商）事立法加速发展的繁荣阶段。其中，第一阶段又以 1986 年 4 月第六届全国人大四次会议通过的《民法通则》的发布为界，可分前后两个阶段：前一阶段是理论准备阶段，法学界在理论上进行了轰轰烈烈的讨论；后一阶段则以《民法通则》为依托，开始研究民（商）法固有的各项具体制度。这一时期，《中外合资经营企业法》（1979）、《婚姻法》（1980）、《经济合同法》（1981）、《涉外经济合同法》（1985）、《继承法》（1985）等单行法规在其所涉及的具体部门上改变了之前无法可依的窘况。然而，这

① 中国社会科学院法学研究所课题组：《全面发展中的中国法治——纪念改革开放 30 周年》，载《中国法治发展报告（2009）》，2009 年 5 月。

些法律、法规缺乏弹性，并且比较凌乱、松散，尚没有形成相对健全的法律体系，内容也相对简单，大多是原则性的规定，缺乏具体的实施办法。

《民法通则》的发布和随后最高人民法院《关于贯彻执行〈中华人民共和国民法通则〉若干问题的意见》的公布，填补了中国民（商）事基本法的空白，为市场经济运转提供了基本的法律原则与制度；从立法上解决了多年来学界围绕民法调整对象而展开的争论；标志着中国民（商）事立法开始走向体系化，促进了立法战略重点的转移。《民法通则》的发布，使中国立法进入了体系化的阶段，形成了以《民法通则》为核心的，包括《经济合同法》《婚姻法》《继承法》《涉外经济合同法》《中外合资经营企业法》《中外合作经营企业法》等单行法的相对完整的民（商）事法律体系。客观地说，《民法通则》的发布是中国民（商）事立法的一个重要里程碑，是中国民法体系从无到有的标志。

社会主义市场经济体制的确立，市场经济法律体系目标的提出，为中国民（商）事立法开拓了前所未有的前景，民（商）事立法从此上了一个新台阶，尤其是在直接反映市场经济要求的法律领域取得了巨大的成就。此后的十几年中，中国基本形成了以《民法通则》为基础，由《合同法》《担保法》《物权法》《公司法》《婚姻法》等单行法分别调整的综合民（商）事立法体系，已涵盖传统民法的基本范围。

2007 年 3 月 16 日，十届全国人大五次会议高票通过《物权法》，这是民事立法领域发生的重大事件。《物权法》是民法的重要组成部分，制定《物权法》是实现 2010 年形成中国特色社会主义法律体系目标的需要，是在中国特色社会主义法律体系中起支柱作用的重要法律。它对以往的相关立法作了初步的总结，构建了比较健全的物权法律体系，有利于进一步促进改革开放和发展社会主义市场经济，有利于保护公民私有财产权，也标志着向中国民法典的诞生迈出了关键一步。

中共十八大以来，民法典的编纂步伐加快，并按照既定编纂计划稳步推进。中共十八届四中全会提出了编纂民法典的重大立法任务，通过对现行民事法律规范进行系统整合、修改完善，编纂一部适应中国特色社会主义发展要求，符合我国国情，体例科学、结构严谨、规范合理、内容协调一致的民法典。

2016年6月，十二届全国人大常委会党组向党中央汇报了关于民法典编纂工作的指导思想、基本原则、工作安排等重大问题，习近平总书记主持会议，听取并原则同意该汇报，并就民法典编纂工作作了重要指示，为编纂民法典提供了重要指导和基本遵循。按照工作安排，编纂民法典采取“两步走”的工作思路进行：第一步先出台民法总则；第二步编纂民法典各分编，适时出台民法典。2017年3月15日，十二届全国人大五次会议审议通过《民法总则》（2017年10月1日生效），完成了民法典编纂工作的第一步，为编纂民法典奠定了坚实基础。《民法总则》通过后，十二届全国人大常委会和十三届全国人大常委会抓紧开展“第二步”工作。2018年8月16日，习近平总书记主持召开中央政治局常委会会议，听取了全国人大常委会党组关于《民法典各分编（草案）》几个主要问题的汇报，原则同意请示，并就做好民法典各分编编纂工作作了重要指示。会后，根据党中央的重要指示精神，对草案又作了进一步修改完善。经委员长会议讨论，决定将《民法典各分编（草案）》提请十三届全国人大常委会第五次会议审议。2016年6月在向党中央汇报民法典编纂工作时，提出民法典各分编包括：物权编、合同编、侵权责任编、婚姻家庭编和继承编等。总体考虑和工作思路是，民法典各分编的内容经编纂进入民法典，再加上之前已出台的民法总则，形成一部完整的民法典；民法典出台后，我国现行的民法通则、物权法、合同法、担保法、婚姻法、收养法、继承法、侵权责任法将被替代，不再保留。此方案提出后，还有一些意见和建议在五编基础上增加人格权编、知识产权编、涉外民事关系法律适用编。经过讨论研究，认为我国知识产权立法仍适宜采用民事特别法的立法方式，针对不同需求，实行单项立法，已有知识产权单行法律仍将继续保留。民法典中暂不宜设立知识产权编；涉外民事关系法律适用的问题，仍由现行涉外民事关系法律适用法调整，民法典不宜设立涉外民事关系法律适用编。这样，《民法典各分编（草案）》就由原来的五编增为六编，即物权编、合同编、人格权编、婚姻家庭编、继承编、侵权责任编，共1034条。民法典各分编草案条文数量较多，为便于民法典编纂过程中的审议和修改完善，将根据实际情况将草案各分编分拆几个单元分别进行若干次审议和修改完善；最后，将之前已出台的民法总则同经过常委会审议和修改完善的民法典各分编草案合并为一部完整的民法典，即《中华人民共和国民法典（草案）》，将由全国人大常委会提请2020年3月十三届全国人大三次会议审议。

改革开放以来，伴随着社会主义经济形态的发展转变，民（商）事法发挥的作用从无到有并日益重要。改革开放的历程可大致地概括为：以相关联的两部立法——《民法通则》和起草中的《民法典》为中心，从民法虚无主义到近代民法重建，再向现代民法的过渡。民（商）事法治的转型历程清楚地折射出了中国的法治之路：随着20世纪70年代末改革开放战略的实施，民法与经济法、民法与刑法等部门法界线的划清使法学整体能各按其固有地位和本来面貌正常发展，各领域逐渐有法可依；此后社会主义市场经济体制的最终确立，为以民（商）法为代表的市场经济法律体系的充分发展奠定了物质基础。现在，民（商）事立法已逐步健全，法理研究、法学方法论也进行了比较彻底的转型。①

五、有关社会法治方面的主要法律

在我国过去的改革发展实践中，经济与社会发展的失衡现象不仅在现实的社会格局中普遍存在，而且在立法领域也同样存在。主要为规范劳动关系、社会保障、社会福利和特殊群体权益保障等方面而进行的社会立法，长期处于相对滞后与缓慢的状态，从而逐渐演变成了构建和谐社会的制度性瓶颈。随着社会经济的发展，在社会民生问题日益突出的当下，经济立法与社会立法这种相对失衡的状态开始得到纠正。推进社会和谐构建，社会领域立法是一个重要的保障。

---

① 中国社会科学院法学研究所课题组：《全面发展中的中国法治——纪念改革开放30周年》，载《中国法治发展报告（2009）》，2009年5月。

首先，处于社会保障体系核心地位的社会保险制度发生了重大转变，以养老保险、医疗保险、失业保险、工伤保险和生育保险为主体的社会保险领域的法治水平得到提高。第一，在养老保险方面，中国建立了国家、企业和职工个人共同承担养老保险责任的制度、养老保险基金社会统筹的制度、多层次养老保险制度，推动了养老保险的逐步社会化，覆盖人口的范围也在不断扩大。第二，医疗保险向建立“低水平、广覆盖、共同负担、统账结合、多层次”的职工基本医疗保险制度的目标逐步靠近。第三，在失业保险方面，以1999年国务院发布《失业保险条例》为标志，中国失业保险制度发展到了一个新的阶段。第四，在工伤保险方面，《企业职工工伤保险试行办法》和《职工工伤与职业病致残程度鉴定国家标准》的发布实施，使中国的工伤保险走上了规范化、法治化的轨道，工伤保险的实践进入了一个新阶段。2003年4月，国务院通过了中国第一部专门规范工伤保险的法规，《工伤保险条例》。第五，在生育保险方面，1988年7月，国务院发布了《女职工劳动保护规定》，统一了机关、企业、事业单位的生育保险制度，将生育保险的实施范围从原来的国有企业扩大到国内一切企业；1994年12月，劳动部发布了《企业职工生育保险试行办法》，确立了生育保险费用实行社会统筹的生育保险模式。

2010年10月28日第十一届全国人大常委会第十七次会议通过《社会保险法》，2018年12月29日第十三届全国人大常委会第七次会议对该法进行了修改。这部法律是中国特色社会主义法律体系中起支架作用的重要法律，是一部着力保障和改善民生的法律。它的发布实施，是中国人力资源社会保障法制建设中的又一个里程碑，对于建立覆盖城乡居民的社会保障体系，更好地维护公民参加社会保险和享受社会保险待遇的合法权益，使公民共享发展成果，促进社会主义和谐社会建设，具有十分重要的意义。

在社会救济制度方面，1999年9月，国务院发布了《城市居民最低生活保障条例》，使城市居民最低生活保障工作的法制化管理向前迈进了一大步。从1999年起，中央和地方财政的资金投入以及获得低保待遇的人数逐年增加。在中国社会保险制度不健全的情况下，最低生活保障制度极好地发挥了其“兜底”的功能，保障了绝大多数由于各种原因，特别是由于经济结构调整、产业结构调整而下岗失业的人员的基本生活，为社会营造了安定的国内建设环境。

1994 年 7 月立法机关通过了《劳动法》。《劳动法》坚持社会主义市场经济体制改革的方向，内容涉及就业促进、劳动合同和集体合同、工作时间和休息休假、工资、劳动安全卫生、女职工和未成年工特殊保护、职业培训、社会保险和福利、劳动争议、监督检查等内容，系统建立了中国的劳动法律制度。《劳动法》的发布是中国劳动立法的里程碑。《劳动法》发布后，有关部门颁布了相关的法律、法规和规章，这些法律、法规和规章对调整劳动关系、保护劳动者的权益发挥了重要作用。十届全国人大常委会积极、主动地直面社会民生问题的立法。2007 年全国人大常委会会议审议通过了三部重要的劳动方面的立法，即《就业促进法》《劳动合同法》《劳动争议调解仲裁法》。这些法律贯彻向劳动者倾斜的立法原则，立足于解决社会主义市场经济体制建立以来中国劳动领域出现的新问题，极大地完善了中国的劳动法治。

社会保护法是社会法的重要组成部分，是有关老年人、妇女、未成年人、残疾人等特殊群体保护的法律法规的概称。改革开放以来，国家十分重视特殊群体的保护工作，先后发布了一系列法律、法规，形成了较为完整的立法体系。

虽然我国目前的社会立法开始起步并得到发展，但就目前情况来看，我国社会领域立法与全面建设小康社会的要求相比，与人民群众的期待相比，差距还比较大。主要表现在：（1）还有一些缺项，特别是社会保障、公共医疗卫生、社会管理等方面的一些重要法律还没有制定出来；（2）制度性规范的层次较低，多散见在法规、规章和政策性文件中，缺乏系统性、协调性；（3）覆盖面小、作用有限，一些制度不合理，保障和服务不到位；（4）缺乏应有的公共资源投入，保障水平偏低；（5）监督管理上存在不少漏洞，如社会保障基金、企业年金管理等方面。

六、有关惩罚犯罪和人权保障方面的主要法律

1979年出台的第一批法律就包括《刑法》《刑事诉讼法》，十多年后的两场修法行动，进一步建构起符合现代法治理念的刑事法制，并使刑事司法实践和社会法律观念发生了翻天覆地的变迁。

《刑法》由1979年7月1日第五届全国人大二次会议通过，自1980年1月1日起实施。1997年3月14日第八届全国人大五次会议修订，自1997年10月1日起实施。出于稳定社会秩序的急迫需求，1979年快速出台的《刑法》虽然填补了刑事法制的空白，但也留下了过于原则的缺憾。比如，规定了流氓罪、投机倒把罪、玩忽职守罪三大“口袋罪”，规定了在理论上可能对公民造成潜在威胁的类推制度。1997年《刑法》修改最大的变革，莫过于确立了“罪刑法定”原则，即“法无明文规定不为罪、不处罚”这一现代刑法区别于传统刑法的核心原则。随着“罪刑法定”原则的确立，类推制度得以废除，刑事罪名也细化、增加到了400多种，这为区分罪与非罪、此罪与彼罪提供了更为精确的法律准绳。“罪刑法定”原则也竖起了一道保障人权的法律屏障。

自1999年始，全国人大常委会又根据我国经济、政治、文化、社会和生态文明发展的变化，分别通过了十个刑法修正案，共163条。1999年12月25日第九届全国人大常委会第十三次会议通过的修正案（一），对涉及破坏社会主义市场经济秩序的条款进行了修改。2001年8月31日第九届全国人大常委会第二十三次会议通过的修正案（二），对涉及毁林开垦和乱占滥用林地的条款进行了修改。2001年12月29日第九届全国人大常委会第二十五次会议通过的修正案（三），补充修改部分条款，惩治恐怖活动犯罪，保障国家和人民生命、财产安全。2002年12月28日第九届全国人大常委会第三十一次会议通过的修正案（四），对涉及破坏社会主义市场经济秩序、妨害社会管理秩序和国家机关工作人员渎职的条款进行修改。2005年2月28日第十届全国人大常委会第十四次会议通过的修正案（五），对涉及信用卡诈骗，破坏武器装备、

军事设施、军事通信的条款进行了修改和补充。2006 年 6 月 29 日第十届全国人大常委会第二十二次会议通过修正案（六），对涉及安全生产、上市公司、证券市场的部分条款进行了修改和补充。2009 年 2 月 28 日第十一届全国人大常委会第七次会议通过的修正案（七），对涉及走私珍稀植物，证券、期货交易，偷税漏税，勒索绑架，传销，窃取他人信息，组织未成年人犯罪，计算机犯罪，非法使用军牌，国家工作人员收入来源不明等的条款进行了修改和补充。2011 年 2 月 25 日第十一届全国人大常委会第十九次会议通过修正案（八），取消走私文物罪、走私贵重金属罪、盗窃罪等 13 个经济性非暴力犯罪的死刑，这使中国的死刑罪名减至 55 个。2015 年 8 月 29 日十二届全国人大常委会第十六次会议通过的修正案（九），取消了 9 个死刑罪名，分别是走私武器罪、走私弹药罪、走私核材料罪、走私假币罪、伪造货币罪、集资诈骗罪、组织卖淫罪、强迫卖淫罪、阻碍执行军事职务罪、战时造谣惑众罪。至此次刑法修改后，中国的死刑罪名降至 46 个。2017 年 11 月 4 日第十二届全国人大常委会第三十次会议通过的修正案（十），将在公共场合侮辱国歌的行为写入刑法，情节严重的可处 3 年以下有期徒刑。

《刑事诉讼法》于 1979 年 7 月 1 日第五届全国人民代表大会第二次会议通过，并于 1996 年 3 月、2012 年 3 月、2018 年 10 月分别进行了三次修改。由于历史条件所限，1979 年发布的《刑事诉讼法》并未充分体现“程序正义”等现代法治理念，不少执法者将《刑事诉讼法》理解为仅仅是打击犯罪的工具。1996 年修改的《刑事诉讼法》的基本出发点就是实现惩罚犯罪与保障人权的统一。各种剥夺或限制人身自由的强制措施开始受到更为严格的约束；犯罪嫌疑人、被告人的辩护权进一步扩大，允许律师提前介入刑事诉讼；刑事诉讼庭审由“纠问式”转向“控辩式”。新《刑事诉讼法》的诞生，不仅对司法改革实践产生了革命性的影响，也促使“程序正义”“保护人权”等现代刑事司法观念成长为全社会的普遍意识。

2012 年 3 月 14 日第十一届全国人大五次会议进行的第二次修正，遵循的原则是，坚持从我国基本国情出发，不盲目照搬外国的司法制度和诉讼制度；坚持统筹处理好惩治犯罪与保障人权的关系；坚持着力解决在惩治犯罪和维护司法公正方面存在的突出问题。修改的内容包括八个方面：（1）将“尊重和保障人权”写入刑事诉讼法，并在程序设置和具体规定中都贯彻了这一宪法原则。（2）完善了非法证据排除制度，强化证人出庭和保护制度。（3）完善了逮捕、监视居住的条件、程序和采取强制措施后通知家属的规定。（4）完善了辩护人在刑事诉讼中法律地位和作用的规定，扩大了法律援助的适用范围。（5）完善了讯问犯罪嫌疑人的程序和必要的侦查措施，同时，强化对侦查措施的规范和监督，防止滥用。（6）进一步完善了审判程序中的重要环节。（7）完善了暂予监外执行规定，强化人民检察院对减刑、假释、暂予监外执行的监督。（8）根据刑事诉讼活动的实际情况和近年来各地积极探索的好的经验，增加一编“特别程序”，对有关程序作出专门规定，诸如规定未成年人刑事案件诉讼程序；设置特定范围公诉案件的和解程序，对自诉案件的和解作了规定；设置犯罪嫌疑人、被告人逃匿、死亡案件违法所得的没收程序；设置依法不负刑事责任的精神病人的强制医疗程序。此外，修正案还对刑事案件证据种类、证明标准、举证责任，取保候审和监视居住的监督管理，辩护人和诉讼代理人的申请回避权，辩护人对阻碍其依法行使诉讼权利的申诉控告及处理机制，中级人民法院的管辖范围，人民法院案件审理期限，社区矫正执行等规定作了补充完善。

2018年10月26日，第十三届全国人大常委会第六次会议表决通过了《关于修改〈中华人民共和国刑事诉讼法〉的决定》。这是《刑事诉讼法》自1979年发布实施以来的第三次重要修改。此次《刑事诉讼法》修改主要体现在三个方面：（1）完善监察与刑事诉讼的衔接，保障监察体制改革顺利进行。2018年3月，十三届全国人大一次会议审议通过了宪法修正案和《监察法》。监察体制改革试点工作开展以后，人民检察院反贪、反渎、预防等部门职能、机构、人员等实现了整体转隶。为保障国家监察体制改革的顺利进行，完善监察与刑事诉讼的衔接，此次《刑事诉讼法》作出了多项修改。（2）建立刑事缺席审判制度，用法治手段推进反腐败斗争。新修改的《刑事诉讼法》规定，对于贪污贿赂犯罪案件，以及需要及时进行审判，经最高人民检察院核准的严重的危害国家安全犯罪、恐怖活动犯罪案件，犯罪嫌疑人、被告人在境外，监察机关、公安机关移送起诉，人民检察院认为犯罪事实已经查清，证据确实、充分，依法应当追究刑事责任的，可以向人民法院提起公诉。人民法院进行审查后，对于起诉书中有明确的指控犯罪事实，符合缺席审判程序适用条件的，应当决定开庭审判。（3）确立认罪认罚从宽制度、增加速裁程序，助推深化司法体制改革。党的十八届四中全会提出，完善刑事诉讼中认罪认罚从宽制度。2014 年 6 月，全国人大常委会作出授权两高在部分地区开展刑事诉讼速裁程序的决定。2016 年 9 月，全国人大常委会又作出授权两高在部分地区开展刑事案件认罪认罚从宽试点工作的决定，速裁程序试点纳入新的试点继续进行。此次《刑事诉讼法》修改新增了认罪认罚从宽的相关规定，从法律上确立了这项制度。

第四节
社会主义法律体系的特点及其中国经验

我国初步形成的以宪法为核心的中国特色社会主义法律体系，有以下几个基本特征。

一、以马列主义、毛泽东思想、邓小平理论、“三个代表”重要思想、科学发展观、习近平新时代中国特色社会主义思想为指导

马列主义、毛泽东思想、邓小平理论、“三个代表”重要思想、科学发展观、习近平新时代中国特色社会主义思想，为正确把握中国特色社会主义法律体系的性质、功能和价值提供了理论基础和指导原则。邓小平理论、“三个代表”重要思想、科学发展观、习近平新时代中国特色社会主义思想中关于社会主义民主法治建设和全面依法治国的新理念新思想新战略的一系列论述，推动和加快了我国社会主义民主法治建设，为构建中国特色社会主义法律体系奠定了坚实的理论基础，并为我国法律体现中国特色社会主义的要求和客观规律提供了理论指导。

二、体现党的主张和人民意志的统一

中国共产党是执政党，是我国社会主义现代化建设事业的领导核心。法律是党领导人民制定的，党的领导也是社会主义法律体系建立和完善的政治保障。我国的法律体系建设必须坚持党的领导。我国是工人阶级领导的、以

工农联盟为基础的人民民主专政的社会主义国家。国家的一切权力属于人民，人民是国家的主人。我国的法律体系集中反映国家的整体利益和人民的根本利益，体现党的主张和人民意志的统一。

三、以社会主义初级阶段的国情为基础

为了推进我国社会主义现代化建设事业，党确立了社会主义初级阶段的基本路线，确立了发展经济、政治、文化、社会和生态文明建设的基本纲领。中国特色社会主义法律体系根据党的基本理论、基本路线、基本方略形成和发展。从中国的实际情况出发，着眼于解决实际问题，注意借鉴国外的经验，但又不照抄照搬，吸收其中有益的东西，为我所用，为建设中国特色社会主义提供最可靠的制度保证。

四、具有改革开放和现代化建设的时代特点

我国正处于全面建设小康社会的新阶段，这就决定了这一时期形成的法律体系具有鲜明的时代特点。它反映改革开放和现代化建设的实践经验，肯定改革开放和现代化建设的成果，规范、引导、保障和促进改革开放和现代化建设，具有稳定性和变动性、前瞻性和阶段性相统一的特点。

反思中国立法，特别是改革开放以来的立法，有七条基本立法经验值得总结：[①]

（一）坚持以宪法为依据，以国家的整体利益和人民的根本利益为出发点

宪法是治国安邦的总章程，是国家的根本法，具有最高法律效力，一切

① 下文主要参考李林：《改革开放30年与中国立法发展（上、下）》，载《北京联合大学学报（人文社会科学版）》2009年第2期。

立法必须以宪法为根本法律依据，不得同宪法精神、宪法原则以及宪法条文相抵触。坚持依宪立法，这既是依法治国的内在要求，也是保证法治统一和权威的重要前提。

在立法过程中，必须严格按照宪法的原则和精神，保障公民的各项权利，合理划分国家机构的权限，规范国家机关及其工作人员的行为，正确处理人民群众依法行使权利和国家机关依法管理的关系。立法立足于维护最大多数人的最大利益，注意防止不适当地扩大部门的权力和利益或损害公民的合法权益，努力使制定的法律符合各族人民的根本利益和国家的整体利益，有利于保护和促进生产力的发展。

（二）立法与以经济建设为中心，与改革发展紧密结合

法治是社会关系的调整器、社会利益的分配器。法治建设要与经济、社会发展相协调，不仅要适应经济社会发展的需要，而且要引导、规范、促进经济社会发展，为社会主义经济建设、政治建设、社会建设和文化建设提供良好的法治环境，为化解矛盾、解决纠纷、打击犯罪、维护稳定、实现社会公平正义奠定行之有效的法治基础。

坚持立法与改革发展和现代化建设相适应，把实践证明是正确的经验用法律肯定下来，巩固改革开放和现代化建设的积极成果，保障和促进经济社会又好又快地发展，为改革发展和现代化建设创造良好的法治环境，是30年改革开放的一条基本经验。立法的发展反映了社会结构从封闭走向开放的历史进程。中国立法的发展以中国社会的客观实际为基础，中国改革开放的实践是30年法治生成和发展的社会背景。无论是私法的发展还是公法的发展，首先面临着本土经验与国际化的难题和挑战，而在整个法治领域，中国基本上顺利地度过了因不同文化传统而导致的制度性冲突，稳步地推进了制度变革。

当然，立法与改革发展紧密结合也面临一些内在矛盾难以解决：一是法律应当具有统一性和协调性，但改革发展的不平衡性使改革时期的立法难以统一和协调；二是法律应当准确、具体，但改革发展的渐进性使改革时期的

立法难以准确、具体；三是法律应当具有稳定性，但改革发展措施的探索性使改革时期的立法难以固定不变；四是法律应当具有国家强制性，但改革发展的复杂情况使立法难以相应做出强制规定。

（三）坚持民主立法、科学立法、依法立法

加强民主立法是中国立法机关一向秉持的基本方针，但由于主客观多种原因，中国立法机关开门立法却是在20世纪90年代中后期逐步实行和推广的。2008年4月，全国人大常委会委员长会议决定，今后全国人大常委会审议的法律草案，一般都予以公开，向社会广泛征求意见。立法听证，是加强立法民主性的一种重要形式。2005年9月，在全国人大常委会初次审议的《个人所得税法修正案（草案）》规定个人所得税工资、薪金所得减除费用标准为1500元之前，全国人大法律委员会、财政经济委员会和全国人大常委会法制工作委员会在北京举行听证会，对这一减除费用标准是否适当，广泛听取了包括广大工薪收入者在内的社会各方面的意见和建议。这是国家立法机关第一次就立法问题举行立法听证会。2011年4月25日、2018年6月29日，全国人大常委会又曾两次公布《个人所得税法修正案（草案）》，并为期30天就提高工资薪金所得减除费用标准等内容，向社会公开征集意见。这种做法较好地体现了立法共识。民主立法的途径还包括健全立法机关和社会公众沟通机制，充分发挥政协委员、民主党派、工商联、无党派人士、人民团体、社会组织在立法协商中的作用，建立有关国家机关、社会团体、专家学者等对立法中涉及的重大利益调整论证咨询机制，健全法律法规规章草案公开征求意见和公众意见采纳情况反馈机制等。在地方立法机关层面上，立法听证的实践探索和制度建构早已展开。

实现科学立法，要求立法工作应当秉持科学立法的精神、采用科学立法的方法、符合科学立法的规律、遵循科学立法的程序、完善科学立法的技术。坚持科学立法应当尊重立法工作自身的规律，立法工作既着眼于法律的现实可行性，又注意法律的前瞻性；既着眼于通过立法肯定改革成果，又注意为深化改革留有空间和余地；既着眼于加快国家立法的步伐，又注意发挥地方

人大依法制定地方性法规的积极性；既着眼于立足于中国国情立法，又注意借鉴国外立法的有益做法。努力使法律内容科学规范，相互协调。同时，健全立法起草、论证、协调、审议机制，健全向下级人大征询立法意见机制，健全法律法规规章起草征求人大代表意见制度，完善立法项目征集和论证制度，健全立法机关主导、社会各方有序参与立法的途径和方式，建立委托第三方起草法律法规草案等，都是科学立法的有效途径。

中共十九大报告将我国立法原则由“推进科学立法、民主立法”，进一步发展为“推进科学立法、民主立法、依法立法”。十九大报告的这一新提法，在坚持立法的科学化、民主化的同时，进一步强调“依法立法”，使立法有据，可以避免立法的随意性、任意性，从而实现“以良法促进发展、保障善治”的目标。

五、制定法律与修改、废除和解释法律并重

改革开放以来，由于经济社会关系不断变迁，加之法律观念的转变和立法技术的提高，导致法律修改的任务越来越重，制定法律与修改、废除和解释法律并重，成为改革开放以来立法的主要做法和基本经验，在发挥立法的引领和推动作用的同时，坚持立改废释并举，增强法律法规的及时性、系统性、针对性、有效性，对不适应改革要求的法律法规，及时修改和废止。1982 年宪法通过实施以来，适应改革开放的需要，先后通过了五个宪法修正案。在全国人大及其常委会制定的现行有效的法律中，有相当一部分法律被修改。如刑法、刑事诉讼法、民事诉讼法、行政诉讼法、婚姻法、合同法、公司法等一大批主要法律自发布实施后，都根据经济、政治、文化和社会的发展进行过修改，有的还被修改多次。如《刑法》自 1980 年 1 月 1 日正式实施以来，曾于 1997 年进行大规模的系统修改，此后又发布十个修正案。《个人所得税法》自 1980 年 9 月 10 日第五届全国人大第三次会议通过以来，到 2018 年 8 月 31 日第十三届全国人大常委会第五次会议通过《关于修改〈中华人民共和国个人所得税法〉的决定》，共进行了 7 次修正。据统计，第十二届

全国人大及其常委会从 2013 年到 2017 年五年间修改法律 127 件次，第十三届全国人大及其常委会从 2018 年履职以来，修改《刑事诉讼法》《公司法》等 47 件法律。[①] 上述例证从一个侧面说明了我国的法律制度建设，法律修改所占的比重越来越大。

六、经济立法与社会立法平衡发展

改革开放以来，建立和完善社会主义市场经济法律制度，成效显著。从 1979 年到 1982 年，全国人大及其常委会通过经济类法律、法令 12 个。据不完全统计，自 1983 年六届全国人大到 2012 年的十一届全国人大，经济立法一直是立法工作的重点。六届全国人大及其常委会制定的 37 件法律中，有关经济方面的法律有 22 件，有关对外开放的法律有 10 件。七届全国人大及其常委会五年间通过了宪法修正案和 59 件法律，27 个关于法律问题的决定。其中，有关经济方面的法律有 21 件。八届全国人大及其常委会继续把加快经济立法作为重要任务，围绕市场经济体制的主要环节，努力构筑社会主义市场经济法律体系框架。五年间共通过法律 85 件，有关法律问题的决定 33 个。九届全国人大及其常委会五年间共审议 124 件法律、法律解释和有关法律问题的决定草案，通过了其中的 113 件，有关社会主义市场经济的立法进一步充实和完善。制定了《合同法》《农村土地承包法》，为适应加入世贸组织的需要，修改《专利法》《商标法》《著作权法》，进一步完善保护知识产权的各项制度。十届全国人大及其常委会五年间共审议宪法修正案和其他法律案 106 件，通过了其中的 100 件。这期间制定的主要法律有《物权法》，制定了适用于所有企业法人的《企业破产法》，制定了《反垄断法》，这是衡量一个国家是否实行市场经济的标志性立法。十一届全国人大及其常委会五年间共审议法律、法律解释和有关法律问题的决定草案 93 件，通过 86 件。制定了《社会保险法》《循环经济促进法》《企业国有资产法》《农村土地承包经营纠纷调

① 信春鹰:《改革开放 40 年全国人大及其常委会的立法工作》，载《求是》2019 年第 4 期。

解仲裁法》《侵权责任法》《车船税法》《涉外民事关系法律适用法》等。[①]

改革开放以来，相比较经济立法的成绩斐然，社会立法则处于相对滞后状态。2003 年十届全国人大以来，社会立法的比重越来越大，经济立法与社会立法不协调、不平衡的问题，正在科学发展观的指导下逐步得到解决。

七、坚持中国国情和特色，充分借鉴外国立法经验

改革开放以来中国的立法发展，充分学习借鉴了包括西方立法经验在内的一切人类立法文明的有益成果，不仅大量学习借鉴了西方经济立法、民商事立法、环境保护和能源立法、社会立法等的经验，而且适量学习借鉴了西方民主政治立法、行政立法等的经验；不仅学习借鉴了西方大陆法系的立法经验，而且学习借鉴了普通法系和其他法系的立法经验；不仅学习借鉴了外国的立法经验，而且学习借鉴了中国香港、澳门和台湾地区的立法经验。如果立法的中国经验能够成立，那么，这种经验应当是中国国情与世界立法文明成果相结合的产物，它既是中国的，也是世界的。

八、坚持中国共产党的领导、人民民主和依法治国的有机统一

发展社会主义民主政治，深化政治体制改革，全面落实依法治国基本方略，加快建设社会主义法治国家，最根本的，是要始终不渝地坚持党的领导、人民当家作主和依法治国的有机统一。党的领导、人民当家作主和依法治国是一个密切联系、内在统一的整体。坚持三者的有机统一，是加强中国特色社会主义民主法治建设必须遵循的基本方针。

① 信春鹰：《改革开放 40 年全国人大及其常委会的立法工作》，载《求是》2019 年第 4 期。

第八章

宪法的逐步完善与宪制理论实践的发展

1949年中华人民共和国成立，确立了人民民主专政的社会主义制度，我国就开始了社会主义宪制理论与实践的探索。从《共同纲领》到1982年《宪法》的发布实施，其间历经曲折。1982年《宪法》实施后，根据政治、经济体制改革和社会发展的需要，已进行了五次修改。通过我国宪法发展的历程，尤其是第五次修正案的提出，可以充分反映出我国对宪制理论与实践的探索已渐趋理性，在逐步走向成熟的同时，也体现了与时俱进和不断创新的精神。

第一节
新中国社会主义宪制理论与实践的曲折历程

一、中国共产党第一代领导集体对社会主义宪制理论的探索

（一）毛泽东的宪制学说

以毛泽东为代表的中国共产党第一代领导集体，在新民主主义的长期革命斗争中，十分重视宪法在争取人民民主权利中的作用，并亲自领导了《中华苏维埃宪法大纲》《陕甘宁边区宪法原则》等宪法性文件的制定，以保障劳动人民的民主、自由的权利。中华人民共和国成立后，他又亲自主持制定了新中国第一部宪法——1954 年《宪法》，规定了社会主义的国体、政体、基本经济制度等一系列重要制度，从法律上保证了广大人民的民主、自由权利。

在有关宪制的理论方面，毛泽东也有一系列精辟独到的论述。关于宪法的起源，毛泽东说过："讲到宪法，资产阶级是先行的。英国也好，法国也好，美国也好，资产阶级都有过革命时期，宪法就是他们在那个时候开始搞起来的。"[①] 毛泽东的这段论述，揭示了作为国家根本法律的近代宪法，是社会发展到资本主义阶段的必然产物，它伴随着资产阶级革命的胜利并取得政权而出现于人类社会。

毛泽东还揭示了宪法在一国法律体系中的地位和本质。关于什么是宪法，

① 《毛泽东著作选读》（下册），人民出版社 1986 年版，第 708 页。

他说："一个团体要有一个章程，一个国家也要有一个章程，宪法就是一个总章程，是根本大法。"① 从宪法的本质来看，宪法是对民主制度的法律化，是对民主事实的确认。毛泽东曾指出，世界上历来的宪法，"不论是英国、法国、美国，或者是苏联，都是在革命成功有了民主事实以后，颁布一个根本大法，去承认它，这就是宪法"。② 他在领导制定我国第一部宪法时也曾说过："用宪法这样一个根本大法的形式，把人民民主和社会主义原则固定下来，使全国人民有一条清楚的轨道，使全国人民感到有一条清楚的明确的和正确的道路可走，就可以提高全国人民的积极性。"③

实行与中国国情相适应的宪制，不照搬别国的模式，这是毛泽东宪制思想的一个重要内容。毛泽东从中国的实际出发，分析了宪制和国情的关系。他在1940年写作的《新民主主义宪政》一文中，针对当时世界上存在着的欧美式的资产阶级宪政和苏联式的社会主义宪政模式，对中国当时选择什么样的宪制作了明确的回答。他说："现在，我们中国需要的民主政治，既非旧式的民主，又非社会主义的民主，而是合乎现在中国国情的新民主主义。目前准备实行的宪政，应该是新民主主义的宪政。"④ 他认为中国既不能走西方资产阶级宪政的老路，也不能一开始就实行社会主义的宪制。因为资产阶级宪政不适合中国的国情，这已为中国的宪制历史所证明。由于中国革命所走道路的特殊性，在中国一开始就实行社会主义宪制，毛泽东认为也不符合当时的国情。他指出：社会主义民主"自然是很好的，全世界将来都要实行社会主义的民主。但是这种民主，在现在的中国，还行不通，因此我们也只得暂时不要它"。⑤ 因此，中国革命道路的两个历史阶段，也就决定了中国宪制必须分两步走。

国体与政体相结合，采取适当的政体来充分体现国体，这是毛泽东宪制思想的又一重要内容。在我国，毛泽东第一个赋予国体以科学的内容。他在

---

① 《毛泽东著作选读》(下册)，人民出版社1986年版，第710—711页。
② 《毛泽东选集》(第2卷)人民出版社1991年版，第735页。
③ 《毛泽东著作选读》(下册)，人民出版社1986年版，第711页。
④ 《毛泽东选集》(第2卷)，人民出版社1991年版，第733页。
⑤ 《毛泽东选集》(第2卷)，人民出版社1991年版，第732—733页。

《新民主主义论》中把国家性质称为国体。所谓国体，“它只是指的一个问题，就是社会各阶级在国家中的地位”。[①] 统治阶级为了行使国家权力，必须建立适当的政权组织形式，这样才能实现国家的对内对外职能。毛泽东在强调国体重要性的同时，还论述了政体问题。他指出：“所谓‘政体’问题，那是指的政权构成的形式问题，指的一定的社会阶级取何种形式去组织那反对敌人保护自己的政权机关。没有适当形式的政权机关，就不能代表国家。”[②] 任何国家都是国体和政体的统一。毛泽东指出：“国体——各革命阶级联合专政。政体——民主集中制。”[③] 他总结国际无产阶级革命斗争和根据地、解放区政权建设的经验，肯定了坚持民主集中制的人民代表大会制度是我国最好的政权组织形式。

此外，毛泽东还强调在制定宪法的过程中要采取科学的态度。他说：“搞宪法就是搞科学”，对宪法要采取科学态度，不要迷信。[④] 宪法作为国家的根本大法，任何人都必须认真遵守。为此，他强调，宪法“通过以后，全国人民每一个人都要实行……不实行就是违反宪法”。[⑤] 这些论述仍然是我们今天应当遵循的原则。

毛泽东的宪制理论，在革命战争年代，为中国共产党领导各根据地人民进行政权建设和法制建设，保障人民民主，巩固革命成果，迎来中华人民共和国的诞生，提供了强大的思想武器。中华人民共和国成立后，这一理论又为社会主义制度的建立和巩固，为人民当家作主民主权利的实现，为新中国第一部社会主义宪法的颁布和实施提供了科学的理论依据。

历史已经证明，毛泽东对于中国宪制道路所设计的新民主主义政权——民主事实——新民主主义宪法——新民主主义宪制——社会主义宪制这一规划是符合中国国情的，是正确的。中国的宪制道路正是沿着这一程序展开的。

---

① 《毛泽东选集》（第 2 卷），人民出版社 1991 年版，第 676 页。
② 《毛泽东选集》（第 2 卷），人民出版社 1991 年版，第 677 页。
③ 《毛泽东选集》（第 2 卷），人民出版社 1991 年版，第 677 页。
④ 《毛泽东著作选读》（下册），人民出版社 1986 年版，第 713 页。
⑤ 《毛泽东著作选读》（下册），人民出版社 1986 年版，第 710 页。

（二）从《共同纲领》到1954年《宪法》

1949年9月，在全国还没有完全解放，召开普选的人民代表大会的条件还不成熟的情况下，中国共产党组织和领导召开了中国人民政治协商会议第一次全体会议，审议通过了《共同纲领》，以其作为中华人民共和国中央人民政府的施政方针。《共同纲领》规定了我国的国体与政体，人民享有的各项民主自由权利和应履行的义务。它还规定了相应的政权机关和经济、文化、教育、民族等各项政策的基本原则，从而确认了人民民主专政国家制度的建立。《共同纲领》是按照毛泽东“人民民主专政”宪制思想制定的一部临时宪法性文件，是中国共产党领导的长期革命斗争的经验总结，是新民主主义宪制运动的硕果。它的发布实施，揭开了新中国宪制史新的一页，成为建国初期全国人民共同遵循的大宪章。但作为起临时宪法作用的共同纲领，也表现出一些与其过渡性特点相适应的历史局限性。

新中国成立以后，经过三年恢复时期，国家的政治经济等各方面的形势发生了重大变化，召开普选的人民代表大会的时机已经成熟，国家既有必要又有可能在《共同纲领》的基础上制定一部比《共同纲领》更加完备的宪法。1954年9月胜利召开第一届全国人民代表大会，并正式通过了《中华人民共和国宪法》，即1954年《宪法》。这部宪法是中华人民共和国的第一部根本大法，它以《共同纲领》为基础，又是《共同纲领》的发展。宪法内容既充分体现了全国各族人民的共同愿望和要求，又符合当时的实际情况。宪法以国家根本法的形式把民主原则和社会主义原则固定下来，使全国人民有了一条清楚的前进轨道和一个明确的奋斗目标。

实践证明，1954年《宪法》是一部比较好的国家根本大法，它在国家生活中确实起到了重要的作用，并以宪法为依据，开展了新中国的法治建设。但这时的法治建设也存在着许多不健全、不完善之处。1957年以后，及至史无前例的“文化大革命”时期，1954年《宪法》遭到先被漠视、后被抛弃的命运，固然有复杂的政治、经济、传统文化和宪制理念等各方面的原因，但宪法本身所存在的缺陷也是一个重要因素。如1954年《宪法》没有规定保障和监督宪法实施的内容。此外，宪法的主要内容模仿了苏联1936年《宪法》。在当时的情况下，向苏联学习是必要的，但“全盘苏化”式的模仿，使苏联在斯大林时期的高度集中的政治、经济体制及其他一些“左”的东西很容易被接受。这样，宪制观念、宪法意识也就不可能在中国领导人的头脑里扎下根，所以一旦形势变化，在“左”倾错误支配下，人治思想抬头，法律虚无主义肆虐，中国的宪法和宪制首先遭到厄运，这也是顺理成章的事情。再者，1954年《宪法》是确认性宪法，是“历史经验的总结”[①]。它对新中国已经取得的宪制成果作了比较详尽的规定，而对新中国未来的宪制目标、实施步骤等，则规定得过于原则、宏观，因而不能为新中国的宪制建设提供指导，在迅速发展的形势面前，自然给人以过时的感觉。

二、宪制理论与实践的挫折与倒退

自20世纪50年代后期开始，随着“左”的思潮日益泛滥，以阶级斗争为纲上升为整个国家一切工作的指导方针。在这种思想指导下，最终导致了十年“文化大革命”的发动。发动“文化大革命”的理论依据曾被概括为所谓的“无产阶级专政下继续革命的理论”。其核心就是，在无产阶级取得了政权并且建立了社会主义制度的条件下，还要进行一个阶级推翻另一个阶级的政治大革命。这个理论夸大阶级斗争的严重性，离开经济建设这个中心，把无产阶级和资产阶级的阶级斗争作为社会主义社会的主要矛盾。在这个理论指导下，再加上林彪、江青两个犯罪集团的推波助澜，出现了一股“打倒一切”的无政府主义狂潮，形成了全国范围内的大动乱。

在这场政治运动中，宪法和法律不宣而废，公、检、法机关被彻底砸烂，公民的权利遭到肆意践踏。人民代表大会制度及立法工作遭到彻底破坏。当时维护社会秩序和进行社会管理，全部依靠中央文件乃至领导人的讲话和“两

① 刘少奇：《关于中华人民共和国宪法草案的报告》，载《中华人民共和国宪法参考资料选编》第一分册，北京政法学院国家法教研室编印，1981年3月，第74页。

报一刊”社论等非法治手段，社会主义法治遭到严重破坏，党和国家遭到空前的浩劫。1975年《宪法》就是在这样的背景下出台的。

1954年《宪法》实施后，由于“三大改造”任务的提前完成和中国的政治、经济、文化等方面出现的新变化，1954年《宪法》规定的部分内容显得与现实情况很不适应，必须根据形势的发展进行相应的修改。1973年8月中共中央决定筹备四届人大并修改宪法。但由于当时整个国家处于“文革”的动乱之中，国家的政治生活极不正常。在这种情况下，对1954年《宪法》进行修改，并由此而产生的1975年《宪法》，不可避免地打上了动乱年月的痕迹。

1975年《宪法》从指导思想到具体条款都掺杂了极“左”的内容。“以阶级斗争为纲”是这次修改宪法的指导思想。在总纲中，把无产阶级专政的科学理论改为“全面的专政”；规定“大鸣、大放、大辩论、大字报”是人民群众创造的社会主义革命的新形式；取消了国家主席的建制；改变了1954年《宪法》对地方国家机关和各级人民法院院长产生方式的规定，撤销了检察机关；关于公民的权利和义务，不仅在形式上先列义务，后列权利，而且取消了1954年《宪法》规定的“公民在法律上一律平等”的原则及对公民权利的一些保障条款；同时，公民权利和自由的范围与内容也大为缩小。虽然这部宪法的社会主义性质没有改变，但由于其从内容到形式都充分反映了十年动乱的现实政治，而且有悖于民主宪制的基本要求，因此，这是一部存在严重缺陷的宪法，是中国宪法和宪制史上的大倒退。

1976年粉碎了“四人帮”以后，宣布了“文化大革命”的结束。此时，1975年《宪法》存在的严重问题也暴露了出来。修改宪法，势在必行。因而1978年第五届全国人大第一次会议通过了新中国成立后的第三部宪法，即1978年《宪法》。1978年《宪法》与1975年《宪法》相比，在内容上前进了一大步，规定了许多反映时代要求的内容，基本恢复了1954年《宪法》对公民基本权利的规定和有关国家机关的某些规定，取消了1975年《宪法》中的一些错误规定等。它的产生标志着中国宪制的发展开始摆脱十年动乱的干扰破坏，走上了恢复和发展的轨道，使中国的法治建设又有了核心和基础，结束了持续20年的法治萧条时期。但由于此时“文化大革命”刚结束不久，“两个凡是”的观点还禁锢着人们的头脑，许多重大理论是非还无法澄清，这就决定了这部宪法不可能彻底摆脱“文革”的影响，还保留了许多错误的内容。尽管 1979 年和 1980 年，全国人大两次通过决议，对 1978 年宪法进行了修正，但从总体而言，这部《宪法》在我国宪法和宪制发展史上是一部过渡性的宪法，仍不完善，远不能适应客观实际的需要。

三、中共十一届三中全会以后对社会主义宪制理论的探索与实践

（一）加强社会主义民主和法治建设，成为坚定不移的治国方针

中国社会主义法治建设的曲折历程，尤其是十年“文化大革命”的历史悲剧，再加上其他社会主义国家的经验教训，使以邓小平为代表的中国共产党第二代领导集体，对法治在国家经济、政治和社会生活中的重要性的认识，发生了历史性的飞跃。这种认识集中体现在党的十一届三中全会后，我国社会主义民主和法治建设的理论探索和实践中。邓小平曾说：“没有‘文化大革命’的教训，就不可能制定十一届三中全会以来的思想、政治、组织路线和一系列政策。”[①]20 世纪 70 年代后期，十年动乱结束不久，亲身经历了社会主义法治惨遭破坏、权利遭受侵犯的广大群众和干部，深切体会到社会主义民主和法治的重要性，全国上下产生了对法治社会的期盼。正是在这样的社会历史条件下，1978 年中共十一届三中全会总结历史经验教训，尤其是“文化大革命”的教训，顺应历史发展的潮流，提出在全党工作重点转移的同时，必须加强社会主义法治，使民主制度化、法律化，使这种制度和法律具有稳定性、连续性和极大的权威性。全会还指出，要保障人民在自己的法律面前人人平等，不允许任何人有超越于法律之上的特权。[②] 自此以后，可以说，我

① 《邓小平文选》（第 3 卷），人民出版社 1993 年版，第 272 页。

② 《中国共产党第十一届中央委员会第三次全体会议公报》，载《三中全会以来重要文献选编》（上），人民出版社 1982 年版，第 11 页。

们国家逐步走上了依法治国，建设社会主义法治国家的道路。依法治国，实行法治，必须要有一部完善的、顺应社会发展需要的国家根本大法。1982年《宪法》就是适应这种时代要求的产物。

（二）1982年宪法的产生

1978年《宪法》发布不久，召开了具有历史意义的中共十一届三中全会，此后，党和国家领导全国人民深入总结建国以来的历史经验，并根据新情况制定了一系列正确的方针和政策，使国家的政治生活、经济生活和文化生活发生了巨大的变化，从而实现了历史性的根本转折。1981年中共十一届六中全会作出的《关于建国以来党的若干历史问题的决议》，标志着党和国家完成了指导思想上的拨乱反正。1982年9月召开的中共十二大确定了全面开创社会主义现代化建设新局面的战略决策。这一切都为宪制理论研究的深化和对1978年宪法内容的全面修改和完善创造了有利的政治条件，提供了可资遵循的理论依据和正确的指导思想。

社会实践的发展也对制定一部新时期的新宪法提出了客观要求。由于历史条件的限制，对1975年《宪法》修改后产生的1978年《宪法》，仍然没有摆脱“左”的指导思想，存在着明显的错误和缺陷。在其实施后，虽然进行了两次修改和补充，在一定程度上加快了中国民主法治建设的进程，揭开了十一届三中全会后宪制建设的新篇章，但它在许多方面同现时的情况和国家生活的需要仍不相适应。因此，对1978年《宪法》进行全面和系统的修改，根据现实条件和客观需要，制定一部新宪法已经势在必行。1980年8月，中共中央适时地向全国人大五届三次会议提出了《关于修改宪法和成立宪法修改委员会的建议》，其后历时两年多，中国宪制史上的第四部宪法，于1982年12月4日由全国人大五届五次会议正式通过。

通过宪法发展的历程可以看出，宪法的制定并不等于宪法的实现。在中华人民共和国成立初期，虽然制定了宪法，但对宪制的认识非常肤浅；可以说，有宪法，无宪制；并且对法治和宪制的漠视，致使法律虚无主义逐步盛行，最终导致了十年“文化大革命”对法治造成严重破坏的灾难。从20世纪 70 年代后期起，中国人民从实践中认真总结了经验教训，并经过艰苦的努力，终于使中国的法治走上正确发展的道路，对社会主义宪制理论和实践的探索也进一步深化，宪法规定的内容更加科学全面，宪制理论和实践逐步走向成熟。先后制定了 1982 年《宪法》、国家机关各类组织法、民族区域自治法、特别行政区基本法、选举法、国籍法、授权法等，形成了以 1982 年《宪法》为主体的现代中国的宪法体系。

第二节
社会主义宪制实践的不断深化和宪制理论的日益成熟

中华人民共和国成立后，我国宪法发展的历史，就是在实践中艰难探索，不断深化对宪制理论的认识，总结百余年来我国宪制实践和探索的历史经验，吸收、借鉴国外宪制的先进经验，不断丰富、发展和完善中国特色社会主义宪制理论体系的历史。社会主义宪制实践和探索的主要成果和宪制理论日益成熟的主要标志，主要体现在1982年《宪法》的制定及其在实施过程中的几次重大修改上。

1982年《宪法》是新中国成立以来最完善的一部宪法。它之所以完善，是因为它坚持从实际出发，实事求是地、客观地反映实际情况，吸收了建国以来我国社会主义宪制实践探索和宪法发展的成功经验，又总结了反面的教训，尤其是“文化大革命”的反面教训，在制定过程和内容上相比1954年《宪法》、1975年《宪法》和1978年《宪法》具有许多明显的优点和特点。

一、1982年《宪法》与以往几部宪法相比，在修改程序方面的特点

1982年《宪法》之所以能够成为一部完善的宪法，是集思广益的结果。在宪法修改中，广泛汇集和听取干部、群众、国家机关、人民团体及专家、学者的意见，充分发扬了社会主义民主，听取了广大人民的意见，集中了群众的智慧。同时，宪法的修改又是在党的领导下进行的，做到了领导的意见

与群众的意见相结合。

理论和实际相结合是 1982 年宪法修改的一个特点。坚持理论就是坚持以马克思主义为指导，特别是马克思主义的国家学说、关于宪法的理论、关于民族问题的理论、关于社会主义精神文明的理论等。理论联系实际，就是以马克思主义为指导，从中国的实际出发，使宪法的制定比较符合国情、更加完善。我国是一个政治、经济、文化发展不平衡、情况复杂的大国，也是一个多民族的国家，一些少数民族地区的经济、文化比汉族地区落后。因此，宪法对许多事情不能规定得太死、太绝对，不能一刀切，否则，宪法即使规定了，也行不通。基于这一原则，我国宪法在一些内容的规定上，就体现了实事求是的精神。这样的内容在民族区域自治、公民权利的保障和保护等许多方面都有体现。

1982 年《宪法》在原则性和灵活性相结合方面比 1954 年《宪法》有很大发展。宪法既规定了国家制度和社会制度的基本原则，又规定了各个方面的重要原则和政策，这是我国 1975 年《宪法》、1978 年《宪法》所不能比拟的，也是 1954 年《宪法》所没有完全具备的。

在灵活性方面的内容表现在宪法的序言和许多条文中。例如，有关经济制度的规定；在坚持国家统一和主权原则的前提下，设立特别行政区的规定；坚持统一的多民族国家和允许少数民族自治地方有许多自治权利；在维护社会主义法制统一和尊严的前提下，允许地方可以因地制宜地制定和颁布地方性法规等，都是原则性和灵活性相结合的体现。

1982 年《宪法》力求稳定和确认改革相结合。由于宪法的地位和作用的重要性，由于它关系到国家的安全和命运，所以宪法应当保持应有的稳定性。因此，在宪法修改过程中，对于保持宪法在较长时期内的稳定性，给予了高度的重视。在保持宪法的稳定性方面主要表现在哪些内容是必须规定的；哪些内容是需要进一步探索，但又必须规定以符合将来发展的；哪些内容是需要灵活规定和笼统规定的；哪些内容不必写入宪法，以及对宪法的修改程序进行了严格规定等方面。

宪法在力求切实可行和保持稳定性的同时，不论在政治、经济和文化各方面都要面向未来表现出了强烈的改革精神。例如，加强和进一步完善了人民代表大会制度，加强了全国人大和它的常务委员会，加强了地方各级人大，赋予省、直辖市人大和它们的常务委员会以制定地方性法规的权力，对最高国家机关的负责人实行一定任期的限制，对国家行政机关实行首长负责制，进一步加强民族区域自治等，这些都是对我国政治制度的一些重要改革。在经济体制改革和文化体制改革方面，宪法也都作了一些重要规定。宪法所体现的这些改革精神，为适应国家各项事业未来发展的需要，提供了宪法保障。

1982年《宪法》在修改过程中，体现了本国经验和外国经验相结合的原则。宪法总结了我国一百多年来的经验（包括革命根据地的经验，旧中国宪法中的有用东西），特别是“文化大革命”的经验教训，因而是符合我国实际的、比较完善的宪法。这也是1982年《宪法》以1954年《宪法》为基础，又比1954年《宪法》更加完善的一个重要原因。宪法除总结中国的经验外，还总结了外国宪法的经验，参考和吸收了外国的有用经验，如我国宪法要扩大公民的基本权利和自由，就研究了世界上许多国家宪法关于公民的基本权利和自由及其发展的趋势，研究了它们对于一些自由和权利的条款是如何规定的，它们把公民的权利和自由这一部分内容放在国家机构的前面还是后面等。这样的例子在宪法的修改过程中还有很多。

二、1982年《宪法》在内容上有自己的优点和特点

1982年《宪法》以1954年《宪法》为基础，同时又发展了1954年《宪法》的许多好经验，参考了1975年、1978年《宪法》，总结了新中国成立以来宪制理论与实践正反两方面的经验，尤其是“文化大革命”的严重教训。没有“文化大革命”的严重教训，1982年《宪法》不可能作出许多较好、较完备的规定，有的问题甚至不可能想到。因而与前几部宪法相比，1982年《宪法》既总结了我国宪制的历史经验，主要总结了我国成立以后宪法发展和宪制实践的经验，又借鉴了外国宪法的经验；同时又确认了全国工作重心的转移，体现了时代性和改革精神；内容更加全面、科学和完善，结构更加合理。

与过去几部宪法相比，1982 年《宪法》在内容上的发展和创新，主要体现在以下方面：

（一）第一次把四项基本原则作为一个统一不可分割的整体写入宪法，成为宪法总的指导思想，不仅明文记载于序言中，又贯穿于整个宪法的始终，使之成为立国的根本。

（二）在政治制度建设方面体现了中国的特色。宪法不仅把具有中国特色的人民民主专政和人民代表大会制度作为国体和政体再次肯定下来，而且对中国人民政治协商会议这一具有广泛代表性的统一战线组织的性质，过去所发挥的重要作用及在今后国家政治生活、社会生活和对外友好活动中的重要作用进行了规定。在统一的多民族的国家结构形式方面，关于民族自治地方的自治权利相比 1954 年《宪法》又有许多新的规定。为贯彻“一国两制”方针，解决香港、澳门和台湾问题，增加了设立特别行政区的规定。

（三）关于国家机构的设置，进行了一系列的改革和创新：（1）扩大全国人大常委会的职权与组织，即享有立法权，增设专门委员会，以及常委会委员不担任其他国家机关的职务，以加强人民代表大会制度。（2）恢复国家主席建制，进一步完善了国家机关的设置，以有利于国家机关的合理分工和国家职能的完善。（3）设立国家的中央军委，作为最高军事机关领导全国武装力量，以确立军队在国家体制中的地位。（4）实行行政首长负责制，减少政府机关领导人员职数，以提高工作效率。（5）为加强地方政权建设，县级以上各级人大设立常委会、省级人大及其常设机关享有地方性法规制定权。（6）恢复设立乡政权，改变农村人民公社政社合一体制，并把群众性自治组织的城市居民委员会和农村村民委员会的地位和作用写入宪法之中。对国家领导人员的任期给予限制，以废除领导职务的终身制。

（四）发扬社会主义民主，健全社会主义法治。为了保证人民充分行使当家作主的权利，宪法规定人民通过各种途径和形式，管理国家事务，管理经济和文化事业，管理社会事务，并通过加强国家权力机关建设，以充分保证人民在国家中的主人翁地位。为了保障以人民当家作主权利为内容的宪法和法律的有效实施，宪法规定了国家维护社会主义法制的统一和尊严，一切国家机关和武装力量、各政党和各社会团体、各企业事业组织以及每个公民都要维护宪法的尊严，都必须遵守宪法和法律。这些规定都是过去几部宪法所没有的。

（五）高度重视社会主义精神文明建设。从思想和文化教育两个方面规定社会主义精神文明建设，是1982年《宪法》的显著特征之一。

（六）规定了我国的经济制度和经济体制改革。1982年《宪法》总结了新中国成立以来我国的历史经验，特别是十一届三中全会以来所进行的经济体制改革的经验，确认了改革的原则和方针，并为它今后的发展指明了方向。它体现了我们党和国家在努力探讨建设具有中国特色社会主义经济体制方面所取得的成果，是经济建设和经济立法的重要依据。规定了自然资源的所有权及其保障，这在过去几部宪法中是没有的。对个体经济的地位和作用进行规定，这与1975年、1978年《宪法》相比有很大的不同。

（七）赋予公民广泛而真实的权利自由。1982年《宪法》总结了几十年的经验教训，尤其是"文化大革命"的严重教训，扩大了公民权利和自由的范围，与过去几部宪法相比，规定了更为广泛的权利和自由，增写了对公民人身权利和人格尊严等进行保护的一些新内容。为了保障公民权利的行使和义务的履行，宪法还对公民的含义进行了明确规定。

此外，1982年《宪法》中的一些内容虽然在1954年《宪法》中也有规定，但1982年《宪法》的表述更加科学、全面和严谨。1982年《宪法》在结构上也有自己的特点，较之前几部宪法，其中一个重大的变化就是宪法内容章节排列问题。宪法把公民的基本权利和义务一章放在了国家机构一章之前，因为这样可以更好地体现一切权力属于人民，人民是国家的主人这一思路。

三、1982年宪法实施以来的几次修正

宪法是国家的根本法，首先要保持其稳定性。维护宪法的稳定，就是维护国家根本制度的稳定，维护国家的长治久安。但是，随着改革开放和社会主义现代化建设不断发展，宪法也要随着社会实践的发展而不断完善，与时

俱进。我们说1982年《宪法》是一部有中国特色的、适应新时期社会主义现代化建设需要的、建国以来最完善的一部宪法，并不等于这部宪法将永远不会修改。现行宪法实施以来，根据经济社会发展的客观要求，针对原来规定的某些条文与现实情况不相适应的情况，全国人大于1988年、1993年、1999年、2004年、2018年先后五次通过宪法修正案，共52条，对有关内容作出了适时修改，补充完善了制定宪法时因实践经验的局限不可能写入的内容，使我国宪法在坚持并不断完善中国特色社会主义制度的轨道上实现与时俱进。

修改宪法，我国确立的原则是，改革要遵守法律，法律要为改革服务；修改宪法，只限于不修改就会妨碍改革的条款，可改可不改的不改，有些问题采取宪法解释的办法去解决。在修宪的方式上，借鉴外国的经验，采取了修正案的方式。① 五个宪法修正案都充分贯彻了上述精神，做到了宪法的稳定性和与时俱进在社会实践中的统一。通过修宪，反映出中国共产党和中国政府在探索中国特色社会主义宪制道路的过程中，认识在逐步深化和更加符合实际，也使现行宪法更加完善，宪制理论更加成熟。

---

① 杨景宇:《宪法的稳定和与时俱进》，载《光明日报》2003年12月17日。

第三节 现行宪法实施以来宪制理论的发展与创新

1982年《宪法》实施以来，我国的经济体制改革发生了重大变革，政治体制改革稳步推进，取得了重要成果。一个社会中各种不同的政治经济制度的变动和最终确立，都是由那个时代占统治地位的社会思想诱发和塑造的。现行宪法颁布实施后，我国对什么是社会主义，怎样建设和发展社会主义等一系列基本问题进行了探索，有了较为深刻和清醒的认识，与此相适应，党和国家的指导思想也在实践中不断发展，形成了一脉相承、与时俱进，指导当代中国社会主义建设的思想理论基础，即马列主义、毛泽东思想、邓小平理论、“三个代表”重要思想、科学发展观、习近平新时代中国特色社会主义思想。我国当代经济体制改革和政治体制改革所带来的所有变革，都是在这些理论指导下进行的。而这些社会变革的成果，也促进了宪制理论研究的深化和创新，推动了宪制实践的向前发展。

宪制理论与实践的发展与创新，在现行宪法实施以来所进行的五次宪法修正案内容中得到了充分的体现。

一、实现了国家指导思想的与时俱进

1982年《宪法》发布实施后，通过五次宪法修正案，实现了国家指导思想的与时俱进，确立了邓小平理论、“三个代表”重要思想、科学发展观、习近平新时代中国特色社会主义思想在国家政治和社会生活中的指导地位。

邓小平理论是在和平与发展成为当代主题的历史条件下，在我国改革开放和社会主义现代化建设的实践过程中，在总结我国社会主义胜利和挫折的历史经验并借鉴其他社会主义国家兴衰成败的历史经验的基础上，逐步形成和发展起来的。这个理论科学地把握住了社会主义的本质，第一次比较系统地初步回答了中国这样的经济文化比较落后的国家如何建设社会主义、如何巩固和发展社会主义的一系列基本问题。它是马克思列宁主义基本原理与当代中国时代特征相结合的产物，是对马克思主义、毛泽东思想的坚持、继承和发展，是中华民族振兴和发展的精神支柱。

"三个代表"重要思想，科学总结我们党成立以来的历史经验，特别是改革开放以来的新鲜经验，既坚持了马克思主义的基本原理，坚持了辩证唯物主义和历史唯物主义的世界观和方法论，又反映了当代世界和中国的发展变化对党和国家工作的新要求，以新的思想、观点、论断继承、丰富和发展了马列主义、毛泽东思想和邓小平理论，是加强和改进党的建设、推进我国社会主义自我完善和发展的强大思想武器。

科学发展观是马克思主义同当代中国实际和时代特征相结合的产物，是马克思主义关于发展的世界观和方法论的集中体现，对新形势下实现什么样的发展、怎样发展等重大问题作出了新的科学回答，把我们对中国特色社会主义规律的认识提高到新的水平，开辟了当代中国马克思主义发展新境界。

中共十九大对习近平新时代中国特色社会主义思想进行了概括总结。中共十八大以来，围绕回答新时代坚持和发展什么样的中国特色社会主义、怎样坚持和发展中国特色社会主义这个重大时代课题，我们党以全新的视野深化对共产党执政规律、社会主义建设规律、人类社会发展规律的认识，进行了艰辛的理论探索，取得了重大理论创新成果，创立了习近平新时代中国特色社会主义思想。

邓小平理论、"三个代表"重要思想、科学发展观和习近平新时代中国特色社会主义思想是全党集体智慧的结晶。1997 年中共十五大、2002 年中共十六大、2012 年中共十八大、2017 年中共十九大分别把它们确立为党的指导思想和行动指南。1999 年、2004 年、2018 年修改宪法时，又分别确立了它们在国家政治和社会生活中的指导地位，以此统一全党全国各族人民的思想和行动。

2018 年宪法修正案，将宪法序言第七自然段中“健全社会主义法制”修改为“健全社会主义法治”。这样的修改，体现了我们党依法治国理念和方式的新飞跃，将有利于推进全面依法治国，建设中国特色社会主义法治体系，加快实现国家治理体系和治理能力现代化。

二、充实坚持和加强中国共产党全面领导的内容

2018 年第五次宪法修正案在宪法第一章《总纲》第 1 条第 2 款“社会主义制度是中华人民共和国的根本制度”后增加了“中国共产党领导是中国特色社会主义最本质的特征”的内容。中国共产党是执政党，是国家的最高政治领导力量。中国共产党领导是中国特色社会主义最本质的特征，是中国特色社会主义制度的最大优势。宪法从社会主义制度的本质属性角度对坚持和加强党的全面领导进行规定，有利于在全体人民中强化党的领导意识，有效地把党的领导落实到国家工作全过程和各方面，确保党和国家事业始终沿着正确方向前进。

三、调整充实中国特色社会主义事业总体布局和第二个百年奋斗目标的内容

第五次宪法修正案将宪法序言第七自然段中“推动物质文明、政治文明和精神文明协调发展，把我国建设成为富强、民主、文明的社会主义国家”修改为“推动物质文明、政治文明、精神文明、社会文明、生态文明协调发展，把我国建设成为富强民主文明和谐美丽的社会主义现代化强国，实现中华民族伟大复兴”。与此相适应，在《宪法》第三章“国家机构”第三节第 89 条第 6 项“领导和管理经济工作和城乡建设”后面，增加“生态文明建设”

的内容。从物质文明、政治文明和精神文明协调发展到物质文明、政治文明、精神文明、社会文明、生态文明协调发展，是我们党对社会主义建设规律认识的深化，是对中国特色社会主义事业总体布局的丰富和完善。把我国建设成为富强民主文明和谐美丽的社会主义现代化强国，实现中华民族伟大复兴，是党的十九大确立的奋斗目标。作这样的修改，在表述上与党的十九大报告相一致，有利于引领全党全国人民把握规律、科学布局，在新时代不断开创党和国家事业发展新局面，齐心协力为实现“两个一百年”奋斗目标、实现中华民族伟大复兴的中国梦而不懈奋斗。

四、法治观念逐步增强，宪法在建设法治国家中的重要地位得到了充分的肯定

（一）以国家根本大法的形式肯定了治国方略的转变

中共十五大报告在党的历史上第一次提出了依法治国，建设社会主义法治国家的治国方略。在理论和实践上，确立了中国共产党从主要依靠政策执政和领导改革开放转变到主要依靠法律执政和领导改革开放及现代化建设的指导思想。全国人大九届二次会议通过的宪法修正案，把依法治国，建设社会主义法治国家写入宪法，使其上升为国家意志，并成为我国宪法的基本原则之一。这表明人民当家作主、管理国家和社会，已被进一步纳入法治轨道；标志着我们党和政府在总结实践经验的过程中，对政治体制改革和治国的基本方略作出了最佳的选择。

中共十六大报告又进一步提出了物质文明、政治文明和精神文明协调发展，并把政治文明建设作为全面建设小康社会的重要目标之一。2004 年的宪法修正案将其写入宪法的内容。政治文明就是政治活动的文明，政治活动的文明以“法治的政治”代替“人治的政治”为标志。因而我们可以说，政治文明的突破口就是法治建设，或者说政治文明的核心就是法治，建设法治国家。

（二）宪法至上的观念逐步确立，公民的宪法权利意识也在逐渐加强

宪法作为国家的根本大法，就是通过规定国家权力的界限和组织方式，来实现对人民权利的制度化保障。约束政府权力，保护个人权利，是宪法的核心问题。因而，依法治国，建设法治国家，其核心就是依宪治国。实行法治，必须实行宪制，确立宪法至上的观念。宪法在建设法治国家中的重要地位和作用已被逐渐认识。这从四个宪法修正案的产生过程，党和国家领导人的讲话都可以得到体现。

此外，近年来在司法实践中，也出现了一些公民以宪法权利受到侵害为由提出的诉讼案件，尤以2001年山东的“齐玉苓诉陈晓琪等侵犯姓名权受教育权”案具有典型意义。该案根据最高人民法院的批复，直接援引宪法中公民享有受教育的基本权利，判决原告胜诉，由此开了我国宪法司法化的先河。以宪法权利受侵害为由诉诸司法手段保护，这一方面说明我国公民的宪法权利意识逐渐增强，同时也表明了我国宪制实践的进步。

五、国家机构进一步完善

完善了全国人民代表大会的组成和国家主席的职权。2018年宪法修正案修改了国家主席任职方面的有关规定，取消了国家主席任期两届的内容。延长了乡镇政权的任职年限；增加了设区的市制定地方性法规的规定。

确定了中国共产党领导的多党合作和政治协商制度将长期存在和发展，将“社会主义事业的建设者”写入宪法，扩大了统一战线的政治联盟的范围，以利于调动建设社会主义的各方面积极因素。2018年宪法修正案充实完善爱国统一战线和民族关系的内容。将宪法序言第十自然段中“包括全体社会主义劳动者、社会主义事业的建设者、拥护社会主义的爱国者和拥护祖国统一的爱国者的广泛的爱国统一战线”修改为“包括全体社会主义劳动者、社会主义事业的建设者、拥护社会主义的爱国者、拥护祖国统一和致力于中华民

族伟大复兴的爱国者的广泛的爱国统一战线”。实现中华民族伟大复兴的中国梦已经成为团结海内外中华儿女的最大公约数。实现中国梦，需要凝聚各方面的力量共同奋斗。只有把全体社会主义劳动者、社会主义事业的建设者、拥护社会主义的爱国者、拥护祖国统一和致力于中华民族伟大复兴的爱国者都团结起来、凝聚起来，实现中国梦才能获得强大持久广泛的力量支持。将宪法序言第十一自然段中“平等、团结、互助的社会主义民族关系已经确立，并将继续加强”。修改为“平等团结互助和谐的社会主义民族关系已经确立，并将继续加强”。与此相适应，将《宪法》第一章“总纲”第4条第1款中“维护和发展各民族的平等、团结、互助关系”修改为“维护和发展各民族的平等团结互助和谐关系”。巩固和发展平等团结互助和谐的社会主义民族关系，是党的十八大以来以习近平同志为核心的党中央反复强调的一个重要思想。作这样的修改，有利于铸牢中华民族共同体意识，加强各民族交往交流交融，促进各民族和睦相处、和衷共济、和谐发展。

2018年第五次修宪，增加了有关监察委员会的各项规定。为了贯彻和体现深化国家监察体制改革的精神，为成立监察委员会提供宪法依据，在《宪法》第三章“国家机构”第六节后增加一节，作为第七节“监察委员会”，就国家监察委员会和地方各级监察委员会的性质、地位、名称、人员组成、任期任届、领导体制、工作机制等作出规定。与此相适应，还作了如下修改：

1. 将《宪法》第一章“总纲”第3条第3款中“国家行政机关、审判机关、检察机关都由人民代表大会产生”修改为“国家行政机关、监察机关、审判机关、检察机关都由人民代表大会产生”。

2. 将《宪法》第三章“国家机构”第65条第4款“全国人民代表大会常务委员会的组成人员不得担任国家行政机关、审判机关和检察机关的职务”修改为“全国人民代表大会常务委员会的组成人员不得担任国家行政机关、监察机关、审判机关和检察机关的职务。”

3. 将《宪法》第三章“国家机构”第103条第3款“县级以上的地方各级人民代表大会常务委员会的组成人员不得担任国家行政机关、审判机关和检察机关的职务”修改为“县级以上的地方各级人民代表大会常务委员会的组成人员不得担任国家行政机关、监察机关、审判机关和检察机关的职务”。

4. 在《宪法》第三章“国家机构”第 62 条第 6 项后增加一项，内容为“选举国家监察委员会主任”；在宪法第 63 条第 3 项后增加一项，内容为“国家监察委员会主任”；在宪法第 67 条第 6 项中增加“国家监察委员会”；在第 10 项后增加一项，内容为“根据国家监察委员会主任的提请，任免国家监察委员会副主任、委员”。

5. 将《宪法》第三章“国家机构”第 101 条第 2 款中“县级以上的地方各级人民代表大会选举并且有权罢免本级人民法院院长和本级人民检察院检察长”修改为“县级以上的地方各级人民代表大会选举并且有权罢免本级监察委员会主任、本级人民法院院长和本级人民检察院检察长”；将《宪法》第 104 条中“监督本级人民政府、人民法院和人民检察院的工作”修改为“监督本级人民政府、监察委员会、人民法院和人民检察院的工作”。

6. 删去《宪法》第三章“国家机构”第 89 条第 8 项“领导和管理民政、公安、司法行政和监察等工作”中的“和监察”。删去《宪法》第 107 条第 1 款“县级以上地方各级人民政府依照法律规定的权限，管理本行政区域内的经济、教育、科学、文化、卫生、体育事业、城乡建设事业和财政、民政、公安、民族事务、司法行政、监察、计划生育等行政工作”中的“监察”。

作上述修改，反映了党的十八大以来深化国家监察体制改革的成果，贯彻了党的十九大关于健全党和国家监督体系的部署，也反映了设立国家监察委员会和地方各级监察委员会后，全国人民代表大会及其常务委员会和地方各级人民代表大会及其常务委员会、国务院和地方各级人民政府职权的新变化以及工作的新要求。

六、经济体制改革的内容得到确认

经济制度是我国四次宪法修正案涉及的主要内容。明确了我国将长期处于社会主义初级阶段，肯定了改革开放的基本方针，从而使党在社会主义初级阶段基本路线在宪法中的表述更加完整。强调了坚持公有制为主体、多种所有制经济共同发展的基本经济制度，坚持按劳分配为主体、多种分配方式并存的分配制度。将非公有制经济作为社会主义市场经济的重要组成部分，确定了非公有制经济的法律地位，进一步明确国家对发展非公有制经济的方针。确定了农村经济组织实行家庭承包经营为基础，统分结合的双层经营体制。确定了由计划经济体制转变为市场经济体制。增加建立健全社会保障制度的规定。

第五次宪法修改又把“新发展理念”写入宪法。创新、协调、绿色、开放、共享的新发展理念是党的十八大以来以习近平同志为核心的党中央推动我国经济发展实践的理论结晶，是习近平新时代中国特色社会主义经济思想的主要内容。把“新发展理念”写入宪法，有利于从宪法上确认这一重要理论成果，更好地发挥其在决胜全面建成小康社会，开启全面建设社会主义现代化国家新征程中对我国经济发展的重要指导作用。

七、对公民私有财产所有权的保护日益完善

在计划经济体制下，我国宪法只对公民的生活资料提供保护，不承认公民个人拥有生产资料。1982 年《宪法》规定“国家保护公民的合法的收入、储蓄、房屋和其他合法财产的所有权”。根据当时我国的经济制度，这里的“其他合法财产”并不包含对公民生产资料所有权的保护。随着我国建立社会主义市场经济体制改革目标的确立，非公有制经济成为社会主义市场经济的重要组成部分，加强对公民私有财产权的保护问题日益凸显出来。

1999 年宪法修正案从我国建立社会主义市场经济体制的实际出发，在宪法层面上确立了对公民私有财产的保护，规定“国家保护个体经济、私营经济的合法的权利和利益”。国家依照法律规定保护公民的私有财产的继承权。结合我国宪法所确立的经济制度，宪法所保护的公民财产权，不仅包括公民合法所有的对生活资料的私有财产权，也包括了对生产资料的私有财产权。但公民的合法的私有财产不受侵犯，并没有在宪法条文中得到明示。

2004 年宪法修正案进一步规定：“公民的合法的私有财产不受侵犯。”“国

家依照法律规定保护公民的私有财产和继承权。”明确给予公民的私有财产和在现行宪法下不受侵犯的公有财产同等的地位，这在新中国的宪制史上是第一次。

八、“人权”入宪，使公民权利的保障更加完善

我国宪法和法律对人权的保障一直很重视，不仅规定了公民享有广泛的政治社会经济文化权利，而且为权利的实现提供了物质和法律上的保障条件。此外，我国还签署和批准加入了联合国的《经济、社会、文化权利国际公约》，正在为加入联合国《公民权利和政治权利国际公约》做准备。但是，人权的概念一直没有成为我国的法律概念。2004年的宪法修正案，首次将“人权”概念引入宪法，明确规定“国家尊重和保障人权”。“人权”写入宪法，是社会主义人权发展的重大突破。1991年11月，国务院新闻办公室发表《中国的人权状况》白皮书，首次以政府文件的形式正面肯定了人权概念在中国社会主义政治发展中的地位。1997年，首次将人权概念写入党的十五大报告，从而使人权从对外宣示的主题变为党领导国内建设的主题。此次修宪把“人权”写入宪法，将“人权”由一个政治概念提升为法律概念，将尊重和保障人权由党和政府文件的政策性规定上升为国家根本大法的一项原则，这是中国民主宪制和政治文明建设的一件大事，是中国人权发展的一个重要里程碑。这表明人权已成为国家的价值观和我国社会主义的基本价值和目标。人权入宪，对于提高全社会的人权意识，推进社会主义政治文明建设具有重要意义。

九、坚持依法执政和依宪执政

中共十六届四中全会提出，加强党的执政能力建设，必须科学执政、民主执政和依法执政，不断完善党的领导方式和执政方式，要贯彻依法治国方略，提高依法执政水平。依法执政的提出，从宪制意义的层面来说，体现在以下方面：

第一，依法执政是中国共产党建设中国特色的社会主义宪制道路的有益探索，为我国政治体制改革和中国特色宪制的建构提供了一个契合点。依法执政的提出，就是中国共产党在保证人民幸福、秩序稳定、国家统一和社会主义现代化建设顺利进行的同时，积极地、稳妥地对建设有中国特色的宪制道路所进行的有益探索，这种探索是由我国建设社会主义宪制，实现法治社会道路的特殊性所决定的。这种探索也为在保持政治和社会稳定的前提下，如何推进政治体制改革提供了一个切入点。

第二，依法执政有利于中国共产党执政的程序化和法律化，从而推动我国宪制的建设和完善。依法执政是指执政党依照宪法和法律确定的国家政权体制、机制、运作方式来掌握国家政权，按照宪法和法律规定的执政权限、执政程序而进行的执政活动。从党的建设来看，党的领导主要是政治领导、思想领导和组织领导等方面。但是从宪制形式思维来看，党的执政主要体现在执政权限、执政程序和权力监督等方面。因此，依法执政就是要求党的执政权限、执政程序和权力监督的制度化和法律化。

第三，依法执政反映了中国共产党执政、治国方略的历史演变，是党执政、治国成熟与明确的标志，是党执政现代化的标志。

第四，依法执政有利于树立宪法、法律权威，实现法治社会。中共十六大报告指出：“宪法和法律是党的主张和人民意志统一的体现。必须严格依法办事，任何组织和个人都不得允许有超越宪法和法律的特权”，“党员和干部特别是领导干部要成为遵守宪法和法律的模范。”[①] 中共十六届四中全会通过的《中共中央关于加强党的执政能力建设的决定》也进一步要求：“贯彻依法治国基本方略，提高依法执政水平……善于使党的主张通过法定程序成为国家意志，从制度上、法律上保证党的路线方针政策的贯彻实施，使这种制度和法律不因领导人的改变而改变，不因领导人看法和注意力的改变而改变。”

中国共产党是执政党，执政党带头尊重宪法、法律权威，在宪法和法律

① 《江泽民文选》（第3卷），人民出版社2006年版，第553页、555页。

范围内活动，这无疑是在全社会树立宪法、法律至上意识最重要的一步。另外，中国共产党依法执政必然要求发展良法，把党的主张和人民的意志相统一，使执政党执政所依据的法律具有生命力、连续性和稳定性，从而实现法治社会。

第五，依法执政有利于保障和发展宪制的实质价值——人权，建设社会主义政治文明。2002 年 12 月 4 日，胡锦涛在纪念中华人民共和国宪法公布施行 20 周年大会上的讲话中指出："宪法促进了我国人权事业和各项社会事业的发展。宪法对公民的基本权利和义务作了全面的规定，为广大人民群众充分享有民主权利，在国家生活中发挥积极性、主动性、创造性提供了可靠的法律保障。"①

依法执政是依法治国的应有之义，依法执政要求中国共产党的执政权力法律化，要求党管干部的程序法律化，要求人民对执政党的监督程序化、法律化。这样，人民就能依据法定程序对执政党的路线、方针和政策提出建议和进行监督；对党任命领导干部和领导干部的行为提出建议和进行监督。这不仅有利于执政党与人民的良性互动，而且能够促进我国市民社会的发育、成长、成熟，从而促进人权的保障和发展，推动社会主义政治文明建设。

基于上述理念，2018 年第五次修改宪法，在《宪法》第一章"总纲"第 27 条增加一款，作为第 3 款："国家工作人员就职时应当依照法律规定公开进行宪法宣誓。"全国人民代表大会常务委员会已于 2015 年 7 月 1 日通过了关于实行宪法宣誓制度的决定，将宪法宣誓制度在宪法中确认下来，有利于促使国家工作人员树立宪法意识、恪守宪法原则、弘扬宪法精神、履行宪法使命，也有利于彰显宪法权威，激励和教育国家工作人员忠于宪法、遵守宪法、维护宪法，加强宪法实施。

---

① 胡锦涛：《在首都各界纪念中华人民共和国宪法公布施行二十周年大会上的讲话（2002 年 12 月 4 日）》，载《人民日报》2002 年 12 月 5 日。

十、紧急状态制度的建立

中共十六届三中全会第一次提出建立健全各种预警和应急机制，提高政府应对突发事件和风险的能力。把紧急状态写入宪法，对提高我国政府的危机管理水平，使国家在紧急时期不至于出现法治空白具有重要意义。

现行宪法实施以来，随着我国改革开放的不断深入和建设中国特色社会主义实践的日益丰富，不断总结实践经验，经过四次修改，及时确认了改革开放和社会主义现代化建设过程中取得的成果和经验，使宪法内容更加完善，更加符合国情，更加反映时代精神，更加适应全面建设小康社会、开创中国特色社会主义事业新局面的要求，增强了宪法的适应性和生命力，有利于宪法功能的发挥，必将更好地发挥国家根本法的作用。

第四节 社会主义宪制理论与实践必须坚持的指导思想

我国社会主义宪制理论与实践的探索，建构中国特色的社会主义宪制体制，必须要坚持正确的指导思想，从宏观方面来说，就是要以马列主义、毛泽东思想、邓小平理论、“三个代表”重要思想、科学发展观、习近平新时代中国特色社会主义思想为指导。我国现行宪法确立了以四项基本原则为总的指导思想，作为四项基本原则之一的马列主义、毛泽东思想、邓小平理论、“三个代表”重要思想、科学发展观、习近平新时代中国特色社会主义思想，理所当然地成为我国宪制理论和实践探索以及宪法修改的指南。中国共产党和国家一开始把马列主义、毛泽东思想确立为指导思想。随着社会的发展，根据时代的要求，后来又增列了邓小平理论、“三个代表”重要思想、科学发展观、习近平新时代中国特色社会主义思想，这种发展变化过程，体现了时代变革，与时俱进的历史过程。其核心就是解放思想，实事求是，与时俱进，不断创新。而这恰恰是在我国宪制理论与实践的探索中，所必须遵循和坚持的精神。

从具体操作层面来说，建构中国特色的社会主义宪制体制，应坚持什么方向，以何种模式为标准，在制度上如何操作，中共十六大报告在论及政治建设和政治体制改革时指出：“发展社会主义民主政治，最根本的是要把坚持党的领导、人民当家作主和依法治国有机统一起来”[①]；推进政治体制改革，

---

① 《江泽民文选》(第3卷)，人民出版社2006年版，第553页。

“要坚持从我国国情出发，总结自己的实践经验，同时借鉴人类政治文明的有益成果，绝不照搬西方政治制度的模式”。[①] 中共十七大报告指出：“要坚持中国特色社会主义政治发展道路，坚持党的领导、人民当家作主、依法治国有机统一，坚持和完善人民代表大会制度、中国共产党领导的多党合作和政治协商制度，不断推进社会主义政治制度自我完善和发展。”[②] 中共十八大报告也强调：“必须坚持党的领导、人民当家作主、依法治国有机统一，以保证人民当家作主为根本，以增强党和国家活力、调动人民积极性为目标，扩大社会主义民主，加快建设社会主义法治国家，发展社会主义政治文明。”同时，“要把制度建设摆在突出位置，充分发挥我国社会主义政治制度优越性，积极借鉴人类政治文明有益成果，绝不照搬西方政治制度模式”。[③] 中共十九大更加突出强调要坚持中国特色社会主义政治发展道路，指出：“中国特色社会主义政治发展道路，是近代以来中国人民长期奋斗历史逻辑、理论逻辑、实践逻辑的必然结果，是坚持党的本质属性、践行党的根本宗旨的必然要求。世界上没有完全相同的政治制度模式，政治制度不能脱离特定社会政治条件和历史文化传统来抽象评判，不能定于一尊，不能生搬硬套外国政治制度模式”。[④] 这些论述，可以说为建构中国特色的社会主义宪制体制指明了方向。

简言之，建构中国特色的社会主义宪制体制，就是要积极稳妥地推进政治体制改革，确立宪法法律至上观念，建设社会主义法治国家。其核心问题是正确处理好党的领导、人民当家作主和依法治国三者之间的关系。

在处理党的领导与法治的关系上，首先要坚持党的领导。依法治国，建设社会主义法治国家，不能离开党的领导而存在。党对法治工作的领导具体体现在两个方面：一是党领导人民制定宪法和法律，二是党领导人民遵守宪法和法律。宪法和法律是党的主张和人民意志相统一的体现。但在加强党对

① 《江泽民文选》(第3卷)，人民出版社2006年版，第553—554页。

② 《胡锦涛文选》(第2卷)，人民出版社2016年版，第634—635页。

③ 《胡锦涛文选》(第3卷)，人民出版社2016年版，第633页。

④ 习近平：《决胜全面建成小康社会，夺取新时代中国特色社会主义伟大胜利——在中国共产党第十九次全国代表大会上的报告》，人民出版社2017年版，第36页。

依法治国的领导的同时，也要改革和完善党的领导方式和执政方式，做到党的领导法律化、制度化和程序化，从而使党的领导建立在合法性的基础上。这就要做到，经过法定程序，使党的主张成为国家意志；党必须在宪法和法律的范围内活动。

第九章

依法行政与公共权力约束机制的探索

第一节
依法行政的理论基础

法是现代社会最重要、最有力的社会控制手段，包含着满足人类需要的秩序、正义、公平、自由和效率等多重价值。正是由于法的种种优点，人类在专制社会经过无数次碰壁之后，选择了将法治作为社会治理方略。

法治的宗旨与归宿在于如何通过法律合理有效地控制权力，在于如何依法治理国家、限制公权。现代社会，法治已演进为一个综合的概念。它融汇了民主、自由、平等、人权等诸多价值观念，包含着民主政治、权力制约、依法行政等丰富的制度意蕴。在诸多的价值理念中，制约行政权力、依法行政始终是法治的核心内容。

法治的重点依法行政有其深远的历史背景。17世纪资产阶级革命胜利后，唯恐来之不易的自由、人权等革命成果被颠覆，人民对国家权力非常小心，认为国家权力是个人自由的最大威胁者乃至损害者，对政府权力要严格限制，其行使要严格依法。人们崇尚自由主义，实行严格的法治主义，政府只是公民人身财产安全的保护者、社会秩序的维持者，扮演着“守夜人”的角色，“除了邮局和警察以外，一名具有守法意识的英国人可以度过他的一生却几乎没有意识到政府的存在”。[①] 然而，20世纪以来，“政府守夜人”的职能定位受到现实的严峻挑战。自由放任市场经济的缺陷导致20世纪30年代席卷全球的经济危机，使人们对启蒙时期以来的自由主义本位观进行反思。贫富差距

① [英]威廉·韦德：《行政法》，中国大百科全书出版社1997年版，第3页。

加大，政治及社会多领域的不公平、不平等现象，社会矛盾的层出不穷，引发了人们对于重新设置政府权力的讨论与思考。人们认识到，政府的作用不仅仅是社会秩序的维持者，还应是社会公平正义最重要的促进者。在个人自由权利实现过程中出现的各种社会问题和危机，需要一个为促进个人自由真正实现付诸积极行动而不是被个人自由困住手脚的政府，即一个有效的政府，“不仅要防止权力的滥用，而且要积极地维护法律秩序，借以保障人们应具备的充分的社会和经济生活条件”。[①]

正是基于以上问题的反思，为了有效解决社会矛盾，实现社会控制，行政权力的触角开始向经济和社会领域延伸，行政法中开始出现经济行政和社会行政的内容。20 世纪初期以来，政府的干预主义兴起，从消极行政扩展到积极行政。行政权的干涉领域逐步扩大，甚至涉及公民生活的方方面面。“这些变化则是 20 世纪的特征。国家学校的教师、国家的保险官员、职业介绍所、卫生和工厂检查员以及他们必不可少的同事——税收员就是这些外在、可见的变化。现代行政国家正在形成，纠正社会和经济的弊端是政府的职责，这种看法反映了人们的情感。”[②] 行政权范围的不断扩大和自我膨胀要求我们从不放松对行政权侵权的警惕，正如埃尔金的一段话：“从 20 世纪的政治生活来看，限制政治权力行使这个问题必须仍然是任何关注政治制度的适当概念的中心问题，而且那些不言而喻的限制权力的手段，例如分权……必须是制度设计的核心。”[③]

依法行政的原因还在于行政权取得的合法性基础。近现代意义上的依法行政来源于资产阶级革命时期。一些西方资产阶级政治法律思想家所倡导的学说对行政权的来源进行了理论阐述。英国哲学家约翰·洛克认为，人的权利是与生俱来的。然而，人类天然地需要且必须过社会生活。但由于人类本性固有的缺陷，在没有一个共同权力使大家慑服的时候，便会发生人们暴力

---

① 张文显:《二十世纪西方法思潮研究》，法律出版社 1996 年版，第 624 页。

② [英]威廉·韦德:《行政法》，中国大百科全书出版社 1997 年版，第 1 页。

③ 斯蒂芬·L.埃尔金、卡罗尔·爱德华·索乌坦编:《新宪政论》，生活·读书·新知三联书店 1997 年版，第 114 页。

侵犯他人自由的情况，造成冲突和混乱。因此，为了更好地保护人们的人身和财产安全，人们自愿放弃自己的一部分自然权利而将其交给一个共同认可的政府来行使。所以，政府的权力来源于民众，而不是所谓的“君权神授”。法国思想家卢梭认为，建立在社会契约上的国家，其主权即最高权力属于全体生而平等的人民。主权至高无上，不可分割，是行政权的根据。“行政权力的受任者绝不是人民的主人，而是人民的官吏。只要人民愿意就可以委任他们也可以撤换他们。”[①] 因此，权力来源于权利，权利是权力的逻辑起点，权力是权利的衍生物，政府只是行政权力的行使者而不是享有者，政府从属于人民，政府必须根据人民的意志和利益办事，而人民意志和利益的集中体现就是法律，故政府必须依法办事，依法行政。

行政权的自身特点和运行规律要求依法行政。行政权是国家权力的一种。在三种国家权力中，行政权有突出的特点，它主动介入社会，具有支配性。在行使权力时，行政主体与行政相对人之间通常情况下是管理和被管理的关系，具有不平等性，一个是公权力的行使者，另一个是权利受到约束者。管理者极易居高临下，发号施令，把行政权的行使演变为单位或个人的专断和专横。而且，现代社会，行政权力是持续时间最长、运用最频繁、覆盖面最宽的一种权力，几乎涉及民众生活的方方面面。因此也就对公民权利与社会具有更强大、更广泛、更直接的影响。行政权力还是一种有自由裁量权的权力，加之现代社会在保证和提高行政效率的要求之下，行政自由裁量权不断扩大。近代国家权力发展的一个重要特点，是行政权的无限扩张性。政府从扮演社会“守夜人”的角色，变为社会生活的积极参与者。所以政府机关能否依法行政在很大程度上决定着整个国家法治状态的好坏。

根据人民主权理论，权力属于人民，政府只是行使者。这解决了行政权的来源问题，却造成了行政权的所有者与行使者势必存在一定程度的分离，这种分离极有可能“引起政治失控——政治权力不是按照权力所有者的整体

① [法]卢梭:《社会契约论》，商务印书馆2003年版，第127页。

意志，而是凭着权力行使者的意志和情绪运行，以至出现政治异化”。[1] 这是因为，行政权力的拥有者也是凡人，在商品、私有制存在的社会里，人的自私、贪欲、霸权的本性不断滋长，行政权力的拥有者往往凭借自己的智能及社会关系等方面的优势，很容易地将自己的贪欲、自私的劣根性发挥到淋漓尽致的程度。一旦没有对权力的控制或制约，其社会后果将不堪设想。[2] 所以任何时候我们都不应忘记被誉为美国宪法之父的麦迪逊对世人的警告：“如果人都是天使，就不需要任何政府了。如果是天使统治人，就不需要对政府有任何外来的或内在的控制了。”[3]

为保障公民的基本权利，加强对行政权力的制约，依法行政，已是现代民主国家政府普遍奉行的行使权力的基本准则。

纵观西方发达国家的行政法发展历史，依法行政原则都是在资产阶级反封建夺取政权的过程中建立起来的。但由于法律制度及实践等方面存在差异，世界各国对依法行政的称谓不一，关于依法行政的概念和内涵也不尽相同。如英国称为“法治”或“依法行政”，美国将依法行政包括在“法治”原则之内，德国称为“依法行政”，法国称为“行政法治”，日本称为“依据法律行政”或“法治行政”。

在英国，依法行政由越权无效和自然公正组成。美国的依法行政构成表现为基本权利和正当程序。法国的依法行政包含了三项内容：行政行为必须根据法律；行政行为必须符合法律；行政机关必须采取行动来保证法律规范的实施。[4] 日本的依法行政也包含三项内容：（1）法律保留；（2）法律优先；（3）司法救济。[5]

中国大陆学者对依法行政的概念和内涵的理解也有差异。不过，一般认为，依法行政的基本内涵大致包括以下几点：第一，依法行政的主体是行政

① 张文显：《法学基本范畴研究》，中国政法大学出版社 1993 年版，第 304—305 页。
② 王良钧：《权利控制与依法行政》，载《现代法学》1999 年第 5 期，第 54 页。
③ ［美］汉密尔顿等：《联邦党人文集》，商务印书馆 1980 年版，第 264 页。
④ 王名扬：《法国行政法》，中国政法大学出版社 1989 年版，第 205—207 页。
⑤ ［日］和田英夫：《现代行政法》，中国广播电视出版社 1993 年版，第 27—28 页。

机关；第二，依法行政的“行政”，是行使行政权力，实施公共管理；第三，依法行政所依之“法”，是法律、行政法规、地方性法规和规章；第四，依法行政的内容包括法律授权与依据法律；第五，对行政机关是否依法行政必须加强监督；第六，依法行政的目标是保障公民权利。[①]

依法行政是由资产阶级首先提出来的，但它不是资本主义国家的“专利”。由于依法行政原则在一定程度上体现了现代民主政治的基本要求，反映了现代国家行政的一般规律，所以经过适当改造以后，同样可以作为社会主义国家行政法治建设的一项基本原则和主要内容。[②]通过考察西方近代行政法的产生发展过程可以看出，行政法只有在民主和法治的母体里才能得以孕育。中国由于自身的政治、经济、社会及文化的局限，依法行政起步较晚。我国真正意义上的行政法是在20世纪70年代末期伴随着改革开放的进程建立和发展起来的。它是历史发展到一定阶段的产物，也是随着我国法治建设的发展逐步提出与发展的。

① 应松年、袁曙宏主编：《走向法治政府：依法行政理论研究与实证调查》，法律出版社2001年版，第172—173页。

② 金国坤：《依法行政的现实基础：影响和制约政府依法行政的因素分析》，中国政法大学出版社2001年版，第25页。

第二节 依法行政理念与制度的建立与发展

在中华人民共和国成立之后，“一穷二白”的新中国面临的最主要问题是如何通过现有的社会资源来扩大自己的实力，应对来自国际社会的挑战。因此通过1953年开始的对农业、手工业、资本主义工商业的社会主义改造，国家逐步建立起了全面的高度集中的计划经济管理体制，对企业的原料和产品均实行统一计划调拨，计划成为订立合同的根据和基础，合同成为实现计划的手段和具体形式，经济合同也代之以一张物资调拨单。[①] 正是在这样的运动中，国家权力渗透到了社会组织的血管和神经，它对经济和社会的控制也达到了前所未有的严密程度。中国被打造成了一个庞大的“计划帝国”，而个人也成为镶嵌其间的“零件”“螺丝钉”“齿轮”“砖瓦”“蜡烛”……[②] 随着国家建设的急剧加速和扩展，使得本来就十分孱弱的“私”域被大幅度地国家化了。

在这样的背景下，整个社会成为一个列宁笔下的“国家的辛迪加”，政府是这个国家垄断大公司的总管理处，社会的全体成员都是这个大公司的雇员。[③] 在这样一个完全不存在对立利益冲突的共同体内部，在这样一个“心

① 彭冰：《中国50年代的国家与契约》，载《北大法律评论》第1卷第1辑，法律出版社1998年版。

② 于立深、彭彦文：《依法行政的范式转换——从计划帝国迈向法治国家》，载《法制与社会发展》2002年第2期。

③ 列宁：《国家与革命》，转引自吴敬琏《转轨中国》，四川人民出版社2002年版，第310—311页。

往一处想，劲儿往一处使”的有着一致性目标的社会组织体中，成员相互之间的关系是以层级制的命令——服从关系为基础的，因此并不存在现代意义的行政法律规范，也不存在现代意义上的行政法治。

随着改革开放的不断推进，在20世纪80年代，推行社会主义商品经济以及经济体制改革，要求政企分开，而公民和企事业单位不应再是行政机关的附属物，应该有着自主的权利和利益。[①]因此应该用行政诉讼制度来调整行政机关和企事业单位、公民之间的纠纷，从而逐步催生了我国的行政法治。中国的行政法治建设历程是政府推进型的道路，目前我国行政权在社会生活中仍发挥着重要的作用，一方面，要看到行政国家现象出现所伴随而来的负面效应，为行政权这匹可能脱缰的烈马套上法治的丝缰；另一方面，应探讨以更为合理的程序机制和实体设计，使得行政权不仅能够合法地运作，还能通过更为精良的制度设计，来塑造美好的社会生活，更好地维护公民福祉。

概括来讲，中国的依法行政之路，大体可以分为三个阶段，反映了我国理论和实务界对行政法的认识不断转变和深化的过程。

一、行政法制基本理论形成及初步实践阶段（1978年—1988年）

1978年始，鉴于十年“文化大革命”的教训，邓小平对法治和人治问题进行了深刻反思，期冀寻求到新的治理路径。邓小平在中共十一届三中全会召开前的工作会议上提出：“为了保障人民民主，必须加强法制……做到有法可依，有法必依，执法必严，违法必纠。”[②]这其实就是指政府要依法行政。这段重要讲话为依法行政的提出提供了政治上和思想上的准备，奠定了基本理论基础。

根据当时法律一片空白和社会急需法律的现状，邓小平指出，“国家和企业、企业和企业、企业和个人等之间的关系，也要用法律的形式来确定；

① 张树义：《我国行政诉讼制度刍议》，载《政治学研究》1987年第4期。

② 《邓小平文选》（第2卷），人民出版社1994年版，第146—147页、第336页。

它们之间的矛盾，也有不少要通过法律来解决”，[①] 从而为法治建设的基础工作——立法工作指明了方向，规定了任务。

1978 年 12 月 18 日，中共十一届三中全会在北京召开，会议提出了健全民主集中制、加强社会主义民主与法治的任务，第一次把民主和法治提高到了重要的地位，揭开了中国政府法治建设的序幕，标志着我们对人治道路和法治道路的重新选择。

中共十一届三中全会以后，党和国家的工作重心从“以阶级斗争为纲”转移到以经济建设为中心上来，中国发生了重大转型，结束了传统的、僵化的计划经济体制的束缚，在经济体制上实行有计划的社会主义商品经济，思想观念走出了封闭保守的牢笼，走向多元求变的开阔天地，经济和政治民主得到了加强，政企分开、政府职能发生转变。这些都需要一系列相适应的调整行政关系的新的法律法规，尽快建立各种有关的行政管理制度。

1984 年，时任全国人大常委会委员长的彭真根据国家民主政治和商品经济发展的情况，认识到要在国家管理领域加强法治的重要性，提出国家管理“要从依政策办事逐步过渡到不仅依靠政策还要建立健全法制，依法办事”。[②] 我国的依法行政正式启航。

1987 年，中共十三大提出党政分开、进一步下放权力、改革机构、完善民主政治、加强法治建设等政治体制改革的措施，这为依法行政进一步奠定了经济和社会基础。

此后，不少行政法学者呼吁国家要重视和加强行政法治，在行政管理领域实现依法办事，依法行政。1986 年行政法学界提出行政管理法治化原则[③]，标志着依法行政原则初步形成。进而，1989 年，行政法学界又提出了行政合法性原则，并进行了相应阐述。[④] 这标志着我国依法行政的基本理论初步形成。

在此期间，我们的依法行政仍处于起步阶段，我们所做的一系列工作主

① 《邓小平文选》（第 2 卷），人民出版社 1994 年版，第 147 页。

② 彭真：《在首都新闻界人士座谈会上的讲话》，载《人民日报》1984 年 4 月 8 日第 1 版。

③ 姜明安：《行政法概论》，北京大学出版社 1986 年版，第 189 页。

④ 罗豪才主编：《行政法学》，中国政法大学出版社 1989 年版，第 39 页。

要是重建和发展行政法治，也取得了巨大成就，对行政法以及依法行政的发展具有奠基意义。

第一，进行了行政法律制度的恢复工作。1979年，全国人大常委会作出决议，确定从中华人民共和国成立以来国家制定的法律法令，凡不与现行宪法、法律、法令相抵触者均继续有效。这就恢复了一大批法律、法令，包括调整行政关系的法律、法令的效力，部分地解决了行政领域无法可依、一片空白的紧迫问题。①

第二，1982年《宪法》《国务院组织法》和《地方组织法》的发布为行政法与依法行政的恢复和发展提供了重要契机。1982年《宪法》为我国实行依法行政提供了国家根本大法的依据，确定了我国行政法治的宗旨和发展方向：（1）确认作为行政法治基础的人民主权原则；（2）确认以“法律至上”为核心的行政法治原则；（3）确认权力划分与制约原则；（4）规定了工作责任制和效率原则；（5）确定了国务院和地方各级人民政府的性质、地位，规定了中央和地方各级人民政府的基本职权。②

在各级政府的组织管理方面，将各级政府的组织和活动重新纳入法治轨道，并进行了两次大的政府机构改革。1979年全国人大通过了《地方组织法》，将地方各级革命委员会改名为地方各级人民政府，并且详细规定了地方各级人民政府的组织、职权和工作方式等。1982年全国人大又通过《国务院组织法》，将国务院的组织和活动重新纳入法治的轨道。在1982年和1988年又先后对国务院和地方各级人民政府进行机构改革，但两次改革收效都不大。

第三，依法行政在基本理论的指引下进行了初步的法治实践。确立了行政立法制度，规范了行政立法。1982年《宪法》规定国务院有权制定行政法规，国务院各部委有权制定行政规章，全国人大常委会有权撤销国务院制定的同宪法和法律相抵触的行政法规。其后《地方组织法》又规定，省、自治区、

① 莫于川：《中国行政法治发展进程的回顾与前瞻》，载《河南省政法管理干部学院学报》2004年第3期，第4页。

② 莫于川：《中国行政法治发展进程的回顾与前瞻》，载《河南省政法管理干部学院学报》2004年第3期，第4页。

直辖市人民政府，省、自治区人民政府所在地的市，经国务院批准的“较大的市”的人民政府有权制定地方政府规章，又规定地方人大常委会有权撤销本级人民政府制定的不适当的决定和命令（含规章）。国务院于 1987 年 4 月发布《行政法规制定程序暂行条例》，各省、自治区、直辖市也相继颁布了有关制定地方规章的程序规定，这样将规章层次以上的行政规范文件的立法制度就确立下来，规范和健全了行政立法程序。

为适应新的形势发展要求，进行了大量行政法律规范的立法工作。在这个时期颁布的行政管理方面的法律、法规很多且涉及面很广，企业、财政、税收、科技、文化、教育、卫生、公安、司法、工商、资源、环保、民政、军事、审计、海关、交通、水利、气象等都出台了一系列行政管理法规，为我国依法行政，为行政机关依法办事提供了前提条件，行政法治建设往前大大推进。

这段时期，在我国如火如荼的行政法治建设下，我国行政管理活动发生了一个质的改变，即开始从“依政管理”转向“依法管理”。中共十一届三中全会以前，由于“人治思想”的禁锢，“法律无用论”的毒害，我国关于行政行为、行政责任等的基本法律一片空白。中国行政管理基本上不存在依法意识，行政机关及其工作人员主要的管理依据、办事依据是部门政策、领导人的指示、命令。以十一届三中全会为转折点，由于执政党观念和关注点的改变，加上国家立法部门发布实施的大量法律、法规、规章等，使得行政机关依法行政有了前提条件，国家机关工作人员的观念也发生重大改变，逐步以依法办事取代依政策、依领导人指示办事。

我们可以看到，这一阶段依法行政的主要特征是行政法律制度层面的建设。因此，依法行政的主要任务是通过大量的立法建设督促由“依政策行政”或“依命令行政”转向“依法律行政”，行政法律的手段性和工具性（管理性）较浓，内容上主要是规范行政管理相对人的行为而不是制约和限制行政权力行使。在这个阶段，我国行政法学界及实务界对于行政法制与行政法治之间的区别没有什么明确认识，也很少有人提及行政法治的概念。显然，这个时期的行政法治建设是依法行政的初步实践阶段，并没有明确的法治取向。

二、依法行政的确立及发展，走向行政法治的时代（1989年—1997年）

这一时期是我国行政立法欣欣向荣的时期，也是依法行政原则及制度在我国的正式确立时期。依法行政的原则和要求不仅在党和政府文件中开始出现，而且行政法治的一些核心法律制度也逐步建立，依法行政、保障权利的观念日益得到认同。

我国是在1989年《行政诉讼法》通过和实施以后真正确立依法办事、依法行政原则的。1993年3月，第八届全国人大第一次会议通过的《政府工作报告》指出："各级政府都要依法行政，严格依法办事。一切公职人员都要带头学法懂法，做执法守法的模范"[①]，这是我国第一次以政府文件形式提出依法行政原则。

1993年11月，中共十四届三中全会通过的《中共中央关于建立社会主义市场经济体制若干问题的决定》提出，各级政府机关都要依法行政、依法办事，这是第一次在党的文件中提出依法行政的要求。

1996年江泽民在中共中央举办的法制讲座上指出："干部依法决策、依法行政是依法治国的重要环节。"[②]第一次将依法行政提到了作为依法治国重要基础的高度。

1996年第八届全国人大第四次会议通过《关于国民经济和社会发展"九五"计划和2010年远景目标纲要及关于（纲要）报告的决议》（以下简称《决议》），进一步将依法行政、依法治国，建立法治国家作为国家的治国方针。《决议》指出："要坚持和实行依法治国，积极推进社会主义法制建设的进程，加强立法，严格执法，不断提高广大干部和群众的法律意识和法制观念，努力建设社会主义法治国家。"

1997年，中共十五大明确提出了"依法治国，建设社会主义法治国家"

① 《中华人民共和国全国人民代表大会常务委员会公报》1993年第2号。

② 《江泽民文选》（第1卷），人民出版社2006年版，第512页。

的基本方略，江泽民在会议上提出“深化行政体制改革，实现国家机构组织、职能、编制、工作程序的法定化”，[①]明确指出一切政府机关都必须依法行政。

在此基础上，有关部门和学术界对依法行政原则进行了新的阐述，明确了依法行政不仅是政府行政管理的法律手段，而且也要约束和控制国家行政权力，即依法治权、依法治官。[②]

这样，依法行政观念在我国得到普遍认同，依法行政原则由此在中国经历了一个由初步认识、实践，到逐步发展并正式确立的过程。这个时期，我国的依法行政建设朝着更高更新阶段发展，经历着逐步走向行政法治的时代，体现在三个方面：

第一，依法行政从忽视行政权力监督与公民权利救济到以此为重心。新中国成立后，虽然宪法规定了公民申诉、控告或检举的权利，但是，一直没有建立针对化、规范化的行政诉讼制度。1982年《民事诉讼法（试行）》第一次规定了行政案件依照民事诉讼程序审理的制度，但对于行政诉讼来讲缺乏针对性，不利于保障公民权益。

行政管理各部门立法的健全初步解决了有法可依的问题，但行政主体违法行使行政职权、滥用职权，侵害行政相对人利益，而行政相对人势单力薄，处于弱势地位的事实成了一个急需解决的突出问题。从20世纪80年代末开始，我国开始进行以行政权力监督与公民权利救济为重心的改革，行政监督救济制度建设取得重大进展。1989年4月《行政诉讼法》发布，被公认为是我国行政法治建设进程和依法行政发展历程中的一座里程碑。该法的出台，标志着我国依法行政进入重视行政权力监督与公民权利救济的新阶段。《行政诉讼法》破除了“官官相护”“官只管民”的传统观念，明确规定行政相对人在认为具体行政行为侵犯其合法权益时可以向人民法院寻求司法救济，从而正式确立了政府行为受司法监督的制度，促成了“民可告官”观念的形成。

① 《江泽民文选》（第2卷），人民出版社2006年版，第31页。

② 郭济：《建设法治政府：中国近十年来依法行政回顾和展望》，载《中国行政管理》2006年第1期。

继《行政诉讼法》发布实施之后，《行政监察条例》发布实施。1997年，第八届全国人大常委会第二十五次会议又通过《行政监察法》[①]，即将条例上升为法，从而确立了我国相对稳定和较为规范的行政监察制度。1990年12月发布的《行政复议条例》[②]，标志着我国比较系统、完善的行政复议制度正式形成。1994年第八届全国人大第九次会议通过了《审计法》。这三部重要的行政法律法规，对中国行政司法和行政专门监督制度的健全和加强，促进政府及有关部门正确履行法定职责，推动法治政府建设，具有十分重要的现实意义。

行政法治除要求建立对行政权力进行监督和制约的机制外，建立行政侵权责任赔偿制度，救济相对人的合法权益亦是其内在要求。一直以来，对于因政府违法或不当行为导致公民人身或财产损害的，我国实行的是“落实政策”的制度。该制度在不同的历史时期，对于受害人确实起过积极的救济作用，但也存在很多不足。基于20世纪90年代初以来市场经济体制的内在推动，多元利益主体的诉求和对于行政诉讼制度的呼应，全国人大常委会于1994年通过《国家赔偿法》，并于1995年1月开始实施。该法规定，公民、法人和其他组织可以对行政机关、司法机关及其工作人员的侵权行为造成的损害请求国家赔偿。国家赔偿制度的建立，落实了宪法规定的行政侵权的国家赔偿责任，是我国在人权保障方面的一大进步，反映了对行政权进行必要制约和对公民权利予以充分保护的行政法治要求。

第二，人事管理从实行“干部制度”到建立国家公务员制度，标志着我国的人事管理开始步入法治化轨道。新中国成立以后，在国家公职人员的管理上，我国长期以来实行的“干部制度”与计划经济体制相适应，具有强烈的人治色彩，完全依照国家组织安排，忽视个人选择、才能和自我实现。随着计划经济体制向市场经济体制的转轨，“干部制度”的各种弊端充分地暴露出来。1984年，由组织、人事部门的有关人员和学者、专家组成国家公务员

① 2018年3月，第十三届全国人大一次会议表决通过了《监察法》，该法被废除。

② 1999年4月，第九届全国人民代表大会常务委员会第九次会议通过了《行政复议法》，该条例被废除。

法研究起草小组。1993 年 8 月国务院发布《国家公务员暂行条例》[①]，系统规定了国家公务员的考试录用制、奖惩制度、职务晋升制度、轮换制度、回避制度等，使人事管理制度逐渐迈向法治，为我国建立专业化和职业化的国家行政工作人员队伍提供了法律保障。

第三，依法行政从只注重实体控制到实体控制与程序控制兼顾。权力的行使必须遵循正当的法律程序，这是现代法治国家普遍奉行的价值观念和实践原则。正如美国联邦最高法院大法官威廉姆·道格拉斯曾经指出的："权利法案的大多数规定都是程序性条款，这一事实决不是无意的，正是程序决定了法治和恣意的人治之间的区别。"[②]

然而，由于法治传统的影响，到 20 世纪 80 年代中期以后，中国方认识到程序制约权力的重要性。有关行政管理的法律、法规也开始规定相应的行政程序。例如，1987 年国务院办公厅发布的《行政法规制定程序暂行条例》[③]，1989 年国务院发布的《行政区域边界争议处理条例》，1992 年 9 月全国人大常委会通过的《税收征收管理法》，1994 年全国人大常委会通过的《治安管理处罚条例》，这些法律、法规均就有关行政行为的程序作了较明确、具体的规定。

1996 年 3 月第八届人大第四次会议通过的《行政处罚法》是我国行政程序法治最典型的立法。《行政处罚法》实质是行政处罚的程序法，其中规定的诸多程序制度和规则充分地体现了程序法治和现代民主精神，较好地解决了在我国行政管理中影响很大的行政处罚领域对行政行为的程序制约问题。特别是《行政处罚法》第一次规定了现代行政程序法的核心制度——听证，充分反映了民主、参与和法治精神。它把我国依法行政实践提高到一个新的水平。这反映了我国行政法治理念已经从初步形成阶段走向良性发展阶段，从依法行政向行政法治时代跨越。

① 2005 年 4 月，第十届全国人民代表大会常务委员会第十五次会议通过了《公务员法》，该条例被废除。

② 吕世伦:《当代西方理论法学研究》，中国人民公安大学出版社 1997 年版，第 221 页。

③ 该条例已被 2001 年 11 月 16 日发布的《行政法规制定程序条例》废止。

三、全面推进、自觉发展阶段，走进行政法治时代（1998年—2012年）

1998年至2009年这十年，中国行政法治建设进入全面推进、自觉发展的阶段，“法治政府工程”全面启动和进入系统施工。

1999年，全国人大二次会议通过的宪法修正案规定“中华人民共和国实行依法治国，建设社会主义法治国家”，从而使依法治国基本方略得到国家根本大法的保障。

依法行政是法治建设的重要组成部分。一方面，随着法治建设在中国的蓬勃发展，特别是依法治国方略的确立和写入宪法，必然要求国家行政管理实行依法行政、建设法治政府；另一方面，作为依法治国的关键，依法行政在很大程度上决定了依法治国基本方略的实施情况。因此，全面推进依法行政势在必行。[①]

以1999年国务院发布的《关于全面推进依法行政的决定》为标志，我国政府依法行政进入了一个自觉发展时期。该决定提出了全面推行依法行政的任务和要求，要求各级政府积极地推进依法行政。这充分反映了政府依法行政的积极主动性。

2002年，中共十六大提出，“加强对执法活动的监督，推进依法行政”，对依法行政提出了更高要求。

2003年3月，新一届国务院修订《国务院工作规则》，将依法行政正式确立为政府工作的三项基本准则之一，并明确规定依法行政的核心是规范行政权力。

2004年3月，国务院发布《全面推进依法行政实施纲要》，在总结几十年法治建设经验基础之上，指明了今后十年政府全面推进依法行政的指导思想和具体目标、基本原则和要求、主要任务和措施，进一步对依法行政目标、要求和各项任务做出系统规划和安排，明确了经济调节、市场监管、社会管

① 郭济：《建设法治政府：中国近十年来依法行政回顾和展望》，载《中国行政管理》2006年第1期，第7页。

理、公共服务的政府职能，正式确立了建立法治行政、打造法治政府的总目标，充分表明国务院坚持执政为民、全面推进依法行政、建设法治政府的坚定决心。该纲要标志着我国依法行政进入了全面推进、不断深化阶段，进入了自觉发展的新阶段——依法行政、建设法治政府已成为我国各级行政机关的内在迫切要求。

2006年，中共中央发布《关于构建社会主义和谐社会若干重大问题的决定》，提出“加快建设法治政府，全面推进依法行政”。

2008年，国务院针对推进市县行政机关是依法行政的基础工程要求，发布《关于加强市县政府依法行政的决定》。地方各级政府和政府部门也纷纷出台相关规定，发掘自身的主动性和创造性，使我国建设法治政府的实践又迈出了坚定的一步。我国依法行政实践表明，各地、各部门所探索和创新的依法行政机制和方法，是推进我国依法行政的源头活水。[①]

温家宝在2009年国务院的工作报告中强调，“坚持依法行政”仍然是政府的主要任务，要“规范行政行为，做到合法行政、合理行政、程序正当、高效便民、诚实守信、权责统一”。

各级政府的这些举措不仅反映了中央和国务院重视、推进和坚持依法行政的决心，同时表明了行政机关从单纯、被动地依法执法，到自觉、主动地适应历史潮流，追求自我约束，由他律向自律的一步步观念和行动的转变。

这段时期，随着经济体制改革的进一步深入，在社会政治、经济文化的推动下，我国行政法治建设主要取得以下几个方面的进展：

第一，明确了我国依法行政的目标——建设法治政府，第一次全面规划了建设法治政府的宏伟蓝图。毋庸置疑，依法行政的更高目标和境界是法治行政。法治行政是包含了依法行政诸原则与内容，并以之为基础的，但其精神实质与价值追求，则比依法行政有更高理念与现代化的内容。[②] 与依法行

---

① 应松年、杨伟东：《奠定迈向法治政府基石的三十年——我国依法行政回顾与展望》，载《法制日报》2008年7月6日第6版。

② 郭道晖：《法治行政与行政权的发展》，载《现代法学》1999年第1期。

政相比，现代法治政府具有立体性和多维性：法治政府是有限政府、服务政府、阳光政府、诚信政府、责任政府，同时也是效率政府。因此，从根本上说，法治行政是依法行政的目标，依法行政是实现法治行政的途径。法治行政是对依法行政的扬弃，只有法治行政才足以适应现代民主法治国家的要求。

第二，明确了政府职能的定位，行政管理体制改革不断深化。职能范围是行政管理体制改革的逻辑起点和核心问题，准确定位政府职能是顺利推进行政管理体制改革的前提。[①]1998年的改革提出政府职能转变的方向是宏观调控、社会管理和公共服务。2002年九届全国人大五次会议的《政府工作报告》进一步将政府职能调整为“经济调节、市场监管、社会管理和公共服务”。至此，中国政府的职能有了明确定位。[②]中共十七届二中全会审议通过的《关于深化行政管理体制改革的意见》强调，本轮改革的核心任务依然是转变政府职能，具体要求包括：改善经济调节，严格市场监管，加强社会管理，更加注重公共服务。

自1998年起，中国分别进行了三次较大规模的行政管理体制改革，分别是1998年、2003年和2008年。国务委员兼国务院秘书长华建敏于2008年3月11日对国务院机构改革方案作出说明，他指出，第六次行政管理体制改革的总体目标是，到2020年建立起比较完善的中国特色社会主义行政管理体制。这次国务院机构改革是在以往改革基础上的继续和深化。改革要坚持积极稳妥的方针，既充分利用当前各方面的有利条件，统筹兼顾，突出重点，在一些重要领域迈出较大步伐；又充分考虑到经济社会发展中面临的诸多困难和潜在风险，循序渐进，不毕其功于一役，有的可适当过渡，有的可在集中改革后根据情况的变化再适时调整，做到长远目标与阶段性目标相结合、整体设计与分步实施相结合。

2008年国务院机构改革的主要任务是，围绕转变政府职能和理顺部门职责关系，探索实行职能有机统一的大部门体制，合理配置宏观调控部门职能，

① 马英娟、余晖：《中国的环境管理体制：走向监管的改革》（未刊稿）。

② 马英娟、余晖：《中国的环境管理体制：走向监管的改革》（未刊稿）。

加强能源环境管理机构，整合完善工业和信息化、交通运输行业管理体制，以改善民生为重点加强与整合社会管理和公共服务部门。2008 年国务院机构中涉及调整变动的机构共 15 个，正部级机构减少 4 个，国务院新组建工业和信息化部、交通运输部、人力资源和社会保障部、环境保护部、住房和城乡建设部，除国务院办公厅外，国务院组成部门设置 27 个。至 2008 年 10 月，国务院各组成部门的三定方案已发布实施。

第三，对行政权的监督体制进一步完善，建设有限政府、责任政府。

（1）1999 年发布《行政复议法》。《行政复议法》在总结 1990 年国务院发布的《行政复议条例》施行以来的实践经验的基础上，进一步完善了行政复议制度，使行政监督和行政救济制度在原有的基础之上又有了深入发展。该法除扩大了可以申请复议的具体行政行为范围之外，还明确规定了一部分抽象行政行为的合法性在行政复议过程中可以被一并接受审查，从而在一定的程度上解决了抽象行政行为无法接受救济审查的状况，拓展了公民权利保护和行政权受监督的范围。

（2）2006 年发布《各级人民代表大会常务委员会监督法》（以下简称《监督法》）。《监督法》为各级人大常委会进一步依法开展监督工作提供了新的理论依据和法律基础。

（3）推行了行政问责制。中国的行政问责早在 2003 年“非典”时期就开始探索制度化之路。但“高官问责”却一直缺少在制度层面上的明确规定。2008 年 3 月 21 日召开的国务院第一次全体会议通过《国务院工作规则》（以下简称《规则》）。《规则》明确提出，国务院及各部门要推行行政问责制度和绩效管理制度，并明确问责范围，规范问责程序，严格责任追究，提高政府执行力和公信力。纳入《规则》的“问责制”，直接约束各部委首长，将对提高履职水平发挥重要的督促作用。一些地方政府也陆续出台行政问责的办法、规定，行政问责逐渐制度化、规范化。

（4）推行了行政执法责任制。作为一种制度创新，行政执法责任制起源于 20 世纪 80 年代末一些地方的法制工作实践，是一些地方政府机关为依法有效管理而对执法行为实施监督的一种方式。到 2009 年，责任制已在全国范围内推行。作为对各地行政执法责任制实行十多年来的经验总结，2005年7月《国务院办公厅关于推行行政执法责任制的若干意见》出台，明确规定“行政执法责任制是规范和监督行政执法活动的一项重要制度”，标志着行政执法责任制已经发展成为一项国家制度。

第四，进一步规范了行政立法。长期以来，我国缺少统一的、规范立法权力行使的法律。2000年3月15日通过《立法法》，对规范行政法规、部门规章和地方政府规章的制定主体、制定权限、法律效力、立法程序等作了原则规定，对行政机关行使行政立法权进行了界定。之后，我国先后发布实施了《行政法规制定程序条例》和《规章制定程序条例》，且将听证等程序制度引入立法机制。

第五，制定了《行政许可法》，建设诚信政府、服务政府。2003年8月颁布的《行政许可法》是继《国家赔偿法》《行政处罚法》《行政复议法》后又一部规范政府行为的重要法律，被誉为“中国社会主义法制建设中的里程碑”。该法基于行政许可制度所确立和引申出的若干行政法律制度，充分体现了诚信政府和服务政府的理念，是我国推行行政法治原则实际经验的总结。《行政许可法》第一次确立信赖保护原则，还规定了一系列便民制度等。这些规定无疑都体现了建设服务政府的理念和措施。

第六，制定了《公务员法》，完善了人事管理制度。2005年，《国家公务员暂行条例》由十届人大十五次会议上升为法律，从而在我国正式建立起公务员制度，加快了我国公务员管理走向规范化、科学化以及专业化的步伐。

第七，实行行政公开制度，建设阳光政府。阳光是最好的防腐剂。法治政府应当是阳光政府。阳光政府要求建立行政公开制度。

行政公开制度一方面是公民宪法“知情权”的体现，另一方面也有利于全社会对行政执法的监督，防止违法行政的发生。而且WTO规则的重要原则之一是“透明度原则”，这一原则要求我国行政程序立法应建立起符合WTO要求的信息公开制度。

2004年国务院《全面推进依法行政实施纲要》明确要求，“推进政府信息公开。除涉及国家秘密和依法受到保护的商业秘密、个人隐私的事项外，行政机关应当公开政府信息。对公开的政府信息，公众有权查阅。行政机关应当为公众查阅政府信息提供便利条件。”

2007 年 4 月国务院发布“阳光法案”——《政府信息公开条例》，该条例将信息公开变成了政府的法定义务，对政府信息的公开透明作了系统规定，除涉及国家秘密、商业秘密或者个人隐私外，都应当公开。有人评价此为继《行政诉讼法》《行政许可法》之后政府改革的“第三次重大革命”。不但国务院制定了条例，截至 2009 年，已有近一半有立法权的地方政府制定了政府信息公开地方性法规或者地方政府规章。

四、深入推进依法行政，加快建设法治政府进入新时代（2012 年至今）

中共十八大以来，特别是中共十八届四中全会通过的《中共中央关于全面推进依法治国若干重大问题的决定》提出了法治政府建设目标要求，即“各级政府必须坚持在党的领导下、在法治轨道上开展工作，创新执法体制，完善执法程序，推进综合执法，严格执法责任，建立权责统一、权威高效的依法行政体制，加快建设职能科学、权责法定、执法严明、公开公正、廉洁高效、守法诚信的法治政府”。如何达到建设法治政府这一目标，该决定提出了一系列新的观点和新的措施。

（一）把权力关进制度的笼子

习近平在中共第十八届中央纪律检查委员会第二次全体会议上的讲话中曾指出：“要加强对权力运行的制约和监督，把权力关进制度的笼子里。”[①] 对权力进行监督和制约的必要性，以及如何监督和制约权力，习近平也有明确的论述。他说：“权力不论大小，只要不受制约和监督，都可能被滥用。要强

① 习近平：《把权力关进制度的笼子里》（2013 年 1 月 22 日），载《习近平谈治国理政》，外文出版社 2014 年版，第 388 页。

化制约，合理分解权力，科学配置权力，不同性质的权力由不同部门、单位、个人行使，形成科学的权力结构和运行机制。要强化监督，着力改进对领导干部特别是一把手行使权力的监督，加强领导班子内部监督，加强行政监察、审计监督、巡视监督。纪委派驻监督要对党和国家机关全覆盖，巡视监督要对地方、部门、企事业单位全覆盖。要强化公开，推行地方各级政府及其工作部门权力清单制度，依法公开权力运行流程，让权力在阳光下运行，让广大干部群众在公开中监督，保证权力正确行使。”①

如何建设法治中国，又如何规范约束公权力？中共十八大报告强调，“要更加注重改进党的领导方式和执政方式，保证党领导人民有效治理国家；更加注重健全民主制度，丰富民主形式，保证人民依法实行民主选举、民主决策、民主管理、民主监督；更加注重发挥法治在国家治理和社会管理中的重要作用”。②还提出了把制度建设摆在更突出位置，提高领导干部运用法治思维和法治方式的能力等。

为了确保权力的正确运行，中共十八大报告还提出了“建立健全权力运行制约和监督体系”的要求，强调：“坚持用制度管权管事管人，保障人民知情权、参与权、表达权、监督权，是权力正确运行的重要保证。要确保决策权、执行权、监督权既相互制约又相互协调，确保国家机关按照法定权限和程序行使权力。坚持科学决策、民主决策、依法决策，健全决策机制和程序，建立健全决策问责和纠错制度。推进权力运行公开化、规范化，完善党务公开、政务公开、司法公开和各领域办事公开制度，健全质询、问责、经济责任审计、引咎辞职、罢免等制度，加强党内监督、民主监督、法律监督、舆论监督，让人民监督权力，让权力在阳光下运行。”③这些要求，反映了现代权力

① 习近平：《在第十八届中央纪律检查委员会第三次全体会议上的讲话》（2014年1月14日），载《习近平关于全面依法治国的论述摘编》，中央文献出版社2015年版，第59—60页。

② 胡锦涛：《坚定不移沿着中国特色社会主义道路前进　为全面建成小康社会而奋斗》，载《十八大报告学习辅导百问》，党建读物出版社、学习出版社2012年版，第23页。

③ 胡锦涛：《坚定不移沿着中国特色社会主义道路前进　为全面建成小康社会而奋斗》，载《十八大报告学习辅导百问》，党建读物出版社、学习出版社2012年版，第25—26页。

运行的特点和规律，明确了加快推进中国特色社会主义民主政治建设的着力点，体现了我党对法治功能认识的新水平。分权并形成制约，让人民监督权力，让权力在阳光下运行，是法治得以实现的表现之一。

党的十七届四中全会提出健全决策失误纠错改正机制和责任追究制度。中共十八大报告第一次提出“建立健全决策问责和纠错制度”，这对于推进科学决策、民主决策、依法决策，健全决策机制和程序，对于坚决防止和纠正损害群众利益的做法，对于强化领导责任、提高决策水平、减少决策失误、及时纠正错误决策和挽回损失，对于加强党内监督、民主监督、法律监督、舆论监督，让人民监督权力，让权力在阳光下运行，都具有重要意义。

为贯彻落实中共十八大精神，十八届三中全会通过的《中共中央关于全面深化改革若干重大问题的决定》，把强化权力运行制约和监督体系，作为全面深化改革的重要内容，提出“坚持用制度管权管事管人，让人民监督权力，让权力在阳光下运行，是把权力关进制度笼子的根本之策。必须构建决策科学、执行坚决、监督有力的权力运行体系”，形成科学有效的权力制约和协调机制，“规范各级党政主要领导干部职责权限，科学配置党政部门及内设机构权力和职能，明确职责定位和工作任务。加强和改进对主要领导干部行使权力的制约和监督，加强行政监察和审计监督。推行地方各级政府及其工作部门权力清单制度，依法公开权力运行流程。完善党务、政务和各领域办事公开制度，推进决策公开、管理公开、服务公开、结果公开”。①

无论是政府行政体制改革中简政放权，还是改进执政方式中发挥法治在国家治理中的作用，抑或反腐倡廉中坚持用制度管权管事管人，让权力在阳光下行使，还是明确提出任何组织个人都不得有超越宪法法律的特权，都离不开约束规范公权力，这一思路抓住了法治中国建设的关键。近年来出现的各种腐败案件一再证明，缺乏有效制约的权力是危险的，是导致权力滥用的根本原因。党内监督和行政监督对于制约权力防止权力滥用无疑具有重要意义。

① 《中共中央关于全面深化改革若干重大问题的决定》，载《党的十八届三中全会〈决定〉学习辅导百问》，党建读物出版社、学习出版社2013年版，第22—23页。

（二）深入推进依法行政，加快建设法治政府

根据中共十八大和中共十八届三中全会精神，中共十八届四中全会通过的《中共中央关于全面推进依法治国若干重大问题的决定》，对深入推进依法行政，加快建设法治政府提出了目标要求，即“加快建设职能科学、权责法定、执法严明、公开公正、廉洁高效、守法诚信的法治政府”。如何达到建设法治政府这一目标，该决定提出了一系列新的措施。

1. 依法全面履行政府职能。完善行政组织和行政程序法律制度，推进机构、职能、权限、程序、责任法定化。行政机关要建立政府责任清单，坚持法定职责必须为、法无授权不可为，勇于负责、敢于担当，坚决纠正不作为、乱作为，坚决克服懒政、怠政，坚决惩处失职、渎职。行政机关不得法外设定权力，没有法律法规依据不得作出减损公民、法人和其他组织合法权益或者增加其义务的决定。推行政府权力清单制度，坚决消除权力设租寻租空间。

2. 健全依法决策机制。依法行政，核心是规范政府行为，防止政府权力滥用。针对当前一些行政机关存在的违法决策、随意决策、拍脑袋决策等问题，要严格规范行政决策程序，决策时要一切从实际出发，认真权衡利弊得失，把公众参与、专家论证、风险评估、合法性审查、集体讨论决定确定为重大行政决策法定程序，确保决策制度科学、程序正当、过程公开、责任明确。建立行政机关内部重大决策合法性审查机制，未经合法性审查或经审查不合法的，不得提交讨论。作出重大决策前，要广泛听取、充分吸收各方面意见。完善重大决策听证制度；完善行政决策风险评估机制。建立重大决策终身责任追究制度及责任倒查机制，对决策严重失误或者依法应该及时作出决策但久拖不决造成重大损失、恶劣影响的，严格追究行政首长、负有责任的其他领导人员和相关责任人员的法律责任。

3. 坚持严格规范公正文明执法。依法惩处各类违法行为，加大关系群众切身利益的重点领域执法力度。完善执法程序，建立执法全过程记录制度。明确具体操作流程，重点规范行政许可、行政处罚、行政强制、行政征收、行政收费、行政检查等执法行为。严格执行重大执法决定法制审核制度。建

立健全行政裁量权基准制度，细化、量化行政裁量标准，规范裁量范围、种类、幅度。加强行政执法信息化建设和信息共享，提高执法效率和规范化水平。全面落实行政执法责任制，严格确定不同部门及机构、岗位执法人员执法责任和责任追究机制，加强执法监督，坚决排除对执法活动的干预，防止和克服地方和部门保护主义，惩治执法腐败现象。

4. 强化对行政权力的制约和监督。加强党内监督、人大监督、民主监督、行政监督、司法监督、审计监督、社会监督、舆论监督等制度建设，努力形成科学有效的权力运行制约和监督体系，增强监督合力和实效。加强对政府内部权力的制约，是强化对行政权力制约的重点。对财政资金分配使用、国有资产监管、政府投资、政府采购、公共资源转让、公共工程建设等权力集中的部门和岗位实行分事行权、分岗设权、分级授权，定期轮岗，强化内部流程控制，防止权力滥用。完善政府内部层级监督和专门监督，改进上级机关对下级机关的监督，建立常态化监督制度。完善纠错问责机制，健全责令公开道歉、停职检查、引咎辞职、责令辞职、罢免等问责方式和程序。完善审计制度，保障依法独立行使审计监督权。对公共资金、国有资产、国有资源和领导干部履行经济责任情况实行审计全覆盖。强化上级审计机关对下级审计机关的领导，探索省以下地方审计机关人财物统一管理。

5. 全面推进政务公开。坚持以公开为常态、不公开为例外原则。推进决策公开、执行公开、管理公开、服务公开、结果公开。各级政府及其工作部门依据权力清单，向社会全面公开政府职能、法律依据、实施主体、职责权限、管理流程、监督方式等事项。重点推进财政预算、公共资源配置、重大建设项目批准和实施、社会公益事业建设等领域的政府信息公开。涉及公民、法人或其他组织权利和义务的规范性文件，按照政府信息公开要求和程序予以公布。推行行政执法公示制度。推进政务公开信息化，加强互联网政务信息数据服务平台和便民服务平台建设。

（三）确立了法治政府建设的具体目标

2015 年 12 月 23 日，中共中央、国务院发布了《法治政府建设实施纲要

（2015年—2020年）》（以下简称《纲要》），[1]《纲要》指出中共十八大把法治政府基本建成确立为到2020年全面建成小康社会的重要目标之一，意义重大、影响深远、任务艰巨。为深入推进依法行政，加快建设法治政府，如期实现法治政府基本建成的奋斗目标，针对当前法治政府建设实际，制定本纲要。

《纲要》总体要求的指导思想是，高举中国特色社会主义伟大旗帜，全面贯彻党的十八大和十八届二中、三中、四中、五中全会精神，以马克思列宁主义、毛泽东思想、邓小平理论、“三个代表”重要思想、科学发展观为指导，深入贯彻习近平总书记系列重要讲话精神，根据全面建成小康社会、全面深化改革、全面依法治国、全面从严治党的战略布局，围绕建设中国特色社会主义法治体系、建设社会主义法治国家的全面推进依法治国总目标，坚持依法治国、依法执政、依法行政共同推进，坚持法治国家、法治政府、法治社会一体建设，深入推进依法行政，加快建设法治政府，培育和践行社会主义核心价值观，弘扬社会主义法治精神，推进国家治理体系和治理能力现代化，为实现“两个一百年”奋斗目标、实现中华民族伟大复兴的中国梦提供有力的法治保障。

《纲要》总体目标是，经过坚持不懈的努力，到2020年基本建成职能科学、权责法定、执法严明、公开公正、廉洁高效、守法诚信的法治政府。

《纲要》基本原则是，建设法治政府必须坚持中国共产党的领导，坚持人民主体地位，坚持法律面前人人平等，坚持依法治国和以德治国相结合，坚持从中国实际出发，坚持依宪施政、依法行政、简政放权，把政府工作全面纳入法治轨道，实行法治政府建设与创新政府、廉洁政府、服务型政府建设相结合。

《纲要》衡量标准是，政府职能依法全面履行，依法行政制度体系完备，行政决策科学民主合法，宪法法律严格公正实施，行政权力规范透明运行，人民权益切实有效保障，依法行政能力普遍提高。

《纲要》提出的主要任务和具体措施包括以下七个方面：

---

① 《法治政府建设实施纲要（2015年—2020年）》的详细内容，参见《人民日报》2015年12月28日。

（1）依法全面履行政府职能

确立的目标是，牢固树立创新、协调、绿色、开放、共享的发展理念，坚持政企分开、政资分开、政事分开、政社分开，简政放权、放管结合、优化服务，政府与市场、政府与社会的关系基本理顺，政府职能切实转变，宏观调控、市场监管、社会管理、公共服务、环境保护等职责依法全面履行。

具体措施是，深化行政审批制度改革，全面清理行政审批事项，全部取消非行政许可审批事项。大力推行权力清单、责任清单、负面清单制度并实行动态管理，在全面梳理、清理调整、审核确认、优化流程的基础上，将政府职能、法律依据、实施主体、职责权限、管理流程、监督方式等事项以权力清单的形式向社会公开，逐一厘清与行政权力相对应的责任事项、责任主体、责任方式。优化政府组织结构，完善行政组织和行政程序法律制度，推进机构、职能、权限、程序、责任法定化。完善宏观调控，健全发展规划、投资管理、财政税收、金融等方面的法律制度，加强发展战略、规划、政策、标准等制定和实施。加强市场监管，清理、废除妨碍全国统一市场和公平竞争的各种规定和做法，破除部门保护、地区封锁和行业垄断。创新社会治理，加强社会治理法律、体制机制、能力、人才队伍和信息化建设，提高社会治理科学化和法治化水平。优化公共服务，着力促进教育、卫生、文化等社会事业健康发展，强化政府促进就业、调节收入分配和完善社会保障职能，加快形成政府主导、覆盖城乡、可持续的基本公共服务体系，实现基本公共服务标准化、均等化、法定化。强化生态环境保护，加快建立和完善有效约束开发行为和促进绿色发展、循环发展、低碳发展的生态文明法律制度。

（2）完善依法行政制度体系

确立的目标是，提高政府立法质量，构建系统完备、科学规范、运行有效的依法行政制度体系，使政府管理各方面制度更加成熟和更加定型，为建设社会主义市场经济、民主政治、先进文化、和谐社会、生态文明，促进人的全面发展，提供有力的制度保障。

具体措施是，完善政府立法体制机制，严格落实《立法法》规定，坚持立改废释并举，完善行政法规、规章制定程序，健全政府立法立项、起草、论证、协调、审议机制，推进政府立法精细化，增强政府立法的及时性、系统性、针对性、有效性。加强重点领域政府立法，围绕党和国家中心工作，加快推进完善社会主义市场经济体制，发展社会主义民主政治，建设社会主义先进文化，创新社会治理，保障公民权利和改善民生，维护国家安全，保护生态环境和加强政府自身建设等领域的政府立法。提高政府立法公众参与度，拓展社会各方有序参与政府立法的途径和方式。加强规范性文件监督管理，规范性文件不得设定行政许可、行政处罚、行政强制等事项，不得减损公民、法人和其他组织合法权益或者增加其义务。建立行政法规、规章和规范性文件清理长效机制，根据全面深化改革、经济社会发展需要，以及上位法制定、修改、废止情况，及时清理有关行政法规、规章、规范性文件。

（3）推进行政决策科学化、民主化、法治化

确立的目标是，行政决策制度科学、程序正当、过程公开、责任明确，决策法定程序严格落实，决策质量显著提高，决策效率切实保证，违法决策、不当决策、拖延决策明显减少并得到及时纠正，行政决策公信力和执行力大幅提升。

具体措施是，健全依法决策机制，完善重大行政决策程序制度，明确决策主体、事项范围、法定程序、法律责任，规范决策流程，强化决策法定程序的刚性约束。增强公众参与实效，事关经济社会发展全局和涉及群众切身利益的重大行政决策事项，应当广泛听取意见，与利害关系人进行充分沟通。提高专家论证和风险评估质量，对专业性、技术性较强的决策事项，应当组织专家、专业机构进行论证。加强合法性审查，建立行政机关内部重大决策合法性审查机制，未经合法性审查或经审查不合法的，不得提交讨论。坚持集体讨论决定，重大行政决策应当经政府常务会议或者全体会议、部门领导班子会议讨论，由行政首长在集体讨论基础上作出决定。严格决策责任追究，健全并严格实施重大决策终身责任追究制度及责任倒查机制，对决策严重失误或者依法应该及时作出决策但久拖不决造成重大损失、恶劣影响的，严格追究行政首长、负有责任的其他领导人员和相关责任人员的党纪政纪和法律责任。

（4）坚持严格规范公正文明执法

确立的目标是，建立健全权责统一、权威高效的行政执法体制，法律法规规章得到严格实施，各类违法行为得到及时查处和制裁，公民、法人和其他组织的合法权益得到切实保障，经济社会秩序得到有效维护，行政违法或不当行为明显减少，对行政执法的社会满意度显著提高。

具体措施是，改革行政执法体制，根据不同层级政府的事权和职能，按照减少层次、整合队伍、提高效率的原则，合理配置执法力量。完善行政执法程序，建立健全行政裁量权基准制度，细化、量化行政裁量标准，规范裁量范围、种类、幅度。创新行政执法方式，推行行政执法公示制度。加强行政执法信息化建设和信息共享，健全公民和组织守法信用记录，完善守法诚信褒奖机制和违法失信行为惩戒机制。全面落实行政执法责任制，严格确定不同部门及机构、岗位执法人员的执法责任，建立健全常态化的责任追究机制。健全行政执法人员管理制度。加强行政执法保障，推动形成全社会支持行政执法机关依法履职的氛围，对妨碍行政机关正常工作秩序、阻碍行政执法人员依法履责的违法行为，坚决依法处理。

（5）强化对行政权力的制约和监督

确立的目标是，科学有效的行政权力运行制约和监督体系基本形成，惩治和预防腐败体系进一步健全，各方面监督形成合力，人民群众的知情权、参与权、表达权、监督权得到切实保障，损害公民、法人和其他组织合法权益的违法行政行为得到及时纠正，违法行政责任人依法依纪受到严肃追究。

具体措施是，健全行政权力运行制约和监督体系，坚持用制度管权管事管人，坚持决策权、执行权、监督权既相互制约又相互协调，完善各方面监督制度，确保行政机关按照法定权限和程序行使权力。自觉接受党内监督、人大监督、民主监督、司法监督。加强行政监督和审计监督，完善政府内部层级监督，改进上级行政机关对下级行政机关的监督，建立健全常态化、长效化监督制度。完善社会监督和舆论监督机制。全面推进政务公开，坚持以公开为常态、不公开为例外原则，推进决策公开、执行公开、管理公开、服务公开、结果公开。完善纠错问责机制，加强行政问责规范化、制度化建设，增强行政问责的针对性和时效性。

（6）依法有效化解社会矛盾纠纷

确立的目标是，公民、法人和其他组织的合法权益得到切实维护，公正、高效、便捷、成本低廉的多元化矛盾纠纷解决机制全面形成，行政机关在预防、解决行政争议和民事纠纷中的作用充分发挥，通过法定渠道解决矛盾纠纷的比例大幅提升。

具体措施是，健全依法化解纠纷机制，构建对维护群众利益具有重大作用的制度体系，建立健全社会矛盾预警机制、利益表达机制、协商沟通机制、救济救助机制。加强行政复议工作，完善行政复议制度，改革行政复议体制，积极探索整合地方行政复议职责。完善行政调解、行政裁决、仲裁制度。加强人民调解工作，完善人民调解、行政调解、司法调解联动工作体系。改革信访工作制度，把信访纳入法治化轨道，保障合理合法诉求依照法律规定和程序就能得到合理合法的结果。

（7）全面提高政府工作人员法治思维和依法行政能力

确立的目标是，政府工作人员特别是领导干部牢固树立宪法法律至上、法律面前人人平等、权由法定、权依法使等基本法治理念，恪守合法行政、合理行政、程序正当、高效便民、诚实守信、权责统一等依法行政基本要求，做尊法、学法、守法、用法的模范，法治思维和依法行政能力明显提高，在法治轨道上全面推进政府各项工作。

具体措施是，树立重视法治素养和法治能力的用人导向，抓住领导干部这个全面依法治国的“关键少数”。加强对政府工作人员的法治教育培训。完善政府工作人员法治能力考查测试制度。注重通过法治实践提高政府工作人员法治思维和依法行政能力。

在组织保障和落实机制方面，《纲要》强调，党的领导是全面推进依法治国、加快建设法治政府最根本的保证，必须坚持党总揽全局、协调各方，发挥各级党委领导核心作用，把党的领导贯彻到法治政府建设各方面。各级政府及其部门要自觉接受党的领导，切实增强建设法治政府的使命感、紧迫感和责任感，加强组织领导，强化工作责任，一级抓一级，层层抓落实。

（四）全面推进政务公开

2016年2月17日中共中央办公厅、国务院办公厅发布了《关于全面推进政务公开工作的意见》(以下简称《意见》)，[①]《意见》指出，公开透明是法治政府的基本特征。全面推进政务公开，让权力在阳光下运行，对于发展社会主义民主政治，提升国家治理能力，增强政府公信力执行力，保障人民群众知情权、参与权、表达权、监督权具有重要意义。党中央、国务院高度重视政务公开，作出了一系列重大部署，各级政府认真贯彻落实，政务公开工作取得积极成效。但与人民群众的期待相比，与建设法治政府的要求相比，仍存在公开理念不到位、制度规范不完善、工作力度不够强、公开实效不理想等问题。

关于全面推进政务公开工作的总体要求，《意见》提出了政务公开的指导思想，即认真落实党的十八大和十八届三中、四中、五中全会精神，深入贯彻习近平总书记系列重要讲话精神，紧紧围绕"四个全面"战略布局，牢固树立创新、协调、绿色、开放、共享的发展理念，深入推进依法行政，全面落实党中央、国务院有关决策部署和政府信息公开条例，坚持以公开为常态、不公开为例外，推进行政决策公开、执行公开、管理公开、服务公开和结果公开，推动简政放权、放管结合、优化服务改革，激发市场活力和社会创造力，打造法治政府、创新政府、廉洁政府和服务型政府。

政务公开的基本原则是，紧紧围绕经济社会发展和人民群众关注关切的问题，以公开促落实，以公开促规范，以公开促服务。依法依规明确政务公开的主体、内容、标准、方式、程序，加快推进权力清单、责任清单、负面清单公开。坚持改革创新，注重精细化、可操作性，务求公开实效，让群众看得到、听得懂、能监督。以社会需求为导向，以新闻媒体为载体，推行"互联网+政务"，扩大公众参与，促进政府有效施政。

政务公开的工作目标是，到2020年，政务公开工作总体迈上新台阶，依

① 《关于全面推进政务公开工作的意见》的具体内容，详见《人民日报》2016年2月18日。

法积极稳妥实行政务公开负面清单制度，公开内容覆盖权力运行全流程、政务服务全过程，公开制度化、标准化、信息化水平显著提升，公众参与度高，用政府更加公开透明赢得人民群众更多理解、信任和支持。

关于推进政务阳光透明，《意见》提出推进决策公开，把公众参与、专家论证、风险评估、合法性审查、集体讨论决定确定为重大行政决策法定程序。推进执行公开，主动公开重点改革任务、重要政策、重大工程项目的执行措施、实施步骤、责任分工、监督方式，根据工作进展公布取得成效、后续举措，听取公众意见和建议，加强和改进工作，确保执行到位。推进管理公开，全面推行权力清单、责任清单、负面清单公开工作，建立健全清单动态调整公开机制。推进服务公开，把实体政务服务中心与网上办事大厅结合起来，推动政务服务向网上办理延伸。推进结果公开，各级行政机关都要主动公开重大决策、重要政策落实情况，加大对党中央、国务院决策部署贯彻落实结果的公开力度。推进重点领域信息公开，着力推进财政预决算、公共资源配置、重大建设项目批准和实施、社会公益事业建设等领域的政府信息公开。

关于扩大政务开放参与，《意见》提出推进政府数据开放，按照促进《大数据发展行动纲要》的要求，实施政府数据资源清单管理，加快建设国家政府数据统一开放平台，制定开放目录和数据采集标准，稳步推进政府数据共享开放。加强政策解读，将政策解读与政策制定工作同步考虑、同步安排，对涉及面广、社会关注度高、实施难度大、专业性强的政策法规，要通过新闻发布、政策吹风、接受访谈、发表文章等方式做好解读，深入浅出地讲解政策背景、目标和要点。扩大公众参与，通过政务公开让公众更大程度地参与政策制定、执行和监督，汇众智定政策抓落实，不断完善政策，改进工作。回应社会关切，建立健全政务舆情收集、研判、处置和回应机制，加强重大政务舆情回应督办工作，对涉及本地区本部门的重要政务舆情、媒体关切、突发事件等热点问题，要按程序及时发布权威信息，讲清事实真相、政策措施以及处置结果等，认真回应关切。发挥媒体作用，把新闻媒体作为党和政府联系群众的桥梁和纽带，运用主要新闻媒体及时发布信息，解读政策，引领社会舆论。

关于提升政务公开能力，《意见》提出要完善制度规范，建立健全政务公开制度，注重将政务公开实践成果上升为制度规范，对不适应形势要求的规定及时予以调整清理。建立政务公开负面清单，各省（自治区、直辖市）政府和国务院各部门要依法积极稳妥制定政务公开负面清单，细化明确不予公开范围，对公开后危及国家安全、经济安全、公共安全、社会稳定等方面的事项纳入负面清单管理，及时进行调整更新。提高信息化水平，积极运用大数据、云计算、移动互联网等信息技术，提升政务公开信息化、集中化水平。加强政府门户网站建设，将政府网站打造成更加全面的信息公开平台、更加权威的政策发布解读和舆论引导平台、更加及时的回应关切和便民服务平台。抓好教育培训，各级政府要把政务公开列入公务员培训科目，加强对行政机关工作人员特别是领导干部的培训，增强公开意识，提高发布信息、解读政策、回应关切的能力。

在强化保障措施方面，《意见》强调各级政府要在党委统一领导下，牵头做好政务公开工作。要把政务公开工作纳入绩效考核体系。

2016 年 11 月 10 日，国务院办公厅发布了《〈关于全面推进政务公开工作的意见〉实施细则》，以贯彻落实中共中央办公厅、国务院办公厅《关于全面推进政务公开工作的意见》要求，进一步推进决策、执行、管理、服务、结果公开（以下统称“五公开”），加强政策解读、回应社会关切、公开平台建设等工作，持续推动简政放权、放管结合、优化服务改革。

这一阶段推进法治政府建设和深化国务院机构改革取得较大成绩。

1. 政府建设稳步推进。中共十八大以来，截至 2018 年，部门提请全国人大常委会制定修订法律 95 部，制定修订行政法规 195 部，修改废止一大批规章。省、市、县政府部门制定公布权责清单。改革调整政府机构设置和职能配置。开展国务院大督查和专项督查。创新城乡基层治理。完善信访工作制度。扩大法律援助范围。健全社会治安防控体系，依法打击各类违法犯罪，有力维护了公共安全。

2. 国务院机构改革进一步深化。2018 年，中共十九届三中全会审议通过了《中共中央关于深化党和国家机构改革的决定》和《深化党和国家机构改革方案》，同意把《深化党和国家机构改革方案》的部分内容按照法定程序提交十三届全国人大一次会议审议。《深化党和国家机构改革方案》是在新的历史起点上深化党和国家机构改革，以加强党的全面领导为统领，以国家治理体系和治理能力现代化为导向，以推进党和国家机构职能优化协同高效为着力点，改革机构设置，优化职能配置，深化转职能、转方式、转作风，提高效率效能，积极构建系统完备、科学规范、运行高效的党和国家机构职能体系。

在国家机构改革中，深化国务院机构改革是重要组成部分，其改革的指导思想是，着眼于转变政府职能，坚决破除制约使市场在资源配置中起决定性作用、更好发挥政府作用的体制机制弊端，围绕推动高质量发展，建设现代化经济体系，加强和完善政府经济调节、市场监管、社会管理、公共服务、生态环境保护职能，结合新的时代条件和实践要求，着力推进重点领域、关键环节的机构职能优化和调整，构建起职责明确、依法行政的政府治理体系，增强政府公信力和执行力，加快建设人民满意的服务型政府。国务院机构改革的内容如下：

（1）组建自然资源部。将国土资源部的职责，国家发展和改革委员会的组织编制主体功能区规划职责，住房和城乡建设部的城乡规划管理职责，水利部的水资源调查和确权登记管理职责，农业部的草原资源调查和确权登记管理职责，国家林业局的森林、湿地等资源调查和确权登记管理职责，国家海洋局的职责，国家测绘地理信息局的职责整合，组建自然资源部，作为国务院组成部门。自然资源部对外保留国家海洋局牌子。主要职责是，对自然资源开发利用和保护进行监管，建立空间规划体系并监督实施，履行全民所有各类自然资源资产所有者职责，统一调查和确权登记，建立自然资源有偿使用制度，负责测绘和地质勘查行业管理等。不再保留国土资源部、国家海洋局、国家测绘地理信息局。

（2）组建生态环境部。将环境保护部的职责，国家发展和改革委员会的应对气候变化和减排职责，国土资源部的监督防止地下水污染职责，水利部的编制水功能区划、排污口设置管理、流域水环境保护职责，农业部的监督指导农业面源污染治理职责，国家海洋局的海洋环境保护职责，国务院南水北调工程建设委员会办公室的南水北调工程项目区环境保护职责整合，组建生态环境部，作为国务院组成部门。生态环境部对外保留国家核安全局牌子。主要职责是，拟订并组织实施生态环境政策、规划和标准，统一负责生态环境监测和执法工作，监督管理污染防治、核与辐射安全，组织开展中央环境保护督察等。不再保留环境保护部。

（3）组建农业农村部。将中央农村工作领导小组办公室的职责，农业部的职责，以及国家发展和改革委员会的农业投资项目、财政部的农业综合开发项目、国土资源部的农田整治项目、水利部的农田水利建设项目等管理职责整合，组建农业农村部，作为国务院组成部门。中央农村工作领导小组办公室设在农业农村部。主要职责是，统筹研究和组织实施“三农”工作战略、规划和政策，监督管理种植业、畜牧业、渔业、农垦、农业机械化、农产品质量安全，负责农业投资管理等。将农业部的渔船检验和监督管理职责划入交通运输部。不再保留农业部。

（4）组建文化和旅游部。将文化部、国家旅游局的职责整合，组建文化和旅游部，作为国务院组成部门。主要职责是，贯彻落实党的文化工作方针政策，研究拟订文化和旅游工作政策措施，统筹规划文化事业、文化产业、旅游业发展，深入实施文化惠民工程，组织实施文化资源普查、挖掘和保护工作，维护各类文化市场包括旅游市场秩序，加强对外文化交流，推动中华文化走出去等。不再保留文化部、国家旅游局。

（5）组建国家卫生健康委员会。将国家卫生和计划生育委员会、国务院深化医药卫生体制改革领导小组办公室、全国老龄工作委员会办公室的职责，工业和信息化部的牵头《烟草控制框架公约》履约工作职责，国家安全生产监督管理总局的职业安全健康监督管理职责整合，组建国家卫生健康委员会，作为国务院组成部门。主要职责是，拟订国民健康政策，协调推进深化医药卫生体制改革，组织制定国家基本药物制度，监督管理公共卫生、医疗服务和卫生应急，负责计划生育管理和服务工作，拟订应对人口老龄化、医养结合政策措施等。保留全国老龄工作委员会，日常工作由国家卫生健康委员会承担。民政部代管的中国老龄协会改由国家卫生健康委员会代管。国家中医药管理局由国家卫生健康委员会管理。不再保留国家卫生和计划生育委员会。不再设立国务院深化医药卫生体制改革领导小组办公室。

（6）组建退役军人事务部。将民政部的退役军人优抚安置职责，人力资源和社会保障部的军官转业安置职责，以及中央军委政治工作部、后勤保障部有关职责整合，组建退役军人事务部，作为国务院组成部门。主要职责是，拟订退役军人思想政治、管理保障等工作政策法规并组织实施，褒扬彰显退役军人为党、国家和人民牺牲奉献的精神风范和价值导向，负责军队转业干部、复员干部、退休干部、退役士兵的移交安置工作和自主择业退役军人服务管理、待遇保障工作，组织开展退役军人教育培训、优待抚恤等，指导全国拥军优属工作，负责烈士及退役军人荣誉奖励、军人公墓维护以及纪念活动等。

（7）组建应急管理部。将国家安全生产监督管理总局的职责，国务院办公厅的应急管理职责，公安部的消防管理职责，民政部的救灾职责，国土资源部的地质灾害防治、水利部的水旱灾害防治、农业部的草原防火、国家林业局的森林防火相关职责，中国地震局的震灾应急救援职责以及国家防汛抗旱总指挥部、国家减灾委员会、国务院抗震救灾指挥部、国家森林防火指挥部的职责整合，组建应急管理部，作为国务院组成部门。主要职责是，组织编制国家应急总体预案和规划，指导各地区各部门应对突发事件工作，推动应急预案体系建设和预案演练。建立灾情报告系统并统一发布灾情，统筹应急力量建设和物资储备并在救灾时统一调度，组织灾害救助体系建设，指导安全生产类、自然灾害类应急救援，承担国家应对特别重大灾害指挥部工作。指导火灾、水旱灾害、地质灾害等防治。负责安全生产综合监督管理和工矿商贸行业安全生产监督管理等。公安消防部队、武警森林部队转制后，与安全生产等应急救援队伍一并作为综合性常备应急骨干力量，由应急管理部管理，实行专门管理和政策保障，采取符合其自身特点的职务职级序列和管理办法，提高职业荣誉感，保持有生力量和战斗力。应急管理部要处理好防灾和救灾的关系，明确与相关部门和地方各自职责分工，建立协调配合机制。

中国地震局、国家煤矿安全监察局由应急管理部管理。不再保留国家安全生产监督管理总局。

（8）重新组建科学技术部。将科学技术部、国家外国专家局的职责整合，重新组建科学技术部，作为国务院组成部门。科学技术部对外保留国家外国专家局牌子。主要职责是，拟订国家创新驱动发展战略方针以及科技发展、基础研究规划和政策并组织实施，统筹推进国家创新体系建设和科技体制改革，组织协调国家重大基础研究和应用基础研究，编制国家重大科技项目规划并监督实施，牵头建立统一的国家科技管理平台和科研项目资金协调、评估、监管机制，负责引进国外智力工作等。国家自然科学基金委员会改由科学技术部管理。不再保留单设的国家外国专家局。

（9）重新组建司法部。将司法部和国务院法制办公室的职责整合，重新组建司法部，作为国务院组成部门。主要职责是，负责有关法律和行政法规草案起草，负责立法协调和备案审查、解释，综合协调行政执法，指导行政复议应诉，负责普法宣传，负责监狱、戒毒、社区矫正管理，负责律师公证和司法鉴定仲裁管理，承担国家司法协助等。不再保留国务院法制办公室。

（10）优化审计署职责。将国家发展和改革委员会的重大项目稽察、财政部的中央预算执行情况和其他财政收支情况的监督检查、国务院国有资产监督管理委员会的国有企业领导干部经济责任审计和国有重点大型企业监事会的职责划入审计署，相应对派出审计监督力量进行整合优化，构建统一高效审计监督体系。不再设立国有重点大型企业监事会。

（11）组建国家市场监督管理总局。将国家工商行政管理总局的职责，国家质量监督检验检疫总局的职责，国家食品药品监督管理总局的职责，国家发展和改革委员会的价格监督检查与反垄断执法职责，商务部的经营者集中反垄断执法以及国务院反垄断委员会办公室等职责整合，组建国家市场监督管理总局，作为国务院直属机构。主要职责是，负责市场综合监督管理，统一登记市场主体并建立信息公示和共享机制，组织市场监管综合执法工作，承担反垄断统一执法，规范和维护市场秩序，组织实施质量强国战略，负责工业产品质量安全、食品安全、特种设备安全监管，统一管理计量标准、检验检测、认证认可工作等。组建国家药品监督管理局，由国家市场监督管理总局管理，主要职责是负责药品、化妆品、医疗器械的注册并实施监督管理。将国家质量监督检验检疫总局的出入境检验检疫管理职责和队伍划入海关总署。保留国务院食品安全委员会、国务院反垄断委员会，具体工作由国家市场监督管理总局承担。国家认证认可监督管理委员会、国家标准化管理委员会职责划入国家市场监督管理总局，对外保留牌子。不再保留国家工商行政管理总局、国家质量监督检验检疫总局、国家食品药品监督管理总局。

（12）组建国家广播电视总局。在国家新闻出版广电总局广播电视管理职责的基础上组建国家广播电视总局，作为国务院直属机构。主要职责是，贯彻党的宣传方针政策，拟订广播电视管理的政策措施并督促落实，统筹规划和指导协调广播电视事业、产业发展，推进广播电视领域的体制机制改革，监督管理、审查广播电视与网络视听节目内容和质量，负责广播电视节目的进口、收录和管理，协调推动广播电视领域走出去工作等。不再保留国家新闻出版广电总局。

（13）组建中央广播电视总台。整合中央电视台（中国国际电视台）、中央人民广播电台、中国国际广播电台，组建中央广播电视总台，作为国务院直属事业单位，归口中央宣传部领导。主要职责是，宣传党的理论和路线方针政策，统筹组织重大宣传报道，组织广播电视创作生产，制作和播出广播电视精品，引导社会热点，加强和改进舆论监督，推动多媒体融合发展，加强国际传播能力建设，讲好中国故事等。撤销中央电视台（中国国际电视台）、中央人民广播电台、中国国际广播电台建制。对内保留原呼号，对外统一呼号为“中国之声”。

（14）组建中国银行保险监督管理委员会。将中国银行业监督管理委员会和中国保险监督管理委员会的职责整合，组建中国银行保险监督管理委员会，作为国务院直属事业单位。主要职责是，依照法律法规统一监督管理银行业和保险业，保护金融消费者合法权益，维护银行业和保险业合法、稳健运行，防范和化解金融风险，维护金融稳定等。将中国银行业监督管理委员会和中国保险监督管理委员会拟订银行业、保险业重要法律法规草案和审慎监管基本制度的职责划入中国人民银行。不再保留中国银行业监督管理委员会、中国保险监督管理委员会。

（15）组建国家国际发展合作署。将商务部对外援助工作有关职责、外交部对外援助协调等职责整合，组建国家国际发展合作署，作为国务院直属机构。主要职责是，拟订对外援助战略方针、规划、政策，统筹协调援外重大问题并提出建议，推进援外方式改革，编制对外援助方案和计划，确定对外援助项目并监督评估实施情况等。对外援助的具体执行工作仍由相关部门按分工承担。

（16）组建国家医疗保障局。将人力资源和社会保障部的城镇职工和城镇居民基本医疗保险、生育保险职责，国家卫生和计划生育委员会的新型农村合作医疗职责，国家发展和改革委员会的药品和医疗服务价格管理职责，民政部的医疗救助职责整合，组建国家医疗保障局，作为国务院直属机构。主要职责是，拟订医疗保险、生育保险、医疗救助等医疗保障制度的政策、规划、标准并组织实施，监督管理相关医疗保障基金，完善国家异地就医管理和费用结算平台，组织制定和调整药品、医疗服务价格和收费标准，制定药品和医用耗材的招标采购政策并监督实施，监督管理纳入医保支出范围内的医疗服务行为和医疗费用等。

（17）组建国家粮食和物资储备局。将国家粮食局的职责，国家发展和改革委员会的组织实施国家战略物资收储、轮换和管理，管理国家粮食、棉花和食糖储备等职责，以及民政部、商务部、国家能源局等部门的组织实施国家战略和应急储备物资收储、轮换和日常管理职责整合，组建国家粮食和物资储备局，由国家发展和改革委员会管理。主要职责是，根据国家储备总体发展规划和品种目录，组织实施国家战略和应急储备物资的收储、轮换、管理，统一负责储备基础设施的建设与管理，对管理的政府储备、企业储备以及储备政策落实情况进行监督检查，负责粮食流通行业管理和中央储备粮棉行政管理等。不再保留国家粮食局。

（18）组建国家移民管理局。将公安部的出入境管理、边防检查职责整合，建立健全签证管理协调机制，组建国家移民管理局，加挂中华人民共和国出入境管理局牌子，由公安部管理。主要职责是，协调拟订移民政策并组织实施，负责出入境管理、口岸证件查验和边民往来管理，负责外国人停留居留和永久居留管理、难民管理、国籍管理，牵头协调非法入境、非法居留、非法就业外国人治理和非法移民遣返，负责中国公民因私出入国（境）服务管理，承担移民领域国际合作等。

（19）组建国家林业和草原局。将国家林业局的职责，农业部的草原监督管理职责，以及国土资源部、住房和城乡建设部、水利部、农业部、国家海洋局等部门的自然保护区、风景名胜区、自然遗产、地质公园等管理职责整合，组建国家林业和草原局，由自然资源部管理。国家林业和草原局加挂国家公园管理局牌子。主要职责是，监督管理森林、草原、湿地、荒漠和陆生野生动植物资源开发利用和保护，组织生态保护和修复，开展造林绿化工作，管理国家公园等各类自然保护地等。不再保留国家林业局。

（20）重新组建国家知识产权局。将国家知识产权局的职责、国家工商行政管理总局的商标管理职责、国家质量监督检验检疫总局的原产地地理标志管理职责整合，重新组建国家知识产权局，由国家市场监督管理总局管理。主要职责是，负责保护知识产权工作，推动知识产权保护体系建设，负责商标、专利、原产地地理标志的注册登记和行政裁决，指导商标、专利执法工作等。商标、专利执法职责交由市场监管综合执法队伍承担。

（21）国务院三峡工程建设委员会及其办公室、国务院南水北调工程建设委员会及其办公室并入水利部。由水利部承担三峡工程和南水北调工程的运行管理、后续工程建设管理和移民后期扶持管理等职责。不再保留国务院三峡工程建设委员会及其办公室、国务院南水北调工程建设委员会及其办公室。

（22）调整全国社会保障基金理事会隶属关系。将全国社会保障基金理事会由国务院管理调整为由财政部管理，承担基金安全和保值增值的主体责任，作为基金投资运营机构，不再明确行政级别。

（23）改革国税地税征管体制。将省级和省级以下国税地税机构合并，具体承担所辖区域内各项税收、非税收入征管等职责。将基本养老保险费、基本医疗保险费、失业保险费等各项社会保险费交由税务部门统一征收。国税地税机构合并后，实行以国家税务总局为主与省（自治区、直辖市）政府双重领导管理体制。

3. 深化行政执法体制改革

深化行政执法体制改革，统筹配置行政处罚职能和执法资源，相对集中行政处罚权，是深化机构改革的重要任务。根据不同层级政府的事权和职能，按照减少层次、整合队伍、提高效率的原则，大幅减少执法队伍种类，合理配置执法力量。一个部门设有多支执法队伍的，原则上整合为一支队伍。推动整合同一领域或相近领域执法队伍，实行综合设置。完善执法程序，严格执法责任，做到严格规范公正文明执法。

（1）整合组建市场监管综合执法队伍。整合工商、质检、食品、药品、物价、商标、专利等执法职责和队伍，组建市场监管综合执法队伍。由国家市场监督管理总局指导。鼓励地方将其他直接到市场、进企业，面向基层、面对老百姓的执法队伍，如商务执法、盐业执法等，整合划入市场监管综合执法队伍。药品经营销售等行为的执法，由市县市场监管综合执法队伍统一承担。

（2）整合组建生态环境保护综合执法队伍。整合环境保护和国土、农业、水利、海洋等部门相关污染防治和生态保护执法职责、队伍，统一实行生态环境保护执法。由生态环境部指导。

（3）整合组建文化市场综合执法队伍。将旅游市场执法职责和队伍整合划入文化市场综合执法队伍，统一行使文化、文物、出版、广播电视、电影、旅游市场行政执法职责。由文化和旅游部指导。

（4）整合组建交通运输综合执法队伍。整合交通运输系统内路政、运政等涉及交通运输的执法职责、队伍，实行统一执法。由交通运输部指导。

（5）整合组建农业综合执法队伍。将农业系统内兽医兽药、生猪屠宰、种子、化肥、农药、农机、农产品质量等执法队伍整合，实行统一执法。由农业农村部指导。

继续探索实行跨领域跨部门综合执法，建立健全综合执法主管部门、相关行业管理部门、综合执法队伍间协调配合、信息共享机制和跨部门、跨区域执法协作联动机制。对涉及的相关法律法规及时进行清理修订。

第十章
司法制度建设与司法改革的探索

我国司法制度的产生和发展是与我国革命的历史发展密切联系着的。在中国共产党领导的新民主主义革命时期，各革命根据地就成立了人民司法机关，建立了人民司法制度，为全国胜利后在全国范围内普遍地建立人民司法制度奠定了基础。中华人民共和国成立后，废除了旧的司法机关和司法制度，普遍地建立了新的人民司法机关和司法制度。建立符合法治原则的司法制度，是建立社会主义法治国家的重要环节和必要条件。自中共十一届三中全会以来，尤其是中共十八大以来，根据不同时期的历史特点和司法工作面临的任务，我国不断建立和完善司法体制和工作机制，努力通过公正司法保障公民和法人的合法权益，实现公平正义，对司法改革的探索初见成效，司法制度建设有了长足的进步。

第一节
新中国成立以来司法制度的演变和发展

一、新中国成立之初，摧毁旧司法，建立人民司法制度

（一）废除“六法全书”，依新的司法原则初建司法体系

1949 年新中国成立前夕，中共中央发布《关于废除国民党的六法全书与确定解放区司法原则的指示》，在此基础上，1949 年 9 月 29 日通过的《中国人民政治协商会议共同纲领》第 17 条，在规定废除国民党反动政府一切压迫人民的法律、法令和司法制度，制定保护人民的法律、法令的同时，提出建立人民司法制度。[①] 由此，确立了人民司法的基本原则。

在新的司法原则指导下，1949 年 10 月 1 日，中央人民政府委员会第一次会议在北京召开，通过决议任命了最高人民法院院长、最高人民检察署检察长等。19 日，第三次会议任命政务院政治法律委员会主任、人民监察委员会主任、公安部部长、司法部部长、法制委员会主任等。到 1950 年上半年，从中央到地方的审判机关、法律监督机关和行政司法机关相继建立，初步形成了我国司法机构的组织系统。

同时，为保障革命秩序，彻底镇压反革命，实行土地改革，推动“三反”“五反”运动，各地按照中央人民委员会指示，在建立地方各级人民法院

① 《中共中央文件选集》第 18 册，中共中央党校出版社 1992 年版，第 587 页。

的同时，设立了相应的人民法庭。这些特别法庭，在镇反、土改、“三反”“五反”运动中发挥了重大作用。

1951年9月，中央人民政府委员会通过并发布的《中华人民共和国人民法院暂行组织条例》《中央人民政府最高人民检察署暂行组织条例》和《各级地方人民检察署组织通则》，对人民法院和检察机关的性质、任务、组织体系与工作原则、工作制度作了明确规定。如《中华人民共和国人民法院暂行组织条例》规定，人民法院等级为三级两审终审制，各级法院设立审判委员会，法院受双重领导，规定审判组织、实行公开审判以及设立人民陪审员等司法制度。条例的颁行对全国各级人民法院和检察院的组织建构和审判、监察制度的规范化起到积极的作用，从而将新中国审判制度、监察制度纳入正常轨道。

（二）一场“纯洁”司法组织和队伍的司法改革运动

1952年的司法改革运动实际是摧毁旧法治、旧司法的继续和深入，其目的是要“彻底改造和整顿各级司法机关，使它从政治上、组织上和思想作风上纯洁起来，使人民司法制度在全国范围内能够有系统地正确地建立和健全起来，以便完全符合于国家建设的需要。”① 这场运动从根本上纯洁和净化了新中国的司法组织和司法队伍，对新中国司法制度的确立产生了深远影响。

新中国成立初期，由于司法干部短缺，司法机关吸收了一小部分旧的司法人员。其中大部分人在思想上、政治上或作风上存在比较严重的问题，不能适应新中国司法工作的需要。随着镇压反革命运动、土地改革运动和“三反”“五反”运动的开展，司法队伍中的问题逐渐暴露，“致使不少人民法院在历次的群众运动中，未能积极地为国家的中心政治任务服务，孤立办案，脱离群众，以致年年清案，年年积案。因此，群众很不满意，特别是对那些腐烂不堪的旧法观点和作风占主导的人民法院，群众已有愤怨，甚

① 《必须彻底改革司法工作》，载《人民日报》1952年8月17日社论。

至指责为‘伪法院’，有的说是‘共产党法院，国民党掌握’”。[1] 因此，以维护司法形象和整顿各级法院、肃清旧法观点为宗旨，开展了净化司法机关的改革运动。这场司法改革运动从 1952 年 6 月开始到 1953 年 2 月结束，历时 9 个月。运动主要采取学习和批判的方式，通过思想教育和改造，使广大司法人员初步划清了新旧法律和法律观点的界限，端正了他们对人民司法工作的认识。在进行学习和批判的同时，党和政府整顿了原有司法队伍。对违法犯罪的追究其刑事责任，对未经彻底改造，仍然坚持反动立场和旧法观点的清除出司法队伍，“旧司法人员中纵有‘三反’过了关的，也不应再让他们担任审判工作，我们必须找较适当的人去接替，而使他们转业。其中有政治上未发现问题，能担任审判工作者，亦应调离他原来工作的地点，到新地区去工作。法院中的技术性的工作，是可以让旧司法人员做的，但他们的思想必须改造，也以调离他以前做过工作的地区为好”。[2] 另外，为了补充旧司法人员和不合格人员留下的大量岗位空缺，党和政府吸收了一些青年知识分子、工农积极分子和转业的革命军人等，及时补充了司法队伍。同时调任了党的领导机关和政府其他部门中较有经验的干部，从而加强了各级党组织对司法工作的领导。

当然，不可否认，囿于废除旧政权、旧法治，建立新政权、新法治的紧迫形势，由于特定的历史因素，这场运动并不尽善尽美，如运动致使司法人员业务素质下降等。同时在“批判旧法观点、纯洁思想的过程中，错误地把一些法治的基本原则当成旧法观点进行批判，使得现代法治精神难以生成”[3] 等。

（三）新中国司法制度的正式确立

1954 年 9 月 15 日至 28 日，中华人民共和国第一届全国人民代表大会第

① 史良：《关于彻底改造和整顿各级人民法院的报告》（1952 年 8 月 13 日政务院第 148 次政务会议批准），载《人民日报》1952 年 8 月 23 日第 1 版。

② 《董必武法学文集》，法律出版社 2001 年版，第 134 页。

③ 公丕祥：《当代中国的法律革命》，法律出版社 1999 年版，第 123 页。

一次会议在北京举行。这次会议不仅通过了我国第一部社会主义宪法，还先后通过了《中华人民共和国人民法院组织法》和《中华人民共和国人民检察院组织法》等。《人民法院组织法》以宪法为依据，对人民法院的性质、任务、体制、组织机关、审判原则和审判工作制度等都作了明确的规定。根据《人民法院组织法》的规定，人民法院的组织体系由三级改为四级二审终审，即基层人民法院、中级人民法院、高级人民法院和最高人民法院；上下级法院是监督关系，同时还设立军事法院、铁路运输和水上运输等专门法院，规定了以下各项审判工作制度：公开审判制度、辩护制度、人民陪审员制度、合议制度、审判委员会制度、回避制度和审判监督制度。①

依据宪法制定的《人民检察院组织法》对各级人民检察院的组织设置、职权、组织与活动原则，检察人员的任免程序，以及行使职权的方式和程序等进行了详细规定，② 使新中国的检察制度走向正确的发展道路。

另外，根据宪法规定，最高人民法院和地方各级人民法院分别由全国人民代表大会和地方各级人民代表大会产生，向它负责并报告工作。最高人民检察院是直接受全国人民代表大会及其常务委员会监督的国家最高检察机关；地方各级人民检察院只受上级人民检察院和最高人民检察院的领导，实行垂直领导的组织体制，恢复了各级人民检察院不受地方国家机关干涉，独立行使职权的规定。由此改变了过去人民法院由同级人民政府领导，司法行政融于一体的体制。

在司法行政方面，根据宪法规定，在中央设立司法部，在各省、自治区和直辖市设立司法厅（局）（原各大区司法部撤销）③，负责人民法院的设置、司法干部的教育和管理以及律师、公证、司法统计、财务等工作。④

律师和公证制度也在建立和发展。早在1950年，第一届司法工作会议就

① 熊先觉主编：《中国司法制度资料选编》，人民法院出版社1987年版，第183—191页。

② 熊先觉主编：《中国司法制度资料选编》，人民法院出版社1987年版，第156—157页、196—200页。

③ 新中国成立之初，在原华北人民政府司法部的基础上，根据《中央人民政府组织法》的规定，中央成立了司法部，在各大行政区亦设司法部。

④ 程维荣：《当代中国司法行政制度》，学林出版社2004年版，第7页。

明确提出建立新律师制度，其后通过 1952 年的司法改革运动又进一步取缔了散落在社会上的黑律师。在此基础上，1954 年 7 月司法部在《关于试验法院组织制度几个问题的通知》中指定北京、上海、天津、重庆、武汉等大城市试办律师工作。其后发布的《宪法》和《人民法院组织法》又为新中国的律师制度提供了明确的法律依据[①]，许多地方开始开展律师工作，律师制度逐步建立和发展。在公证制度方面，1953 年司法部提出《关于建立加强公证工作的意见》，开始在部分县市建立专门的公证处。1955 年 5 月司法部召开的第一次全国性的公证工作会议和 1956 年司法部发布的《关于公证业务范围的通知》，逐步对我国的公证工作进行了规范，对公证制度建设起到积极作用。

至此，新中国的司法制度基本确立起来。

二、司法虚无年代

从 1957 年 6 月“反右派”斗争开始后到 1976 年 10 月“文化大革命”结束前，是“左”倾错误日益发展，我国司法制度逐渐遭到破坏的时期。

1966 年 5 月开始的“文化大革命”中，在“彻底砸烂公、检、法”的口号下，全国各级司法机关处于瘫痪、半瘫痪状态。司法机关被视为阶级专政的“刀把子”，其阶级专政职能被无限放大。更为惨痛的是，到 1969 年年底，各级法律监督机关检察院均被正式取消。1975 年第四届全国人大第一次会议在北京召开，大会通过了《中华人民共和国宪法》。1975 年宪法不仅取消了 1954 年宪法确立的独立行使审判权原则，使得人民法院地位下降（各级法院

① 新中国的律师制度是从重视被告人的辩护权开始发展的。例如，1950 年 7 月中央人民政府发布的《人民法庭组织通则》和 1951 年 9 月中央人民政府法制委员会《关于“中华人民共和国人民法院暂行组织条例”的说明》等都规定了被告人的辩护权。1954 年宪法规定：“被告人有权获得辩护。”《中华人民共和国人民法院组织法》也规定：“被告人除自己行使辩护权外，可以委托律师为他辩护，可以由人民团体介绍的或者经人民法院许可的公民为他辩护，可以由被告人的近亲属、监护人为他辩护。人民法院认为必要的时候，也可以指定辩护人为他辩护。”这样，通过国家根本法的形式使得新中国的律师制度有了明确的法律依据。

院长不是由本级人大而是由本级人大常委会任免），而且取消了检察机关，其权力由公安机关行使。

三、拨乱反正，司法制度的恢复和重建

1978年始，鉴于动乱带来的空前灾难，党和国家领导人进行了深刻反思，充分认识到法治建设的重要作用。1978年12月召开的中共十一届三中全会，为全面加强我国的法治建设和司法重建确立了思想政治基础和指导方针，有力地促进了当代中国司法体制与制度的恢复和重建，促使人们更快地回到正常的社会生活状态。

1978年3月，第五届全国人民代表大会第一次会议通过了新的《中华人民共和国宪法》。由于历史因素，这部宪法尽管仍带有诸多“左”倾因素，但基本上恢复了“文化大革命”前我国宪法对国家机关、公民权利的规定，同时决定重建检察机关。1979年7月五届人大二次会议通过了《人民法院组织法》和《人民检察院组织法》。“两院”组织法规定了人民法院的任务、审判制度、辩护制度和人民陪审员制度、组织管理方式，确定检察院的性质是国家的法律监督机关，检察机关实行垂直领导关系，明确设定检察委员会制度，并且重申了1954年两院组织法所确立的人民法院和人民检察院独立行使职权的原则。两法开创了新时期我国司法制度重新建立的新起点，有力地规范了新时期的司法工作。

值得一提的是两部诉讼法的通过。1979年7月1日，五届全国人大二次会议通过了新中国第一部《刑事诉讼法》。该法规定了刑事诉讼的指导思想和基本原则，对管辖、回避、辩护、证据等基本刑事诉讼制度，立案、侦查、提起公诉，以及审判和执行等都做了比较详尽和具体的规定，形成了公检法相互配合、相互制约的司法制度。1982年3月8日五届全国人大常委会第二十二次会议审议通过了新中国第一部《民事诉讼法（试行）》，规定了民事诉讼的任务和原则，民事诉讼的基本制度和程序等。两部诉讼法不仅是对“文革”期间司法程序遭受严重践踏的历史教训之总结，也是形势发展和司法实

践的需要。另外，随着中共十一届三中全会以来我国经济体制从计划经济向市场经济的不断转型，改革的不断深入，人们之间的经济联系日益密切，也使得经济纠纷大量涌现，经济案件大幅度增加。在此种形势下，1983 年 9 月 2 日，第六届全国人大常委会第二次会议，对“两院”组织法作了部分修改，决定在各级法院设立经济审判庭，对进一步充实司法组织，维护经济秩序起到了重要作用。

1982 年 12 月 4 日，五届全国人大五次会议通过了新宪法，宪法设专节规定“人民法院和人民检察院”，将中共十一届三中全会以来重建和健全的司法体系和制度正式确认下来，这在新中国法治与司法建设史上具有里程碑意义。

另外，随着健全社会主义民主，加强社会主义法治方针的确立，我国的律师、公证等制度也得到了恢复与重建。1979 年年底，司法部得到恢复，自上而下重建地方各级司法行政机关，直至在乡镇等基层人民政府设立司法助理员，从而使司法行政和司法审判从“合一制”又回到“分立制”。① 从 1979 年起，律师业务重新发展。1980 年通过了《律师暂行条例》，标志着律师制度进入发展的新阶段，使律师参加诉讼活动有了法律保障。② 在 1982 年司法行政工作会议和 1983 年、1984 年两次律师体制改革会议的基础上，司法部于 1988 年 3 月着手起草律师法，其后又经过不断的改革和探索，在 1996 年 5 月，《中华人民共和国律师法》发布，标志着我国的律师制度建设进入了一个崭新的历史阶段。在公证制度方面，通过 1980 年 2 月司法部发出的《关于逐步恢复国内公证业务的通知》使得公证工作得以重建。1982 年 4 月国务院发布第一个全国性的公正法规《公证暂行条例》，为公证工作的发展奠定良好基础。此后随着 1988 年《公证员职务试行条例》、1990 年《公证程序规则（试行）》等规定的陆续发布，使公证制度走上正规发展的道路。

① 熊先觉、刘运宏:《中国司法制度学》，法律出版社 2007 年版，第 125 页。

② 张晋藩:《中国司法制度史》，人民法院出版社 2004 年版，第 650 页。

另外，人民调解、仲裁和法律援助等制度也得到重建和发展。例如，1980年重新发布了《人民调解委员会暂行组织通则》，后人民调解制度又先后被写入《民事诉讼法》和《宪法》。又如，法律援助方面，1994年司法部提出建立法律援助制度。1996年司法部正式成立法律援助中心，次年国家法律援助基金会成立，法律援助事业蓬勃发展，各地法律援助制度迅速建立。2003年7月，国务院发布的《法律援助条例》使我国法律援助工作进一步走上法治化轨道。

第二节
20 世纪 80 年代中期以来的司法改革

随着社会主义经济体制改革的不断深入，社会主义民主法治建设的繁荣发展和利益主体的不断多元化，作为主要的和权威的裁决手段，司法在国家和社会生活中的地位日益凸显，而现行的司法制度面对这种需求，逐渐呈现出种种弊端，难以适应社会政治、经济形势发展的需要。司法改革势在必行。

我国司法改革在实践中表现为一种渐进的、不断探索的进程，呈现出明显的阶段性，正是通过这种不断的阶段性探索，在经验的不断累积上，中国司法向现代化迈进，逐渐走向完善和成熟。

一、以审判方式为主线，自下而上的改革探索阶段（20 世纪 80 年代中期—1996 年）

这次改革是以基层法院对诉讼证据制度的改革为前奏的。改革开放以后，社会关系和利益格局的调整和变化直接引起民事、经济案件的大量增加。依原有的审判工作机制和管理体制，人民法院在调查事实、审查证据等多个程序环节投入了大量的时间和精力，导致的最大问题就是司法效率低下。20 世纪 80 年代中期，各地纷纷出现了“告状难”的群众呼声。因此，为解决“案件多，人员少”的状况，各地法院纷纷开始探索审判方式改革，在案件审理过程中，逐渐强化当事人的举证责任，改变过去法院依职权调查取证的工作方式。这种改革无疑是成功的，不仅大大提高了效率，也节省了司法资源。强化当事人的举证责任，必须要改变庭审方式与之相适应，改变以往审判人员超职权主义的审判方式，要求人民法院审判人员法庭审理的方式从纠问式向听审式转变，把法庭审理作为审判工作的中心。这样，进行审判方式改革势在必行。

1988年7月，第十四次全国法院工作会议召开，会议在总结各地民事司法改革经验的基础上，要求各地各级法院加强和完善自身机制，充分发挥宪法和法律赋予的审判职能作用。会议要求各级法院要着重从以下四个方面努力：（1）坚持依法独立审判的宪法原则。（2）认真执行公开审判制度。（3）改进合议庭的工作。（4）强调当事人的举证责任。这次会议在改革开放以来的人民司法发展史上占有重要的地位，为后来人民法院司法改革的逐步深入打下了重要的基础。[①]

1990年12月，第五次全国民事审判工作会议提出，要全面深入地推进改进民事审判方式的工作。这次会议第一次提出了“全面”推进民事司法改革的任务，强化了合议庭、独任审判员的职能作用，另外，针对改革实践中有的法院将举证的任务全部“推”给当事人，法院不搞任何调查取证的做法，强调法院对特殊证据仍应依职权调查收集。

基于形势发展的需要，也是对经验的总结。1991年4月9日，七届全国人大四次会议通过了新的《民事诉讼法》。为推进审判方式改革提供了重要的法律条件。新的《民事诉讼法》反映了发展社会主义商品经济的法权要求，不仅强调和明确规定了当事人的诉讼权利，在诉讼证据制度方面，还弱化了职权主义的民事诉讼模式，引入并确立了当事人举证责任制度，强调当事人的举证责任，法院不再享有依职权全面调查收集证据的权力，由此引发了当代中国民事审判方式的转型与变革。[②]

进入20世纪90年代之后，邓小平的南方谈话和中共十四大会议精神为

① 公丕祥：《中国特色社会主义司法改革道路概览》，载《法律科学》2008年第5期，第7页。

② 公丕祥：《中国的法制现代化》，中国政法大学出版社2004年版，第609—610页。

当代中国的司法改革提供了更加广阔的背景，中国建立市场经济目标的确立，使人们的思想进一步得到解放，各地法院民事审判方式改革更加活跃。根据中央政法委员会的统一部署，最高人民法院在深入调查研究的基础上，于1995年12月召开了第十七次全国法院工作会议。这次会议提出了从“九五”到2010年中国法院改革的目标和任务，指出在“九五”期间，要把审判方式改革成果普遍推行等任务。

为了总结推广各地的经验，进一步规范和指导全国轰轰烈烈的审判方式改革，1996年7月最高人民法院召开了新中国成立以来第一次全国法院审判方式改革工作会议，会议提出了要以宪法和诉讼法等法律为依据，以保障裁判公正为目的，以公开审判为重心，以强化庭审功能，强化公诉人、辩护人和当事人举证责任，强化合议庭和独任审判员职责为内容，要在“九五”期间全面普遍推行审判方式改革的任务。这次会议标志着我国民事审判方式改革从试点走向普及，标志着我国的民事审判方式改革进入了一个新的发展阶段。

这一阶段的改革逐渐强化了庭审功能，改变和弱化了传统的职权主义模式，强化了当事人的举证能力，强化了合议庭职责，同时也强化了公开审判，增强审判透明度。

当然，从总体上看，这一时期的人民法院司法改革仍处于起步阶段，并且理论准备亦相对不足，但是在审判方式改革和法官制度改革方面所取得的进展，不仅具有重要的开创性意义，而且为后来相关改革的推进提供了宝贵的经验和基础。①

二、公正和效率理念指导下自上而下、全方位进行的司法改革阶段（中共十五大—十六大前）

自20世纪80年代中期以来，司法改革虽然已经进行了十多年，但

① 公丕祥:《当代中国司法改革的进程》，载《法制日报》2008年11月23日第9版。

其改革主要是自下而上进行，缺乏宏观上的统一性和纵向上的深入性，因此改革力度有限。从改革的主要方式来看，自下而上、封闭推进的“放任式”改革缺乏“站得高、看得远”的统筹规划与系统设计，明显带有浓厚的经验主义色彩；从改革的实践与效果来看，这种“头痛医头、脚痛医脚”式的改革已被证明存在诸多问题。[①] 因此，为了巩固改革的成果同时也是进一步拓展改革范围和加大改革力度，必须改变司法改革的模式。

在 1997 年 9 月的中共十五大报告中，明确提出了推进司法改革的任务，提出“推进司法改革，从制度上保证司法机关依法独立公正地行使审判权和检察权”，这个提法是党的历史上的第一次，表明司法改革已经成为党的意志和要求，从而为推进司法改革提供了坚强的政治后盾。1998 年 3 月 10 日，在九届全国人大一次会议上，最高人民法院的报告提出，要积极推进法院改革，保障法院依法独立公正地行使审判权。1999 年最高人民法院在总结人民法院 50 年尤其是近年来发展经验的基础上，出台了《人民法院五年改革纲要》(以下简称《一五纲要》)，第一次系统阐述了人民法院司法改革的目标和原则，系统地提出了一整套改革法院体制的举措，描绘了今后五年法院改革的基本架构，为法院的司法改革描绘了蓝图，表明了强烈的计划性和组织性。如果说第一次司法改革属于摸着石头过河，最高人民法院的《一五纲要》则表示司法改革已经成为法院的自觉行动。司法改革由此步入正轨。

在《一五纲要》的引领下，各地法院进行了全方位的司法改革。总的来讲，这一阶段的主题是以司法公正和效率为价值取向，在巩固原有改革成果的基础上，在包括审判方式、审判组织、法院内设机构、法院人事管理制度、监督制约机制等更大范围内展开改革。

① 赵钢、王杏飞：《民事司法改革的几个前沿问题——以〈人民法院第二个五年改革纲要(2004—2008)〉为分析对象》，载《法学评论》2006 年第 6 期。

在审判方式改革方面，进一步完善并严格了公开审判制度[①]，进行了审判流程管理改革，逐步实现立审、审执和审监“三个分立”[②]，进一步完善了民事诉讼和行政诉讼的举证、质证、认证规则，建立了符合民事、行政诉讼特点的证据制度[③]，明确建立案例指导制度[④]，强化合议庭的职能，规范审判委员会、院长、庭长与合议庭、法官之间的关系，规范合议庭的工作程序，使审判方式日趋规范化、科学化和效率化。[⑤]

在法院内部体制方面，进行了结构性调整，改革和理顺部门结构之间的关系：全面推行审判长、独任审判员选任制度，进一步明确审判部门的职责范围和分工，改革、理顺人民法院司法鉴定、信息工作体制；探索书记员单独序列管理改革；等等。

法官人事制度改革也开始起步，进入当代中国法官职业化建设的进程。实际上，早在20世纪80年代中期，法院已经开始了人事管理制度改革的探索。1988年11月，黑龙江、浙江、福建、内蒙古四省区实行在党的领导下法院干部以上级法院管理为主的体制改革试点工作。1995年，《中华人民共和国法官法》发布，这是中华人民共和国成立以来第一部全面、系统地规定法官制度的专门法律，其对法官条件、任免等问题作了较为详尽的规定，从而将法官与普通公务员的区别，法官的职业化要求、法官公正审判的保障等进一步法

① 1999年3月，最高人民法院发布《关于严格执行公开审判制度的若干规定》，明确指出，除法律规定不公开审理的案件外，其他案件一律公开审理。实践中，不仅一审案件基本实现了开庭审理，而且二审案件开庭审理的比例也在明显提高。

② 1999年8月，最高人民法院开始推行，以实现立审、审执和审监“三个分立”。“三个分立”理顺了法院审判机构设置。

③ 通过2001年12月《最高人民法院关于民事诉讼证据的若干规定》和2002年7月《最高人民法院关于行政诉讼证据若干问题的规定》，进一步完善了民事诉讼和行政诉讼的举证、质证、认证规则，大大推进了民事证据改革。

④《一五纲要》规定，从2000年起，经最高人民法院审判委员会讨论、决定有适用法律问题的典型案件予以公布，供下级法院审判类似案件时参考。

⑤ 最高人民法院于2002年8月12日发布了《关于人民法院合议庭工作的若干规定》，规定除少数重大疑难案件外，依法将作出案件裁判的权力交由合议庭行使，院长、庭长个人无权决定对案件的裁决，更无权改变合议庭评议的结论等，此举大大强化了合议庭的审判职权。

律化[①]，对法官从大众化到职业化转变起到了重要作用。

1999年的《一五纲要》规定，在司法改革实践中，要不断改革法官的来源渠道，逐步建立上级人民法院的法官从下级人民法院的优秀法官中选任以及从律师和高层次的法律人才中选任法官的制度。2002年1月，修正后的《法官法》，更大大地提升了法官的职业标准。2002年7月18日，最高人民法院发布了《关于加强法官队伍职业化建设的若干意见》，提出法官队伍职业化建设的主要任务和原则，细化了法官队伍职业化建设的基本内容，这也是最高人民法院推进司法改革的一项重大举措，表明我国开始全面推行法官职业化改革。

另外，在检察制度方面，也提出了诸多改革措施。为了落实中共中央和全国人大关于推进司法改革的要求，检察机关围绕办案、监督等工作大力推进司法改革。1999年6月25日，最高人民检察院设立专家咨询委员会，建立了专家咨询制度。1998年10月，最高人民检察院发布《关于在全国检察机关实行“检务公开”的决定》。1999年5月，最高人民检察院发布《人民检察院办理民事行政抗诉案件公开审查程序试行规则》，这些规定对强化权力的制约，促进检务公开起到重要作用。2000年1月，最高人民检察院发布了《检察改革三年实施意见》，确定了业务工作机制、检察官办案机制等六项改革目标，同时，具体规定了改革的内容和措施。该意见成为检察机关改革的指导性文件。2000年5月，最高人民检察院印发了《关于进一步推进基层检察院建设若干问题的意见》，对全国基层检察院建设的基本任务、总体要求、具体措施、组织领导等提出了具体明确的意见。

三、迈进改革深水区：司法的体制性改革阶段（中共十六大—十八大）

上述两个阶段的改革，大都体现在司法工作机制层面，深层次的体制改

---

① 蔡定剑、王晨光主编：《中国走向法治30年》，社会科学文献出版社2008年版，第134页。

革远未涉及，如司法权的合理配置问题、独立行使审判权问题、法院的财政经费保障问题。这是司法体制中的“顽疾”，也是司法公信力下降、司法腐败现象屡禁不止、司法公正未能得到实现的根本原因。

江泽民在中共十六大报告中提出，要“推进司法体制改革。社会主义司法制度必须保障在全社会实现公平和正义。”[①] 这既肯定了十多年来法院司法改革的努力，又为进一步深化人民法院司法改革指明了方向。中共十六大涉及以往司法改革很少或者根本没有涉及的司法体制问题，如完善司法机关的机构设置、职权划分和管理制度，进一步健全权责明确、相互配合、相互制约、高效运行的司法体制，从制度上保证审判机关和检察机关依法独立公正地行使审判权和检察权，改革司法机关的工作机制和人财物管理体制，逐步实现司法审判和检察同司法行政事务相分离等。这表明我国的司法改革有了不同的任务和侧重点。司法改革进入体制性变革的深水区。

为了贯彻落实中共十六大关于推进司法体制改革的战略决策，中共中央决定成立全国司法改革领导小组，具体负责领导和部署司法体制改革工作。这一决定的作出实际上标志着主导中国司法改革进程的核心机构的出现，以及一种全新的、自上而下的改革策略和模式的最终确立。这对于中国司法改革来讲，无疑具有里程碑意义。[②]

中共十六大提出的司法体制改革的最终目标，就是要改变当时司法体制存在的“三化”问题。司法不公，司法腐败现象的产生，与司法体制存在的弊端有关。现行司法体制的弊端可以概括为“三化”，即司法权力地方化、审判活动行政化、法官职业大众化。

首先是司法权力的地方化，按照我国宪法规定实行多级政权体制。每一级的政权机关都设有权力机关、行政机关，除了乡镇之外，其他各级都设有司法机关。法院的产生、法官的任免、司法人事、司法经费都在同级地方控制之下，这就导致了司法权力的地方化。司法权力的地方化带来的后果，就

① 《江泽民文选》（第3卷），人民出版社2006年版，第556页。

② 万毅：《转折与展望：评中央成立司法改革领导小组》，载《法学》2003年第8期。

是司法审判不是以国家的法律、地方性的法规作为审判的依据，而是以是否符合地方立法机关或行政机关领导人的意志为标准。司法权力地方化被理论界认为是金钱案、人情案、关系案的司法审判中地方保护主义的根源所在。特别是在企业经济纠纷案件中，地方对司法的干预非常大。

其次是审判活动行政化。案件审理行政化的第一个表现是法院体制的行政化，具体表现为法院和法官的行政化、法院相互关系的行政化、法院内部审判业务运作的行政化，包括法官人事管理的行政化。司法机关的行政化，使得行政权力的干预能十分通畅地进入司法领域，使得司法的特性弱化。案件审理行政化的第二个表现就是案件的审批制度。这个制度的弊端是使得直接审理案件的法官对案件的处理没有决定权，而对案件有决定权的法官又不直接参与审理，这就是我们平时说的审者不判、判者不审。

最后是法官职业的大众化。这种现象在过去主要表现为在我国许多不称职的人都能当法官。法律职业的大众化，是我国司法存在各种弊端、司法效率低下、司法不公的一个重要原因。

2004年年底，中央司法体制改革领导小组发布了《中央司法体制改革领导小组关于司法体制和工作机制改革的初步意见》，确立了司法体制改革的基本原则，确定了35项改革措施，对推进司法体制改革作出全面部署。其后，最高人民法院发布了《人民法院第二个五年改革纲要》(2004—2008)(以下简称《二五纲要》)。最高人民检察院于2005年9月12日发布了《关于进一步深化检察改革的三年实施意见》。

《二五纲要》提出了2004年至2008年人民法院司法改革的任务，主要是改革和完善诉讼程序制度，改革和完善执行体制和工作机制，改革和完善审判组织，改革和完善司法审判和司法政务管理制度，改革和完善司法人事管理制度方面的50项改革措施。

中共十六大以来，以胡锦涛为总书记的党中央，在科学发展观的理论指导下，在借鉴人类法治文明优秀成果的基础上，提出并阐明了社会主义法治理念这一重大理论命题。2006年4月11日，罗干在社会主义法治理念研讨班上的讲话中，把社会主义法治理念的内涵概括为“依法治国、执法为民、公平正义、服务大局、党的领导五个方面”。[1]社会主义法治理念的提出和阐释，为司法改革提供了宏大的视阈和背景，指明了司法改革的方向、理念和最终目的，为司法改革注入了新的内涵，同时也使司法改革的具体措施和实施效果有了具体的评判标准。

2007年10月中共十七大报告提出，要“深化司法体制改革，优化司法职权配置，规范司法行为，建设公正高效权威的社会主义司法制度，保证审判机关、检察机关依法独立公正地行使审判权、检察权”。[2]这次会议成为司法体制改革的又一巨大推动力。中共十七大对深化司法改革作出的重大决策，标志着中国的司法改革进入体制创新和机制创新的新阶段。

2008年2月29日，中央政法委向全国政法系统发出了《关于开展党的十七大精神和胡锦涛总书记在全国政法工作会议代表和全国大法官、大检察官座谈会上的重要讲话大学习、大讨论活动的通知》，其中明确提出“要进一步领会维护社会公平正义、推进社会主义民主法治建设的重大任务，积极稳妥地推进司法体制改革……按照党的十七大对深化司法体制改革的总体部署和要求，巩固前一阶段司法改革的成果，进一步推进司法体制改革。”[3]

这一阶段，在党中央的统一部署和最高人民法院的具体指导下，人民法院司法改革取得了比较明显的进展：

第一，改革和完善死刑核准制度，提高了死刑案件质量。最高人民法院2007年1月1日起统一行使死刑核准权，结束了部分死刑案件核准权下放26年的历史。最高人民法院2007年2月28日起实施的《关于复核死刑案件若干问题的决定》，严格统一了死刑适用的标准、证据标准，严格规范死刑复核程序，确保死刑案件的慎重与公正。

---

① 罗干：《深入开展社会主义法治理念教育切实加强政法队伍思想政治建设》，载《求是》2006年第12期。

② 《胡锦涛文选》（第2卷），人民出版社2016年版，第637页。

③ 《中央政法委部署十七大精神和胡总书记重要讲话学习讨论活动》，载《人民法院报》2008年3月21日。

第二，改革和完善民事再审制度。全国人大常委会于2007年10月修正的《民事诉讼法》，细化了再审理由，完善了再审制度，在一定程度上解决了申诉和申请再审难的问题。

第三，改革和完善了审判组织和审判方式制度。2007年9月，最高人民法院出台的《关于审判委员会制度改革的实施意见》规定，除基层法院外，人民法院可根据需要设立刑事审判专业委员会和民事行政审判专业委员会，进一步健全了审判委员会的机构设置、工作程序和运行方式。根据十届全国人大常委会第十一次会议通过的《关于完善人民陪审员制度的决定》，自2005年5月1日起，指导地方各级人民法院选任具有广泛代表性的人民陪审员55681人，参与审理案件121万件，充分发挥了人民陪审员制度维护司法公正、促进司法公开、推进司法民主的作用。①

2007年8月最高人民法院下发了《关于进一步加强刑事审判工作的决定》，通过改革和完善刑事庭前程序，规范举证、质证、认证活动，规范和完善刑事鉴定制度等若干改革措施，要求各级法院确保刑事审判质量与效率，保障人权。

此前，2007年3月，最高人民法院下发了《关于完善院长、副院长、庭长、副庭长参加合议庭审理案件制度的若干意见》，要求各级人民法院院长、副院长、庭长、副庭长除参加审判委员会审理案件外，每年都应当参加合议庭或者担任独任法官审理案件，这样进一步规范了合议庭审理案件制度，对防止诉讼程序之外对案件的不当干预起了重要作用。

第四，进一步推进审判公开。2007年6月，最高人民法院发布了《关于加强人民法院审判公开工作的若干意见》，首次明确了加强审判公开工作应当坚持依法公开、及时公开、全面公开三项基本原则，推出了审判公开方面的便民措施，进一步规范了各类案件公开开庭或不开庭审理的要求等，从而进一步加强审判公开工作，提高了案件的程序公正。

第五，进一步改革和完善司法人事管理制度、推进法官职业化建设。法

① 肖扬：《最高人民法院工作报告（2008）》，载“中国人大网”（http://www.npc.gov.cn/wxzl/gongbao/2008-03/18/content_1475440.htm）2018年3月18日，最后访问时间：2019年9月18日。

官职业化建设的重点是深入推进法院工作人员分类管理，而推行法官助理制度，是实现人员分类管理的关键和突破口。2004 年 9 月，最高人民法院下发了《关于在部分地方人民法院开展法官助理试点工作的意见》，正式确定在北京市海淀区人民法院、广东省深圳市中级人民法院等 18 个法院试行法官助理制度。经过三年的时间，18 个试点法院取得积极成效。此外，推行法官遴选制度和法官逐级选任制度。自 2002 年以来，截至 2007 年 2 月，最高人民法院从相关科研所、法学院校和律师事务所先后引进知名法学教授、副教授及优秀律师等 22 人，并从大专院校招录了法学博士、博士后 70 余人，从高级、中级和基层法院选调干部 127 人。① 最高人民法院此举将对全国法院系统起到很好的引领示范作用。

然而，迄今为止，由于种种原因，《二五纲要》规定的任务（主要是涉及司法体制性改革问题）有一部分并没有完成。这也正说明司法改革的艰苦性和长期性。但总体说来，由于“第二个五年改革纲要”的实施，在一定程度上触及了司法领域体制性层面的问题，因而为下一步深化司法体制改革积累了宝贵的经验，打下了重要基础。②

经过“一五”“二五”改革，人民法院的司法体制和工作机制有了一定的发展完善，但是与日益增长的人民群众的司法需求相比，还有不小的差距。在这种形势下，开展新一轮人民法院司法改革，已经迫在眉睫。在此背景下，最高人民法院制定了“三五”改革纲要，旨在掀起新一轮的司法改革。我们有理由相信，一个公正、高效的司法体制将会在未来建立。

四、完善司法责任制为目标的改革（中共十八大以来）

中共十八大以后，主要是中共十八届三中全会、四中全会通过的《中共中央关于全面深化改革若干重大问题的决定》和《中共中央关于全面推进依

① 吴兢：《22 名律师、学者当上最高法院法官》，载《人民日报》2007 年 2 月 28 日。

② 公丕祥：《中国司法改革的时代进程（下）》，载《光明日报》2008 年 12 月 30 日。

法治国若干重大问题的决定》对司法体制改革进行了全面部署。这次关于司法体制的改革，不仅力度大，而且方案的实施对推动独立行使审判权，消除司法腐败，促进社会公平正义，提高司法公信力，将会有巨大的促进作用。十八届三中全会、四中全会分别通过的两个关于司法体制改革思路的决定，实际上是党的十六大确立的司法改革设想的继续。

（一）中共十八大以来司法改革的举措

2013年召开的中共十八届三中全会确立的全面深化改革的内容之一就是法治中国建设，这部分内容的最大亮点就是司法体制改革。中共十八届三中全会通过的《关于全面深化改革若干重大问题的决定》当中，对司法改革从多种角度，列出了司法体制改革的具体方向、措施和目标，是迄今为止关于司法体制改革具体要求最为全面的一个纲领性文件。该决定中司法体制改革的具体措施包括以下几方面：第一是确保依法独立公正行使审判权、检察权。第二是建立司法权力运行的机制。第三是明确规定要完善人权司法保障制度。另外，还有非常重视建立法律顾问制度，以此来调整司法服务的功能，完善司法服务体系。尤其是关于司法管理体制的改革，应该说是一个重大的突破。这个决定提出，要推动省以下，地方法院、检察院人财物统一管理，探索行政区划适当分离的司法管理制度，提出改革审判委员会制度，完善主审法官、合议庭办案责任制，让审理者裁判，由裁判者负责，明确各级法院职能定位，规范上一级法院审判监督关系等。

2014年召开的中共十八届四中全会通过的《关于全面推进依法治国若干重大问题的决定》，关于司法体制改革的内容，是对中共十八届三中全会关于司法体制改革的内容的进一步展开和具体化。十八届四中全会关于司法改革的思路如下：

1. 完善确保依法独立公正行使审判权和检察权的制度。建立领导干部干预司法活动、插手具体案件处理的记录、通报和责任追究制度。

健全行政机关依法出庭应诉、支持法院受理行政案件、尊重并执行法院生效裁判的制度。完善惩戒妨碍司法机关依法行使职权、拒不执行生效裁判和决定、藐视法庭权威等违法犯罪行为的法律规定。

建立健全司法人员履行法定职责保护机制。非因法定事由，非经法定程序，不得将法官、检察官调离、辞退或者作出免职、降级等处分。

2. 优化司法职权配置。健全公安机关、检察机关、审判机关、司法行政机关各司其职，侦查权、检察权、审判权、执行权相互配合、相互制约的体制机制。

完善司法体制，推动实行审判权和执行权相分离的体制改革试点。完善刑罚执行制度，统一刑罚执行体制。改革司法机关人财物管理体制，探索实行法院、检察院司法行政事务管理权和审判权、检察权相分离。

最高人民法院设立巡回法庭，审理跨行政区域重大行政和民商事案件。探索设立跨行政区划的人民法院和人民检察院，办理跨地区案件。完善行政诉讼体制机制，合理调整行政诉讼案件管辖制度，切实解决行政诉讼立案难、审理难、执行难等突出问题。

改革法院案件受理制度，变立案审查制为立案登记制，保障当事人诉权。加大对虚假诉讼、恶意诉讼、无理缠诉行为的惩治力度。完善刑事诉讼中认罪认罚从宽制度。

完善审级制度，一审重在解决事实认定和法律适用，二审重在解决事实法律争议、实现二审终审，再审重在解决依法纠错、维护裁判权威。完善对涉及公民人身、财产权益的行政强制措施的司法监督制度。探索建立检察机关提起公益诉讼制度。

明确司法机关内部各层级权限，司法机关内部人员不得违反规定干预其他人员正在办理的案件，建立司法机关内部人员过问案件的记录制度和责任追究制度。完善主审法官、合议庭、主任检察官、主办侦查员办案责任制，落实谁办案谁负责。

加强职务犯罪线索管理，明确纪检监察和刑事司法办案标准和程序衔接。

3. 推进严格司法。健全事实认定符合客观真相、办案结果符合实体公正、办案过程符合程序公正的法律制度。加强和规范司法解释和案例指导，统一法律适用标准。

推进以审判为中心的诉讼制度改革，确保侦查、审查起诉的案件事实证据经得起法律的检验。全面贯彻证据裁判规则，严格依法收集、固定、保存、审查、运用证据，完善证人、鉴定人出庭制度，保证庭审在查明事实、认定证据、保护诉权、公正裁判中发挥决定性作用。

明确各类司法人员工作职责、工作流程、工作标准，实行办案质量终身负责制和错案责任倒查问责制。

4. 保障人民群众参与司法。在司法调解、司法听证、涉诉信访等司法活动中保障人民群众参与。完善人民陪审员制度，提高人民陪审制度公信度。逐步实行人民陪审员不再审理法律适用问题，只参与审理事实认定问题。

推进审判公开、检务公开、警务公开、狱务公开，依法及时公开执法司法依据、程序、流程、结果和生效法律文书，杜绝暗箱操作。加强法律文书释法说理，建立生效法律文书统一上网和公开查询制度。

5. 加强人权司法保障。强化诉讼过程中当事人和其他诉讼参与人的知情权、陈述权、辩护辩论权、申请权、申诉权的制度保障。健全落实罪刑法定、疑罪从无、非法证据排除等法律原则的法律制度。完善对限制人身自由司法措施和侦查手段的司法监督，加强对刑讯逼供和非法取证的源头预防，健全冤假错案有效防范、及时纠正机制。

切实解决执行难，依法保障胜诉当事人及时实现权益。

落实终审和诉讼终结制度，实行诉访分离。对不服司法机关生效裁判、决定的申诉，逐步实行由律师代理制度。对聘不起律师的申诉人，纳入法律援助范围。

6. 加强对司法活动的监督。完善检察机关行使监督权的法律制度，加强对刑事诉讼、民事诉讼、行政诉讼的法律监督。完善人民监督员制度，重点监督检察机关查办职务犯罪的立案、羁押、扣押冻结财物、起诉等环节的执法活动。规范媒体对案件的报道，防止舆论影响司法公正。

依法规范司法人员与当事人、律师、特殊关系人、中介组织的接触、交往行为。对因违法违纪被开除公职的司法人员、吊销执业证书的律师和公证员，终身禁止从事法律职业，构成犯罪的要依法追究刑事责任。

坚决破除各种潜规则，绝不允许办关系案、人情案、金钱案。坚决反对和惩治粗暴执法、野蛮执法行为。对司法领域的腐败零容忍，坚决清除害群之马。

中共十八届三中全会、四中全会关于司法体制改革最核心的内容，就是以实现司法责任制为目标，完善司法管理体制和司法权力运行机制，规范司法行为，加强对司法活动的监督，实现办案人员终身责任制和错案责任倒查机制，保证司法公正，提高司法公信力，努力让人民群众在每一个司法案件中感受到公平正义。

围绕中共十八届三中、四中全会确立的目标，目前我国的司法体制改革正有序推进，并根据中共十九大的精神，深化司法体制综合改革配套措施。

（二）中共十八大以来的五年司法体制改革的成绩①

中共十八大以来的五年中，人民法院司法改革取得重要的阶段性成效。

1. 深化法院组织体系改革。按照党中央部署，最高人民法院设立 6 个巡回法庭。2017 年，巡回法庭共审结案件 1.2 万件，占最高人民法院办案总数的 47%，实现最高审判机关重心下移，被群众称为“家门口的最高人民法院”。推进跨行政区划法院建设，着力解决诉讼“主客场”问题。设立北京、上海、广州知识产权法院和天津、南京、武汉等 15 个知识产权法庭，有效提升知识产权专业化审判水平。

2. 全面实施立案登记制改革。从 2015 年 5 月 1 日起全面实行立案登记制，变审查立案为登记立案，当场登记立案率超过 95%。依法制裁虚假诉讼，维护正常诉讼秩序。在福建、宁夏等法院开展跨域立案试点，构建当场立案、网上立案、自助立案、跨域立案相结合的立案新格局，让长期以来老百姓反

① 这部分内容参见周强：《最高人民法院工作报告——2018 年 3 月 9 日在第十三届全国人民代表大会第一次会议上》，载《人民日报》2018 年 3 月 26 日；曹建明：《最高人民检察院工作报告——2018 年 3 月 9 日在第十三届全国人民代表大会第一次会议上》，载《人民日报》2018 年 3 月 26 日。

映强烈的“告状难”问题真正地成为历史。

3. 全面推进司法责任制等基础性改革。全国法院从211990名法官中遴选产生120138名员额法官，其中最高人民法院遴选产生367名员额法官。积极开展法官助理、书记员职务序列改革，充实审判辅助力量，实现85%以上人员向办案一线集中。完善法官、合议庭办案责任制，改革审判权力运行机制，实现“让审理者裁判，由裁判者负责”，法官对办案质量终身负责。坚持放权与监督相结合，构建全员全过程的监督管理机制。完善司法人员依法履职保障机制。推进人财物省级统管改革，着力构建新型司法管理体制。

4. 积极推进以审判为中心的刑事诉讼制度改革。在全国法院试行庭前会议、排除非法证据、法庭调查三项规程，完善刑事诉讼制度。推广浙江温州、四川成都等地经验，推进庭审实质化，完善侦查人员、鉴定人、证人出庭作证机制，依法保障律师阅卷、质证、辩论辩护等权利，发挥庭审在查明事实、认定证据、保护诉权、公正裁判中的决定性作用。上海、贵州高院制定常见犯罪证据标准指引，促进提高刑事案件办案质量。

5. 推进矛盾纠纷多元化解和案件繁简分流。推广四川“眉山经验”、山东“潍坊经验”、安徽“马鞍山经验”，强化诉调对接，充分发挥人民调解作用，引导当事人选择调解、仲裁等方式化解矛盾。联合司法部开展律师调解试点，完善律师调解制度。坚持合法自愿原则，各级法院通过调解方式处理案件1396.1万件。建立全国法院在线调解平台，及时便捷化解纠纷。出台繁简分流指导意见，全国基层法院适用简易程序和小额诉讼程序审结案件3241.6万件。积极推进要素式庭审、令状式文书、示范性诉讼等机制创新，切实提高司法效率。根据全国人大常委会授权，在沈阳、长沙、西安等18个地区开展刑事速裁和认罪认罚从宽制度改革试点，缩短办案周期，让正义的实现进一步提速。

6. 推进人民陪审员制度改革。根据全国人大常委会授权，在黑龙江、广西、重庆等地50个法院实行人民陪审员制度改革试点，提高陪审员的广泛性和代表性，让人民参与司法、监督司法。完善陪审员参审机制，全国陪审员共参审案件1295.7万件。

7.全面建设智慧法院。设立杭州、北京、广州互联网法院发挥司法大数据管理和服务平台作用，为群众诉讼提供服务，为科学决策提供参考。

中共十八大以来由最高人民检察院承担的29项改革任务全部完成或结项，司法改革呈现全面发力、多点突破、纵深推进的局面。

1.司法责任制全面实施。检察官、检察辅助人员、司法行政人员分类管理格局基本形成。检察官员额制全面推开，入额检察官全部配置在办案一线，实行员额动态管理。落实检察官办案责任制，建立检察官办案组和独任检察官两种办案组织，制定检察官权力清单。与检察人员职务序列相配套的履职保障制度逐步完善。坚持放权不放任，全面开展流程监控和质量评查，全程、同步、动态监督司法办案。入额领导干部带头办理重大疑难复杂案件。1854个检察院开展内设机构改革，一线办案力量普遍增长20%以上。

2.检察机关提起公益诉讼制度改革取得重大进展。2015年7月起在13个省区市860个检察院开展为期两年的试点，办理公益诉讼案件9053件，覆盖生态环境和资源保护、国有资产保护、国有土地使用权出让、食品药品安全等所有授权领域。2017年6月全国人大常委会修改《民事诉讼法》和《行政诉讼法》、确立检察机关提起公益诉讼制度后，又办理公益诉讼案件10925件。这项改革两年间完整经历了顶层设计、法律授权、试点先行、立法保障、全面推开5个阶段，走出了一条具有中国特色的公益司法保护道路。

3.以审判为中心的刑事诉讼制度改革有力推进。与最高人民法院、公安部等共同制定改革意见。办理刑事案件严格排除非法证据，最高人民检察院发布50个常见罪名批捕、起诉证据指引。充分发挥审前主导和过滤作用，督促侦查机关立案9.8万件、撤案7.7万件，追加逮捕12.4万人、追加起诉14.8万人，对不构成犯罪或证据不足的不批捕62.5万人、不起诉12.1万人，其中因排除非法证据不批捕2864人、不起诉975人，依法纠正“王玉雷故意杀人案”。加强刑事审判活动监督，对认为确有错误的刑事裁判提出抗诉

3.5 万件，最高人民检察院对“陈满故意杀人案”“谭新善故意杀人案”等 11 起重大案件向最高人民法院提出抗诉或再审检察建议。重视律师促进公正司法的重要作用，发布保障律师执业权利规定，更加充分保障律师会见权、阅卷权、调查取证权，监督相关政法机关纠正阻碍律师行使执业权利 6981 件。

4. 刑事案件速裁程序和认罪认罚从宽制度试点扎实开展。根据全国人大常委会授权决定，2014 年 6 月起在 18 个城市开展为期两年的刑事案件速裁程序试点，共对 5.6 万件轻微刑事案件建议适用速裁程序，审查起诉周期由过去平均 20 天缩短至 5 天。2016 年 11 月又部署认罪认罚从宽制度试点，人民法院适用该制度审结的刑事案件中，由检察机关建议适用的占 98.4%，人民法院对检察机关量刑建议的采纳率为 92.1%。

5. 跨行政区划检察院改革试点取得重要成果。2014 年上海市检察院第三分院、北京市检察院第四分院挂牌成立后，积极探索跨行政区划管辖范围和办案机制。办理跨地区案件和食品药品、环境资源、知识产权、海事等特殊类型案件 843 件、1332 人。

6. 省以下检察院人财物统一管理改革稳步推进。市县检察院检察长由省级党委管理，其他领导班子成员由省级党委或委托地市级党委管理。政法专项编制由省级统一管理。成立省级检察官遴选委员会，统一遴选入额检察官。吉林、广东等 19 个省份已实现省级财物统一管理，省市县检察院均为省财政部门一级预算单位。

7. 人民监督员制度改革不断深化。人民监督员一律由地市级以上司法行政机关选任和管理，检察机关办理职务犯罪案件的关键环节一律接受监督，参加监督的人民监督员一律由司法行政机关随机抽选，市县检察院办理的案件一律由上一级检察机关组织监督。2014 年深化改革以来，人民监督员共监督案件 9241 件。

8. 司法体制改革和现代科技应用深度结合。2014 年建成融办案、管理、监督、统计等功能于一体、四级检察院全联通全覆盖的全国统一大数据办案平台，所有办案一个平台、一个标准、一个程序，实现网上录入、网上管理、网上监督，数据自动生成。建成四级检察院全联通全覆盖的全国网上信访信息系统、远程视频接访系统，减少人民群众信访奔波劳累之苦。探索人工智能在司法办案中的应用，全面推进智能辅助办案系统以及侦查活动监督平台、案管机器人、智能语音办案平台、出庭一体化平台建设，推动司法办案更加高效规范公正。

9. 政法领域全面深化改革启动。党的十八大以来，随着全面深化改革战略在国家治理领域的深入实施，政法领域改革从以往以司法改革为主拓展到政法工作的各方面，作为实践形态的“政法改革”逐步生成。2019 年 1 月 15 日至 16 日，中央政法工作会议在北京召开。习近平总书记在会议上强调，党的十八大以来，党中央把政法工作摆到更加重要的位置来抓，作出了一系列重大决策，实施了一系列重大举措，维护了政治安全、社会安定、人民安宁，促进了经济社会持续健康发展。要坚持以习近平新时代中国特色社会主义思想为指导，坚持党对政法工作的绝对领导，坚持以人民为中心的发展思想，加快推进社会治理现代化，加快推进政法领域全面深化改革，加快推进政法队伍革命化、正规化、专业化、职业化建设，忠诚履职尽责，勇于担当作为，锐意改革创新，履行好维护国家政治安全、确保社会大局稳定、促进社会公平正义、保障人民安居乐业的职责任务，不断谱写政法事业发展新篇章。①2019 年 1 月，中共中央印发了《中国共产党政法工作条例》，该条例内容共 7 章，39 条，对坚持和加强党对政法工作的绝对领导，做好新时代党的政法工作进行了明确具体的规定。② 中央全面深化改革委员会第六次全体会议审议通过了《关于政法领域全面深化改革的实施意见》，③ 这是第一份对政法改革作出全面部署的改革文件。

新时代政法改革是由党中央统一部署推进的重大改革工程，是新时代政

① 习近平：《全面深入做好新时代政法各项工作 促进社会公平正义保障人民安居乐业》，载《人民日报》2019 年 1 月 17 日。

② 《中共中央印发〈中国共产党政法工作条例〉》，载《人民日报》2019 年 1 月 19 日。

③ 《习近平主持召开中央全面深化改革委员会第六次会议强调对标重要领域和关键环节改革继续啃硬骨头确保干一件成一件》，载《人民日报》2019 年 1 月 24 日。

法领域的一场全方位深层次的革命。从改革的广度看，新时代政法改革已从司法领域扩展到党委政法委、公安、国家安全、司法行政等各领域，辐射到政法工作各方面、各环节。这可以从党的十九届三中全会的决策部署中看到这种大气魄、大手笔。这次全会对政法机构改革作出了全方位、大力度的顶层设计，内容涉及加强党对政法工作的领导、党委政法委改革、公安改革、司法行政改革、跨军地改革等方面。①

从改革深度看，新时代政法改革已从执法司法体制改革推进到政法工作制度体系创新。例如，如何加强和改进党对政法工作的领导，如何完善中国特色社会主义政法工作体系，如何优化政法机关机构职能体系，如何健全法治建设的集中统一领导机制，如何创新中国特色社会主义社会治理体制，如何完善维护安全稳定工作机制，如何构建共建共治共享的社会治理格局，如何建立海外利益安全保护体系，如何加强政法队伍革命化、正规化、专业化、职业化建设。这些都是涉及党和国家长治久安、政法事业长远发展的重大问题，必须通过深化政法改革有效解决。②

新时代政法改革主要包括以下方面任务：③

（1）加强党对政法工作的领导。党对政法工作的领导主要体现为党中央的绝对领导、地方党委的领导、党委政法委的领导、政法机关党组（党委）的领导。

（2）深化政法机构改革。政法机构改革大体上可分为三个层面推进。在宏观层面，以完善政法工作体制为目标，理顺政法机关之间的关系，构建起党领导下政法机关各司其职、配合有力、制约有效的工作体系。在中观层面，以健全政法组织体系为目标，正确处理好各政法机关统与分、上与下的关系，构建起布局科学、上下一体的政法组织机构体系。就统与分的关系而言，主要是处理好普通政法机关与行业或专门政法机关的关系，例如，普通法院与

---

① 《深化党和国家机构改革方案》，载《人民日报》2018年3月22日。

② 黄文艺：《新时代政法改革论纲》，载《中国法学》2019年第4期。

③ 该部分新时代政法改革的内容参见黄文艺：《新时代政法改革论纲》，载《中国法学》2019年第4期。

海事法院、知识产权法院等专门法院的关系，普通公安机关与铁路、民航等行业公安机关的关系，做到统一性与专业化相结合。在微观层面，以提升政法机关战斗力为目标，深入推进政法机关内设机构改革，创新内部管理结构体系，让政务、业务运行更加优质高效。

（3）深化法治实施体制改革。政法机关的法治实施体制改革在法治改革中居于基础地位，事关社会主义法治国家建设的质量水平，事关中国法治的国际竞争力和话语权。由于政法机关的法治实施职能辐射面广，法治实施体制改革覆盖行政立法体制、行政执法体制、司法体制、诉讼制度、对外法治工作体制等各方面。

（4）深化社会治理体制改革。社会治理体制改革的主要任务包括：加快健全社会治理统筹协调机制、社会共建共治共享机制、社会矛盾预防化解机制、社会纠纷多元解决机制，提高社会治理现代化水平。

（5）深化政法公共服务体系建设。政法机关提供的公共服务可统称为政法公共服务，包括公安政务服务、诉讼服务、公共法律服务。加强政法公共服务体系建设的主要目标是，坚持“用户思维”、注重“用户体验”，加快健全公安政务服务、诉讼服务、公共法律服务体系，增强人民群众的满意度、获得感。

（6）深化政法职业管理制度改革。政法队伍管理制度改革，应牢牢坚持革命化、正规化、专业化、职业化的“四化”方向，加快完善职业准入、职业教育、职业监督、职业保障制度，形成科学有效、规范有序的政法队伍管理体系。

（7）深化政法科技体系创新。深化政法科技体系建设，重点是加快推进数据资源集成化、业务运行智能化、政务管理信息化、公共服务网络化，把科技生产力转化为现实战斗力。

第十一章
法学研究的曲折与发展

理论来源于实践，正确的理论指导新的实践。法学研究与法治建设的关系同样符合这一认识论规律。法学研究的根本任务是与法治建设实践相结合，促进中国社会主义法治建设事业的发展。因此，我们的法学研究应该在深入了解中国国情的基础上，探索我国社会主义初级阶段法治建设的发展规律，不断总结经验，为推动法治建设发挥理论指导作用。法学研究的繁荣既是法学发展的基本途径，也是促进法治建设的重要动力。回顾新中国成立以来的法治建设历程，法学研究的进步与否深刻影响着法治建设的进程。法治建设无论是取得了成就还是遭受挫折乃至破坏，都与法学研究的状况密不可分，这其中法学教育肩负沟通两者的重要任务，忽视法学研究和法学教育必将使法治建设失去源头活水。

中华人民共和国自 1949 年 10 月 1 日成立至今不过短暂 70 年的时间，然而就在这不长的历史进程中，中国的法治建设事业却经历了不平凡的发展过程。我们可以把 70 年的法治建设大体上分为两个阶段，即 1949 年至 1978 年和 1979 年至今。总体上说，在我国社会主义法治建设 70 年的短暂历程中，法学研究对法治建设实践的促进呈现了这样一幅非常清晰的图景：每当法学研究受到重视并且得到发展时，必然促进法治建设的发展或进步；反之，法治建设则会受到阻碍甚至遭到破坏。

第一节
新中国成立以来法学研究概述

一、新中国成立后前 30 年（1949 年—1978 年）

新中国成立后从 1949 年到 1978 年，在 30 年的法学研究和法治建设实践中，我国法治建设事业取得了一定的成就，但更多的是经历了沉痛的经验教训。从 1949 年到 1956 年中共八大的召开是我国法学研究的形成和建立时期，以马克思主义法学的形成为标志，我国法治建设事业得到较快发展。总的来说，法学研究较好地促进了法治建设实践。但是从 1957 年“反右”运动扩大化以后，法律虚无主义逐渐弥漫，最终导致了自 1966 年到 1976 年的“文化大革命”十年动乱，法治荡然无存，法学研究更是被彻底摧毁。所以新中国成立后的前 30 年法学研究和法治建设的经历是崎岖坎坷的。

从 1949 年 10 月到 1956 年中共八大召开，这一阶段是我国法学研究在马克思主义法学理论基础上的建立与形成时期。新中国的建立，不仅仅意味着一场政权的交替革命，也预示着与政权密切相关的法律变革。“对于一场法律革命而言，如何对待它先前的法律遗产，这是革命的设计者和组织者必须认真严肃地思考的重要问题。在中国的历史条件下，中国共产党人清醒地意识到，中国社会主义法制不可能在旧法制的基础上建立，而必须运用革命的暴力手段打碎旧的国家机器，废除国民党反动政府的‘伪法统’。”①

① 公丕祥:《当代中国的法律革命》，法律出版社 1999 年版，第 40—41 页。

早在新中国成立前夕，作为对蒋介石在1949年元旦文告中所云“不违反宪法”“不中断法统”的求和条件的严正回应，毛泽东在同年1月14日关于时局的声明中明确提出“废除伪宪法”“废除伪法统”，明确昭示了中国共产党在夺取政权后确立新的法律指导思想和制定新法律的坚定立场，这也为新中国成立后的法治建设奠定了初步的理论基础。1949年2月中共中央正式发布了《关于废除国民党的六法全书与确立解放区司法原则的指示》。同年4月，华北人民政府发布了《废除国民党的六法全书及一切反动的法律的训令》。这两个文件宣布废除旧法统，确立了新政府的人民司法工作以人民政府的新法律作为依据。

在废除国民党《六法全书》、确立解放区法律原则的前提下，我国法学工作者运用马克思主义立场、观点、方法，继承革命根据地法治建设经验和马克思主义法学理论的研究成果，参考国外的经验与材料，致力于新中国法学的研究与创建。因此，中华人民共和国的法治是在彻底摧毁国民党政府旧法统后，根据马克思主义国家与法的理论，加之在当时全盘接受苏联各方面建设经验的情况下，按照苏联法治模式建立起来的。马克思主义关于国家与法的理论的核心内容为法律是统治阶级意志的体现，是阶级统治的工具，它由国家制定与认可，由国家强制力保证实施，确认和维护有利于统治阶级的社会关系和社会秩序。中华人民共和国成立后的法治建设全部建立在这一理论基础之上。“当时，中国人民大学、中央人民政府法制委员会等单位聘请了苏联专家讲授马克思主义国家与法的理论，组织翻译、介绍了苏联国家与法的理论研究与教学方面的资料近四、五十种。例如，《国家与法律概论》（1950年），《马克思主义关于国家和法权理论教程》（1953年），《苏维埃立法和它的适用原则》（1955年）等。在此基础上，我国法学工作者根据本国实践，配合教学、研究的需要，先后编写出版了一批国家与法理论讲义、参考资料以及法制宣传材料十余种。例如，《国家与法权理论讲义》（1957年）、《马列主义关于法律》《谈谈守法》《什么是法律》等，开始摸索我国法学研究的成长之路。这一阶段还撰写了若干篇研究性论文，讨论了法学理论的一些重要问题，如法学研究对象；法和法学在历史发展中的继承性；公民在法律上一律平等，人民民主法制在社会主义建设中的作用，政策与法律；等等。”[①] 总而言之，这一阶段法学研究的开端较好，取得了一定成果，为我国马克思主义法学理论的发展初步奠定了基础，并且为我国的法治建设实践提供了较多的知识资源。最为突出的成就是制定了比较符合现代法治精神的 1954 年宪法，从而有力地促进了中国法治建设的进程，为中国社会主义法治建设奠定了基础。这一时期，我国在大量学习和参考苏联法治建设经验及马克思主义国家与法的理论研究成果的基础上，法治建设各方面均取得了较大成就，表现在立法、司法以及法学教育上。

在立法领域，为适应社会主义改造和经济建设发展的需要，中央人民政府在建国伊始就相继制定发布了《中华人民共和国婚姻法》(1950 年 4 月 13 日),《中华人民共和国土地改革法》(1950 年 6 月 28 日),《中华人民共和国工会法》(1950 年 6 月 29 日),《中华人民共和国惩治反革命条例》(1951 年 2 月 20 日),《中华人民共和国惩治贪污条例》(1952 年 4 月 18 日)，以及禁毒禁烟、战犯和罪犯改造等重要法规。初步建立了社会主义的法治秩序，促进了各项事业的顺利发展。1954 年 9 月 20 日中华人民共和国第一部宪法诞生，为我国的法治建设奠定了基础。同时还发布了《全国人民代表大会组织法》《国务院组织法》《人民法院组织法》《人民检察院组织法》与《地方各级人民代表大会和地方各级人民委员会组织法》，将国家机构和司法机关纳入法治化的轨道。

在司法领域，这一时期的成就也是巨大的。到 1950 年 6 月，除解放较晚的西南地区外，全国 5 大区连同老解放区，共建立人民法院 1566 个，占应建数的 75%。同年 3 月首先在天津建立区人民法院，受理一审案件，便利人民诉讼。1951 年 4 月，成立了最高人民法院及其 6 个分院，50 个省级人民法院，加上新建的 891 个地方人民法院，共有 2458 个。尚未建立人民法院的县还有 124 个。随之设立了各级检察机关、大行政区检察署 5 个，省级行署、市级检察署 50 个，专区检察分署 51 个，县（市）检察署 352 个。为了消除国民党

① 孙国华、郭华成:《我国法学基础理论的回顾与展望》，载《法学家》1988 年第 3 期。

法律包括西方法律思想的影响，1952 年在全国法学界开展了司法改造运动，这次运动主要是对所谓“旧法人员”进行思想改造，纯化司法队伍的革命性。从 1954 年到 1956 年，全国共成立法律顾问处 800 多个，设立律师协会 19 个，从业律师近 3000 人。并在各地建立了人民调解委员会制度和公证机关。在总结这一时期司法机关工作的基础上，于 1951 年和 1953 年成功地召开了两次全国司法工作会议，进一步促进了全国司法工作的健康发展。

在法学教育领域，1951 年全国共有 63 所高等院校设有政法系科。1952 年高等学校进行院系调整，政治学、法学系科大多被撤销，保留的法律系有中国人民大学法律系、武汉大学法律系、东北人民大学法律系（后改为吉林大学法律系）、西北大学司法专修科。另行成立 4 所政法学院，即北京政法学院、华东政法学院、中南政法学院、西南政法学院。1954 年又在北京大学、复旦大学、西北大学重建法律系。1957 年高等法律院系共有 10 个：北京大学、中国人民大学、武汉大学、复旦大学、西北大学、东北人民大学 6 个大学的法律系，以及北京、华东、中南、西南 4 个政法学院。至此形成“四院六系”的格局。法学教育的正规化不仅仅是办了几所大学院系的问题，重要的是通过法学教育又极大促进了法学理论研究，从而为法治建设实践输出了人力和知识两大重要资源。

总的说来，新中国成立初期的 7 年时间内，我国的法学研究确实对法治建设实践起到了较大的促进作用。但是由于当时历史条件的限制，也导致一些缺陷的存在，如学习不深入，主要是联系中国情况较少，理解比较肤浅，有简单化的倾向。在司法改革中出现了“左”的倾向，片面强调政治对法的决定作用，否定法的继承性，对传统旧法学理论一概否定。真正能从理论上、学术上进行有分析的、高水平的批判文章并不多。往往是从政治上着眼较多，从专门法律方面考虑较少，简单否定的多，辩证分析、适当肯定的少，有批判地借鉴很少等。加上对苏联法学理论的教条主义理解，致使中国法学形成了虚无主义的思想萌芽，过分强调法是统治阶级的意志和专政工具，进而使一代中国法学家形成教条主义的思维方式。因此，当时我国法学界，其中绝大多数人，都对苏联的法学理论深信不疑，简单照搬，这就埋下了进一步“左”

的祸根。

从 1957 年到 1976 年“文化大革命”结束，这 20 年在指导思想上开始发生了“左”的错误，法治建设基本上处于徘徊不前的状态，本来已经开始的起草刑法、民法的工作都停了下来；法学研究没有多大进展，明显地出现了“左”的倾向。“文革”十年是无法无天的十年，无政府主义在很多领域泛滥成灾，社会主义法治和法学研究都饱受摧残。法律院校大多数被解散，硕果仅存的北大和吉大两个法律系，也是名存实亡，法律课基本上不再讲授，刑法这门学科也改名为“对敌斗争策略”。

1957 年到 1976 年，是中华人民共和国历史由曲折走向挫折的 20 年。这一阶段法学研究不但没有取得新的进展，而且遭受重大破坏甚至倒退。在法治建设方面，党和国家由开始轻视法治到彻底抛弃法治。新中国在彻底摧毁旧法治基础上刚刚建立起来的新法治，又被自己再度摧毁。

二、中共十一届三中全会以来的 40 多年（1979 年至今）

1976 年 10 月粉碎“四人帮”，宣告长达十年之久、给国家和民族带来挫折的“文化大革命”结束。中国人民开始用清醒的头脑思考国家民族的未来。一场极为深刻的社会变革的时机开始到来。1978 年 5 月 11 日，《光明日报》发表特约评论员文章《实践是检验真理的唯一标准》，标志着一场深刻的、意义深远的思想解放运动的开始。这场思想解放运动为新时期法制建设的蓬勃发展奠定了重要的思想基础。4 个月后，《人民日报》发表特约评论员文章《民主与法治》，指出：“当前，我们十分需要这样的社会主义的《刑法》和《民法》，以便司法部门量刑有准，执法有据。同时，我们也十分需要社会主义的诉讼法，使人民有冤能伸，有理能辩，有权根据法律的规定，进行诉讼，以保卫自己的合法权利。”当时刚刚复出的邓小平深刻总结了新中国成立以来民主与法治建设的历史经验，也深刻总结了十年“文化大革命”的教训，他把眼光放在制度建设上。他说：“我们过去发生的各种错误，固然与某些领导人的思想、作风有关，但是组织制度、工作制度方面的问题更重要，这些方面的制度好可以使坏人无法任意横行，制度不好可以使好人无法充分做好事，甚至会走向反面。即使像毛泽东同志这样伟大的人物，也受到一些不好的制度的严重影响，以至对党对国家对他个人都造成了很大的不幸。”①1978 年 12 月 13 日，邓小平在中共中央工作会议闭幕会上所作的题为《解放思想，实事求是，团结一致向前看》的讲话中，进一步强调了社会主义法治问题。他指出：“为了保障人民民主，必须加强法制。必须使民主制度化、法律化，使这种制度和法律不因领导人的改变而改变，不因领导人的看法和注意力的改变而改变。现在的问题是法律很不完备，很多法律还没有制定出来。往往把领导人说的话当做‘法’，不赞成领导人说的话就叫‘违法’，领导人的话改变了，‘法’也就跟着改变。所以，应该集中力量制定刑法、民法、诉讼法和其他各种必要的法律，例如工厂法、人民公社法、森林法、草原法、环境保护法、劳动法、外国人投资法等等，经过一定的民主程序讨论通过，并且加强检察机关和司法机关，做到有法可依，有法必依，执法必严，违法必究。”②1978 年中国共产党十一届三中全会根据邓小平的民主法制思想提出了“加强社会主义民主，健全社会主义法制”的战略任务，确立了“有法可依，有法必依，执法必严，违法必究”③的法治建设方针。从此，中国的法治建设进入了新的发展时期。邓小平的讲话为此后几十年社会主义法治理论的建设，为加强社会主义法治建设指明了道路。

1978 年中共十一届三中全会以来，新中国法学研究乘思想解放的东风，清理、反思，逐渐打破法学禁区，全方位开展立法和法学研究，形成了久违的学术争鸣的局面。这种学术争鸣对于法学理论的进步产生了极大的推动作用，为新时期社会主义法治建设的繁荣提供了强大的动力支持。正如学者在总结改革开放以来法治建设的成就时所言，改革开放以来的“法治发展几乎在每一步都遇到了思想观念上的禁锢与突破的反复较量，每一个成就也都与

① 《邓小平文选》(第 2 卷)，人民出版社 1994 年版，第 333 页。

② 《邓小平文选》(第 2 卷)，人民出版社 1994 年版，第 146—147 页。

③ 参见《第十一届三中全会公报（全文)》，1978 年 12 月 22 日。

相应的法治意识和理念的树立有关”。①

新中国成立以后，从20世纪50年代开始，我国从苏联移植了其法学理论的构建模式。法学和政治学界限不清，学科体系模糊。按照苏联的理论，法学理论一般被冠之以“国家与法的理论”或者“马列主义关于国家与法权理论”等意识形态、阶级属性极强的名称。受这种理论的影响，当时我国法学工作者在对法学的研究与教学过程中，过分突出了法的阶级性和专政性。法律的斗争工具作用被放大到无以复加的地步，对于不同社会形态的法律所具有的共性成分，如法的社会性、规则性等却被极度忽视，法律完全成为体现统治阶级意志的专政工具。20世纪70年代后期，这种状况已经完全不能适应社会发展需要，所以我国法学研究的恢复阶段是从法学理论和法治建设的基本理论、基本问题着手进行研究的。

1999年8月，中国法学会法理学研究会在上海召开了以“跨世纪法理学回顾与展望”为主题的学术年会。大会上，关于改革开放20年中国法理学的发展，李龙概括其实现了“十大转变”：从政治哲学之法理学向法律科学之法理学转变；从研究方法的单一性向研究方法的复合性转变；从法的意志论向法的规律论转变；从法的批判性向法的批判性与法的继承性、法律移植相统一转变；从重政策轻法律向法律政策并重甚至治国主要依靠法律转变；从法的专政功能向法制与民主、法律与人权结合转变；从注重法的适用向法的适用与法的监督制约并重转变；从注释法学向实然法研究与应然法研究并重转变；从法与经济的一般关系论向市场经济与法制内在关联论转变；从工具性法制价值分析向依法治国的法治论转变。②笔者认为，20年中国法理学研究在方方面面的一些具体问题上都进行了较为深入的研究，其中具有重大理论和实践意义的问题主要有关于法的概念和本质、关于人治与法治、关于党的政策与国家法律的关系、关于法律面前人人平等、法与市场经济、法与精神文明、关于司法制度改革等八

---

① 蔡定剑、王晨光主编：《中国走向法治30年》，社会科学出版社2008年版，第21页。

② 李龙、汪习根：《风雨百年的中国法理学》，载庄金锋、崔惠平主编：《跨世纪法理学回顾与展望》，上海社会科学出版社2000年版，第25—39页。

个问题，此外，还在一系列问题上打破了理论禁区并取得了可喜的成果，如法的阶级性与共同性问题，权力监督与制约问题，违宪审查问题，西方法制的借鉴、学习与移植问题，法律价值问题，以及立法、司法和执法中的一些实际问题等。此外，我国法理学还对其他许多理论与实践问题进行了探讨，如法律系统论、法的实现、法与民主、法与平等、法与人权、法制与改革、法律文化、法的精神、法律解释、立法与立法体系、法制现代化、邓小平法制理论等，并取得了一批有学术价值的研究成果。① 虽然从学科角度看，法理学只是法学的一个分支，但是在对重大的基本法律理论问题的研究和探讨上，透过法理学的基本理论以及基本问题却完全可以窥视整个法学研究的宏观方面，同时法理学的上述研究成果也为各部门法学提供了基本的原则、立场和方法。

进入21世纪后，法学研究在依旧重视基本理论研究的同时，逐渐趋向研究法学方法论问题。虽然梁慧星教授的《民法解释学》可以看作法学方法论的初步尝试，但是法学方法论的集中研讨并引发关注进而成为新时期法学研究的热点则是在2000年之后。② 法学方法作为法律人思考、分析和处理法律问题的工具、技术、方法，已经成为现代法学研究的重要领域。改革开放30年来，无论是法理学学者，还是部门法学者都相当关注法学方法论研究。在20世纪80年代和90年代，法学方法论的研究主要是以法律解释和法律推理研究为主，并且受英美法的影响较大。进入21世纪后，随着以拉伦茨的《法学方法论》（商务印书馆2003年版）为代表的一批德国和中国台湾地区的法律（法学）方法论著作传播到大陆，法学方法论研究逐渐进入系统化的研究阶段。学者们围绕法学方法论的名称、功能、体系，法律思维的规律、特点，法律推理、法律解释、法律论证、法律发现、价值衡量、漏洞补充等方法，进行了较深入、系统的研究。法学方法论研究的兴起和发展，不仅为法理学研究开辟了一

① 蒋传光：《中国法理学50年的成就和贡献》，载《淮北煤师院学报》（哲学社会科学版）2000年第1期。

② 石茂生、张伟：《改革开放三十年与中国法理学的发展》，载《河南省政法管理干部学院学报》2008年第6期。

个新的知识场域，而且给法理学研究注入了新的学术元素。[①] 法理学研究的方法论转向实则是法理学研究本身的反思所引发的，导源于对法理学研究现状的不满。一些学者通过研究指出："20 世纪初期以至整个上半叶的法理学，主要是在介绍、移植欧美诸国的法律思想特别是宪政学说，其目的主要在于为实现富国强兵提供形而上的'道'。20 世纪下半叶则转向了全面推行苏联特色的法学理论，目的在于为新的政治秩序服务。一言以蔽之，移植性的法理学、政治化的法理学，构成了百年法学理论的主流。"而对这些问题的研究都只是在探究"法外之理"，对法理学本应该作为研究重心的"法内之理"缺乏关注的力度和深度，进而导致了法理学存在"研究对象上的迷失"，只剩下了"宏大叙事"。在这样的背景下，法理学则需要实现从"法外之理"向"法内之理"的转变，实现从"宏大叙事"向"微观论证"的转变。具体说来就是要实现法理学由绝对的阶级意志论向价值的多元化转变，由立法中心主义向司法中心主义转变，由本体论向方法论转变，这就开启了中国法理学的方法论时代。[②]

自 1979 年以来，我国法学研究从逐步恢复到今天的繁荣，研究成果可谓汗牛充栋。不仅仅法理学的研究获得极大发展，其他各部门法学理论研究也都迅速前进，取得了大量的理论成果。并且随着理论研究的不断深入，法理学与各部门法学之间的交叉渗透越发密切。在法学理论研究繁荣状况的推动下，我国从 1979 年开始的法制建设取得了巨大的成就，极大地促进了法治建设实践的发展。

---

① 黄文艺：《中国法理学 30 年发展与反思》，载《法制与社会发展》2009 年第 1 期。

② 石茂生、张伟：《改革开放三十年与中国法理学的发展》，载《河南省政法管理干部学院学报》2008 年第 6 期。

第二节 改革开放40年来法学研究的重要成果及其对法治建设的促进

一、关于法的概念和本质问题[①]

如前所述，早在新中国成立初期我国已全盘接受了苏联法学理论，其中奉维辛斯基的法的概念和本质论为圭臬。维辛斯基认为：“法律是国家权力机关制定或认可的、反映这么一些内容的一种规范体系：统治阶级意志通过法律秩序、习惯和社会生活规则的形式得以建立，并且由国家强制力保障实施，用以确认、保护和发展对于统治阶级有利的社会关系和社会秩序。”[②]维辛斯基把马克思主义关于法和法律的有关论述加以教条化和碎片化，使其与斯大林的国家理论相契合，最终形成了把法律的阶级性奉为法律的唯一本质特征的观点，同时认为法律是阶级专政的工具，完全抹杀了法律的社会性特征。早在20世纪五六十年代，我国法学界就已经有声音对上述观点提出质疑，认为在我们进入社会主义社会后，按照维辛斯基的法律观，社会主义和资本主义的法是无法在本质上加以区别的，也就是说这种法律观不能深刻反映社会主义法的本质和特征。部分学者对此问题展开了一些讨论和探索，但是由于1957年开始的“反右”

---

① 笔者认为：“法的概念的表述建立在对法的本质揭示基础上，因而对两者的认识是结合在一起的。”参见蒋传光：《中国法理学50年的成就和贡献》，载《淮北煤师院学报》（哲学社会科学版）2000年第1期。

② 舒扬主编：《中国法学30年》，中山大学出版社2009年版，第22页。

斗争，这场学术争鸣也就寿终正寝了。

1978 年中共十一届三中全会以后，我国法学界的一部分学者在解放思想的指引下，试图冲破禁区，以科学的态度来探讨一些重大的法学理论问题，其中首先展开的就是关于法的本质问题的论争。此后的 10 年，是法的概念和本质问题讨论的活跃期。在此期间，“争论的问题主要涉及：法是不是阶级社会所特有的现象，怎样理解法的阶级性，法是否具有社会性，如何理解法的社会性，怎样看待法的阶级性与社会性之间的关系，社会主义法是不是统治阶级意志的反映。”[①]

对维辛斯基的批判最早是持“社会论”的学者周凤举发表于 1980 年《法学研究》第 1 期的《法是阶级斗争工具吗？——兼论法的社会性》，以法是否具有社会性展开讨论，率先挑起法的本质问题的论争。在这篇文章中，作者认为法律的本质是社会性而不是阶级性，阶级性只是法律在阶级社会中的表现，法的社会性才是人类社会发展的客观反映。同年，《法学研究》连续发表文章，并开辟专栏，对此进行探讨。1981 年，上海的《社联通讯》1 月号上发表高呈祥的《法的概念应重新认识》，7 月号上发表《法的阶级性、人民性及其他》，引起全国各地法学工作者的研究热情，达到了讨论的第一次高潮。

1983 年《社会科学》第 9 期发表万斌、倪建民的《法的共同性初探》，在这以后很多法律工作者在各种文章中都提到了关于法的“共同性”和“两重性”等的观点，从而引发关于法的本质的大争论。1986 年，《法学》第 1 期发表张宗厚的《对法的三个基本概念的质疑》，文中对“法律是阶级社会特有的现象、法律是统治阶级意志的体现、阶级性是法的唯一属性”提出了质疑，引起了全国范围内关于法的本质的再一次大讨论。讨论不仅在法学界人士中引起关注，更引起中央领导人的关注，胡耀邦、万里、胡启立等先后作过批示。可见这场讨论的影响之大，意义之深远。[②]

① 吉林大学理论法学研究中心：《中国法理学三十年》，载姜明安主编：《中国法学三十年（1978—2008）》，中国人民大学出版社 2008 年版，第 12 页。

② 中国社会科学院法学研究所编：《中国法治 30 年》，社会科学文献出版社 2008 年版，第 21—22 页。

上述论争的焦点是法的本质问题。由于对法的起源与消亡问题及对本质属性、阶级性、社会性及共同性等概念的不同主张和理解，形成了对法本质的种种不同意见。学者们的论争大体上可归为一点，那就是对法的阶级性和社会性的看法：是承认法的阶级性，还是承认法的社会性，抑或认为是阶级性和社会性的统一。围绕着这一核心问题，学者们展开了争鸣。其中代表性的观点有如下几种：（1）法的本质属性是阶级性的观点符合马克思主义对法的认识。部分学者认为，“上述观点既符合马克思主义所揭示的关于法的本质原理，又符合人类社会历史发展的实际情况；既能清楚明确阐发这一社会历史现象的产生、发展、消亡的规律，又能在我国现阶段的社会政治、经济以及阶级、阶层或利益集团等实际情况中找到事实根据。”①（2）法的本质是社会性。该观点认为，法不是阶级社会所特有的现象，法的产生与阶级无关。法虽然有强制性、规范性，但这并不是法的普遍基本的属性。过分夸大法的阶级性，在很大程度上抹杀了法的科学性，为司法实践中的执法不严、破坏法制提供了理论根据。严重破坏了法律面前人人平等的原则，为一部分人搞特权，凌驾于法律之上提供了借口。②（3）法的本质是阶级性和社会性的统一。所谓法的社会性，是相对于法的阶级性而言的，而在谈法的阶级性时，是相对于法的社会性而言的。从认识论的观点看，社会性和阶级性是不可分割的统一体。法的社会性和法的阶级性是人们为了认识法的本质而使用的一对范畴，两者互相依存、互相贯通，二者的统一才构成法的本质，单独主张任何一方面都是不完整的。③

这次论争使得法学界对于法的本质问题有了愈加明确和科学的认识，虽然至今仍未形成统一的看法，但笔者认为：“经过十几年的讨论，对法的概念和本质的认识有了突破，并取得了较为一致的看法，即法的本质属性不再是单纯的阶级性，法的本质应包括两个方面，从主观方面看，法是国家意志和

① 沈国明、王立明主编:《二十世纪中国社会科学法学卷》，上海人民出版社2005年版，第328页。
② 沈国明、王立明主编:《二十世纪中国社会科学法学卷》，上海人民出版社2005年版，第328页。
③ 沈国明、王立明主编:《二十世纪中国社会科学法学卷》，上海人民出版社2005年版，第329页。

统治阶级意志的体现；从客观方面看，法的内容是由一定社会物质生活条件所决定的。法是规范性、国家强制性、阶级意志性和物质制约性的统一……法的本质应是多层面的，就功能层面而言，法的本质归根到底在于解放、保护和发展生产力。对法的本质的认识随着实践的发展还将不断被深化，这也说明人们对法的概念与本质的认识逐步走向全面，并顺应了时代发展的要求。”①

对法的概念和本质的论争过程中，也涉及一些更为具体的法律范畴的问题，如法的起源和发展、法的作用与效力、法的继承与移植等。在廓清了法的本质并非仅仅是阶级性的基础上，包括法的本质及相关问题的论证为法制建设实践奠定了坚实的基础，尤其反映在立法层面。我们不但制定了适合本国国情的一些彰显“社会性”的法律，比如，劳动法、交通法规等，而且还在维护市场公平交易的层面通过借鉴发达国家的立法经验制定了诸如证券法、公司法等技术规制性强的法律。1997 年修订的《刑法》中，一度在分则中占有重要位置，并且在实际刑事司法实践中得到广泛应用的“反革命”罪，最终为“危害国家安全罪”所替代。罪名的更迭显示了刑事法律理论研究的重要性，使得“反革命罪”这一特定历史时期的意识形态化的罪名，因着社会发展而被常态化的“危害公共安全罪”所替代。这一修改完全符合刑事法律的规律性和科学性。这次刑法修改还废除了不符合市场经济建设的“投机倒把罪”，在一定程度上促进了市场交易的繁荣。2009 年 8 月 24 日全国人大常委会第十次全体会议，听取了关于《全国人民代表大会常务委员会关于修改部分法律的决定（草案）》审议结果的报告。根据草案的规定，《中华人民共和国计量法》《中华人民共和国野生动物保护法》《中华人民共和国铁路法》《中华人民共和国烟草专卖法》四部法律中有关“投机倒把”“投机倒把罪”的规定予以删去并作出了修改。这意味着“投机倒把”这一带有计划经济色彩的名词将成为历史名词，不再出现在我国现有的法律当中。这样在我国刑法和附属刑法中，所谓的“投机倒把罪”最终成为历史。这些具体的立法实

① 蒋传光：《中国法理学 50 年的成就和贡献》，载《淮北煤师院学报》（哲学社会科学版）2000 年第 1 期。

践事实上明确了法的本质不仅仅是反映了阶级性。

更为重要的是在我国全国人大及其常委会的立法程序中，已经形成了这样一个惯例，即在制定法律之前，应考察相关国家的立法经验，形成开门立法的状况。这些情况说明经过多年的争鸣，学术界关于法的概念和本质的探讨及其成果已经深刻影响了我国的法制建设，也正是基于这一原因，我国才有了今天的立法成果。所以说，“中国为了在市场经济和民主政治基础上建立和谐社会，法律所起的作用主要不是专政和阶级斗争的工具，而是实现公平正义、定分止争、保障人权和维护社会和谐发展的法制保障。”①

二、关于法律面前人人平等的问题

欧洲资产阶级在反封建的斗争中首次提出“法律面前人人平等”的口号。但这一法律思想在中国的命运亦显坎坷，1954年《宪法》发布，该法第85条明确规定“中华人民共和国公民在法律上一律平等”。这一时期的“法律面前人人平等”强调公民在遵守和适用法律上的平等性，是守法和司法上的平等。然而由于20世纪50年代后期开始的法律虚无主义的影响，“法律面前人人平等”成了“资产阶级口号”，1975年宪法甚至取消了公民在法律面前一律平等的原则。至此，“法律面前人人平等”在我国曾一度被作为资产阶级法治原则成为禁区而且被否定。

从中共十一届三中全会至20世纪90年代初这一阶段，“法律面前人人平等”的思想不仅在党和国家的法律文件中重新得以确立，而且在理论界展开了大讨论。这次讨论的核心内容是关于“法律面前人人平等”是立法原则还是司法原则，以及其所包含的内容。

中共十一届三中全会公报中指出：“要保证人民在自己的法律面前人人平等，不允许任何人有超越法律之上的特权。”以此为契机，在20世纪70年代末到80年代初，我国法学界对“法律面前人人平等”问题展开了广泛而深刻

① 蔡定剑、王晨光主编:《中国走向法治30年》，社会科学出版社2008年版，第22页。

的大讨论，提出了种种不同的看法。[①]1978 年 12 月 6 日《人民日报》发表了李步云教授撰写的《坚持公民在法律上一律平等》，随后《人民日报》发表了乔伟的《独立审判，只服从法律》，这两篇文章标志着法学界的思想解放的开始。1979 年 1 月 16 日《解放日报》发表李海庆的《人民在自己的法律面前人人平等》一文，文中作者提出："保证人民在自己的法律面前人人平等，是一条保障人民的权利和利益的神圣不可侵犯的原则。"该文及其论点受到法学界的重视，很快引发了一场关于"法律面前人人平等"的大讨论。一些学者认为："法律面前人人平等，作为社会主义法制的重要原则，不仅体现在司法上，同时也体现在立法上。"并且"公民在法律面前人人平等，是全面地体现在社会主义法制的各个方面，不能将立法平等与司法平等割裂"。而另一些学者则认为："法律面前人人平等，仅体现在司法上，而不体现在立法上。它是不平等前提下的平等。"[②]1981 年，中国社会科学院法学研究所还专门搜集了部分论文，结集出版了《论法律面前人人平等》。这些讨论虽然在今天看来未免过于简单朴素，但对于刚刚走出"文革"阴影的法学研究来说，还是具有理论启蒙的价值，同时开拓了人们的思想。

在这次大讨论中，学者们还对"法律面前人人平等"的四种提法在内容上是否一致产生了分歧。这四种提法是："法律面前人人平等""公民在法律上一律平等""公民在适用法律上一律平等""人民在自己的法律面前人人平等"。从这次讨论的结果来看，学者们对这四种不同提法最终还是达成了基本一致的观点。也就是说，"法律面前人人平等"已被普遍认为是法理上约定俗成的通用提法，是指法律既在情况下的人人平等，不包含立法平等的意思。而"公民在法律上一律平等"则是宪法的规定，在指享有平等权利、承担平等义务的主体时，用"公民"一词更加准确清楚。对于"公民在适用法律上一律平等"的提法，多数学者认为它实质上是宪法规定的"公民在法律上一律平等"原则的具体化，两者完全一致。但是，对于"人民在自己的法

① 沈国明、王立明主编:《二十世纪中国社会科学法学卷》，上海人民出版社 2005 年版，第 337 页。

② 中国社会科学院法学研究所编:《中国法治 30 年》，社会科学文献出版社 2008 年版，第 21 页。

律面前人人平等”一说，则认为是一种号召，号召人民自觉地遵守自己制定的法律，严格执行自己制定的法律。通过这次讨论，无论是理论界还是司法界，对“人民”和“公民”的概念，对法的平等性和阶级性的关系等一系列基本问题有了一个深入且一致的理解，为我国的法治建设奠定了坚实的理论基础。[①]

进入20世纪90年代后，学术界和实务界对“法律面前人人平等”的理解达到了基本的统一。“法律面前人人平等”的思想深入人心。法学理论界一般认为，为宪法所确认的“公民在法律面前人人平等”这一规定的含义主要体现在法律内容（公民权利义务）上的平等、法律适用上的平等、公民遵守法律上的平等三个方面，即三个层次：一是任何公民，不分民族、种族、性别、职业、家庭出身、宗教信仰、教育程度、财产状况、居住期限，都一律平等地享有宪法和法律规定的权利，也都平等地履行宪法和法律规定的义务；二是任何人的合法权利都一律平等地受到保护，对违法行为一律依法予以追究，绝不允许任何违法犯罪分子逍遥法外；三是在法律面前不允许任何公民享有法律以外的特权，任何人不得强制任何公民承担法律以外的义务，不得使公民受到法律以外的处罚。[②]

经过对“法律面前人人平等”原则的讨论，不仅极大地促进了公民法律意识的加强，更为法治建设提供了新的理论指导，这也体现在立法、司法和执法上。今天的立法更加关注普通公民的意见和建议，如事关公民切身利益的《物权法》的制定，这期间虽历经太多曲直，直到全国人大经过多达八次审议才得以通过，但是通过这一过程却也更加体现了“法律面前人人平等”的原则早已突破了以往的窠臼而真正进入实质平等的进程中。司法上这一原则的体现则更多地显示了社会主义制度下党和国家的各级官员与普通民众乃至中国共产党自身都必须在宪法和法律下进行各项活动，任何人和任何组织

① 沈国明、王立明主编:《二十世纪中国社会科学法学卷》，上海人民出版社2005年版，第338—340页。

② 沈国明、王立明主编:《二十世纪中国社会科学法学卷》，上海人民出版社2005年版，第340页。

都不得违反法律恣意行事。执法上对此原则的遵守则主要体现在行政机关必须依法行政，若有违法乱纪现象，公民可以通过行政诉讼的法律程序依法维护自己的权益。

三、关于权利与义务问题

如果说关于“法律面前人人平等”和“法的本质”的问题讨论还属于法学研究中的思想启蒙层面的话，那么关于到底是“权利本位”还是“义务本位”的讨论则为法学理论更新的重要标志，“它更注重法学研究的本质性问题，更少一些意识形态的因素，而多了一些法理层面的内容。”① 中国社会历来强调社会和群体利益，强调个人对社会的责任和义务。“君君、臣臣、父父、子子”的纲常伦理是维系中国传统社会的基本理念。而现代法治和市场经济则要求把保护公民的权利放在法治的首要位置。②

自从出现权利和义务这对矛盾以来，权利和义务何者为法的本位的争论就一直没有停止过。中国关于这个问题的争论在20世纪80年代末90年代初达到白热化的程度，其中有三次法学会议都是以权利和义务问题为主题展开讨论的。第一次是1988年6月在长春召开的法学基本范畴研讨会，在这次会议上，关于权利和义务的问题成了会议的热点和主题。当时长春会议与会者都认为，把权利和义务作为法学研究的主线，这标志着法学认识论的发展和深化，具有开拓性的意义。③ 而1988年《法学》第8期发表的张宗厚《法学理论更新的进一步思考》一文指出：“权利是法学的细胞，意志是法与法律之间的中介。”正式掀起了“权利义务”本位论之争。长春会议“总结了国内外学者在法学基本范畴研究方面的成果，展开了热烈、认真、充实的对话和争鸣，基本形成了一个共识：权利和义务是法的核心和实质，是法学的基本范

① 中国社会科学院法学研究所编:《中国法治30年》，社会科学文献出版社2008年版，第22页。

② 蔡定剑、王晨光主编:《中国走向法治30年》，社会科学出版社2008年版，第22页。

③ 沈国明、王立明主编:《二十世纪中国社会科学法学卷》，上海人民出版社2005年版，第343页。

畴。这一理论成果，不仅很快为法理学界所接受，更在部门法学界引起了共鸣，将其视为解决其自身学科问题的‘一把钥匙’。同时，对于权利与义务问题的研究牵动了一系列有关于法的本体论范畴问题的讨论，比如关于法律规范、法律关系、法律责任，权利意识以及人权等问题，实现了法的本体论研究大繁荣。”[①]

第二次是 1990 年 5 月在合肥召开的中国法学会法学基础理论研究会第四次年会，在这次会议上，关于法的本位问题是会议的主题。当时与会者的观点大致可归结为三种：（1）权利本位说；（2）义务本位说；（3）无本位说。[②]

第三次是 1990 年 10 月在大连召开的民主、法制、权利、义务研讨会，关于权利和义务及其关系的问题再次成为该次会议讨论的热点。[③]

自长春会议后，就此话题国内主要法学杂志刊出了一系列的论文，其中涉及的主要问题可以归纳为：权利的概念、权利观念与权利意识、传统权利观的变革、权利和义务的社会价值，等等。其中关于权利和义务的社会价值问题，学者提出了以下各种观点：权利和义务是社会化生产稳定发展的保障；是商品经济的外壳，商品经济的价值和使用价值在市场上的实现都必须化为参与双方的平等权利和义务；是民主制度的内涵，民主与法制的共同体现就是人们享有权利和履行义务；两者是法制的基本构成，权利和义务是法律规范的基本内容，民主与法制观念的核心就是权利义务观念。之后，随之而来的争论问题是：在权利和义务这对范畴中，何者居主导地位？自从合肥会议和大连会议后，对何者为法本位的问题可清晰地分为三种观点：一些学者提出“权利本位说”，指出“现代法学应是权利之学”；另一些学者认为法应以“义务为本位”；还有学者指出权利和义务是统一的“无本位说”。三派观点展开了热烈的争论，从而掀起了围绕法本位问题的激烈的学术讨论热潮。本位的讨论历时多年，它激发了法律研究工作者对权利和义务这对范畴的兴趣，

---

① 吉林大学理论法学研究中心：《中国法理学三十年》，载姜明安主编：《中国法学三十年（1978—2008）》，中国人民大学出版社 2008 年版，第 15 页。

② 沈国明、王立明主编：《二十世纪中国社会科学法学卷》，上海人民出版社 2005 年版，第 343 页。

③ 沈国明、王立明主编：《二十世纪中国社会科学法学卷》，上海人民出版社 2005 年版，第 343 页。

各种观点虽是从不同角度论证权利和义务的关系，但通过讨论，法学者们达成了一种共识，即权利和义务这对范畴是法的核心范畴，以权利和义务重构法学体系是中国法学理论变革的途径和方向。这场争论也反映出中国当时学术争鸣的生气和活跃的氛围。

权利和义务关系的讨论并没有形成统一的结论，但是谁也不能否认这场争论“吹响了权利意识觉醒的号角……它所带来的权利意识的普及以及个体主体地位的提升对中国法治发展起到了重要的推动作用”。[①] 无论是立法还是司法上，权利至上的观念和制度都已经有了长足发展。最为直接的例证就是 2004 年的宪法修正案把保障人权写入宪法，进一步明确了对权利观念的维护和保障，从法律上保障了“以人为本”的立国方针。同时在一些部门法上也有明显体现，例如，为了强化对私人财产的保护，经过艰苦卓绝的努力，2007 年 3 月 16 日全国人民代表大会最终通过了《物权法》，这为私人财产权利的保护第一次树立起坚固的法律屏障。自《物权法》颁布实施后，我国公民私人财产权利的确得到较以往更强有力的保护，这应该是权利观念的影响结果。

再如，1996 年《刑事诉讼法》的修改中，一定程度上对无罪推定原则加以吸收，使得在打击犯罪保护人民安全的前提下，亦使犯罪嫌疑人及刑事被告人的合法权益得到切实有效的维护；围绕死刑存废问题近年来学者和司法实践工作者展开了积极的讨论，各种观点众说纷纭，但不论是主张废除死刑还是保留死刑的认识无不基于人权保障为价值依归。基于我国国情和现实，虽然最终仍保留了死刑这一刑种，然而从保障人权、贯彻依法治国的方针角度，在死刑审核程序上作了一定的矫正——最高法院收回了死刑复核权。从而最大化地减少冤假错案的发生，真正体现了刑事政策的人权保障意识。1997 年的刑法修改也同样关注人的权利，如对 18 周岁以下的未成年人不适用死刑等，无不体现了部门法对权利的尊重与保障，即使是对社会和他人实施重大危害行为的人，其合法权利亦在保护中；所有这一切都深刻反映了权利

① 蔡定剑、王晨光主编:《中国走向法治 30 年》，社会科学出版社 2008 年第 1 版，第 22 页。

观念的重要地位，其在法制建设实践中的重大进步是与权利与义务的论争成果密不可分的。

四、关于人治与法治问题

从“人治”和“法治”的争论到“依法治国，建设社会主义法治国家”理论的形成是中共十一届三中全会以来法学研究和法律理论的重大成果，这个成果昭示着有两千多年封建历史的中国从此开始走上了“法治国家”的道路。“法治”与“人治”的论争在中国已经持续了一百多年。从梁启超反对儒家的“人治”思想开始，经过沈家本，到孙中山、陈独秀、李大钊、胡适、罗隆基等人，均提出了自己的法治观。但是它们侧重的是中国政体政权的模式建设，对“法治”概念及其内涵的辨析则缺乏必要的认识。

依法治国的理论论证是随着我国的改革开放和现代化建设的发展而逐步展开的。发端于20世纪70年代末的“人治与法治”的大讨论拉开了依法治国理论逐渐形成的序幕，20世纪90年代初又进行了社会主义市场经济与法治的讨论，以及随后的依法治国方略确立过程的讨论，在充分吸取了这些讨论的观点及理论之后，中共第三代领导集体最终选择了“依法治国，建设社会主义法治国家”的基本方略。这其中，关于法治理论的重大进步对基本方略的最终确定发挥了深远的影响。

“文化大革命”结束后，为了避免类似“无法无天”的“人治”现象再次扰乱中国的发展，1978年12月13日邓小平同志在中共中央工作会议闭幕会上的讲话《解放思想，实事求是，团结一致向前看》中，进一步强调了社会主义法治问题。他指出：“为了保障人民民主，必须加强法制。必须使民主制度化、法律化，使这种制度和法律不因领导人的改变而改变，不因领导人的看法和注意力的改变而改变。”[①]1978年中国共产党十一届三中全会根据邓小平建设社会主义法治思想提出了“加强社会主义民主，健全社会主义法制”

① 《邓小平文选》(第2卷)，人民出版社1994年版，第146页。

的战略任务，确立了“有法可依，有法必依，执法必严，违法必究”的法制建设方针。从根本上冲破了长期“左”倾错误的严重束缚，确立了正确路线，从此揭开了从“人治”向“法治”过渡的序幕。1979年1月26日的《人民日报》上，王礼明发表了《人治和法治》一文，提出了主张法治的观点，在随后的80年代初法学理论界对此论题进行了深入而广泛的讨论。此间，发表了大量的文章，形成了百家争鸣的良好氛围，积极推动了人治观念向法治观念的革新。

20世纪70年代末80年代初主要是围绕“以法治国”这个主题而开展的关于人治与法治的讨论。在这场讨论中，对于法治与人治的关系，主要有四种观点：（1）“要人治，不要法治”；（2）“要法治，不要人治”；（3）“既要法治也要人治，两者应该结合”；（4）“抛弃法治与人治的提法”。对人治与法治问题讨论的结果是：几乎无人坚持人治，坚持法治成为理论界的主流，但在具体的的层面上，即是否应倡导法治反对人治、是否应把法治与人治相结合、是否应提出“依法治国”的概念问题上，存在较为严重的分歧。形成了三个主要的派别，即认为人治与法治根本对立、不能相容的“法治论”；认为法治和人治存在互补基础的“结合论”；认为法治和人治都无法适应社会进步的“取消论”。可见当时关于人治与法治问题的讨论是自由的，并且认为“讨论集中清算了中国历史上长期存在的人治观，为‘法治国家’治国理念的出台奠定了理论基础；并对为什么需要法治而非人治、法治与人治的关系、法治与社会主义制度的关系、法治与执政党的关系、法治的基本理念、法治的运行和保障机制等问题进行了系统深入的讨论。”① 经过这次论争，“法治”思想开始在中国人的心中扎下了根。到了20世纪90年代，特别是中共十四大确立的建立社会主义市场经济体制的方略出台以后，使得中国的法学界围绕“依法治国”“法治”“人治”“法制”等问题的基本命题和概念展开讨论，并且逐步明确了上述几个概念的基本含义和它们之间的区别。

① 蔡定剑、王晨光主编：《中国走向法治30年》，社会科学出版社2008年版，第7页。

通过激烈的论争，人们对于“法治”与“人治”的认识也日趋一致。但是，理论的接受不是一帆风顺的。经过长期的讨论，法治观念虽然已在法学界以及一些有识之士中被认可，然而在中国这样一个比较特殊的政治生态环境中，党的文件并没有迅速加以认可，甚至在20世纪90年代中期依然存在“法治”观念“姓资姓社”的怀疑，而且有观点认为“法治”的提出有悖于共产党的领导。不过，在法学界一些学者的积极推动下，法治观念已被越来越多的人所接受。上述努力最终体现在1997年中共十五大报告中，1999年的宪法修正案则把“依法治国，建设社会主义法治国家”写入了根本大法——《宪法》中。从“人治与法治”的讨论，再从“法制到法治”的转变，是治国思想的重大突破，在我国法治建设史上留下了浓重的印记。

“依法治国，建设社会主义法治国家”的基本方略写入宪法已经整整二十年了，在这期间随着“依法治国”观念的不断深入，已深深地影响了中国的法治建设进程。对于立法而言，不仅使得众多的社会关系从过去的其他调整方式进入制定法的规制中，更重要的是立法本身也有了制约和规范的法律——《立法法》。这部法律的出台使得各层级的法律法规的出台都有了法律标准，从而更加严格地依法办事，包括立法本身。在司法层面，我们从过去的一味关注实体法律的适用，转而向注重实体法与程序法并重的局面，在司法过程中强调司法机关独立行使审判权力，不受任何组织和个人的干涉，这为司法权威的树立以及司法为民的建立奠定了坚实的制度基础。行政机关强调“依法行政”，努力建设法治政府，自觉控制权力运行，主动接受法律制约和监督。

五、《物权法》（草案）的论争

物权法是保护公民私有财产的基本法律。我国社会经济状况经过30年的改革开放已经发生了很大的变化，形成了以公有制为主体、多种所有制经济共同发展的基本经济制度。公有制经济与非公有制经济在法律地位上平等，并获得平等的法律保护等是实行社会主义市场经济体制的基本要求。这就必然要求通过完善法律制度来保护私有财产，无论是国家财产、集体财产还是公民合法取得的财产应当得到法律的一体保护。中共十六大提出了全面建设小康社会的目标，这一社会目标的实现，要靠广大人民群众积极性、主动性和创造性的进一步发挥。激发广大人民群众的积极性、主动性和创造性的一个必要条件就是，他们积累的财产能够受到切实的保护。

物权法打破了我国立法史的纪录，是立法史上审议次数最多的一部法律，是 12 部公开向社会征求意见的法律之一。2005 年 7 月，《物权法（草案）》向社会公布广泛征求意见，共收到 11543 件来信，召开了 100 多场座谈会和专家论证会，广泛听取各个方面的意见、建议。其中北大法学院教授巩献田的一封公开信最具影响力。2005 年 8 月 12 日，北京大学巩献田教授发表了一封题为《一部违背宪法和背离社会主义基本原则的〈物权法（草案）〉》的公开信。公开信说《物权法》草案照搬西方法律，社会主义的东西基本没有。没有写社会主义公共财产神圣不可侵犯，反而强调国家、集体和个人财产的平等保护。在贫富差距越来越大的情况下讲平等，就是要把乞丐的要饭棍和少数人的汽车、机器平等保护，要把普通居民的住房、危旧房和那些高级别墅一样保护，这样形成的不是劳动的平等，而是资本的平等，这与资本主义社会有什么区别？公开信最后发出紧急呼吁：（1）为保持我国的社会稳定和实现建立社会主义和谐社会的战略部署，请首先讨论宪法根本原则问题、社会主义方向和道路问题，公共（国家、集体）物权和公民个人物权的关系问题。如果不这样的话，请推迟审议《物权法（草案）》。（2）立即停止出售或转让国有财产，国有财产是万万不能随意出售和进入市场的！（3）赶快制定已经列入国家立法规划多年，而迟迟不出台的《国有资产法》，制定《干部财产申报法》，应该首先研究制定《国有财产流失追究特别法》。接着，他又连续发表和公开了《就教于〈物权法（草案）〉的某些起草者》《关于〈物权法（草案）〉讨论答友人》等一系列文章和讲演。从而掀起了一场声势浩大的围绕《物权法（草案）》的大论争。[①]

① 苗延波：《中国改革开放 30 年法学重大论争之回顾及启示（二）》，载《大庆师范学院学报》2009 年第 2 期。

论争开始后，两派连续发表了一系列文章，各自以鲜明的态度阐释自己的观点。赞成巩献田教授意见的文章主要有：李成瑞的《一个核心六大问题——〈物权法（草案）〉修改中争论的历史背景和主要内容》，左大培的《必须限制从占有到所有权的推定》《对于〈物权法（草案）〉的修改意见》，杨晓青的《驳私法保护私利益，公法保护公利益》《对〈物权法（草案）〉的意见》等。2006年9月19日，巩献田、李成瑞、杨晓青等14人联名向全国人大常委会委员长、副委员长、常委们发出了一份《关于〈物权法（草案）〉修改的建议》，指出了《物权法（草案）》存在的三个重大问题：一是《草案》没有表述与宪法的关系；二是《草案》中“物”的概念没有界定，并且也没有公有物与私有物、生产资料与生活资料的重要分类；三是《草案》在内容表述及用词上不仅一般公民看不懂，甚至连一般非法学专业的学者也看不懂，这势必会影响法律的实施。最后请求全国人大常委会委员长、副委员长、常委们要认真考虑他们的建议，以捍卫宪法和社会主义制度。

批评者的意见一发表，立即迎来了《物权法（草案）》捍卫者们的强烈反响。他们连续发表了大量的文章，并且组织召开了多次公开的研讨会，努力驳斥所谓的《物权法（草案）》违宪性的言论，并且解释《物权法（草案）》的合宪性和符合国情性。其中主要的具有代表性的文章是：王利明教授的《试论物权法的平等保护原则》和梁慧星教授的《谁在曲解宪法、违反宪法？》等。梁慧星和王利明等民法学专家辩解：第一，对合法财产一体承认、平等保护是物权法准则。第二，《物权法》是民事法律，不是宪法。没有写明国家财产神圣不可侵犯的理由：（1）宪法已规定，物权法没有必要重复；（2）如果重复该规定，易引起误解。第三，贫富分化是社会本身问题，不是物权法问题。实际上产生分歧的主要原因是没能正确把握物权法制定的指导思想，物权法的指导思想主要是：以邓小平理论和“三个代表”重要思想为指导，全面贯彻落实科学发展观，坚持正确的政治方向，从我国的国情和实际出发，全面准确地体现社会主义基本经济制度；依据宪法和法律规定，对国家、集体和私人的物权给予平等保护；加大对国有财产的保护力度，防止国有财产流失；全面准确地体现现阶段党在农村的基本政策，维护农民利益；针对现实生活中迫切需要规范的问题，统筹协调各种利益关系，促进社会和谐。这些文章从正面回答了反对派对《物权法（草案）》的攻击。

但由于信件内容涉及敏感问题，在有关领导的干预下立法进程暂时中止。吴邦国委员长为此发表了题为《〈物权法（草案）〉有三个问题仍要深入研究》的文章，全国人大常委会法制工作委员会主任胡康生也发表了《〈物权法（草案）〉修改要坚持三原则》一文。

2005年12月7日，在广州举行“中国物权法疑难问题研讨会”，这次会议起草了一份致全国人大的签名信，主要内容是针对巩献田等人的批评进行反驳。这是《物权法（草案）》的支持者第一次以集体方式对批评声音进行的回应。此后，为了促使《物权法》尽快出台，2007年1月16日，由中国法学会民法学研究会、中国人民大学法学院、中国人民大学民商事法律科学研究中心和《法学杂志》等单位联合举办的“物权法与建构社会主义市场经济体制理论研讨会”，也是一次重要的会议。到会的专家学者，就制定物权法的重要意义、物权法草案的合宪性、国有财产的保护与平等保护原则、《物权法（草案）》需要改进和完善的建议等重大和关键性问题，进行了热烈而又充分的讨论。

这次论争是新中国成立以来在立法过程中发生的最大、最激烈的一次论争，既体现了理论上的论争，更反映了中国公民对关系自己切身利益的法律制度的关心程度在不断地提高，这是对中国30年来法治建设所取得成就的一次检验，在中国立法史上必将写下凝重的一页。《物权法（草案）》的论争，最重要的不仅仅是立法的争论过程和结果，而是批评者和支持者们对立法理由和立法宗旨基于不同视角的论辩。这样的论辩恰恰反映了改革开放以来中国法学理论研究的深入和进步，以及由此对法治建设的作用。

六、对作为马克思主义法学中国化最新理论成果的中国特色社会主义法治理论的探讨

作为马克思主义法学中国化最新理论成果的中国特色社会主义法治理论，近年来成为学术界的研究热点和重点。学者们从思想基础、道路选择、制度

安排等方面考察其研究的现状。

第一，中国特色社会主义法治理论的基本指导思想。学术界普遍认为，中国特色社会主义法治理论是中国特色社会主义理论的重要组成部分，是马克思主义法学中国化的最新理论成果。法治发展的正当性基础源于中国的经济、文化、社会和政治发展的需要；符合主流意识形态构成合法性的内在要求。

有学者从马克思主义法学的发展路径指出中国特色社会主义法治理论应遵循的思想路线，认为“中国的马克思主义法学是以马克思列宁主义、毛泽东思想和包括邓小平理论、‘三个代表’重要思想以及科学发展观等在内的中国特色社会主义理论体系为指导的研究法律现实的一切法学学科的总称”。① 根据就在于“中国是社会主义国家，马克思主义是意识形态的主导，中国共产党是社会主义建设的领导核心，因此在整个法治建设中必须始终不渝地坚持马克思主义的指导，坚持中国共产党的领导，这是中国不同于西方法治建设的基本方式”。② 从而，“从法治建设的指导思想来说，就是坚持以马克思主义中国化的主要成果，即毛泽东思想以及中国特色社会主义理论体系为指导”。③

第二，中国特色社会主义法治理论的具体指导思想——社会主义法治理念的研究和诠释。社会主义法治理念的提出标志着中国共产党对建设中国特色社会主义法治国家的规律、党的执政规律有了更深刻的认识和把握。有学者在论及社会主义法治理念时，首先界定其规范含义：“法治理念是反映法治的性质、宗旨、结构、功能和价值取向的一些达到理性具体的观念和信念，是立法、执法、司法、守法和法律监督的基本指导思想，是法治体系的精髓和灵魂……反映特定的国体和政体的要求，构成国家意识形态的组成部分。”④ 从逻辑与历史相统一的高度、从社会主义初级阶段的基本国情出发，较为深

① 孙国华：《对马克思主义法学的再认识》，载《人民论坛》2010年5月中旬刊。

② 马捷莎：《对健全和完善社会主义法治的思考》，载《理论学刊》2008年第12期。

③ 周叶中：《关于中国特色社会主义法治道路的几点认识》，载《法制与社会发展》2009年第6期专题：《中国特色社会主义法治建设的理论与实践》。

④ 谢鹏程：《论社会主义法治理念》，载《中国社会科学》2007年第1期。

刻地阐发了社会主义法治理念的时代背景、必要性、科学性及其对中国法治发展的引导功能。

有的学者从社会主义法治理念的对立面——西方资本主义法治理念论证了法治理念和法治模式的非普适性[①]，因为社会主义法治理念是“马克思法学中国化的最新成果，是马克思主义法学理论与中国特色社会主义相结合的产物”“是建设中国特色社会主义法治的灵魂”“对建设社会主义法治国家有直接指导意义”。[②] 有的学者从社会主义法治理念为中共十六大以来的法治发展成就的角度对此加以分析，“提出和树立社会主义法治理念，为贯彻落实科学发展观、构建社会主义和谐社会提供法治保障，为进一步推进依法治国、建设社会主义法治国家注入了新的动力和指明了前进方向。”[③]

总的来说，学界关于中国特色社会主义法治的指导思想存在上述共识，已形成了学界的主流话语。

第三，关于中国特色社会主义法治道路的形成。学者认为其内涵是：“以社会主义法治理念为指导，以‘三者统一’为根本原则，政府主导的、渐进的、自上而下与自下而上相结合的，在社会主义初级阶段，由中国共产党领导、广大人民参与的依法治国的步骤、方式、过程和路径的总称。”[④] 有学者在谈到道路的形成时，以“三反”为归纳，展示了这条道路的“中国特色”，即“在中国特色社会主义法治道路形成和发展过程中，始终伴随着‘反封建’‘反极左’‘反西化’的斗争任务，这在世界法治建设的历史上是十分独特的现象”。[⑤]

由上观之，中国法治发展正在形成自主型的道路模式，即中国特色社会主义法治道路。这条道路“是对中国未来法治发展的一种概括”“不仅符合中

---

① 张文显：《论中国特色社会主义法治道路》，载《中国法学》2009 年第 6 期。

② 李龙：《中国特色社会主义法治理论体系纲要》，载《法学杂志》2010 年第 1 期。

③ 袁曙宏：《十六大以来我国依法治国的重大发展》，载《国家行政学院学报》2007 年第 5 期。

④ 李龙：《论中国特色社会主义法治道路——纪念“依法治国，建设社会主义法治国家”入宪十周年》，载《杭州师范大学学报》（社会科学版）2009 年第 5 期。

⑤ 张文显：《论中国特色社会主义法治道路》，载《中国法学》2009 年第 6 期。

国的国情，而且更重要的是体现了世界法治发展的根本规律”。[①]并且，坚持“中国特色”，并不意味无视法治的普遍规律，甚至排斥国际社会所公认的法治原则，片面强调“中国特色”。

第四，关于中国特色社会主义法治的制度安排。“坚持党的领导、人民当家作主、依法治国有机统一”，既是中国特色社会主义法治理念的核心、中国特色社会主义法治理论的思想基础，又是走中国特色社会主义法治道路的重要保障。从制度的层次考察，可以大致划分为两方面：一个是基本的政治制度安排，这涉及宪制层面；另一个为具体的部门法法律制度。它们是互为表现、紧密结合的关系。无视前者，后者将会失去存在的合法性；忽略后者，前者则缺少可操作性。

从中国特色社会主义法治的基本制度考察，有的学者认为：“从制度基础来说，就是坚持人民代表大会制度，通过人民代表大会制度保障中国特色社会主义法治道路的社会主义性质和中国特色。”[②]或者从中国宪法是法律体系的基础与核心角度论证了“中国共产党领导的多党合作制、人民代表大会制度、人民民主专政制度、民族区域自治制度、特别行政区制度等都体现了中国特色社会主义法治道路的理念与基本特点”[③]的具有中国特色的宪法制度。

有学者从建构中国特色宪制的角度深入探讨了其内在特征，并从宪制角度对中国社会主义宪制和西方资本主义宪政提示了区分标准，最终得出“依法治国，最根本的是依宪治国；依法执政，最根本的是依宪执政”。

从中国特色社会主义法治的具体制度安排分析，主要关注的是相关部门法的学者。有学者认为，民法典在中国特色社会主义法律体系中居于核心的

---

① 周叶中：《关于中国特色社会主义法治道路的几点认识》，载《法制与社会发展》2009年第6期专题：《中国特色社会主义法治建设的理论与实践》。

② 周叶中：《关于中国特色社会主义法治道路的几点认识》，载《法制与社会发展》2009年第6期专题：《中国特色社会主义法治建设的理论与实践》。

③ 韩大元：《宪法是法律体系的基础与核心》，载《法制与社会发展》2009年第6期专题：《中国特色社会主义法治建设的理论与实践》。

地位。我国在立法的过程中并不排除西方的制度，而是希望在了解西方后，回到中国，根据中国的国情来形成中国的特色。对“国情”一词的理解要符合这个时代的基本要求。有学者从国际知识产权制度的角度阐述了中国特色社会主义法治发展的进路特点。有学者从构建中国特色证据法学体系角度论证了“证据法学学科地位的确立，有利于中国特色社会主义法学体系的完善。证据法作为法治的基石，在中国背景下加强证据法学建设，将特别有利于实现司法公正和法治的基本目标”。[①]

第五，十八大以来依法治国理论的创新和发展成为近年来法学理论研究的热点。中共十八大以来，尤其是中共十八届三中全会、四中全会分别通过的《关于全面深化改革若干重大问题的决定》《关于全面推进依法治国若干重大问题的决定》和习近平关于全面推进依法治国的论述，面对改革进入攻坚期和深水区的新形势、新任务，强调了法治在国家治理中的重要性，提出了关于依法治国的一系列新理念新思想新观点，明确了全面推进依法治国的一系列理论问题。围绕这些新理念新思想新观点和中国特色社会主义法治理论体系的概括和总结，法学界进行了研究并形成了一系列研究成果。

综上所述，中国特色社会主义法治理论的研究已经在法治发展的宏观和微观层面次第展开，并且取得了一定的学术成果。虽然观点不完全统一，但总体上对构建中国特色社会主义法治存在信心。张文显提出了中国法治发展的目标维度为建构中国的“和谐法治”，即是说“和谐”不独为法治秩序的价值之一，“和谐法治”有其在法治文明中创新性的存在价值等。诸如此类问题的不断深入，是我们进行中国特色社会主义法治理论研究的不竭源泉。

① 张保生：《论中国特色证据法学体系的建构》，载《法制与社会发展》2009年第6期专题：《中国特色社会主义法治建设的理论与实践》。

第三节
深化法学理论研究，进一步推动法制建设

中共十一届三中全会以来，法学研究的繁荣决不限于对上述几个问题的探讨与争鸣，这期间法学界还对诸如：民主与法制、法律体系与法学体系、法学方法论、改革与法制、法律与科技、法学基本范畴、法律全球化、法制现代化、法与市场经济、关于司法制度改革问题等重大理论问题进行了全方位、多角度的思考，同时各部门法学研究以及理论的进步也得到极大的提升，如民法典起草思路及其体系结构的论争、物权法（草案）的论争、废除死刑的论争等。不但有力地推动了法学学科建设的进步，更重要的是直接为我国的法制建设事业提供了强大的知识资源，也极大促进了国家各项事业的顺利发展。有学者认为法治建设取得巨大成绩的主要原因是，法学理论研究的广泛、深入和卓有成效，有力地促进了法治建设的进程。仅以法理学的研究便可以证实这一点。法理学自十一届三中全会之后，先后进行了法的阶级性和社会性、权利本位和义务本位、人治和法治三次较大规模的研讨，对解放思想、发展繁荣法学起了很大的作用。[①] 事实上，在这些法理学和部门法的理论研究上，许多理论问题也是密切相关的，如物权法和死刑存废的论争虽然分属不同部门法，但是他们都从各自角度阐发了对主体权利的维护与保障，所以关于权利的讨论必然影响到这两个争论的结果，最终反映到制度建构上，从而推动了法治建设，这点在前文已有表述。

① 蔡定剑:《中国法制建设五十年回顾》，载《人民检察》1999年第10期。

面对法理学和部门法的理论研究及其对法治建设的促进作用的成果，我们依然要保持清醒的认识。因为，相对于法治文明发达国家和地区，无论是法学理论研究的广度和深度，还是法治建设实践方面，不能不承认与其相比差距还是极为明显的。如果不正视这些业已存在的落后局面，我国法学研究仍然局限于一些琐碎问题或者亦步亦趋地啄食他人的“残羹冷炙”，那么差距就会越来越大。长此以往，法学研究必然重新消解于自说自话的空洞话语中，再谈其促进法治建设无异于毫无意义的臆测揣摩。所以必须正视我国法学研究目前面临的一些具有共性的问题，然后加以完善，如此才能得出比较符合中国国情的理论成果，如此才谈得上促进法治建设。总的来看，我国法学研究中，还有一些需要我们重视和解决的问题：

一、法学理论研究尚未完全摆脱极端意识形态思维的影响

不可否认，改革开放以来我国法学研究所取得的重大成果都是在解放思想、实事求是的指引下，“打破了一些理论禁区……并取得了可喜的成果”。① 然而我们也应该注意到，在法学理论研究的一些领域，极端意识形态思维依然强大，不但表现在法理学理论研究领域，而且渗透至各部门法的理论研究中，尤以法理学研究为重。张文显就认为：“法理学研究不时受到‘左’的和‘右’的政治倾向的影响，特别是‘左’的政治倾向在法理学界根深蒂固，其对中国法理学研究的负面影响仍是相当大的。法理学学者每每提出一个新的观点或见解，总是有人戴着‘左’的政治透镜来审查，动不动就给戴上一顶顶政治帽子，致使许多学术新观点和新见解没能得到充分的研究、论证，法理学学者对这些观点和见解也未进行有效的理论争辩和学术批判。”② 一些法理学理论问题的研究是以“政治正确”为目标，这样的理论研究成果只能是政策的宣示，而不能为以寻求稳定为价值依归的法制事业提供理论导向。

① 蒋传光：《中国法理学50年的成就和贡献》，载《淮北煤师院学报》2000年第1期。

② 张文显：《改革开放新时期的中国法理学》，载《法商研究》2001年第1期。

部门法的理论研究相对于过去而言，“左”的干扰的确有所减少，但是在一些敏感问题上，意识形态思维依然颇具市场。比如，对无罪推定原则的接受就在刑事法学理论研究中引起了一些学者的反应，即使在今天无罪推定原则仍然是学界研究的热点问题。再如，关于物权法制定过程中的争议，在一些学者看来，物权法的制定就是取消“公有制”在我国主要地位的法律，因此饱受诟病。事实上，对一部法律草案的争议本身并无任何不妥，但是如果带上“意识形态”的眼镜去挑剔，那么这显然不是法学研究本身所能解决的。

从上述简短的分析可以发现，如果不在法学研究领域中消除极端的意识形态影响，将会影响我国法学研究的进一步繁荣和发展，并将影响对法治建设实践的促进。

二、法学研究中实证研究不够

法学本身就是一门实践性很强的学科，改革开放以来，我国的法学研究联系实际的作风得到了一定的重视，对法治建设的丰富多彩的实践发挥了重要的作用。实证研究是法学研究的一种基本方法，但是，一些学者的研究却仍然执着逻辑推演与形而上的思辩研究。他们从事的研究事实上可以称之为书斋式的研究，是从理论到理论、从书本到书本的教条主义研究。这其中又可以分为两种情况：一方面，一部分学者没有深入到社会中，没有实际考察已有法律的施行效果，因而也就缺乏有效的一手材料，无法进行实证研究，这样的研究即使理论形式多么完美，但充其量只能是研究者自娱自乐的素材；另一方面，虽然意识到理论联系实际的重要性也开始重视实证研究，但是由于没有经过严格的学术训练，做出的研究成果普遍质量不高。

法学研究缺乏实证研究还表现在法学学科内部的分裂状态，不仅呈现为法理学与部门法的相互关系上，也表现在各部门法内部关系上。有学者认为：“在法学科学内部，法理学研究和各个部门法学的关系也存在很多的问题，这一时期我国法理学注重依法治国等热点问题和法的本质等抽象理论问题的研究，尽管对于部门法有一定影响，但是意义并不大。各个部门法学的研究成果也远远没有体现在法理学的研究中，两者的疏离比较严重。法理学没能和部门法学很好地结合起来。法理学是部门法学的指导，已经成为一个被接受的公理。但是无论在教学中还是在研究中，法理学的这种作用并没有真正地发挥。许多法理学者的部门法功底薄弱，不能从部门法中吸收资源，所进行的研究大部分也都是在法的价值、法的历史、法与社会等法律的外围做文章，深入到法的内部进行法的规范实证研究非常少，因此，这在某种意义上削弱了法理学的地位和作用。”[①] 在部门法内部，这种疏离状况也不少见，比如关于人格权在民法典中能否独立成编的论证，接受了不同理论传统的学者们都固执于自己接受的理论而不能面对中国问题，所以所谓的论证到头来无非都是在检验到底是法国还是德国抑或其他国家民法理论的优劣问题，独独缺少对中国自己面临的问题的创建。没有人在现代社会还反对吸收借鉴外国优秀的法律传统，但是这种吸收借鉴不能仅仅关注哪国理论的优劣，更重要的是解决我们的问题。这就是缺乏对中国问题进行深入实证考察的弊端所在。

当然，进行实证研究也面临很多困难，如查阅和收集资料的困难，尤其是在对公检法机关所掌握的数据进行调查时更是如此。司法实务界对法学家们的理论研究及其成果抱着轻视甚至完全忽视的态度，他们认为这些理论对司法实践用处不大，并且质疑学者们是书生意气。事实上，这也部分来自司法实务界的封闭与傲慢，你不拿出数据，学者们用什么研究？这种状况已得到一定改善，一些基于实证调查的理论研究成果已对法制建设发挥了作用。

三、法学理论研究的“西方中心主义”倾向明显

改革开放 40 多年来，伴随着社会经济生活条件的巨大变化，我国的法学理论研究散发出勃勃生机，取得了大批理论研究成果。但是，如果以理论转

---

① 刘雪斌、李拥军、丰霏：《改革开放三十年的中国法理学：1978—2008》，载《法制与社会发展》2008 年第 5 期。

化为实践为标准，我们将会发现相当部分理论成果无法适应于中国国情。中国的法学理论研究在很大程度上只是西方法学理论的“传声筒”或“二道贩子”，并且造就了所谓法学理论研究的“学术泡沫”，还没有真正形成适合于中国的特有法学理论学术体系。

由于近代中国积贫积弱，加之自1840年第一次鸦片战争开始的列强对中国的侵略与殖民，中国人渐渐丧失了对本民族文化的自信心，法学家们概莫能外，这种情况延续至今，中国的一些法学家们缺乏自信。蔡枢衡先生在《近四十年中国法律及其意识批判》中，对20世纪前40年的中国法学研究风格，有一段精辟的概括：“中国成文法律发达很早。但是海禁大开以前，中国没有近代式的法学。海禁大开后，变法完成前，只有外国法学著作的翻译、介绍和移植。外国法学的摘拾和祖述，都是变法完成后至于今日的现象。”[①]他把翻译、介绍和移植当作中国近代法学的第一步，把祖述和摘拾看成第二步。祖述是中国人用自己的语言，讲述外国法学。摘拾是中国人裁割外国法学来建构自己的体系。[②]蔡枢衡认为：“祖述和摘拾成为一个国家的司法学著作，教室讲话和法学论文的普遍现象，这正是殖民地风景。”[③]应该说，蔡枢衡先生的论断在今天的法学家中仍存在，甚至有过之而无不及。比如，“在20世纪90年代以后，随着大量外国法理学论著的翻译以及对外交流的加强，一些重要的外国法理学和法哲学研究成果被引入了我国。但是，很多的研究是进行简单介绍，还有一些研究试图把外国研究成果和我国实际相结合，却往往是使用的外国的术语却没有吃透该学术研究的真正精神，简单照搬或者横加批判，造成了两张皮、夹生饭的情况”。[④]

---

① 蔡枢衡：《中国法理自觉的发展》，清华大学出版社2005年版，第59页，转引自蒋传光：《当代中国特色先进法律文化创建的路径思考》，载《河南省政法管理干部学院学报》2007年第5期。

② 蒋传光：《当代中国特色先进法律文化创建的路径思考》，载《河南省政法管理干部学院学报》2007年第5期。

③ 蔡枢衡：《中国法理自觉的发展》，清华大学出版社2005年版，第60页，转引自蒋传光：《当代中国特色先进法律文化创建的路径思考》，载《河南省政法管理干部学院学报》2007年第5期。

④ 刘雪斌、李拥军、丰霏：《改革开放三十年的中国法理学：1978—2008》，载《法制与社会发展》2008年第5期。

法学研究的“西方中心主义”的根源在于缺乏对本土法律文化的自信心，它的表现形式就是大量地引进、介绍、翻译外国法学理论研究成果或著作，这样做有其积极意义。但是，对西方法学理论的产生背景不加以分析，直接拿来的思维方式除了生产了一些纯粹的“知识”以外，很难说会对法治建设有什么推动作用。

法学理论研究存在的不足还包括：法学研究“经验论”痕迹明显。“不少学者习惯于将中国有关立法、执法、司法、守法和法律监督等现象加以描述，这种描述又被一些学者直接当作其法理学主题研究的理论结论或者‘构想’，并用于‘检验’中国的法律现实。”[①] 经验论的特点是能较为直观感性地描述现行法律司法运行的状况，但是对于以提供理论指导为主的法学理论研究来说则显然不足。这说明，我国法学理论研究要真正适应法治建设的发展还需要法学研究者们的艰苦努力。

---

① 张文显：《改革开放新时期的中国法理学》，载《法商研究》2001年第1期。

第十二章
法律词语的变迁与法治理念的演变

20 世纪 70 年代末，从“文化大革命”的深重灾难中走出来的中国人民，在痛苦的反思中坚定地选择了法治之路。作为执政党的中国共产党集中了人民的意愿，领导亿万中国人民开始了追寻法治理想的征程。在这一伟大征程中，中国共产党经过艰苦探索逐渐形成了一系列重要的法治理念，引导着社会主义法治建设不断向前推进。实践表明，伴随着经济和社会的发展以及法治实践的深入，中国共产党所提出的法治理念不断得到丰富和深化，我们可以从其文件中所使用的法律词语的变化看到这一演变过程。

第一节
法治、法治理念与法律词语

一、法治理念：法治的思想条件

法治是法律之治，它需要完备的法律制度、完善的法律机构，其良好运行，更需要完整的法治理念，正如有学者所言："法治不只是一种制度化模式，而且也是一种理性精神和文化意识。"[①] 如果说，法律制度、法律机构的建立和运行为法治的实现提供了物质条件或工具上条件的话，那么，法治理念的确立则为实现法治提供了思想条件。

所谓法治理念，就是人们关于法治的观点、看法和信念。也就是说，它是人们头脑中形成的关于法治的前提条件、基本精神、核心价值、内在运行等方面的认识以及对法治实现的内心信念。法治理念不仅是一种观念，而且也是一种原则。从前者来看，它是人们对法治现象的主观反映，是实现法治的观念支撑；就后者而言，它是人们对法治理想的主观追求和内心设想，是人们追求法治的基本原则。当然，法治理念不是没有现实基础的虚幻想象，而是源于人类需求、立足现代文明的现实追求。

法治理念之于法治至关重要。首先，法治理念是法治的基本前提。法治是人们参与其间的一种生活方式，其运行离不开法治理念的支撑。在一个社会中，只有人们确立起法治理念，认同法治这种生活方式，法治的实现才有

① 王人博、程燎原：《法治论》，山东人民出版社 1998 年版，第 190 页。

可靠的基础。否则，即使拥有大量的法律制度和完整的法律机构，这些制度和机构也不会按照法治的原则来运行，法治只能成为一句漂亮的口号。其次，法治理念是法治的根本保障。它体现在两个方面：一是法治理念确定了法治化进程的发展方向。法治理念明确了法治的价值取向和基本原则，它指引着人们按照这种价值取向和基本原则行事，这就使得法治化进程沿着预设的目标推进。二是法治理念提供了法治的行为基础。人们的法治行为不会凭空产生，而是受自己内心的法治意识所支配，而法治理念的推行使得人们的内心深处形成法治意识，从而作出合乎法治要求的行为，为法治提供坚实的行为基础。最后，法治理念是法治的动力源泉。法治理念是人们对法治认识的结果，也是一种精神和意志的产物，人们在形成它的同时又会将其内化和积淀于自己的内心深处，融化成自身的法律素质。同时，法治理念不是消极被动的，它一旦形成便会转化成人们追求法治的内心信念和不竭动力。

二、法治理念的形成是一个过程

法治离不开法治理念的支撑和指引，同时又是实践法治理念的结果。这意味着，在一个国家中，人们对法治理念的探寻总是先于法治实践，而法治理念只有得到民众的广泛认同才会变成推动法治化进程的力量。从本质上说，法治理念的探寻是人们对法治这一事物进行认识的活动，通过这种活动来把握法治的本质，明确法治的条件、精神和价值，形成指引人们法治实践的基本原则。要实现这样的认识目标，形成正确、完整和深刻的法治理念，我们不能指望在一次认识活动中得以完成，而是需要经过长期、多次和反复的认识。从西方国家的法治进程看，思想家、学者和重要的政治组织往往是法治理念的探寻者和传播者，他们根据社会发展状况和政治法治实践，不断提出和深化法治理念，以推动所在国家的法治化进程。

在我国，从1978年中共十一届三中全会开始，中国共产党领导全国人民加强社会主义民主法治建设，开启了通向社会主义法治之路。从那时起，中国共产党就开始了对法治理念的初步探索，指导社会主义民主法治建设，使社会主义法治建设沿着正确道路开始起步。1982 年中共十二大之后，伴随着改革开放和现代化建设的全面展开，中国共产党在原有基础上对法治理念进行丰富和发展，推动了社会主义民主法治建设，使社会主义法治建设向前迈进了一大步。1997 年中共十五大正式确立了“依法治国，建设社会主义法治国家”的目标，中国共产党对法治的认识逐步深入，基本形成了明晰、完整的法治理念，极大地推动了社会主义法治建设。可见，我国的社会主义法治建设是在中国共产党的领导下进行的，中国共产党所提出的法治理念指引着我国法治化进程的方向。同时，中国共产党对法治理念的探寻经历了一个提出、丰富和形成的过程，而且它还将在不断探寻中得到发展和深化。

法治理念的形成之所以经历了一个较长的过程，其原因是多方面的。首先，对于中国共产党来说，领导人民进行社会主义法治建设是一项全新的事业。在我国，长达两千多年的封建统治，使社会长期处于人治的状态下。新中国成立后，由于种种原因法治建设又被中断。因此，当中国共产党领导人民重新开始法治之路时，对于法治建设没有多少经验，自然需要一定时间的探索才能形成明晰、完整的法治理念。其次，法治理念必须是在政治和法治的实践中逐步形成的。法治理念不是抽象的、悬空的，而是具体的、实际的，因而作为能够指引中国法治实践的法治理念，不能脱离中国的政治和法治实践，它一定是在生动的实践中不断丰富、反复检验，最终得以形成，并且得到发展和深化的。可见，了解中国共产党的法治理念及其演变过程，对于理解和推动我国的法治化进程具有重要意义。

三、从法律词语透视法治理念

语言的社会本质在于它是人类最重要的交际工具。在交际过程中，人们利用语言来交流思想，达到相互了解的目的。交流思想是语言交际的主要内容，而思想是思维的结果。显然，语言与人的思想、思维有着密切的关系。这种关系主要表现在以下几个方面：首先，语言是思想产生和存在的基础。斯大林在《论语言学的几个问题》中指出：“没有语言材料、没有语言的‘自然物质'的赤裸裸的思想，是不存在的。"[①]这表明，没有语言作为物质基础，人就无法进行思维，思想也就不能产生和存在。其次，思想必须通过语言表达出来。马克思在《德意志意识形态》一文中精辟地指出："语言是思想的直接现实。"[②]可见，思想是语言的内容，语言则是思想的形式。思想必须通过语言表达出来，通过这种表达思想才有了载体，才能得以传播。因此，语言不仅是人类最重要的交际工具，还是人类思维的工具，是人类思想的载体和表达。

语言是人类思想的载体和表达，这意味着作为内容的人类思想是看不见、摸不着的，我们能够直接把握的就是语言，我们只有通过理解语言才能把握思想，只有通过对语言进行分析来研究思想。语言所反映的思想是多层次和多方面的，既包括语言所表达的直接含义，也包括语言背后所隐含的意味，还包括语言表达者的意图。因此，我们在分析语言时，可以从不同层次、不同方面进行，以理解其中包含的不同思想内容。在语言中，词语是重要的组成部分，它凝结着人们的认识成果，反映着人们的文化观念。人们在表达思想时，是通过词语组成的语句来表达的，但是其中选用的重要词语是表达思想的核心。因此，我们可以通过对重要词语的分析，来把握思想的内核。人类的思维不会停止，人们的思想不会凝固，语言、词语一定会随着思想的变化而发生变化。因此，我们可以通过对语言、词语变化的考察，来分析人们思想的变迁。

中共十一届三中全会以来，中国共产党经过努力探索所形成的法治理念，全面指导着我国的法治实践，不断推动着我国的法治化进程。这些法治理念完整地体现在党的历次会议的文件中，并用法律语言、法律词语得以充分表达。因此，我们可以通过对这些法律词语及其变迁状况进行分析，来理解法治理念的内容意义及其演变过程。

---

① 《斯大林选集》(下卷)，人民出版社1979年版，第527页。

② 《马克思恩格斯全集》(第3卷)，人民出版社1960年版，第525页。

第二节
从法律词语的蕴意看法治理念的初步探索

1978 年中共十一届三中全会的召开，重启了我国社会主义法治化的进程。从那时起的四十多年间，中国共产党围绕法治的基本要素对法治进行思考，提出了许多有价值的法治理念，从而明确了民主法治建设的方向，为日后确立依法治国方略和法治国家目标，形成完整、深刻的法治理念奠定了坚实基础。翻开那个时期中国共产党的文件，我们可以从一些重要法律词语中透视这些有价值的法治理念。

一、民主制度化、法律化

民主是社会主义的本质要求，也是社会主义的重要目标。邓小平深刻地指出："没有民主，就没有社会主义。"[①] 中国共产党从成立之日起，就一直把追求中国人民的民主当作自己义不容辞的历史责任。1945 年，毛泽东在延安针对民主人士黄炎培兴亡周期率的问题答道："我们已经找到新路，我们能跳出这周期律。这条新路，就是民主。只有让人民来监督政府，政府才不敢松懈。只有人人起来负责，才不会人亡政息。"[②] 这表明了未来的新中国将以人民民主治理天下的美好展望和具体规划。新中国成立后，中国共产党领导人

① 《邓小平文选》(第 2 卷)，人民出版社 1994 年版，第 168 页。

② 黄炎培:《八十年来》，文史资料出版社 1982 年版，第 149 页。

民建立了人民政权，踏上了民主之路。在迅速完成社会主义革命后，1956年中共八大提出："由于社会主义革命已经基本上完成，国家的主要任务已经由解放生产力变为保护和发展生产力，我们必须进一步加强人民民主的法制，巩固社会主义建设的秩序。"[①] 遗憾的是，由于认识上的错误，我们没有坚持这一正确路线，社会主义法治遭到破坏，党内民主和人民民主受到严重损害。1957年后，中国共产党又重新提出"以阶级斗争为纲"的政治路线，从而偏离了现代化建设的道路。及至十年"文化大革命"，无法无天，民主遭到严重践踏，现代化事业遭受了严重挫折。

1981年中共十一届六中全会通过的《关于建国以来党的若干历史问题的决议》在分析"文化大革命"爆发的原因时精辟地指出："种种历史原因又使我们没有能把党内民主加以制度化、法律化，或者虽然制定了法律，却没有应有的权威。这就提供了一种条件，使党的权力过分集中于个人，党内个人专断和个人崇拜现象滋长起来，也就使党和国家难于防止和制止'文化大革命'的发动和发展。"[②] 中国共产党已经充分认识到，没有法治保障就不可能有真正的民主，就必然走向人治和个人专断，偏离正确的政治路线以至发动灾难深重的"文化大革命"也就不可避免。因此，为了确保现代化的政治路线不偏离，防止"文化大革命"灾难的发生，必须加强和确保民主，避免人治和个人专断。对此，中共十一届三中全会提出："为了适应社会主义现代化建设的需要，全会决定在党的生活和国家政治生活中加强民主""为了保障人民民主，必须加强社会主义法制，使民主制度化、法律化"。[③] 在这里，中国共产党第一次在正式文件中使用了"民主制度化、法律化"这个词语，提出了有关法治的重要思想。

所谓"民主制度化、法律化"，就是通过健全社会主义法治以保障民主，即把民主的原则贯穿到法律制度中，把人民应当享有的民主权利精确地、完备

① 《中国共产党第八次全国代表大会关于政治报告的决议》，载《中国共产党第八次全国代表大会文献》，人民出版社1957年版，第817页。

② 《三中全会以来重要文献选编》(下)，人民出版社1982年版，第819页。

③ 《三中全会以来重要文献选编》(上)，人民出版社1982年版，第1—2页、第11页。

地用法律制度加以具体的规定，通过实施这些制度以保障人民民主。“民主制度化、法律化”这个词语，将民主与法制紧密结合在一起，它一方面包含了法治的思想，强调用法制保障的民主反对人治，另一方面表达了“民主是法治的灵魂”[①]的法治理念，揭示了一个基本道理，就是没有法治保障的民主与没有民主一样，一定会使国家陷入人治而与法治无缘，带来的只有不幸和灾难。

中共十二大之后，“民主制度化、法律化”不断被使用，人民民主的法治理念得以坚持和发展。中共十二大报告使用了“高度的社会主义民主”，指出：“建设高度的社会主义民主，是我们的根本目标和根本任务之一。”报告还指出：“社会主义民主要扩展到政治生活、经济生活、文化生活和社会生活的各个方面，发展各个企业事业单位的民主管理，发展基层社会生活的群众自治。”[②]中共十三大报告则使用了“高度民主”一词，并将“高度民主”与“完备法制”一起作为政治体制改革的重要目标。[③]

二、法律权威

中国共产党在分析“文化大革命”爆发的深刻原因时，开始认识到法律权威的重要性。1978年中共十一届三中全会公报明确提出：“为了保障人民民主，必须加强社会主义法制，使民主制度化、法律化，使这种制度和法律具有稳定性、连续性和极大的权威。”[④]从那时起，“法律权威”一词开始引入中国共产党的文件中，之后又被频繁地使用。

“权威”一词含有尊严、权力和力量的意思，指人类社会实践过程中形成的具有威望和支配作用的力量。[⑤]由此可知，“法律权威”就是法律在社会运

---

① 郭道晖:《治国方略的根本转变》，载刘海年等主编:《依法治国，建设社会主义法治国家》，中国法制出版社1996年版，第117页。

② 《十二大以来重要文献选编》(上)，人民出版社1986年版，第33—34页。

③ 《十三大以来重要文献选编》(上)，人民出版社1991年版，第35页。

④ 《三中全会以来重要文献选编》(上)，人民出版社1982年版，第11页。

⑤ 《辞海》，上海辞书出版社2000年版，第1513页。

行中具有威望和支配作用的力量。

一个国家是否实现法治的基本尺度，就是看其法律是否具有权威。这是因为，法治含义的一个重要内容就是强调法律为整个社会的主宰，一切个人或组织都应当受法律的统治和约束。它意味着，一方面，法律支配着权力，权力受法律的约束；另一方面，人人“都是法律的奴隶”（西塞罗语），[①] 都应遵从法律。可见，在一个国家中，当法律具有权威时，法律才能作为社会的统治力量，才能实现法治，否则法治只能成为美丽的幻想，人治将不可避免，人们的自由、安全、权利将处在不确定、无保障之中。

可见，“法律权威”一词的引入意义重大，它表明中国共产党正确揭示了法律在社会运行中的地位，确立了我国法治建设中必须始终贯彻的重要理念。这一理念的提出，摆正了法律和权力的位置，明确了人们对待法律的正确态度，为推动我国的法治建设奠定了重要的思想基础。

三、法律稳定

就法治建设而言，确立法律的至上地位固然十分重要，而使法律在实际生活中得到普遍遵从，确保法律权威更为重要。只有这样，法治才能真正得以实现。对此，中共十一届三中全会公报指出：“为了保障人民民主，必须加强社会主义法制，使民主制度化、法律化”，必须“使这种制度和法律具有稳定性连续性和极大的权威”[②]。在这段文字中，使用了“法律稳定”这一重要词语。这个词语的使用，表明中国共产党已充分认识到法律稳定对于法治建设和法治实现的重要性，提出了法治建设必须遵循的一个重要理念。

法律稳定就是法律在一定期限内保持相对固定的状态，不能朝令夕改，不可随意变动。从具体内容来看，法律稳定一方面要求已经实施的法律本身

---

① 转引自彼得·斯坦、约翰·香德：《西方社会的法律价值》，王献平译，中国人民公安大学出版社 1990 年版，第 174 页。

② 《三中全会以来重要文献选编》（上），人民出版社 1982 年版，第 11 页。

必须相对固定，不能随意废除；另一方面要求实施的法律所确立的具体制度要保持稳定，不能随意修改。法律的稳定性对于法治十分重要。这是因为，只有法律保持稳定，才能使人们在法律与某种行为之间建立相对固定的联系，准确预见自己行为的法律后果，进而对法律产生强烈依赖并逐渐形成法律信仰，养成自觉遵从法律的习惯，由此推动法治的实现。相反，法律不稳定则会危害法治，这是“因为它一方面会破坏法律所应有的确定性、可预期性和权威性，另一方面则会造成社会的权势者通过法律侵害私人权利和公共利益”。[①] 如此，人们自然不会产生对法律的依赖，更不会对法律形成信仰，不可能尊重和遵从法律，法治的实现也是不可能的。当然，法律稳定并不意味着制定出来的法律是不能变动的，当社会生活发生变化而对法律提出新的要求时，法律可以并且应当进行调整，使其更好地发挥调节社会生活的作用。

从上述分析中可以看到，法律稳定与法律权威之间的关系紧密但并不一致。法律稳定与否会影响法律权威的确立，但未必一定能产生这种影响，也就是说，法律不稳定必然损害法律权威，法律稳定有利于法律权威的形成，但不一定会促成法律权威的建立。因此，在法治建设中不仅需要法律权威的理念，还应确立法律稳定的理念。

四、法律面前人人平等

1978 年中共十一届三中全会公报指出，检察机关和司法机关“要保证人民在自己的法律面前人人平等，不允许任何人有超越法律之上的特权”[②]。可见，“法律面前人人平等”这个词语被郑重地写入中国共产党的文件，同时“法律面前人人平等”成为社会主义法治的重要目标和基本要求。1979 年中共十一届四中全会通过的叶剑英所作的《在庆祝中华人民共和国成立三十周年大会上的讲话》就指出：“从党的领导者到每个党员，从国家领导人到每个公

① 夏勇:《法制是什么——渊源、规诫和价值》，载《中国社会科学》1999 年第 4 期。

② 《三中全会以来重要文献选编》(上)，人民出版社 1982 年版，第 11 页。

民，在党纪和国法面前人人平等，绝不允许有不受党纪约束的特殊党员和不受法律约束的特殊公民，绝不允许有凌驾于党纪国法之上的特权。”① 在这里，中国共产党不仅坚持了“法律面前人人平等”的法治原则，更为重要的是将“人民在法律面前人人平等”转变为“公民在法律面前人人平等”，使“法律面前人人平等”的内涵更为准确，寓意更为深刻。之后，“法律面前人人平等”一词在中国共产党的文件中频繁出现，“法律面前人人平等”思想不断被强调。这意味着，“法律面前人人平等”不是一个普通的词语，它内含着重要的法治理念。据此，“中华人民共和国公民在法律面前一律平等”被写入1982年宪法。

“法律面前人人平等”就是任何公民在适用法律上一律平等，不允许任何人有超越法律之上的特权。具体来说，其含义主要包括三个方面：（1）任何公民，不分民族、种族、性别、职业、家庭出身、宗教信仰、教育程度、财产状况、居住期限，一律平等地享有宪法和法律规定的权利，平等地履行宪法和法律规定的义务；（2）公民的合法权益一律平等地受到保护，对违法行为一律依法予以追究，决不允许任何违法犯罪分子逍遥法外；（3）在法律面前，不允许任何公民享有法律以外的特权，任何人不得强迫任何公民承担法律以外的义务，不得使公民受到法律以外的惩罚。

早在十七、十八世纪，近代资产阶级启蒙思想家就将“法律面前人人平等”作为法治的一项重要原则提了出来。洛克就曾指出：“应该以正式公布的既定的法律来进行统治，这些法律不论贫富、不论权贵和庄稼人都一视同仁，并不因特殊情况而有出入。”② 之后，许多思想家、法学家都阐述了这一法治理念。例如，英国的思想家戴雪在阐述法治的含义时，强调包括政府官员在内的所有人和所有阶层在法律面前一律平等。“法律面前人人平等”之所以成为一项重要的法治理念、法治原则，是因为，一方面，法治追求的平等是形式平等而非结果平等，这就意味着法律可以平等地适用所有人，而不会为了满足某一类人的需要而损害另一类人。如果离开了平等，人们普遍拥有的权

① 《三中全会以来重要文献选编》（上），人民出版社1982年版，第231页。

② ［英］洛克著：《政府论》（下篇），商务印书馆1964年版，第88页。

利就会蜕变为少数人才享有的特权，法治社会就会失去存在的必要性。另一方面，法律平等地适用所有人，就能排除个人的特权，确立法律的权威，实现法律的统治。否则，它不仅导致某些人拥有法外特权，违法者逍遥法外，而且更为严重的是导致个人权力凌驾于法律之上，破坏法律权威，为施行人治和个人专断创造了条件。

在我国，1954 年发布的《宪法》中，明确规定了“法律面前人人平等”的原则。1957 年反右以后，它被批判为“敌我不分”。在 1975 年宪法中，该原则被取消，使社会主义法治遭到严重的破坏。没有“法律面前人人平等”原则保障的法律制度，不会与法治结缘。因此，“法律面前人人平等”这个词语的使用，意味着中国共产党确立了法律平等的法治理念，这对于推进民主和法治进程有着重要意义。

五、有法可依，有法必依，执法必严，违法必纠

为了保障人民民主，必须加强社会主义法治。那么，如何进行社会主义法治建设呢？早在 1956 年，董必武在中共八大上曾提出过“有法可依，有法必依，以依法办事为中心环节”的社会主义法治建设的基本方针。邓小平在此基础上，根据新时期法治建设的要求加以发展和完善，完整地提出了社会主义法治建设的基本方针，即“有法可依，有法必依，执法必严，违法必究”[①]。这个词语后来被写入中共十一届三中全会公报中，[②] 作为社会主义法治建设应当遵循的基本原则和基本要求。

社会主义法治建设方针尽管只用了短短的十六个字来表达，却有着深刻的内涵。有法可依就是国家应加强立法工作，使需要法律调整的社会关系都得到法律调整，使人们在社会生活的各个重要方面都有法律可供遵循。有法必依就是一切国家机关、政党、社会团体、企事业单位、公职人员和公民，

① 《邓小平文选》（第 2 卷），人民出版社 1994 年版，第 147 页。

② 《三中全会以来重要文献选编》（上），人民出版社 1982 年版，第 11 页。

都必须严格执行和遵守法律，依法办事。执法必严就是执法机关及其工作人员在执法过程中，必须严格依法办事，做到执法严明，忠于事实和法律，并严肃、正确地理解和运用法律。违法必究就是对于一切违法犯罪行为，执法机关及其工作人员必须追究行为人的法律责任，不允许任何人凌驾于法律之上而享有法外特权。在社会主义法治建设中，这些原则涉及立法、执法、守法、司法诸环节，是一个相互独立、相互联系的统一整体。具体来说，有法可依是加强社会主义法治的基本前提，有法必依是加强社会主义法治的中心环节，执法必严是加强社会主义法治的重要条件，违法必究是加强社会主义法治的根本保障。

法制是法治的必要条件，没有法制不可能实现法治，同时法制又是法治的重要内容，缺少法制不可能构成法治。这是因为，法治是法律之治，除了确立法律至上地位，重要的是需要完备法律和依法办事，两者构成法治的核心内容。有了完备的法律，法律才能规范、调节经济、政治、文化和社会生活，实现整个社会的法律之治；所有公民和组织都能做到依法办事，法律权威才能建立，法治精神才能彰显，法治理想才能实现。反之，没有完备法律和依法办事为依托，法治只能成为人们的美好想象。因此，建立以完备法律和依法办事为核心要素的法治，是实现法治之必需。

从“有法可依，有法必依，执法必严，违法必究”十六字方针的内容来看，它很好地反映了作为法治基础的法制要求，凸显了法制在法治中的重要地位和重要作用。因此，“有法可依，有法必依，执法必严，违法必究”的提出，蕴涵了良好法制运行的法治理念。之后，这个理念得到发展。1987年中共十三大报告第一次使用了“法制完备”这个词语，并将“法制完备”作为政治体制改革的一项重要目标。法制完备要求“国家的政治生活、经济生活和社会生活的各个方面，民主和专政的各个环节，都应当做到有法可依，有法必依，执法必严，违法必究”。[①] 也就是说，法制应当覆盖国家的全部生活和所有领域，渗入生活的各个方面和各个环节。从这个要求可以看出，它不

① 《十三大以来重要文献选编》(上)，人民出版社1991年版，第35、46页。

仅贯彻了“有法可依，有法必依，执法必严，违法必究”的法治建设的一般原则和基本要求，同时将法治建设的要求从立法、执法和司法等法治环节拓展到政治生活、经济生活和社会生活等法治调节领域，使良好法制运行的法治理念得以发展，形成了法制完备的法治理念。

六、保持司法机关独立行使审判权

司法机关是执行和适用法律的重要国家机关，也是社会公正的最后一道防线，司法审判是否具有独立性，能否体现司法公正，是实现法治的重要保障。1978 年中共十一届三中全会针对过去党、国家机关或者领导干部随意干预司法工作的状况，提出“检察机关和司法机关要保持应有的独立性”。[①] 从这段文字的内容来看，实际上使用了“保持司法机关的独立性”一词。它意味着，检察机关和司法机关依法独立行使职权，依法独立处理各种案件，任何组织和个人都不能用各种方式介入或者干预。

根据中共十一届三中全会的精神，1979 年 9 月 9 日，中共中央发布了《关于坚决保证刑法、刑事诉讼法切实实施的指示》。该指示强调，严禁公、检、法以外的任何机关和个人捕人、押人、私设公堂、搜查抄家。各级党政领导人，不论职务高低、权力大小，都不得以言代法。不允许以各种理由指令公安检察机关违反刑法规定的法律界限和刑事诉讼法规定的司法程序，滥行捕人抓人，或者背离法律规定，任意判定、加重或减免刑罚。对于利用职权对司法机关的工作非法进行干涉和施加影响的干部，必须严加追查。该指示还取消了各级党委审批案件的制度，指出，今后对县级以上干部和知名人士等违法犯罪案件，除极少数特殊情况必须向上级请示者外，都由所在地的司法机关独立依法审判。[②]

独立行使审判权是现代法治的一项重要原则，也是衡量法治国家的重要

① 《三中全会以来重要文献选编》(上)，人民出版社 1982 年版，第 11 页。

② 俞敏声主编:《中国法制化的历史进程》，安徽人民出版社 1997 年版，第 272—273 页。

标准。独立行使审判权是司法机关公正处理争议的需要，是人们信任司法、尊重法律的前提，也是维护法律权威的力量，因而成为法治的基本内容和重要保障。有学者认为，独立行使审判权的含义有三个层次：第一层含义是就政治层面而言，独立行使审判权指审判权独立；第二层含义是法院独立，法院独立是审判权独立的制度表现，包括法院独立于非法院机构和法院之间相互独立；第三层含义是法官独立，既强调法官独立于其他职业的公民，又特别强调法官与法官之间的自主性。[①]应当说，“保持司法机关的独立性”一词的含义，大抵相当于在第二层次含义上的独立行使审判权。这种意义上的独立行使审判权，是指司法机关能够独立行使职权，即依法独立审判和检察。

“保持司法机关的独立性”一词的出现，表明中国共产党准确把握了司法与法制、法治的关系，认识到司法机关能够独立行使职权对于实现司法公正以至法治的重要意义，形成了以依法独立审判和检察为内容的司法理念。

七、党在宪法和法律的范围内活动

中国共产党在领导人民夺取政权后，成为执掌国家政权的执政党和社会主义事业的领导核心，这种执政党的领导地位被我国宪法所确认。中国共产党在执政过程中要回答的一个重大问题，就是如何处理好党与法的关系。这个问题不仅关系到国家的民主法治建设，而且关系到中国共产党的执政地位的巩固。对于这个问题，中国共产党在开始执政时就有思考，但在很长一段时间内没有作出很好的回答，以至于党超越法定权限过多地干预和处理国家事务，甚至个别党员凌驾于宪法和法律之上。这样做的结果，一方面，影响了中国共产党的自身建设，不利于加强其执政地位；另一方面，损害了法律权威，为人治和个人专断的滋长提供了条件，不利于国家的民主法治建设。“文化大革命”结束后，中国共产党在总结经验教训时，开始思考和回答这个问题。1982年中共十二大明确提出：“党必须在宪法和法律的范围内活动”，

① 何勤华：《法治的追求——理念、路径和模式的比较》，北京大学出版社2005年版，第145页。

即“从中央到基层，一切党组织和党员的活动都不能同国家的宪法和法律相抵触。党是人民的一部分。党领导人民制定宪法和法律，一经权力机关通过，全党必须严格遵守”[①]。中共十二大通过的党章，又将“党必须在宪法和法律的范围内活动”记载其中。[②]在这里，中国共产党第一次正式使用了“党在宪法和法律的范围内活动”的词语，正确回答了党与法的关系，提出了一个重要的法治理念。之后，中共十三大、十五大、十七大、十八大的报告都使用了这个词语，不断重申这一理念。

“党在宪法和法律的范围内活动”，就是中国共产党的活动必须依法进行。它意味着：第一，中国共产党的各级组织和全体党员必须自觉遵守宪法和法律规定，不能凌驾于宪法和法律之上，享有宪法和法律以外的特权；第二，中国共产党必须严格按照宪法和法律规定行使领导权，不能超越法定权限处理国家事务和社会事务，应当“保证政权组织充分发挥职能，应当充分尊重而不是包办群众团体以及企事业单位的工作”[③]；第三，中国共产党对国家和社会实行政治领导，其主要方式是“使党的主张经过法定程序变成国家意志，通过党组织的活动和党员的模范作用带动广大人民群众，实现党的路线、方针和政策”[④]。

“党在宪法和法律的范围内活动”的提出，对于法治建设具有重要意义。首先，它维护了法律权威。中国共产党的各级组织、全体党员都能自觉守法，才能保证法律具有普遍的约束力，从而维护法律的至上权威。其次，它蕴涵了权力制约的理念。“党在宪法和法律的范围内活动”表明，中国共产党的领导权必须受到宪法、法律的限制，其内容和行使有着明确的范围，因而它包含着权力制约的理念。最后，它体现了人民民主的原则。在我国，一切权力属于人民，人民的意志决定着国家生活的进程，“党在宪法和法律的范围内活动”，实质上就是尊重和执行人民意志的一种表现，保证人民依法行使当家作

① 《十二大以来重要文献选编》（上），人民出版社1986年版，第35页。
② 《十二大以来重要文献选编》（上），人民出版社1986年版，第68页。
③ 《十三大以来重要文献选编》（上），人民出版社1991年版，第36页。
④ 《十三大以来重要文献选编》（上），人民出版社1991年版，第36页。

主的权力。因此，遵循这一处理党法关系的法治理念，实现法治就有了重要保障。

八、法律监督

从中共十一届三中全会起，中国共产党就开始思考权力制约的问题，提出了权力受约束的思想。1980年中共十一届五中全会通过的《关于党内政治生活的若干准则》就指出："那种认为自己的权力可以不受限制的思想，就是腐朽的封建特权思想，这种思想必须受到批判和纠正。"[①] 当然，那时在论述权力受限制时，更多地考虑个别人的权力不受限制而搞个人集权，以至发生像"文化大革命"这样的国家灾难，因而对权力受限制的认识还是比较局限的。

随着民主和法治建设的推进，党对于"权力受约束"的认识逐步深入。从中共十三大开始，"法律监督""执法监督"这些词语在党的文件中出现，使得"权力受限制"的思想具体化，并丰富起来。中共十三大提出："今后应继续完善人大及其常委会的各项职能，加强立法工作和法律监督。"[②] 这表明，中国共产党开始重视人大法律监督的职能，改变了过去片面强调人大立法职能的状况。人大的法律监督包括对立法监督和对宪法、法律实施的监督，监督的对象包括行政机关、司法机关和相应的权力机关及其工作人员，也包括社会组织和公民个人。通过人大的法律监督，使得相关国家机关及其工作人员依法行使权力。与此同时，中共十三大还提出建立政府法治监督体系的构想，以此约束政府权力。除加强人大对行政机关的法律监督外，还引入一些新的词语，提出监督制约的做法。具体来说，一是"要制定行政诉讼法"，由司法机关对行政机关实施监督；二是要"加强对行政工作和行政人员的监察，追究一切行政人员的失职、渎职和其他违法违纪行为"，即加强行政机关的内部监

① 《三中全会以来重要文献选编》(上)，人民出版社1982年版，第431页。

② 《十三大以来重要文献选编》(上)，人民出版社1991年版，第44页。

督。[①]在此基础上，1992年中共十四大对法律监督作出了较为全面的阐述，指出：“强化法律监督机关和行政监察机关的职能，重视传播媒介的舆论监督，逐步完善监督机制，使各级国家机关及其工作人员置于有效监督之下。”[②]

法治意味着权力按法律行事，受法律约束。法律监督、执法监督的目的，就是制约国家机关的权力，防止权力滥用。因此，“法律监督”“执法监督”这些词语的使用，实际上表达了权力制约的法治理念。

九、科学立法、严格执法、公正司法、全民守法

中共十八大报告提出，全面推进依法治国，“要推进科学立法、严格执法、公正司法、全民守法”。中共十八届四中全会通过的《中共中央关于全面推进依法治国若干重大问题的决定》，明确把其列为实现全面推进依法治国总目标的内容。成为中国进入新时代依法治国遵循的“新十六字方针”。中共十九大进一步强调，深化依法治国实践，要“推进科学立法、严格执法、公正司法、全民守法”[③]。

从有法可依、有法必依、执法必严、违法必究的“十六字方针”，到科学立法、严格执法、公正司法、全民守法的“新十六字方针”的转变，意味着“在法律体系形成之后，法治建设的重心必然转向提高法律体系的质量，转向法律的实施”[④]；从着重解决无法可依、以立法为导向到追求科学立法、民主立法、依法立法的良法之治；从强调有法必依、执法必严、违法必究单一的法律严格执行，到追求严格执法、公正司法、全民守法多层面的良法之下的善治；从通过普法宣传提高人们的法律意识到建设社会主义法治文化；从以形成中国特色社会主义法律体系为目标，到追求以形成完备的法律规范体系、高

① 《十三大以来重要文献选编》（上），人民出版社1991年版，第40—41页。

② 《十四大以来重要文献选编》（上），人民出版社1996年版，第29页。

③ 习近平：《决胜全面建成小康社会　夺取新时代中国特色社会主义伟大胜利——在中国共产党第十九次全国代表大会上的报告》（2017年10月18日），人民出版社2017年版，第38页。

④ 张文显：《建设中国特色社会主义法治体系》，载《法学研究》2014年第6期。

效的法治实施体系、严密的法治监督体系、有力的法治保障体系，形成完善的党内法规体系为内容的法治体系作为目标。“建设中国特色社会主义法治体系这一总目标的提出，意味着我国法治建设的战略转型和全面升级，以此为标志，中国的法治建设进入了新的历史阶段，站在了新的历史起点上。”①

简言之，“十六字方针”提出的背景，是针对十年“文化大革命”严重破坏法治给社会造成的危害；针对家长制、一言堂，把领导人的话当作法，对民主的破坏；针对市场经济体制改革目标确立后对完善法律制度的需求，从而把民主制度化、法律化，建立完善的中国特色社会主义法律体系作为追求目标。

“新十六字方针”提出的背景则发生了重大变化，此时，虽然中国特色社会主义法律体系已经形成，“民主法治建设迈出重大步伐”②，但在全面建成小康社会和全面深化改革进入关键时期，依法治国在党和国家工作全局中的地位更加突出、作用更加重大。为加快社会主义法治国家建设，对如何全面推进依法治国进行顶层设计，为社会主义法治国家建设制定“路线图”则成为当务之急。法治建设的目标追求，也由建立完善的法律体系转型升级为建设中国特色社会主义法治体系，建设社会主义法治国家。

十、法治国家、法治政府、法治社会一体建设

习近平在十八届中央政治局第四次集体学习时的讲话中曾提出：“面向未来，全面建成小康社会对依法治国提出了更高要求。我们要全面贯彻落实党的十八大精神，以邓小平理论、‘三个代表’重要思想、科学发展观为指导，全面推进科学立法、严格执法、公正司法、全民守法，坚持依法治国、依法执政、依法行政共同推进，坚持法治国家、法治政府、法治社会一体建设，

① 张文显：《建设中国特色社会主义法治体系》，载《法学研究》2014年第6期。

② 习近平：《决胜全面建成小康社会 夺取新时代中国特色社会主义伟大胜利——在中国共产党第十九次全国代表大会上的报告》（2017年10月18日），人民出版社2017年版，第4页。

不断开创依法治国新局面。”[①] 这是第一次把“依法治国、依法执政、依法行政”“法治国家、法治政府、法治社会”等概念连接起来，使其构成一个有机统一的整体。

中共十八届三中全会通过的《中共中央关于全面深化改革若干重大问题的决定》，对中国未来十年的改革开放和发展作出了纲领性的规划。全会提出了“坚持依法治国、依法执政、依法行政共同推进，坚持法治国家、法治政府、法治社会一体建设”。[②] 中共十八届四中全会把此作为全面推进依法治国总目标的重要内容。

如何推进法治中国建设？法治中国概念统领下的“依法治国、依法执政、依法行政”“法治国家、法治政府、法治社会”等一系列概念，其相互之间存在何种内在逻辑关系，对这些问题的理论探讨，有助于进一步深化理解法治中国建设目标的内涵，并为法治中国建设提供成熟的法学理论引领。

① 习近平：《在十八届中共中央政治局第四次集体学习时的讲话》（2013 年 2 月 23 日），载《习近平关于全面依法治国论述摘编》，中央文献出版社 2015 年版，第 3 页。

② 《中国共产党第十八届中央委员会第三次全体会议文件汇编》，人民出版社 2013 年版，第 50 页。

第三节
核心词语相继问世：法治理念基本形成

1997年9月，中共十五大提出了依法治国的基本方略和建成法治国家的目标，这标志着社会主义法治建设进入新阶段。伴随着由“法制”向“法治”的跃进，中国共产党对法治的本质有了更深的认识，有关法治的核心词语渐次出现，法治理念基本形成。

一、依法治国

随着经济体制改革的深入，1992年的中共十四大确立了社会主义市场经济体制的目标，极大地推动了社会主义现代化建设。在这样的背景下，1997年中共十五大提出：“在坚持四项基本原则的前提下，继续推进政治体制改革，进一步扩大社会主义民主，健全社会主义法制，依法治国，建设社会主义法治国家。”[①] 从此，依法治国被确立为党领导人民治理国家的基本方略，而建设社会主义法治国家成为政治体制改革的目标。这是中国共产党的文件中第一次使用了“依法治国”一词，提出了“依法治国”的法治理念。1999年3月，依法治国基本方略被载入宪法，得到宪法的确认和保护。

中共十五大指出：“依法治国，就是广大人民群众在党的领导下，依照宪法和法律规定，通过各种途径和形式管理国家事务，管理经济文化事业，管

① 《十五大以来重要文献选编》（上），人民出版社2000年版，第30页。

理社会事务，保证国家各项工作都依法进行，逐步实现社会主义民主的制度化、法律化，使这种制度和法律不因领导人的改变而改变，不因领导人看法和注意力的改变而改变。”[①]它包括以下几层含义：

第一，依法治国的主体是广大人民群众。也就是说，人民通过法律的形式把自己的意志上升为国家意志，通过各级人大以及其他途径和形式，依法管理国家事务、经济文化事务和社会事务，行使当家作主的权力。

第二，依法治国的客体是国家事务、经济文化事务和社会事务。也就是说，依法治国就是使国家的政治、经济、文化和社会生活，都纳入法制的轨道。同时，通过依法管理国家和社会的各种事务，体现人民的意志，因而各级国家机关及其工作人员在处理各种事务时，必须严格依法办事，依法行使权力。

第三，依法治国的依据是宪法和法律。人民当家作主并不意味着人民直接来管理所有的事务，他们只能通过自己选出的代表组成的人大，制定体现自己意志的宪法和法律，并授权国家机关严格执行，来行使对国家和社会事务管理的权力。因此，依法治国的依据只能是体现人民意志的宪法和法律。

第四，依法治国的根本保证是党的领导。中国共产党是工人阶级的先锋队，她最能集中和反映工人阶级和广大人民群众的意志和要求。另外，中国共产党执政，就是领导和支持人民当家作主。因此，依法治国必须把“坚持党的领导、发扬人民民主和严格依法办事统一起来”“保证党始终发挥总揽全局、协调各方的领导核心作用”。[②]

从依法治国的内涵来看，它把坚持党的领导、发扬人民民主和严格依法办事统一了起来。党的领导、人民民主和依法办事，是法治的基本要求、核心内容和根本保障，也是基本的法治理念。因此，依法治国不仅是基本的治国方略，也是由多个法治理念综合而成的重要法治理念。

---

① 《十五大以来重要文献选编》(上)，人民出版社2000年版，第30—31页。

② 《十五大以来重要文献选编》(上)，人民出版社2000年版，第31页。

二、依法执政

新中国成立后，中国共产党就由一个领导人民为夺取全国政权而奋斗的革命党，转变为领导人民执掌国家政权的执政党。从那时起，中国共产党对国家和社会的领导主要是通过执政来实现。因此，对于中国共产党来说，如何执政、选择什么样的执政方式始终成为需要回答的重大问题。中国共产党在长期的革命、建设和改革实践中形成了自己的一套领导方式，在长期的执政实践中形成了自己的一套执政方式，包括领导制度和工作制度等。随着改革开放的深入、社会主义市场经济的发展和依法治国方略的确定，党所处的地位和环境、党所肩负的历史任务、党自身的状况等都发生了新的重大变化，需要改革和完善领导方式和执政方式。2002 年中共十六大报告提出："坚持依法执政，实施党对国家和社会的领导。"① 这是中国共产党第一次在正式文件中使用"依法执政"这一词语，并将依法执政作为改革和完善党的领导方式和执政方式的重要内容。2004 年中共十六届四中全会通过的《关于加强党的执政能力建设的决定》在总结中国共产党 55 年执政经验时明确指出："坚持科学执政、民主执政、依法执政，不断完善党的领导方式和执政方式。"② 在此，依法执政与科学执政、民主执政一起构成新的历史条件下中国共产党的执政方式。2007 年中共十七大报告进一步指出："要坚持党总揽全局、协调各方的领导核心作用，提高党科学执政、民主执政、依法执政水平，保证党领导人民有效治理国家。"③2009 年中共十七届四中全会通过的《中共中央关于加强和改进新形势下党的建设若干重大问题的决定》指出："把执政能力建设和先进性建设作为执政党建设的根本任务，坚持科学执政、民主执政、依法执政，

① 《十六大以来重要文献选编》（上），中央文献出版社 2005 年版，第 26 页。
② 《十六大以来重要文献选编》（中），中央文献出版社 2006 年版，第 274 页。
③ 《十七大以来重要文献选编》（上），中央文献出版社 2009 年版，第 22 页。

着力提高党总揽全局、协调各方能力和水平。”[①]

2013年中共十八届三中全会通过的《中共中央关于全面深化改革若干重大问题的决定》，对法治中国建设进行了部署，提出“必须坚持依法治国、依法执政、依法行政共同推进，坚持法治国家、法治政府、法治社会一体建设。”[②]这一内容也被写入中共十八届四中全会决议、十九大报告，使依法执政成为中国特色社会主义法治体系的重要内容。

什么是依法执政？所谓执政，包括两个方面：一是执掌国家政权，即由执政党的精英或以执政党的精英代表为主体组成国家机关，包括国家权力机关、行政机关、司法机关、军事机关及其他国家机关；二是领导国家政权，即党对国家政权的领导，包括政治领导、思想领导和组织领导。依法执政的“依法”包括四层意思：一是通过法律的执政；二是法律范围内的执政；三是遵循法律程序的执政；四是不违背宪法和法律的执政。[③]依法执政意味着中国共产党必须按照宪法和法律规定，加强政治、思想和组织领导，即“通过制定大政方针，提出立法建议，推荐重要干部，进行思想宣传，发挥党组织和党员的作用”[④]，实施党对国家和社会的领导。同时，按照总揽全局、协调各方的原则，规范党委与人大、政府、政协以及人民团体的关系，支持它们履行职能、开展工作。

坚持依法执政，推动依法治国，必须符合以下四项基本要求：第一，“加强党对立法工作的领导，善于使党的主张通过法定程序成为国家意志，从制度上、法律上保证党的路线方针政策的贯彻实施”。第二，“全党同志特别是党员干部要牢固树立法制观念，坚持在宪法和法律范围内活动，带头维护宪法和法律的权威”。第三，“督促、支持和保证国家机关依法行使职权，在法治轨道上推动各项工作的开展，保障公民和法人的合法权益”。第四，“加强

① 《中共中央关于加强和改进新形势下党的建设若干重大问题的决定》，人民出版社2009年版，第7—8页。

② 《中国共产党第十八届中央委员会第三次全体会议文件汇编》，人民出版社2013年版，第50页。

③ 张文显：《依法执政的概念解读》，载《人民论坛》2005年第7期。

④ 《十六大以来重要文献选编》（上），中央文献出版社2005年版，第26页。

和改进党对政法工作的领导，支持审判机关和检察机关独立公正地行使审判权和检察权”“加强对司法活动的监督和保障”；“以保证司法公正为目标，逐步推进司法体制改革”。①

依法执政与依法治国有着紧密的关系，依法治国表现在政党行动上就是依法执政，依法执政是依法治国的重要保障。从“依法执政”的基本含义和要求来看，它是对中共十二大提出的“党必须在宪法和法律的范围内活动”的继承和发展，丰富和完善了处理党法关系的法治理念。在2002年中共十六大提出“依法执政”概念的基础上，又进一步衍生出“依宪执政”的概念。2004年9月15日在纪念全国人大成立50周年大会上的讲话中，胡锦涛进一步提出：“依法治国首先是依宪治国，依法执政首先是依宪执政。”② 把宪法提到如此高的地位，表明中国共产党对依法治国，建设法治国家的认识进一步深化。

三、提高立法质量

有法可依是法治的基本前提，但是有法未必就能构建起这个前提。古希腊著名思想家亚里士多德在给法治下定义时指出：“法治应包含两重意义：已成立的法律获得普遍的服从，而大家所服从的法律又应该本身是制订得良好的法律。”③ 这表明，法治必须符合两大标准：一是“法律获得普遍的服从”，这是法律权威性的要求；二是大家所服从的法律是“良好的法律”，这是法律内容的要求。所谓“良好的法律”，当然可以依据形式上的标准加以判断，但在亚里士多德的政治哲学和伦理思想中，其判断“良法”的标准，显然是价值上的，而非形式上的。最基本的一点，“良法”必须是能够保障正义实

① 《十六大以来重要文献选编》(中)，中央文献出版社2006年版，第281页。

② 《胡锦涛文选》，人民出版社2016年版，第232页。

③ [古希腊]亚里士多德：《政治学》，吴寿彭译，商务印书馆1965年版，第199页。

现的法律。[①] 可见，“法治是一种价值的体现。法治不但要求一个社会遵从具有普遍性特征的法，而且还要求这种被普遍遵从的法必须是好法、良法、善法。亦即法治之法包含着民主、自由、人权、平等、公平、正义人类价值要素，因而法治之法使人类对法律提出了更高的要求，它使立法者在法律制定之后必须接受价值的评判和检验。”[②] 因此，建立良好法律是法治的重要前提和原则。

在我国，经过多年的努力，立法工作取得了很大成绩，但是有些法律体系必不可少的法律法规还没有制定出来，有些法律法规不适应经济社会发展要求需要修改。因此，如何使所立之法为良法成为我国法治建设需要面对的重大问题。对此，1997 年中共十五大报告指出：“加强立法工作，提高立法质量，到二零一零年形成中国特色社会主义法律体系。”[③] 在这里，中国共产党在正式文件中开始使用“提高立法质量”一词，中共十六大、十六届五中全会等会议报告都使用了这个词语。它表明，中国共产党开始关注良法的制定，形成了建立良好法律的法治理念。

为了实现这一目标，中国共产党提出了以下几个方面的要求：第一，完善法律的目标任务。2003 年中共十六届三中全会通过的《中共中央关于完善社会主义市场经济体制若干问题的决定》指出：“按照依法治国的基本方略，着眼于确立制度、规范权责、保障权益，加强经济立法。完善市场主体和中介组织法律制度，使各类市场主体真正具有完全的行为能力和责任能力。完善产权法律制度，规范和理顺产权关系，保护各类产权权益。完善市场交易法律制度，保障合同自由和交易安全，维护公平竞争。完善预算、税收、金融和投资等法律法规，规范经济调节和市场监管。完善劳动、就业和社会保障等方面的法律法规，切实保护劳动者和公民的合法权益。完善社会领域和可持续发展等方面的法律法规，促进经济发展和社会全面进步。”[④]2006 年中

---

① 高鸿钧:《法治：理念与制度》，中国政法大学出版社 2002 年版，第 177 页。

② 刘作翔:《迈向民主与法治的国度》，山东人民出版社 1999 年版，第 99 页。

③《十五大以来重要文献选编》(上)，人民出版社 2000 年版，第 33 页。

④《十六大以来重要文献选编》(上)，中央文献出版社 2005 年版，第 479—480 页。

共十六届六中全会通过的《中共中央关于构建社会主义和谐社会若干重大问题的决定》也指出，要“完善发展民主政治、保障公民权利、推进社会事业、健全社会保障、规范社会组织、加强社会管理等方面的法律法规”[①]。第二，完善法律的途径方法。如何能够制定出良法？中共十六届六中全会报告指出：要“坚持科学立法、民主立法”[②]。中共十七大也明确提出：“要坚持科学立法、民主立法，完善中国特色社会主义法律体系。”[③]通过民主立法和科学立法，能够充分体现人民的利益诉求和意志主张，充分反映经济社会发展需求和人类价值要素，以提高立法质量，实现良法目标。中共十九大又提出在坚持民主立法、科学立法的基础上，要“依法立法”，[④]以避免立法的随意性。

四、依法行政

1993年11月，中共十四届三中全会通过的《中共中央关于建立社会主义市场经济体制若干问题的决定》，提出了“各级政府都要依法行政、依法办事”[⑤]的要求，这是中国共产党的文件中第一次使用“依法行政”这个词。为贯彻依法行政的要求，1996年全国人大通过了《行政处罚法》，对行政处罚的设定和实施作了严格规定。1997年中共十五大确立了依法治国的基本方略，并明确提出“一切政府机关都必须依法行政”[⑥]的要求。之后，“依法行政”这个词开始被广泛使用，依法行政的理念逐渐形成。1999年11月，国务院发布了《国务院关于全面推进依法行政的决定》，《行政复议法》等一系列规范行政行为的法律先后出台。

---

① 《十六大以来重要文献选编》（下），中央文献出版社2008年版，第658页。

② 《十六大以来重要文献选编》（下），中央文献出版社2008年版，第658页。

③ 《十七大以来重要文献选编》（上），中央文献出版社2009年版，第24页。

④ 习近平：《决胜全面建成小康社会，夺取新时代中国特色社会主义伟大胜利——在中国共产党第十九次全国代表大会上的报告》，人民出版社2017年版，第38页。

⑤ 《十四大以来重要文献选编》（上），人民出版社1996年版，第544页。

⑥ 《十五大以来重要文献选编》（上），人民出版社2000年版，第33页。

依法行政，又称“行政法治”，就是行政机关行使行政权力、管理公共事务必须由法律授权并依据法律规定。依法行政包含了以下主要含义：第一，依法行政中所说的“行政”，是行政法意义上的行政，即国家行政或者公共行政；第二，依法行政中所说的“法”，是体现国家和人民的整体意志，反映社会进步发展规律的法；第三，依法行政中“行政”与“法”的关系，应当是法大于行政，法优先于行政，无法即无行政，行政必须服从法；第四，依法行政是对行政主体即政府行政机关及其工作人员的要求，而不是对行政相对人的要求，是治“官”，而不是治“民”的；第五，依法行政是一种积极保障（有效行政）与消极防范（防止滥用行政权力）的有机结合，即依法行政的目的不仅在于对行政机关的行政行为依法进行规范，防止权力的滥用，而且在于保证国家行政管理的有效和效率，使其能够最大限度地发挥作用。①

2002 年中共十六大把发展社会主义民主政治，建设社会主义政治文明，作为全面建设小康社会的重要目标之一，并明确提出“加强对执法活动的监督，推进依法行政”②。为了全面推进依法行政，2004 年 3 月国务院发布《全面推进依法行政实施纲要》，明确了今后十年全面推进依法行政的指导思想和目标、基本原则和要求、主要任务和措施，正式确立了建设法治政府的目标，标志着我国依法行政进入了全面深化阶段。该纲要详尽阐述了依法行政的基本要求，包括以下六个方面：一是合法行政；二是合理行政；三是程序正当；四是高效便民；五是诚实守信；六是权责一致。③ 这六项基本要求是对我国依法行政实践经验的总结，集中体现了依法行政重在治官、治权的内在精髓，充分反映了依法行政追求公正与效率的价值目标，有力支撑了法治政府的基本骨架，因而对指导、规范行政机关及其工作人员依法行政具有重要作用。2007 年中共十七大把“法治政府建设取得新成效”④ 作为实现全面建设小康社会奋斗目标的新要求之一，对推进依法行政提出了新的更高要求。

① 宋才发：《依法行政是依法治国的难点和关键》，载《社会主义研究》2000 年第 1 期。

② 《十六大以来重要文献选编》（上），中央文献出版社 2005 年版，第 26 页。

③ 《十六大以来重要文献选编》（中），中央文献出版社 2006 年版，第 6—7 页。

④ 《十七大以来重要文献选编》（上），中央文献出版社 2009 年版，第 15 页。

依法行政是依法治国的核心和关键，这是因为行政管理的范围涉及国家和社会生活的各个方面，法律、法规、规章中“绝大部分是由行政机关加以组织实施的，对违反这些法律、法规、规章的各类行政违法行为也首先是由行政机关予以处理和惩罚的”[①]，并且执法活动又带有主动性，最容易发生滥用权力而侵害民众权利的事情。因此，从这个意义上说，依法行政直接关系到依法治国方略的实施，依法行政的水平关系到依法治国的进程。因此，依法行政理念的提出并贯彻落实，对于建成社会主义法治国家至关重要。

五、司法公正

司法是国家司法机关及其工作人员依照法定职权和法定程序，具体运用法律处理案件的专门活动，是一个国家法治的重要组成部分。司法还是法律实施中的最后一个关口，是社会公平的最后一道防线，公正也就成为司法的本质和目的。司法不公不仅不能实现司法的目的，背离司法的本质，而且还会损害社会公平。正如英国哲学家培根在《论司法》一文中所言：“一次不公的判断比多次不平的举动为祸犹烈。因为这些不平的举动不过弄脏了水流，而不公的判断则把水源败坏了。”[②]

法治以完善法制为前提，它不仅需要良好的法律，而且需要公正的司法。这是因为，公正是法治追求的重要价值，正如一位学者所言：“公正未必与法治相关，而法治则必定以公正为基调。”[③]应当说，这种公正需要通过司法公正来实现。因此，离开了司法公正，法治就失去本身的意义。同时，法律的权威和尊严是法治的应有之义，它必须依靠公正司法来加以维护，离开司法公正要实现法治是不可想象的。在我国，1978年中共十一届三中全会就开始探索司法公正，提出保持司法机关独立性的思想。1997年中共十五大确立了

① 杨海坤：《我国行政执法的现状、困难与对策》，载《政治与法律》1996年第2期。

② ［英］培根：《培根论说文集》，水天同译，商务印书馆1983年版，第193页。

③ 黄稻主编：《社会主义法治意识》，人民出版社1995年版，第96页。

依法治国基本方略，为了实现这一方略，大会要求“推进司法改革，从制度上保证司法机关依法独立公正地行使审判权和检察权”①。在这里，尽管没有使用“司法公正”这个词，但已经明确将司法公正作为依法治国的目标和要求，初步形成了司法公正的法治理念。2002 年中共十六大报告明确指出，要“维护司法公正”。② 至此，在党的文件中正式使用了“司法公正”这个词，司法公正的理念被确立起来。之后，“司法公正”这个词在党的文件中被广泛使用，其内涵逐渐丰富。在 2006 年中共十六届六中全会的报告中，使用“公正司法”一词来表达司法公正的理念，③“司法公正”和“公正司法”成为表达同一理念的通用词语。2009 年中共十七届四中全会坚持这一理念，指出：“深化司法体制和工作机制改革，加强对司法活动的监督，健全执法过错、违纪违法责任追究等制度，保证公正司法。”④

司法公正，又称公正司法，是指司法机关及其工作人员在司法活动的过程和结果中坚持和体现公平与正义的原则。一般而言，公正包括公平、平等、正当、正义等含义。司法公正既要求司法活动的过程遵循平等和正当的原则，也要求司法活动的结果体现公平和正义的精神。因此，司法公正包括程序公正和实体公正两个方面。具体来说，实体公正就是司法活动就诉讼当事人的实体权利和义务关系所作出的裁决或处理是公正的；程序公正就是司法活动的过程对有关人员来说是公正的。换言之，诉讼参与人在诉讼过程中所受到的对待是公正的，所得到的权利主张机会是公正的。就司法系统而言，实体公正是指系统的最终“产品”是否公正；而程序公正是指该“产品”的生产过程是否公正。由于追求实体公正在实践中具有一定的局限性，而程序公正则具有较强的确定性和可操作性，因此通过程序公正来保障实体公正并进一步全面实现司法公正是一条可行之路。在司法公正中，司法机关及其工作人

① 《十五大以来重要文献选编》(上)，人民出版社 2000 年版，第 33 页。

② 《十六大以来重要文献选编》(上)，中央文献出版社 2005 年版，第 26 页。

③ 《十六大以来重要文献选编》(下)，中央文献出版社 2008 年版，第 658 页。

④ 《中共中央关于加强和改进新形势下党的建设若干重大问题的决定》，人民出版社 2009 年版，第 37 页。

员是实施司法活动的主体，因而他们是司法公正的主体，而各类诉讼案件的当事人及其他诉讼参与人是司法活动的承受者，只能成为司法公正的对象。[①]可见，实现司法公正的关键是司法机关及其工作人员。

司法公正是依法治国的必然要求，也是建设社会主义法治国家的重要保障。可见，司法公正的理念可以看成依法治国理念的延伸。同时，司法公正必须以确立司法机关独立行使职权为前提和内容，没有司法机关独立行使职权，不可能做到司法公正。

六、公平正义

实现社会和谐，建设美好社会，始终是人类孜孜以求的一个社会理想，也是包括中国共产党在内的马克思主义政党不懈追求的一个社会理想。2002年中共十六大在阐述全面建设小康社会的目标时，将促进社会和谐作为一项重要内容列入其中。2004年中共十六届四中全会进一步提出了构建社会主义和谐社会的任务，把提高构建社会主义和谐社会能力确定为加强党的执政能力建设的重要内容。2005年2月19日，胡锦涛在中共中央举办的省部级主要领导干部提高构建社会主义和谐社会能力专题研讨班上发表重要讲话时指出："我们所要建设的社会主义和谐社会，应该是民主法治、公平正义、诚信友爱、充满活力、安定有序、人与自然和谐相处的社会。"[②]在这里，使用了"公平正义"一词，并将其作为和谐社会的重要目标和要求。2006年中共十六届六中全会指出："必须坚持民主法治……促进社会公平正义""加强制度建设，保障社会公平正义。"[③]可见，"公平正义"这个词语表达了一项法治理念。2007年中共十七大重申了公平正义的法治理念，提出了实现这个理念的基本要求。

什么是公平正义？胡锦涛指出："公平正义，就是社会各方面的利益关系

① 何家弘：《司法公正论》，载《中国法学》1999年第2期。

② 《十六大以来重要文献选编》（中），中央文献出版社2006年版，第706页。

③ 《十六大以来重要文献选编》（下），中央文献出版社2008年版，第652、657页。

得到妥善协调，人民内部矛盾和其他社会矛盾得到正确处理，社会公平和正义得到切实维护和实现。”[①] 可见，公平正义就是要公平合理地确定各种社会成员之间的利益关系，尽可能满足社会成员合理的利益诉求；要按照法律规定的方式公平合理地处理各种矛盾，使社会成员公平地实现权利和义务，公平地受到法律的保护；要加强法律监督和执法监督，提高国家工作人员的素质，确保公平正义得到维护和实现。

公平正义是法律追求的价值和目标，也是以法律统治为内涵的法治追求的价值和目标。法治就是通过实行法制限制国家权力来保障公民人权，使得每位公民获得自由、平等和尊严，以实现社会的公平正义，公平正义也就成为法治的根本价值和终极目标。因此，公平正义应当成为具有终极目标意义的法治理念。

为实现公平正义，必须完善法制，加快法治建设，在立法、执法、司法和法律监督等诸多环节都能保障公平正义的实现。具体来说，要加紧制定对保障社会公平正义具有重大作用的法律、法规，以公平正义原则为指导完善我国的法律体系；要加强宪法和法律实施，坚持公民在法律面前一律平等，维护社会公平正义，维护社会主义法制的统一、尊严、权威；要加快建设法治政府，全面推进依法行政，健全行政执法责任追究制度，完善行政复议、行政赔偿制度；要坚持完善司法体制机制改革，建设公正、高效、权威的社会主义司法制度，发挥司法维护公平正义的职能作用；要加强对权力运行的制约和监督，加强对行政机关、司法机关的监督；要拓展和规范法律服务，加强和改进法律援助工作；要深入开展法制宣传教育，形成全体公民自觉学法守法用法的氛围。

七、法治思维

中共十八大报告提出：“提高领导干部运用法治思维和法治方式深化改革、

① 《十六大以来重要文献选编》（中），中央文献出版社 2006 年版，第 706 页。

推动发展、化解矛盾、维护稳定能力。”[①]法治思维是一种整体性的思维，是一种社会思维，是一种国家治理的理念、视角和思路。从社会管理的角度看，法治思维的概念主要是在治国方略的层面上使用的。它不仅是社会管理中的价值追求，更主要的是一种治国方法、手段的选择，在社会治理的各种手段中，更侧重于法律规则和法律手段的运用，强调依法办事。法治思维是在坚持法治理念的前提下，与道德思维、政治思维、经济思维、行政思维等其他思维不同的一种思维模式。法治的实现，不仅仅是建立一套完备的法律体系，更重要的是使法治成为一种普遍的行为模式。而要做到这一点，就必须存在一种与之相适应的社会思维模式，即法治思维。有学者认为，法治实质上就是一种思维模式，这种思维模式表现为人们自觉地、经常地按照法治的理念来思考问题，并采取与法治理念相一致的普遍行为方式，其重心“在于合法性的分析，即围绕着合法与非法来思考和判断一切有争议的行为、主张、利益和关系”[②]。具体而言，化解各种社会矛盾，把法治思维模式作为创新社会管理的基本思维模式，就是要注重法律方法和手段的运用，全面落实依法治国方略，完善各种具体法律制度，确立公民和各级政府机关的规则意识和契约意识，引导公民对待各种涉及自身利益的纠纷，寻求理性的解决手段。

八、法治文化

中共十八届四中全会通过的《中共中央关于全面推进依法治国若干重大问题的决定》，其中多处使用了“法治文化”的表述，如“以道德滋养法治精神、强化道德对法治文化的支撑作用”“必须弘扬社会主义法治精神，建设社会主义法治文化”[③]。中共十九大也提出：“加大全民普法力度，建设社会主义

① 《胡锦涛文选》，人民出版社2016年版，第635页。

② 郑成良：《论法治理念与法律思维》，载《吉林大学社会科学学报》2000年第4期。

③ 《中共中央关于全面推进依法治国若干重大问题的决定》（2014年10月23日中国共产党第十八届中央委员会第四次全体会议通过）。

法治文化”[①]。

法治文化是以追求民主、自由和权利保障为目标，在一定的治国理念和与此相适应的制度模式确立过程中，形成的一种社会文化形态和社会生活方式。具体而言，法治文化就是在建立法治社会的过程中，形成的一种文化形态和社会生活方式，其核心是法治理念和法治思维模式的确立，以及在此理念支配下相应制度和组织机构的建立与运行。目前在法治理论研究中，一切对法治内涵的揭示，对法治社会表征和遵循原则的描述与总结，法治运行机制的建构和实践活动，诸如法治的价值目标追求，法治的理念和精神，法治的制度设计和运行模式，法治的实现状态等，都属于法治文化的内容。

九、法治体系

中共十八届四中全会通过的《中共中央关于全面推进依法治国若干重大问题的决定》，提出：“全面推进依法治国，总目标是建设中国特色社会主义法治体系，建设社会主义法治国家。”社会主义法治体系包括：形成完备的法律规范体系、高效的法治实施体系、严密的法治监督体系、有力的法治保障体系，形成完善的党内法规体系。社会主义法治体系是一个新的法学概念，它涉及立法、执法、司法、守法、法律监督、法治保障，以及党内法规体系建设等内涵丰富的综合性内容。这个概念的提出，是建立在改革开放以来法治建设实践基础之上的，是对目前法治建设各个环节的概括和综合。具体到法治实践层面，建设中国特色社会主义法治体系，就是要做到科学立法、严格执法、公正司法、全民守法，坚持依法治国、依法执政、依法行政共同推进，坚持法治国家、法治政府、法治社会一体建设，实现国家治理体系和治理能力现代化。

① 习近平：《决胜全面建成小康社会　夺取新时代中国特色社会主义伟大胜利——在中国共产党第十九次全国代表大会上的报告》，人民出版社2017年版，第39页。

第四节
法治理念演进的基本特征

分析至此可以清晰地看到，我们所分析的法律词语不仅蕴涵着一系列重要的法治理念，而且也反映着这些法治理念的演变过程。这种演变过程呈现出以下基本特征：

第一，从简单到丰富。就总体而言，法律词语的变迁表明，法治理念由简单变得丰富起来。从1978年中共十一届三中全会开始，有关法治问题的词语被引入，如“民主制度化、法律化”“法律权威”“法律面前人人平等”“有法可依，有法必依，执法必严，违法必究”“保持司法机关的独立性”等，它们隐含了人民民主、法律至上、法律平等、独立行使审判权、法制运行等法治理念。1982年中共十二大之后，出现了一些新的法律词语，诸如“高度民主”“完备法制”“法律监督”“党在宪法和法律的范围内活动”等，提出了法制完备、党在法中活动、权力受约束等法治理念，使得法治理念得以展开。1997年中共十五大以后，围绕依法治国方略和法治国家目标，“依法执政”“依法行政”“公正司法”“尊重和保障人权”“权力制约”“公平正义”等法律词语和法治理念相继问世，法治理念的内容和层次更加丰富，基本形成了法治理念的完整体系。从单个法治理念来说，词语的变化使其内涵不断丰富、内容日趋完整。例如，从提出“党在宪法和法律的范围内活动”到使用“依法执政”，使得党法关系的理念有了更加丰富的内容。可见，从简单到丰富的过程，拓展了法治理念的宽度。

第二，从表层到内核。辩证唯物主义认为，人们对事物的认识总是随着实践的发展而发展，由现象到本质，由一级本质到二级本质。从法律词语的变迁来看，我们对法治这一事物的认识，同样经历了一个由现象到本质的探寻过程，由此而形成的法治理念也由表层逐步深入内核。法治是法律之治，是实现法律的统治。从表面上看，它要求法律具有至上权威，人人遵从法律；要求有完备的法律和运行机制，让法律平等地适用于每一个人。但是，法治的本质在于它所追求的核心价值，即通过法律之治来限制权力、保障人权，以实现社会的公平正义。一开始，我们对法治的认识基本上停留在现象层面，所提出的法律至上、法律平等、司法独立、完备法制等法治理念还没有触及内核。随着经济社会的发展和法治实践的深入，我们逐渐认清了法治的本质，提出了保障人权、权力制约、公平正义等理念，使法治理念由表层进到了内核。从表层到内核的过程，开掘了法治理念的深度。

第三，从形式法治到实质法治。在西方，对于法治的认识是否要将价值内涵引入，有着截然不同的回答，由此构成了形式法治与实质法治两种法治理论，由此形成了不同的法治理念和法治模式。形式法治理论认为法治就是法律之治，强调法治的形式性和工具性，要求法律的明确性、统一性和普遍适用性，不考虑法律的内在价值。相反，实质法治理论认为法治必须是善法之治，除了依法治理以外，还必须体现民主、自由、平等、人权等人类社会的基本价值内涵。二次大战的教训使人们认识到，法治概念应当超越形式法治的范围融入实质法治的内容，不仅体现法律权威和依法而治的工具价值，而且强调对人类普遍认同的价值理念的追求。从法律词语的分析中我们可以看到，中国共产党一开始所提出的法律至上、法律平等、完备法制等法治理念，更多地关注法治的法律属性，强调法治的形式性和工具性，追求形式法治。中共十五大之后，党对法治有了更深的认识，开始关注善法之治和法律的内在价值，提出了良好法律、保障人权、公平正义等法治理念。从形式法治到实质法治的跃进，攀升了法治理念的新高度。

第十三章

新中国 70 年法制建设经验的总结与展望

新中国成立以来，一方面，随着时代的演进并经过不断的探索和艰苦的努力，已经逐步建立和形成了中国特色的社会主义法律制度，法治建设取得了显著成绩，并积累了较为丰富的实践经验。但另一方面，中国的法治建设也给我们留下了较为沉痛的教训。因此，回顾新中国成立以来法治建设的发展历程，吸取历史的教训，正确总结法治建设值得肯定的经验，可以为当前全面落实依法治国方略，建设社会主义法治国家提供有益的借鉴，从而进一步推动我国社会主义法治建设不断开拓前进。

第一节
法治建设要走中华民族自主创新之路

建设社会主义法治国家，从世界范围来看，是一项前无古人的事业，也是对国际共产主义运动的创造。如何建设社会主义法治国家，避免人治的出现，是马克思主义经典作家们在理论上没有解决的问题。中共十五大以后，“依法治国，建设社会主义法治国家”已从人们的理念转化为治国的实践，并被写入国家的根本大法，上升为国家意志。

但中国的法治之路如何走，与法治国家相适应的政治运行机制及一些具体的制度如何设计，尤其是如何处理好学习、借鉴和移植国外先进法律制度及立法经验与立足中国国情的关系，对这些摆在我们面前亟待解决的课题，不可能有现成的答案，也不可能有包医百病的灵丹妙药，需要我们认真地探索和创新。

一、法治的模式并不是单一的，而是多种多样的

世界上没有放之四海而皆准的政治发展道路和政治发展模式。在社会主义法治建设的过程中，没有任何现成的经验可资借鉴。中外的法治实践也已证明，不从本国的实际出发，试图复制或完全照搬别国的法治模式是不可能成功的。我们知道，现代市场经济是最具效率和活力的经济运行载体，并遵循着共同的经济规律，已为世界各国所认同。但具体到不同的国家，市场经

济的模式却多种多样[①]。在治国方式的选择上也是同样。法治被认为是迄今为止已被证明的最佳治国方法，并为人们所推崇。但不同的国家，由于其法律文化传统、国情不同，其模式也不应是单一的，事实也是如此。以法律文化传统来划分，目前世界上就有民法法系、普通法法系、伊斯兰法系和混合法系等不同模式。在同一法系内部，各国又有很大差异。[②]据此，我们建设社会主义法治国家，向西方学习，不一定重复西方的老路，就如同市场经济的模式具有多样性一样，法治的模式也应是多样的。我们学习、借鉴西方国家的法治经验，一定要根据我国的客观现实，考虑到社会制度、意识形态和其赖以存在的社会基础及法律文化传统、道德观、价值观等方面的差异，兼容并蓄，博采百家之长，不能局限于某一种模式；要更加注重对国外先进立法精神和法律价值观念的学习、借鉴，防止片面强调制度引进的倾向；在法治模式上，根据中国的国情进行创造性的建构，设计具有中国特色的法治模式。

二、面对中国改革开放和法律实践提出的问题进行创新

建设社会主义法治国家，必须进行原创性的创新，而一切原创都应以本国的实践为基础。本国的实践一方面是面对社会发展变化提出的新问题的回答和对一些解决方案的探索与创新；另一方面则是对历史经验进行总结，继承和发展中华民族的一切优良的文化传统。构建当代中国法治社会的创新之路，简言之，就是在学习国外一切有益的法律理论、借鉴甚至移植国外先进的法律制度和法治经验的同时，必须做到两点：一是面对传统，二是面对中

① 世界经济合作与发展组织在1991年《转换到市场经济》的研究报告中提出了成功的市场经济的三种主要模式：美国的消费者导向型市场经济模式；法国、日本的行政管理导向型市场经济模式；德国和北欧一些国家的社会市场经济模式。参见马洪主编：《什么是社会主义市场经济》，中国发展出版社1993年版，第284页。

② 以英国法和美国法为例，英国法和美国法均属普通法法系，美国法是在英国法的基础上发展起来的，所以两国法的基本方面是相同或相似的。但由于各自的社会条件不同，两国的法律也存在许多区别。分属大陆法系和伊斯兰法系的各国的法律也都有共性和个性。

国改革开放和法律实践所提出的问题。下面着重就如何面对中国改革开放和法律实践活动所提出的问题作一些阐释。

中国法治社会的建立，应着重从中国的内部寻找变革的动力。这种动力就是中国改革开放和法律运行过程中所面临的各种问题。中国进行经济体制改革、政治体制改革和法治实践面临的问题，就是法学最前沿的问题，并非只有国外学者研究的问题才是最前沿的问题。当前，我国正处于经济、政治和社会发展的转型时期，随着改革的深化、开放的扩大和社会主义市场经济的发展，在经济、政治、文化、社会关系和社会利益，以及司法实践等方面存在一系列难点和热点问题，对法学研究和法律制度建设来说，必须要关注这些问题，研究这些问题，然后进行理论概括和总结，实现法学理论体系的创新，一方面丰富法学理论体系，另一方面为解决这些问题提供法学理论支持。中国在改革和发展中出现的许多问题，不能用现有的某种理论来解释，而必须提出新的理论。只有通过实践基础上的法学理论体系创新，才能做到不仅仅局限于对西方法学理论进行诠释并把其视为圭臬，才能同西方法学对话，中国自己的法学才能出现。建设当代中国法治社会，走中华民族的创新之路，如何面对中国的问题，应从以下几个方面考虑：

（一）以主流社会价值观作为当代中国法治社会创建的思想主导

面对当前法学研究中存在的西方文化的“强势话语”，我们应当结合我国实现现代化和建立社会主义法治国家的具体国情，予以冷静的分析，而不应该完全“依附”。改革、发展、稳定和建立小康社会及构建和谐社会的大局，体现在邓小平理论、“三个代表”重要思想、科学发展观、习近平新时代中国特色社会主义思想中的价值观，以及体现社会公平正义和社会主义道德理念的价值追求，是我们今日社会建构的价值追求，也应是当代中国法治社会创建的价值理念。

（二）关注政治体制改革过程中面临的一些问题

推进政治体制改革，建设社会主义法治国家，必须从中国的国情出发，总结自己的实践经验，同时借鉴外国政治建设的有益经验，但不照搬西方政治制度的模式，这是我国在确立依法治国方略时的重要指导思想。因此，在实施依法治国方略，建设社会主义法治国家的过程中，如何把党的领导、人民当家作主和依法治国有机统一起来；如何做到坚持科学执政、民主执政、依法执政，不断改革和完善党的领导方式和执政方式，不断提高党的执政能力和领导水平等。对此，在理论指导和制度设计上，应进行积极的探索和创新。在当前国家社会政治转型的过程中有两种模式：第一种模式被称为“历史轨道道路”，或者说是“长期道路战略”。其主要思想在于，一旦作出关键性的政治决定，就不能改变和取消这一决定，仅可略微改变其轨道，但要避免出现中断、革命和激变。第二种模式是“民主突破”理论，或者说是爆破战略。主要思想是与过去断然决裂，从而为顺利的政治转轨提供必要的推动力。前者可视为“软性”政治操作模式，旨在保持传统和社会的渐进式演化。后者可视为“硬性”政治操作模式，强调必须与过去彻底决裂和引进富有活力的创新。[①] 中国的社会转型可谓是属于前一种的渐进式的模式，制度的变革采用的是一种逐步变革的方式。因而，国家转型的这种方式决定了中国的相应法律体系构建的路径必须与其相适应。

（三）密切关注中国社会改革开放和法律运行中的法律问题

在中国社会改革和法律运行进程中存在许多需要法律面对的问题，诸如，如何加强国家宏观调控、完善政府管理体制问题，如何全面深化依法治国问题，依法治国和依规治党有机统一问题，深化司法体制改革问题，社会公平问题，建立社会保障体系问题，市场主体、市场交易和市场监管法律法规，农村基层民主建设和农民权益保护问题，消除各种不安定因素、维护社会稳定问题，等等；在法律的运行过程中，诸如加强公民的权益保障问题，公共权力的制约和监督问题，各个部门法在实施中的健全和完善问题等，这些都需要我们认真关

① ［俄罗斯］瓦西连科：《两种政治转型模式的优劣》，参见侯静娜：《中东欧国家社会政治转型之比较俄波学者笔谈摘录》，载《国外理论动态》2006年第2期。

注，从而为完善相关法律体系提供理论上的指导和制度设计上的解决方案。

（四）关注司法实践所面临的各种疑难问题

目前，我国的法学研究围绕司法体制改革对司法实践虽有一定的关注，但还存在不足。从总体上来说，法学教育对专业化司法人员的培养起到了重要作用，学者为推动中国的司法改革做出了重大贡献；司法实践也为法学的发展提供了现实基础和动力。但是，在具体的司法实践中，法学研究的重心还停留在对国外法学理论的引入、对当代中国立法进行建言献策、法律概念辨析等层面，对当代中国司法实践中出现的疑难案件则重视不够。法学是一门以实践为取向的科学，法学研究不能脱离现实的法律难题进行闭门造车，或以研究外国法为能事，而不关注中国司法实践中所存在疑难案件和法律漏洞。面对法律实务法学应具有以下任务：法学研究应该以实务为取向，为司法裁判，解决法律实践问题提供具体的规则。

第二节
坚持中国特色社会主义法治之路

中国特色的法治发展道路是指与世界上现存的其他法治模式不同的一种法治建构模式。建设中国特色的社会主义法治国家，在学习、借鉴国外先进经验的前提下，更重要的是坚持中国特色，立足于中国的实际，从中国国情出发。立足于中国实际，就必须对中国两千多年来的传统法律文化、中国近代法治化的进程、中华人民共和国成立以来特别是中共十一届三中全会以来法治建设的经验，以及中国法治的现状，进行全面的分析和评价。在此基础上，确立中国的法治道路，设计和建构有中国特色的法治社会的框架。何谓中国特色，其标志应具体表现在如坚持社会主义，不照搬西方的政治模式，正确对待中国的传统法律文化，重视本国法律文化资源的利用等方面。

一、坚持社会主义

自中共十五大以来，当代中国政治体制改革，发展社会主义民主政治的目标已非常明确和具体。当代中国政治体制改革，发展社会主义民主政治的目标就是，进一步扩大社会主义民主，健全社会主义法制，依法治国，建设社会主义法治国家。这就十分清楚地表明了，当代中国的民主政治建设和法治国家的建立，其性质是社会主义的，是与资本主义法治国家在本质上相区别的。

确立中国的法治目标模式首先必须坚持社会主义。自中共十一届三中全会确立了民主法制建设的目标后，邓小平一直强调当代中国民主法制建设的社会主义性质，并指出："中国只有坚持搞社会主义才有出路，搞资本主义没有出路。"① "中国的社会主义是变不了的。中国肯定要沿着自己选择的社会主义道路走到底。"② "三中全会以来，我们一直强调坚持四项基本原则，其中最重要的一条是坚持社会主义制度。"③

为什么必须坚持社会主义道路呢？邓小平曾经解释说："人们说，你们搞什么社会主义。我们说，中国搞资本主义不行，必须搞社会主义。如果不搞社会主义，而走资本主义道路，中国的混乱状态就不能结束，贫困落后的状态就不能改变。"④ "中国搞现代化，只能靠社会主义，不能靠资本主义。历史上有人想在中国搞资本主义，总是行不通。我们搞社会主义虽然犯过错误，但总的来说，改变了中国的面貌。"⑤

在当代中国，坚持中国特色社会主义道路，就是真正坚持社会主义。走自己的路，建设中国特色的社会主义，是中华人民共和国成立以来，尤其是中共十一届三中全会以来，在总结社会主义建设基本经验的过程中，得出的一条规律性的认识。既然我们建设的是中国特色的社会主义，坚持社会主义道路是改革开放和现代化建设健康发展的保证之一，因此，建设中国特色的法治社会，首先应是社会主义性质的法治社会。

二、在政治体制上不照搬西方的模式

建设法治国家，必须有与此相适应的政治体制。从一定意义上说，这是实行法治的核心。建设当代中国的法治社会，究竟应采取何种政治体制？对此，有人对西方的多党制、三权分立等制度比较推崇，认为那是制约权力，

① 《邓小平文选》（第3卷），人民出版社1993年版，第211—212页。
② 《邓小平文选》（第3卷），人民出版社1993年版，第320—321页。
③ 《邓小平文选》（第3卷），人民出版社1993年版，第149页。
④ 《邓小平文选》（第3卷），人民出版社1993年版，第63页。
⑤ 《邓小平文选》（第3卷），人民出版社1993年版，第229页。

解决腐败问题最有效的制度。不可否认，西方的政治模式在权力的制约方面有值得我们学习的地方，但这不意味着我们建立法治社会就可以照搬他们的模式。坚持中国特色社会主义法治之路，不照搬西方的政治模式，就必须坚持党的领导、人民当家作主、依法治国的有机统一，坚持和完善人民代表大会制度，重视和充分发挥多党合作与政治协商制度的作用。

（一）正确处理党的领导与依法治国的关系

处理好坚持党的领导与依法治国的关系，是建设社会主义法治国家需要解决的一个重要理论与实践问题。中国共产党的领导地位是共产党领导人民在长期的革命斗争中和社会主义建设中形成的。中国共产党是我国政治生活的核心。邓小平曾指出："在中国这样一个大国，没有共产党的领导，必然四分五裂，一事无成。"[①]因此，坚持党对社会主义建设事业的全面领导不能有丝毫削弱和动摇。中国共产党不仅是我国社会主义事业的领导核心，也是依法治国、建设社会主义法治国家的领导核心。历史已经证明，中国共产党自成立以来，一直把争取人民民主、建设社会主义民主法制作为自己的奋斗目标之一。中华人民共和国成立后，我国虽然出现过忽视甚至破坏法制的状况，但自十一届三中全会以来，中国共产党通过吸取历史的经验教训，在领导中国人民向社会主义法治国家迈进的进程中，以中共十五大为标志，已实现了历史性的跨越。

依法治国和坚持党的领导，二者并不矛盾，而是相互促进的。共产党执政，就是领导和支持人民当家作主。中国共产党是社会主义民主与法制的倡导者，党同人民一起制定法律，又自觉地在宪法和法律规定的范围内活动，带头遵守和实施法律。

如何实现党的领导，这是中国共产党一直在探索的理论和实践问题。中共十六大和十六届四中全会，在如何加强中国共产党执政能力建设方面，提出了依法执政的目标。在立法、执法、司法和法律的实施过程中，党都发挥

① 《邓小平文选》（第2卷），人民出版社1994年版，第358页。

着极大的作用。因而推进社会主义法治国家建设，必须处理好党的领导、人民当家作主、依法治国的关系。党的领导是关键，人民当家作主是基础，依法治国是保证，绝不能把三者割裂开来、对立起来。以为发扬民主，强调法治就不需要党的领导，这是错误的。只有正确、充分发挥中国共产党的领导作用，法治才有前途。

（二）坚持和完善人民代表大会制度

在社会主义民主政治建设过程中，坚持和完善人民代表大会的根本政治制度，坚持从我国国情出发，总结自己的实践经验，同时借鉴人类文明的有益成果，不照搬西方政治制度的模式，是我国政治建设遵循的根本原则。因此，我们进行政治体制改革，消除党和国家领导制度中存在的种种弊端，建立与法治国家相适应的政治体制，必须在完善我国的人民代表大会制度方面下功夫。

人民代表大会制度是中国人民在中国共产党的领导下，集新民主主义革命、社会主义革命和建设的历史经验创立和发展起来的。它不仅符合中国的实际，而且在实践中表现出巨大的优越性。中共十一届三中全会以来，我国人民代表大会制度建设已取得了很大成绩，其在国家政治生活中的作用也得到了越来越充分的发挥。实践也证明，我国人大制度建设，是我国社会主义法治建设最重要的基本建设。总之，发展社会主义民主和法制，重中之重是坚持和完善人民代表大会制度。

坚持中国特色社会主义道路，坚持和完善人民代表大会制度，必须进一步认识我国人民代表大会制度与西方资本主义国家政体的本质区别。一要充分认识人民代表大会与西方议会的本质区别。我国的政党制度，是中国共产党领导的多党合作和政治协商制度，不是西方的多党制。中国共产党是领导核心，是执政党，各民主党派是参政党。二要充分认识人大和“一府两院”的关系与西方国家国家机关间关系的本质区别。我国是由人民代表大会统一行使国家权力，“一府两院”由人大产生，对人大负责，受人大监督。各国家机关分工不同、职责不同，都在中国共产党领导下、在各自职权范围内贯彻落实党的路线方针政策和宪法法律，为建设和发展中国特色社会主义服务，不是西方的“三权分立”。三要充分认识人大代表与西方议员的本质区别。我们的全国人大代表，来自各地区、各民族、各方面，人口再少的民族也至少有一名代表，具有广泛的代表性，不像西方议员是某党某派的代表。①

实践证明，我国各级人大、政协在参政议政和履行监督职能方面已取得了长足的进步，与西方国家相比较的一个优势就是我国的人民代表大会制度决定问题快，干一件事情，一下决心，一作出决议，就立即执行，不受牵扯，决策、办事的总效率比西方的民主高得多。但我们也必须看到，由于我国处在社会主义初级阶段，受社会政治、经济、文化等条件的制约，在一些具体的民主制度、民主程序和工作方式上还存在一些待完善之处。我国人大的监督职能虽正处于强化的趋势之中，但与形势的发展和法治国家的要求相比较还有差距。因而，我们在选择人民代表大会制度这种政体模式的同时，还必须根据社会主义法治建设的实际需要，进一步改革和完善这一制度。改革和完善我国人大制度，在坚持和完善中国共产党对人大工作领导的前提下，应主要从各方面进一步加强人大制度的自身建设。如完善人大在重大决策中发挥作用的机制，加强人大常委会的组织建设，完善人大的监督职能，完善立法制度、选举制度、宪法监督制度，等等。

（三）重视和充分发挥多党合作与政治协商制度的作用

中国共产党领导的多党合作与政治协商制度，是在中国共产党领导人民争取民族独立和阶级解放的长期武装斗争历程中逐步形成的，是在我们党领导全国人民进行社会主义建设和改革开放的伟大实践中不断完善发展的。在中国共产党的领导下，实行多党派的合作，是我国政治制度中的一个特点和优点，也是我国的一项基本政治制度。坚持和完善这一制度是我国民主政治建设的一项重要内容。

① 吴邦国：《全国人民代表大会常务委员会工作报告——2009年3月9日在第十一届全国人民代表大会第二次会议上》，载《人民日报》2009年3月17日。

中国人民政治协商会议作为共产党领导下的爱国统一战线的组织形式，它在社会主义经济建设和民主政治建设中发挥着越来越重要的作用。人民政协是发扬人民民主、联系各方面人民群众的一个重要组织。充分发挥人民政协的政治协商职能，就国家的政治生活和经济生活方面的大政方针，由各民主党派、各社会团体及各方面人士通过多种不同的形式，进行讨论、协商，不仅能够推动各种社会力量积极参加社会主义革命和建设事业，而且也是发扬社会主义民主的一个重要方法和途径。

实践证明，我国的多党合作与政治协商制度凝聚全社会的智慧和力量，最大限度地集中了各种社会资源。这一制度，既能维护人民的根本利益，又能照顾各方面的具体利益，有效协调各方面的利益关系，有利于社会和谐与稳定。充分发挥人民政协的监督作用，有助于国家机关改进工作和提高工作效率，同时，对加强和完善中国共产党的领导，建设高度的社会主义民主，加强社会主义法制，做到党和政府决策的民主化、科学化，减少失误、少走弯路，也有着十分重要的作用。

三、重视法律本土文化资源的利用

在建设中国特色社会主义法治国家的过程中，如何看待中国传统法律文化，是一个绕不过的话题。但不论如何评价，这样一个基本的共识还是应当确立的，即对中国传统法律文化不能简单地否定或肯定，要在正确、全面地认识它的基础上，有意识地改造和更新，使传统变成根基稳固的平台，在这个平台上，充分展现中华民族的创制能力，寻找到最适合我们自己发展的途径。[①]

因此，在学习、借鉴西方国家先进法律文化的同时，要重视本土文化资源的利用，即中国的法治社会要立足于中国的法律文化传统基础之上。这就要求在设计中国法治社会的模式、思考中国的法治之路时，必须正确认识和处理好以下几个问题。

① 马小红:《珍惜中国法传统》，载《北方法学》2007年第1期。

（一）中西法律文化的交融与冲突问题

建设社会主义法治国家，必须向西方学习、借鉴甚至移植他们先进的制度和立法经验，这是不容置疑的。但法治的现代化并非一个简单的对欧美国家的某些方面作出认同的过程，其间还蕴涵着每个国家在各自的文化视野中对现代化的不同价值取向和模式选择，还必须对自己的传统有一个正确的定位和处理，即如何对待自己本土的法律文化传统。

一个民族就意味着一种文化。法律制度作为调整社会关系、规范人类社会生活的手段，是民族文化的一个重要部分。法律与文化有着广泛的联系。法律除由经济决定，受政治影响外，它的面貌特征还来自文化遗传。由于不同民族的法律文化产生的社会环境和历史条件不同，价值取向不同，因而不同法律文化间的差异是客观存在的。这种差异的存在，在交流中必然会带来法律文化间的冲突。这在中国法律近代化的过程中得到了充分的反映。

每个民族国家的法律不论以何种方式接受、容纳外来法律文化，都不能脱离其赖以建立的自身历史与文化传统。因而建立当代中国法治社会，实现法律的现代化，在吸收、借鉴或移植别国法律文化的同时，在法治模式的构建上，“中体西用”[①]的法律思维方式应是我们值得重视的思路。

（二）正确对待和评价中国的法律文化传统

中国是一个文明古国，中华法制文明源远流长。对于中国的法律文化传统，一向褒贬不一。中西方包括法律文化在内的文化之间的优劣比较，自中国在鸦片战争中失败以后，一直绵延不绝，时至今日仍为热点。在当代中国的法学界，对中国法律传统的评价，也是有褒有贬，有肯定有否定，但往往是贬大于褒，否定多于肯定。应当承认，从总体上讲，中国的法律文化传统

① 笔者认为，清朝末年洋务派提出的“中学为体，西学为用”（简称“中体西用”）的思路，对建立当代中国的法治社会有其可值得吸取之处。笔者主要是从方法论的角度对“中体西用”进行肯定的。这里的“体”“用”已不再是洋务派所专指的内容，而是指与时代发展相适应，从哲学意义上如何处理向外国学习与立足中国国情的一种思路。

较之西方确有很多弊端，西方的法律文化也确实比中国有很多优势，这种优势自近代以来表现得更为突出。但是否可以因此断言，在建设社会主义法治国家的过程中，中国的法律文化传统已失去了其存在的合理性？能否彻底撇开中国的传统法律文化，完全按照西方的法治理念建构当代中国的法治社会模式？回答当然是否定的。

推进政治体制改革，建设社会主义法治国家，必须从中国的国情出发，不照搬西方政治制度的模式，这是中国政府确立依法治国方略，推进民主政治建设遵循的重要指导思想。这里所讲的中国国情，当然包括中国的传统法律文化在内。一个简单的事实是：传统的文化在我国已有几千年的积淀和延续，割断这样一个“文化脐带”是根本不可能的。在处理中西文化的关系方面，孙中山先生堪称我们的楷模。孙中山在努力学习资产阶级共和国方案的同时，又看到了它的弊病和不足。孙中山先生在进行中西文化比较时，承认自近代以来，欧美种种文明都比中国进步得多，也主张移植西法作为改造中法的出路，但他同时又指出，中国传统文化并非一无是处，“取欧美之民主以为模范，同时仍取数千年旧有文化而融贯之，发扬吾固有之文化，且吸收世界之文化而光大之，以期与诸民族并驱于世界”[①]。他历来主张：“吾人采取外国良法，对于本国优点亦殊不可轻弃……今以外国输入之三权，与本国固有之二权一同采用，乃可与世竞争。”以此为指导，在实践中，他较好地做到了中西文化的有机交融，并在此基础上进行了创造性的发挥。在谈到三民主义的来源时，他曾说：“余之谋中国革命，其所持主义，有因袭吾国固有之思想者，有规抚欧洲之学说事迹者，有吾所独见而创获者。”[②]中国在建设法治社会的过程中亦应如此。我们应当学习、借鉴西方法律文化传统中的优秀部分，但也要吸取中国法律传统中所独有的东西，把中西两种法律文化融会起来，建立起具有中国特色的法治社会。

---

① 中山大学历史系孙中山研究室等合编：《孙中山全集》（第7卷），中华书局1985年版，第60页。

② 中国社会科学院近代史研究所中华民国史研究室等编：《孙中山全集》（第4卷），中华书局1985年版，第1页。

（三）继承中国本土法律文化传统中的优秀成分，创建具有中国特色的先进法律文化

全球化和与国际接轨是当今的热门话语。但我们也应清醒地认识到，全球化和国际接轨不是把自己的传统抛弃，更不是把自己的内容换成别人的内容。全球化和国际化就是让别人了解自己，把自己独特的文化推销出去。外国的经验必须学习，但不能成为我们别无选择的圭臬。建设社会主义法治国家，只能按中国的实际办事，要根据中国的特点来决定自己的制度和管理方式。因此，在学习、借鉴西方先进法律文化的同时，要重视本土法律文化资源的利用，即中国的法治社会要立足于中国法律文化传统基础之上。

目前，对中国传统法律文化的认识应形成这样的共识，即随着始于清末修律的中国古代法律制度的近代转型，适应乡土社会，调整小农经济秩序的中国传统法律制度体系，在中国社会结构已经发生变化的今天，从其整体来说已失去现代价值，但就其组成部分来说，仍有许多具有现代意义的因素。中国的传统法律文化中有糟粕，但无论在思想层面还是制度层面，也有许多值得我们今天汲取的精华。

从思想层面来看，早在春秋战国时代，法家针对儒家的人治思想就提出了“以法治国”的主张，并提供了一整套推行“法治”的措施和方法。法家强调：“国无常强，无常弱。奉法者强则国强，奉法者弱则国弱。”[①]这种对法在治国中的重要性的认识，不乏真知灼见。再如，儒家学说中的“仁政”和“民为贵，社稷次之，君为轻”[②]的民本思想，其现实价值是不能否认的。在我国封建社会，一些杰出的思想家和政治家也都曾对法治作过很多很好的论述，并在中国历史上起过进步作用，直至今天也仍有其现实意义。

再如，自秦汉以降，法理学因专制统治与礼教束缚受到严重压抑，但以注释法律为业的“律学”却一花独放，其精微缜密，无与伦比。“律学”那种

① 《韩非子·有度》。

② 《孟子·离娄上》。

有自己的语言、体系和严密的内在逻辑的特点，很值得我们在今天的立法工作中学习和借鉴。

从制度层面来看，中国历史悠久，幅员辽阔，人口众多，积累了管理一个多民族大国的丰富经验。例如，维护社会治安的综合治理，协助法官解决大量较小的民、刑事纠纷的民间调解，整饬吏治的监察制度，甄选官吏的科举考试等，都曾受到国外的重视。以重视道德教化在调节和控制人的行为方面的作用为例，中国封建社会长期所采用的德礼与刑罚共同为用的社会控制模式，其之所以具有那样长的延续力，历经两千余年而未变，究其根源就在于道德教化、法制建设、制度建设三者联结交叉，密切配合，因此，在我国历史上出现了诸如“成康之治”“文景之治”“贞观之治”的著名盛世。综观我国古代法与道德教化综合为治的历史实践，剔除其糟粕，从批判总结的立场上探索这方面的历史借鉴，对于我们今天的社会控制手段的选择及控制模式的设立，建立稳定的社会秩序，仍不无裨益。再如，中国古代的科举考试尽管有许多弊端，但其进步意义在于，它能通过考试将社会上合格的人才吸收到政权中来。这仍然是我们今天加强公务员队伍建设和司法队伍建设值得借鉴的方法。

（四）实现中国传统法律文化当代价值的路径

如何实现中国传统法律文化的当代价值呢？通过中国法制历史发展的过程可知，中国古代社会传统法律文化是基于一定的制度安排而实现其价值的。那么，在当代中国，要实现传统法律文化的当代价值，也必须要有相应的制度安排。具体说来，主要从以下四个方面着手：

第一，对包括法律文化在内的中国传统文化，要充满自信和尊重。“对一个民族和国家来说，传统是不可以也不必要中断的，中国传统法律文化中有大量的可供现代法治发展借鉴的资源，我们不乏形成自己独特的法制模式的历史条件和文化底蕴。”①

第二，在思想观念层面上，对中国传统法律文化要有全面、正确的认识。

① 马小红:《珍惜中国法传统》，载《北方法学》2007年第1期。

比如，“中国法制史”研究，在阐述中国古代法制时，以“律”为主线索，以这种体例，就难免得出中国古代法制是“诸法合体，以刑为主”的结论。从一定角度来看，这个结论并非全无道理，但如果对传统法进行全面考察，这一结论就显失偏颇，并不能完全反映中国古代法制历史的全貌。[①]因此，对目前中国法律历史的研究，在方法上必须加以改进。在内容上，要以法社会学的视角，既要反映典籍中的法律，也要反映在社会秩序的维护中同样发挥重要作用的“民间法”；既要反映主流法文化，也要反映非主流法文化。同时，要把中国法律思想史的研究和制度史的研究结合起来。通过上述措施，无论在思想层面上还是制度层面上，尽可能地把中国古代法律发展的历史全貌展现在人们面前，使他们据此对中国古代法律发展的历史能有一个客观、科学的评判。

第三，对中国传统法律文化的内在精神进行弘扬和现代的诠释。这是实现中国传统法律文化当代价值的一个有效途径。中国传统法律文化的内在精神，是指中国传统法律思想和法律制度自身所固有的精神。我们对在今天法治社会建设过程中仍有其价值的传统法律文化的继承，并不是机械地泥古不变，而要使其真正在现代社会发挥作用，必须做到超越传统。因为传统法律文化，都是在特定的时代背景之下，适应一定阶级、阶层的需要而形成的，在内容、结构、功能等方面都具有时代的特点，具有特定的时代内涵。法律文化的这种时代性，决定了今天我们若要对其加以利用，使其在新的时代、新的社会现实中发挥作用，就必须超越其固有的历史内涵，对其在今天的社会生活中仍然有积极价值的内容，依据时代精神对传统法律文化进行新的诠释，为之注入新内涵，使之产生新功能，以适应新的时代需要。没有超越，就没有继承，就无法使历史上的优秀法律文化传统在现实生活中发挥作用。这种诠释，既不是离开中国传统法律文化固有的内在精神作任意解释，也不是用西方文化去解释它们，而是立足于当今时代的需要，根据传统法律文化

① 曾宪义、马小红：《中国传统法的结构与基本概念辨正——兼论古代礼与法的关系》，载《中国社会科学》2003年第5期。

固有的精神，使其适应建设当代法制社会要求的部分得以发展，或者在诠释中对传统法律文化精神作出新的说明。

第四，在制度层面上，建设当代中国法治社会，对中国传统法律制度中具有超时代意义的内容，可以借鉴、吸纳，使之成为当代法律制度的有机组成部分。中国传统法制作为一个整体已经不能满足现代社会的需要，但中国传统法律制度中仍有许多内容经过改造以后，完全可以为建构当代中国法制社会服务。

第三节 法治与政治、经济、文化的互动

法治的进步与发展与政治的昌明、经济的发展，以及学术研究的繁荣和法学教育的发达密切相关。特别是自中共十一届三中全会以来实行改革开放后，随着我国社会的全面进步，社会主义建设取得举世瞩目的伟大成就，我国的社会主义法治建设也成绩斐然。中国特色社会主义法律体系已经形成，依法治国基本方略切实贯彻，建设社会主义法治国家全面展开。应当说，没有经济体制改革的不断深化，以及社会主义市场经济体制改革目标的确立，没有政治体制改革的稳步推进，没有法学研究的繁荣和法学教育的发展，就没有今天依法治国，建设社会主义法治国家治国方略的确立。

一、法治与政治的互动

（一）政治发展的状况直接决定法治发展的前途命运

法治的发展与政治的发展有着密切关系。政治不仅决定着法律的性质，而且政治的发展变化直接决定着法治的发展进程与法律的实现程度。政治状况的发展变化，直接推动着法治的建设，为法治的发展提供条件和环境，并在法律的内容中得到充分的反映。尤其是执政党的政策，对法治的发展和法律的实现有着重要的影响，甚至直接决定法治发展的命运和法律实施的结果。新中国七十年法治发展的历程也充分说明了这一点。始自20世纪50年代末

期的法律虚无主义的出现，直至使法治遭到严重破坏的“文化大革命”的发生，都是与当时党的政策发生偏差密切相关的。1978年改革开放以来，当代中国法治建设能够取得如此巨大的成就，依法治国、建设社会主义法治国家的目标能够确立，主要得益于中共十一届三中全会以来确立的路线、方针和政策，得益于中共十五大确立的治国方略的转变。

1. 政治指导思想决定法治建设指导思想

一个社会中各种不同的政治经济制度的变动和最终确立，都是由那个时代占统治地位的社会思想诱发和塑造的。中共十一届三中全会以来，我国对什么是社会主义，怎样建设和发展社会主义等一系列基本问题进行了探索，有了较为深刻和清醒的认识，与此相适应，党和国家的指导思想也在实践中不断发展，形成了一脉相承、与时俱进，指导当代中国社会主义建设的思想理论基础，即马列主义、毛泽东思想、邓小平理论、“三个代表”重要思想、科学发展观、习近平新时代中国特色社会主义思想。邓小平理论、“三个代表”重要思想、科学发展观、习近平新时代中国特色社会主义思想，是新时代马克思主义中国化的最新成果，全党集体智慧的结晶。1997年中共十五大、2002年中共十六大、2007年中共十七大、2017年中共十九大分别把它们确立为党必须长期坚持的指导思想和行动指南。1999年、2004年、2018年修改宪法时，又分别确立了它们在国家政治和社会生活中的指导地位，以此统一全党全国各族人民的思想和行动。我国当代经济体制改革和政治体制改革所带来的所有变革，都是在这些理论指导下进行的。而这些社会变革的成果，在我国社会主义法制建设的实践中得到了充分的反映，促进了法学理论研究的深化和创新，推动了法治建设的向前发展。

2. 政治体制改革的深化促进了治国方略的转变

中共十五大报告在党的历史上第一次提出了“依法治国，建设社会主义法治国家”的治国方略。在理论和实践上，确立了中国共产党从主要依靠政策执政和领导改革开放转变到主要依靠法律执政和领导改革开放及现代化建设的指导思想。全国人大九届二次会议通过的宪法修正案，把依法治国，建设社会主义法治国家写入宪法，使其上升为国家意志，并成为我国宪法的基本原则之一。这表明人民当家作主、管理国家和社会，已被进一步纳入法治轨道；标志着我们党和政府在总结实践经验的过程中，对政治体制改革和治国的基本方略作出了最佳的选择。

中共十六大报告又进一步提出了物质文明、政治文明和精神文明协调发展，并把政治文明建设作为全面建设小康社会的重要目标之一。2004年的宪法修正案将其写入宪法的内容。政治文明就是政治活动的文明，政治活动的文明以“法治的政治”代替“人治的政治”为标志。因而我们可以说，政治文明的突破口就是法治建设，或者说政治文明的核心就是法治，建设法治国家。

自中共十八大以来，对法治在治国理政中功能的认识进一步深化，法治在国家治理体系和治理能力现代化中的地位得到进一步提升，并成为实现国家治理体系和治理能力现代化追求的目标。在当前改革开放的新的历史时期，全面建成小康社会进入决定性阶段，改革进入攻坚期和深水区，国际形势复杂多变，我们党面对的改革发展稳定任务之重前所未有、矛盾风险挑战之多前所未有，依法治国在党和国家工作全局中的地位更加突出、作用更加重大。

据此，党的十八届四中全会专门研究了全面推进依法治国的若干重大问题。全会审议通过的《中共中央关于全面推进依法治国若干重大问题的决定》，对如何全面推进依法治国，加快社会主义法治国家建设进行了顶层设计和全面部署，为社会主义法治国家建设进程制定了“路线图”。提出全面推进依法治国，总目标是建设中国特色社会主义法治体系，建设社会主义法治国家。

3.民主政治的发展促进公民权利和人权保障制度的完善

随着社会经济的发展，人们权利意识的增强，公民权利和人权保障越来越受到人们的重视，并成为当今国际政治、经济、文化和意识形态领域斗争的一个焦点问题。我国宪法和法律对公民权利和人权的保障一直很重视，不仅规定了公民享有广泛的政治社会经济文化权利，而且为权利的实现提供了物质和法律上的保障条件。此外，我国还签署和批准加入了联合国的《经济、社会、文化权利国际公约》，签署了联合国《公民权利和政治权利国际公约》。但是，人权的概念一直没有成为我国的法律概念。2004年的宪法修正案，首次将“人权”概念引入宪法，明确规定“国家尊重和保障人权”。“人权”写入宪法，是社会主义人权发展的重大突破。1991 年 11 月，国务院新闻办公室发表《中国的人权状况》白皮书，首次以政府文件的形式正面肯定了人权概念在中国社会主义政治发展中的地位。1997 年，首次将人权概念写入中共十五大报告，从而使人权从对外宣示的主题变为党领导国内建设的主题。2004 年修宪把“人权”写入宪法，将“人权”由一个政治概念提升为法律概念，将尊重和保障人权由党和政府文件的政策性规定上升为国家根本大法的一项原则，这是中国民主宪制和政治文明建设的一件大事，是中国人权发展的一个重要里程碑。这表明人权已成为国家的价值观和我国社会主义的基本价值和目标。人权入宪，对于提高全社会的人权意识，推进社会主义政治文明建设具有重要意义。“人权”入宪，使公民权利的保障更加完善。

4. 政治为法治的建设和发展提供方向

建设中国特色的社会主义法治国家，应坚持什么方向，以何种模式为标准，在制度上如何操作？自中共十五大以来历次代表大会的政治报告中，在论及政治建设和政治体制改革时均指出，发展社会主义民主政治，最根本的是要把坚持党的领导、人民当家作主和依法治国有机统一起来；推进政治体制改革，要坚持从我国国情出发，总结自己的实践经验，同时借鉴人类政治文明的有益成果，绝不照搬西方政治制度的模式。简言之，建设中国特色的社会主义法治国家，就是要积极稳妥地推进政治体制改革，确立宪法和法律至上观念，建设社会主义法治国家。其核心问题是正确处理好党的领导、人民当家作主和依法治国三者之间的关系。这就为中国特色的社会主义法治建设和建设法治国家指明了方向。

（二）建立法治国家，要求稳步推进政治体制改革，完善权力制约机制

法治国家的建立与民主政治建设是相伴而生、相随而行的。民主政治的特征表现为确立了对权力的制约机制；确保公民对国家权利的享有，宪法和法律具有至高无上的权威，并作为对社会实行控制和管理的主要手段。没有民主政治的存在，现代意义的法治就失去了依据。建立社会主义民主政治，必须

进行政治体制的改革。中共十一届三中全会后，中国共产党在致力于经济体制改革的同时，也提出了进行政治体制改革的问题，自中共十二大以后的历次党的代表大会对此都有明确要求，并且越来越具体化。随着社会主义市场经济体制的逐步建立，社会的不同层面将会表现出不同的政治要求，这就需要新的整合机制的建立。因而，社会要求新的基本价值观，执政党的执政方式、对政府权力与责任的有效监督、以个人产权维护为基础的公民基本权利的切实保障，正在成为启动政治体制改革的基本内容。改革党和国家的领导制度，则是政治体制改革的一个重要内容，也是建立法治国家的迫切要求。

我国是人民民主专政的社会主义国家，基本政治制度是好的。但在新中国成立后很长一段时间内，在具体的领导制度、组织形式和工作方式上，存在着一些缺陷。这主要表现在，没有把党内民主和人民民主制度化、法律化；权力过于集中，官僚主义、家长制作风严重；党政不分，以党代政；重政策领导轻依法办事，重人治轻法治；等等。

根据历史的经验教训，为了从体制上确保社会主义民主政治建设的顺利进行，1980年8月，邓小平在中央政治局扩大会议上所作的《党和国家领导制度的改革》的讲话，对党和国家领导制度改革的必要性、方针、政策和内容、步骤等作了全面深刻的论述。在分析了“文化大革命”产生的原因后，为了防止这类悲剧重演，邓小平特别强调要实现由人治向法治的转变，必须对现行的党和国家领导制度进行改革和完善。发展社会主义民主政治，手段多种多样，但改革并完善党和国家领导制度、实现法治，却是其他措施所不能替代的。因而，改革和完善党和国家的领导制度，是建立法治国家的重点要求。

我国历史和现实的情况说明，建设法治国家必须坚持党的领导，这是肯定无疑的。但党如何实现对建设法治国家的领导，执政党及其领导人要不要严格依法办事，并在宪法和法律范围内活动，这也是我国长期以来一直没有解决好的问题。尤其在极“左”思潮泛滥的年代，由于动辄扣上“以法抗党”的帽子，以致在理论界也没有人敢于对其进行认真的探讨。

“文化大革命”十年动乱已昭示我们：执政党及其领导人的活动不能超出宪法和法律的范围；不能使宪法和法律不宣而废。吸取国际共产主义运动和我国惨痛的历史教训，中共十二大通过的新党章作出了一条庄严的创造性的规定：党必须在宪法和法律的范围内活动。1982年宪法也明确规定，包括共产党在内的各政党“必须以宪法为根本的准则，并负有维护宪法尊严、保证宪法实施的职责”。用根本大法的形式确定执政党必须在宪法和法律范围内活动，这在我国宪法史上是一个创举，解决了社会主义国家长期以来未能解决的坚持党的领导与实行法治的关系问题。

改革和完善党和国家的领导制度，还必须建立相应的监督机制和权力制约机制。由于过去对权力特别是党政最高权力缺乏有效的监督，酿成了一次次的决策失误，也使滥用权力、以权谋私等腐败行为得以猖獗横行。因此，要使权力始终按照人民的意志依法运行，必须通过立法建立完善的监督机制。

权力不受限制，没有制约，滥用权力，给中国带来的严重危害，至今人们还记忆犹新。树立法律的权威，就必须消除任何不受限制的权力。形成法律支配权力的权力运行秩序。对于中国来说，不能照搬西方“三权分立”的模式。但对其权力必须有所制约的原则，应该加以借鉴。有权力必须有制约，而且要用权力制约权力。要以权力制约权力，就必须有明确的职权分工，否则就会出现专权和腐败，这几乎是一条公理。为了消除我国权力过于集中的弊端，使权力得到制约，必须根据我国国情，实行合理的权限划分，国家各个机关在人民代表大会统一行使国家权力这一前提下，实行合理分工，相互配合；同时，通过完善立法，划清党和国家政权的职能，理顺党组织与人民代表大会、政府、司法机关、群众团体、企事业单位和其他各种社会组织之间的关系，做到各司其职，并逐步走向制度化。

二、法治与经济的互动

（一）经济体制的转型和发展变化决定法治的转型和发展变化

1. 经济制度的转型决定法治的转型

法治根源于一定的经济基础。经济制度的不同，经济的发展变化，决定了不同时期法律的内容和法律体系有很大的不同。

新中国成立初期，当时经济工作的中心任务是，废除半封建、半殖民地的经济制度，建立新民主主义经济制度，迅速恢复和发展被战争破坏的国民经济。因而有关土地制度改革、包括统一国家财经管理在内的规范经济管理方面的法律法规，是这一时期法律体系的主体，民商事立法则较为薄弱。自1954年之后到1992年中共十四大召开之前，我国一直实行的是高度集中的计划经济体制。在这种体制下，尤其是在改革开放之前，具有行政命令色彩的计划是经济运行机制的核心，经济活动必须依据政府部门制定与实施的经济计划。尽管在经济管理方面也制定了一些法律，但只是作为宏观调控的辅助手段，对经济的宏观管理主要依靠国务院发布的规范性文件和中共中央文件，甚至存在以党的政策和文件代替法律的倾向。微观经济行为的法律调整和规范就更无从谈起。

中共十一届三中全会以来，中国进入了改革开放的新时期。在这一时期，随着经济体制改革的不断深化，特别是自中共十四大确立了社会主义市场经济体制的改革目标之后，借鉴国外的经验，必须要建立健全与市场经济相适应的法律体系，社会主义市场经济在一定意义上就是法治经济，已成为人们的共识。中共十四大报告明确指出："加强立法工作，特别是抓紧制订与完善保障改革开放、加强宏观经济管理、规范微观经济行为的法律和法规，这是建立社会主义市场经济体制的迫切要求。"[①] 此后，加强立法工作，形成适应社会主义市场经济发展的、中国特色的社会主义法律体系，成为我国法制建设的一个重要目标。目前，这一目标已经实现，适应社会主义市场经济体制的法律体系，如规范市场主体的组织与行为、保障市场主体独立意思自治的民商法，调整因国家宏观调控和管理市场而产生的各种社会关系的经济法，调整因维护劳动权利、保护社会弱者而产生的各种社会关系的社会法等法律体系已经形成。在此基础上，法制建设的下一个目标则是，坚持科学立法、民主立法、依法立法，完善中国特色社会主义法律体系。

---

① 《十四大报告辅导读本》，人民出版社1992年版，第31页。

2. 经济体制的改革和发展变化决定法治内容的发展变化

在宪法层面上，改革开放以来，我国的经济体制改革取得的巨大成就，成为五次修宪的主要内容。从 1982 年《宪法》实施后通过的五个宪法修正案的内容来看，虽然涉及的内容较为广泛，如政治、经济、公民权利等许多方面，但其表现出的一个重要特点，就是经济制度是历次宪法修改的重要内容。1988 年宪法修正案共两条，全是经济制度。1993 年的宪法修正案主要内容有五条，其中四条是经济方面的。1999 年宪法修正案的六项内容有三项是经济方面的。2004 年宪法修正案共有十四条，其中四条涉及经济制度。2018 年宪法修正案也把新发展理念写进宪法。

经济体制改革的内容在宪法中得到确认。通过五次宪法修正案，确立了由计划经济改为市场经济的经济制度。明确了我国将长期处于社会主义初级阶段，肯定了改革开放的基本方针，从而使党在社会主义初级阶段的基本路线在宪法中的表述更加完整。强调了坚持公有制为主体、多种所有制经济共同发展的基本经济制度，坚持按劳分配为主体、多种分配方式并存的分配制度。将非公有制经济作为社会主义市场经济的重要组成部分，确定了非公有制经济的法律地位，进一步明确国家对发展非公有制经济的方针。确定了农村经济组织以实行家庭承包经营为基础，统分结合的双层经营体制。确定了由计划经济体制转变为市场经济体制。增加建立健全社会保障制度的规定。

宪法对公民私有财产所有权的保护日益完善。在计划经济体制下，我国宪法只对公民的生活资料提供保护，不承认公民个人拥有生产资料。1982 年《宪法》规定“国家保护公民的合法的收入、储蓄、房屋和其他合法财产的所有权”。根据当时我国的经济制度，这里的“其他合法财产”并不包含对公民生产资料所有权的保护。随着我国建立社会主义市场经济体制改革目标的确立，非公有制经济成为社会主义市场经济的重要组成部分，加强对公民私有财产权的保护问题日益凸显出来。

1999 年宪法修正案从我国建立社会主义市场经济体制的实际出发，在宪法层面上确立了对公民私有财产的保护，规定“国家保护个体经济、私营经济的合法权利和利益”。国家依照法律规定保护公民的私有财产的继承权。结合我国宪法所确立的经济制度，宪法所保护的公民财产权，不仅包括公民合法所有的对生活资料的私有财产权，也包括了对生产资料的私有财产权。但公民的合法的私有财产不受侵犯，并没有在宪法条文中得到明示。

2004年宪法修正案进一步规定："公民的合法的私有财产不受侵犯。""国家依照法律规定保护公民的私有财产和继承权。"明确给予公民的私有财产和在现行宪法下不受侵犯的公有财产同等的地位，这在新中国的宪制史上是第一次。

作为国家根本法的宪法的上述内容，在规范市场主体的法律制度如公司法等，规范市场主体交易行为的法律制度如物权法、债券法等，规范政府对市场管理与调控的法律制度如预算法、计划法等法律制度中，都得到了反映。

（二）实行法治，是建立社会主义市场经济体制的必然要求

邓小平在1992年视察南方的谈话中，明确提出了社会主义也可以搞市场经济。此后召开的中共十四大，把建立社会主义市场经济体制确立为我国经济体制改革的目标。众所周知，市场经济和完备的法制是密不可分的；依法治国，建设社会主义法治国家，也是发展社会主义市场经济的客观需要。

建立市场经济，必须有完备的法律制度和健全的法律运行机制。经济运行主体的自主性、市场经济活动的契约性、市场经济往来的信用性、市场经济的竞争性、市场经济的统一性、市场经济的国际性、对市场经济宏观调控的必要性，以及市场经济裁判和仲裁活动等都要求法治。市场经济绝非像有些人所想象的那样，是什么无法无天的经济、为所欲为的经济、坑蒙拐骗的经济、唯利是图的经济。因此，法治是市场经济的内在要求。社会主义市场经济与其他市场经济一样，必须有与之相适应的法律加以规范、引导、制约和保障，必须有健全的法律运行机制。市场经济比较成功的国家和地区的实践经验已证明了这一点。例如，在市场机制堪称当代西方世界的典范，且具有各类设计得比较精细的法律的美国，其完备的法律可以说是在建立和完善

市场经济过程中实践经验的结晶。其他西方经济发达国家的发展道路也莫不如此。

上述事例向我们表明，如果说历史上没有发达的资本主义市场经济法律制度，就不可能有今天发达的资本主义市场经济，那么我们同样可以说，如果没有健全的社会主义市场经济法律制度的建立，也就不可能有繁荣、健康的社会主义市场经济。

三、法治与文化的互动[①]

探索中国特色的法治道路，建构适合中国国情的法治模式的过程，实质上就是构建中国先进法律文化的过程。先进法律文化的构建，离不开法学研究的繁荣和在法学理论指导下的制度创新。一个时代的进步，总是以实践基础上的思想变革、理论创新为先导。历史经验表明，每一次重大的理论创新，都会极大地推动社会实践，引领时代变革。建设社会主义法治国家也同样如此。建设社会主义法治国家，离不开法学研究的繁荣与发展。法治建设的兴衰成败与法学研究兴衰是结合在一起的，两者存在着互动的关系。

在新中国法治建设 70 年的实践中，法治建设的理论与实践的互动轨迹呈现了这样一幅非常清晰的图景：每当法学研究受到重视并且得到发展时，法治建设的实践就必然会得到相应的发展或进步。反之，法治建设则会受到阻碍甚至遭到破坏。

1949 年中华人民共和国成立后，中国的法治和法学是在彻底废除国民党旧法统的基础上建立起来的。但自 20 世纪 50 年代后期开始，中国的法治和法学曾出现了倒退和严重挫折。自 1978 年中共十一届三中全会以后，国人痛定思痛，重新认识到法治在治国中的重要作用，法治建设和法学研究也从此走向了繁荣之路。

---

① 本部分内容在作者已发表的论文《中国法理学 50 年的成就与贡献》基础上撰写，载《淮北煤师院学报》2000 年第 1 期。

新中国七十年来的法学研究，尤其是在1978年改革开放以来，对中国法治实践和人们思想认识中需要解决的一些重大理论问题进行了探讨，促进了人们思想观念的转变和法治国家的建设。具体说来，这些成果主要有：

（一）更新了人们的法观念，促进了人们对法在社会中的功能与作用的认识

第一，更新了人们的法观念，提高了人们的法律意识。改革开放以来，通过对法的本体理论以及社会实践中重大法学理论问题的研究，全社会的法治观念、依法办事观念、权利观念有了很大提高。这些变化，尽管与目前建立现代法治社会的要求还有差距，但其对立法、法律适用和法律的遵守等方面所起的作用是无可置疑的。同时，这也为实施依法治国方略，建立法治国家奠定了思想基础。

第二，促进了人们对法的功能与作用，特别是在建立市场经济体制中法的重要性的认识。法学理论中对一系列基本问题的研究，从某种意义上说，都是为了准确地揭示并有效地发挥法的作用。同时法学理论和法律实践中的很多争论，也往往都是围绕法的功能和作用而展开的。实践也已证明，许多社会矛盾和社会问题只有靠法治才能得到有效解决。正是这些理论的研究和法在实践中作用的显现，使人们对法的功能与作用有了全面的认识，并对法治有了渴盼与呼唤。我国确立了建立社会主义市场经济体制的改革目标后，法学界对法在市场经济中的重要性从多角度、多层次进行了论证，市场经济离不开法治的观念已深入人心。

（二）法的具体理论上的探讨与发展、创新

法学研究除前已述及的一些成就外，在其发展历程中，随着研究内容的不断扩大、更新和深化，也涉及方方面面的一些具体理论问题。其中，具有重大理论和实践意义的问题有：

第一，关于法的概念和本质问题。过去在法的定义中，把法简单地归结为统治阶级意志的体现或阶级斗争的工具。中共十一届三中全会后，对法的

概念和本质的认识有了突破，并取得了较为一致的看法。即法的本质属性不再是单纯的阶级性，同时也具有维护社会公共利益的社会性和超越所有社会阶层反映全体人民意志的人民性。在许多代表全社会利益的法律部门，法律的社会性和人民性成为最主要的本质属性。

第二，关于人治与法治问题。对这一问题的讨论主要涉及依法治国的概念和意义，法治国家的特征、原则和模式，依法治国与法治改革、法治观念更新，以及建设社会主义法治国家的道路等。这些有益的讨论最终在党的十五大报告中，第一次被以党的文件的形式所接受。1999 年的宪法修正案又把“依法治国，建设社会主义法治国家”写入宪法。从“人治”和“法治”的争论到“依法治国，建设社会主义法治国家”理论的形成，是改革开放以来法学研究和法律理论的重大成果。

第三，关于法律面前人人平等问题。这一问题在我国曾一度被作为资产阶级法制原则而成为禁区，且被否定。从 20 世纪 70 年代末到 80 年代初，对这一原则又进行了深入的讨论并形成了不同的观点。例如，有的主张所讲的平等是司法上的平等，而不包括立法；有的主张立法和司法均应平等。这些讨论虽然在今天看来未免过于简单朴素，但对于刚刚走出“文革”阴影的法学研究来说，具有理论启蒙的价值，开拓了人们的思想。目前，这一原则不仅被写入宪法，而且成为我国建立法治社会遵循的一条重要原则。

第四，关于权利与义务问题。在我国法理学研究中，权利问题向来被忽视。随着法理学研究的深入，权利与义务问题开始被重视。对权利与义务问题的讨论，促进了权利意识的普及，对中国法治发展起到了重要的推动作用。

第五，法与市场经济。建立市场经济的改革目标确定后，法学界着重研究了适应社会主义市场的新的法治基础、新的法律秩序的条件；市场经济法律制度应当贯彻的新的基本原则；建立社会主义市场经济法律制度应当解决的理论问题；健全适应社会主义市场经济发展需要的法律制度框架体系；完善社会主义市场经济的实施制度等。这些问题的研究，为社会主义市场经济法治秩序的建立提供了理论指导。

第六，关于司法制度改革问题。独立行使审判权、司法公正问题是多年来社会关注的热点，并吸引着从事理论法学研究者，从新的视角探讨司法制度改革问题。具体地说，就是如何将独立行使审判权的理念化作具体的和可操作的制度。涉及的主要有法官的素质及选任标准问题，法院的体制与机构内部管理模式问题，审判模式改革等司法制度建构方面的一些基本问题。这些研究成果，对我国司法制度的改革不无启发意义。

第七，从法理学层面对科学发展观与和谐社会进行研究，为深入贯彻以人为本、全面协调可持续的科学发展观，为构建社会主义和谐社会，提供法理支持和法治保障。

第八，打破了一些理论禁区。过去，由于受“左”的思想的影响，法学界思想不够解放，对一些长期有争议的理论和实际问题，如权力监督与制约问题，违宪审查问题，西方法治的借鉴、学习与移植问题，法律价值问题等，有的被视为禁区不敢涉足，有的囿于陈说而不敢突破。现在对这些问题进行研究的人为束缚都不复存在，并取得了可喜的成果。此外，我国法学界对其他许多理论与实践问题也进行了探讨。这些研究不仅繁荣和丰富了法学的一般基本理论体系，同时也极大地推动了各部门法学研究的深入及其理论的提升，不但有力地推动了法学学科建设的进步，更重要的是直接为我国的法治建设事业提供了强大的知识资源。

回顾新中国七十年来法制建设的实践经验，我们可以得出这样的结论：法学研究对于法治建设的实践有着极大的推动作用，法学研究的繁荣必将带动法治建设的进步。

第四节
法治兴则国兴

中华人民共和国成立后，我们建立了人民民主制度，制定和实施了1954年《宪法》及其他法律制度，对当时的革命和建设曾经起过重要的保障作用。但是，由于经济与政治体制上权力过分集中，以及后来“以阶级斗争为纲”的政治运动的冲击，我们没有认识到依法治国的重要意义，法治思想薄弱，人治思想上升。特别是从20世纪50年代后期开始，由于“左”倾思潮泛滥，法律虚无主义盛行，广大干部和民众法治观念淡薄，习惯于只按政策办事，按领导人的意志办事。主张“法律至上”的观点，被冠以“依法抗党”的罪名，使我国的法治国家建设遭受挫折，并导致了社会主义法治遭到严重破坏的十年“文化大革命”的发生。

依法治国的方针与实践，是从中共十一届三中全会实现了在指导思想上的拨乱反正之后，才逐步开始的。十一届三中全会以来改革开放的发展历程，也是我国民主和法治重建和发展以及探索建设法治国家的历程。因而，从一定意义上说，没有十一届三中全会，就没有中共十五大依法治国方略的提出，更不可能有建立社会主义法治国家宏伟目标的确立。

从十一届三中全会到现在，在把依法治国的方针付诸实践时，无论在立法、执法和司法等方面，还是在理论观念和现实实践中，都存在着许多问题，距离依法治国的要求还有相当大的差距，但经过改革开放以来长时间的不断努力，通过加强民主、健全法治及完善执法、司法等一系列重大举措，建设社会主义法治国家也取得了令世人瞩目的伟大成就。

中华人民共和国法治建设的曲折历程告诉我们，法治兴则国兴，法治废则国危，制定和健全完备的法律体系，是建立法治国家的基本前提，实行法治，是实现国家长治久安的根本保证。

一、制定和健全完备的法律体系，是建立法治国家的基本前提

实行法治，必须有完备的法律制度，把社会生活的各个方面都纳入法律调整的范围。现在，我们已制定了一系列适应社会主义市场经济发展的法律法规，但必须认识到，并非有了一套与市场经济有关的法律体系，市场经济就自然能够建立，市场的运行也就能够规范。当前，在加快立法步伐的同时，我们也要注意处理好立法数量与立法质量的辩证统一关系。实践表明，法律质量高，在实施中就能够取得良好的社会效果；反之，就达不到立法的目的。现在有一种观点，似乎立法速度越快、数量越多就越好，这是一种误解。立法工作，是为人类社会活动制定行为规范，而现代社会生活又极其纷繁复杂，法律的制定，甚至一个条文的拟定，也会直接与公民的切身利益乃至社会秩序的治乱密切相关，需要有科学理论为其提供法理基础，要遵循严格的程序和科学的方法。既不可闭门臆造，也不可照搬照抄，更不可贪图速度而草率行事。因此，我们在立法过程中，要尽量避免法律制度建设中的急躁症和形式主义，要根据社会需求和存在的问题，尽量使制定的法律完善、具体、细致，不能一味地求快，过分超前，在某种意义上要有一定的“滞后性”。不仅要注意制定法律规范，也要注意制定的法律规范与社会实际的衔接。在立法中，要加大立法工作民主化的程度，扩大立法论证的范围，听取立法意见要有广泛性。否则，立法时机不成熟，过于急躁，制定的法律与实际脱节或过于笼统，势必造成法律过于频繁地修改，使法律制度形同虚设，损害法律的权威和尊严。

当然，进行社会主义市场经济建设，在我国是一项亘古未有的全新事业，一无传统，二无经验，再加上现实生活中需要法律调整的社会关系错综复杂，因而，在建立社会主义市场经济法律体系的过程中，有些法律制定出来可能

不那么完备；有的尚不具备条件制定全国性法律。因此，加强法律制度建设，建立与市场经济相应的法律体系，必须从我国实际出发，根据政治、经济发展的客观要求，分清轻重缓急，逐步地发展和完备起来。

社会主义法治是一项庞大的系统工程，它要求立法、司法、执法和守法等各个环节互相联系、互相协调、互相促进。法治的实现不仅要重视立法工作，还要注意建立和创造能够使法律规范落到实处的机制和环境，以保证所制定的法律得以有效实施。这也是我国当前法治建设面临的重要课题。法律只有在现实生活中切实实施，才能规范社会成员的行为，防止国家机关工作人员滥用权力，维护国家政治、经济和社会生活秩序，保障公民的合法权益。现在的突出问题是，不少法律没有得到切实的贯彻实施，有法不依、执法不严、违法不究的现象还相当普遍，以言代法、以权压法、徇私枉法等恶劣行为也屡有发生。对此，必须引起高度重视，并采取相应的措施，予以解决。

二、实行法治，是实现国家长治久安的根本保证

在法治与人治的比较中，关于法治的优越性，从古希腊时期的亚里士多德到近现代资产阶级思想家，都作了较为充分的论述。依法治国，建设法治国家，对这个问题的认识，在我们党和国家的历史上，曾经历过一个曲折的过程。邓小平总结和比较国内外的历史经验，在分析人治危害性的基础上，提出了“要通过改革，处理好法治与人治的关系”① 这一法治观念。

实行法治，是国家长治久安的根本保证，这已被西方国家近现代法治实践所证明，也是中国共产党对法治和人治进行比较后得出的科学结论。

1978 年中共十一届三中全会以后，鉴于国际和国内正反两方面的经验教训，就如何通过改革党和国家的领导制度，通过加强法制建设，以保证国家的长治久安和兴旺发达，中国共产党进行了理论和实践的探索。依法治国，建设社会主义法治国家观念真正被人们普遍接受，是在建立社会主义市场经

① 《邓小平文选》(第 3 卷)，人民出版社 1993 年版，第 177 页。

济体制的目标被提出以后。建立市场经济，必须有完备的法律制度，这已成为人们的共识。要想在较短的时间内，基本上确立起社会主义市场经济法律制度，把我国的社会主义市场经济完全纳入法治轨道，非常关键的一点，就是在举国上下特别是在领导层中真正树立法治观念，实行依法治国。

正是在这样的背景下，中国共产党从党的事业和民族利益出发，明确提出了“扩大社会主义民主，健全社会主义法制，依法治国，建设社会主义法治国家”，在理论与实践上，确立了中国共产党从主要依靠政策执政和领导改革开放转变到主要依靠法律执政和领导改革开放及现代化建设的指导思想。中共十五大报告也明确提出：“依法治国，是党领导人民治理国家的基本方略，是发展社会主义市场经济的客观需要，是社会文明进步的重要标志，是国家长治久安的重要保障。”[①] 怎样避免党和国家的工作因领导人观点的变化或领导人的交替而出现某些失误甚至发生某种曲折的问题，依据马克思主义的基本原理，并积累多年正反两方面的历史经验，解决这个问题，没有别的办法，只有坚持实行法治，加强社会主义法治建设，使社会主义民主制度化、法律化这一办法。[②]

历史经验表明，法令行则国治国兴，法令弛则国乱国衰。保持稳定，最根本、最靠得住的措施是实行法治。因为同法治相比较，人治最大的弱点是把国家的安危寄托在个人或少数人身上，决策没有基本的法律依据和程序规则，一两个人或少数人就可以决定国家和民族的命运。而法治则最具稳定性、连续性，不会因为领导人的变动而变动，不会因领导人注意力的变化而变化；它最具权威性，集中体现了人民的愿望、党的主张、国家的意志；它最具有科学性，反映客观规律；它的规范明确，具有普遍约束力。法治的这些特点是其他方式不可替代的，是国家稳定、长治久安的关键所在。

① 江泽民：《高举邓小平理论伟大旗帜，把建设有中国特色社会主义事业全面推向二十一世纪》，载《十五大报告辅导读本》，人民出版社 1997 年版，第 31—32 页。

② 薄一波：《若干重大决策与事件的回顾》（下卷），中共中央党校出版社 1993 年版，第 1296 页。

第五节
提高人民群众的法律意识，夯实依法治国的基础

新中国的法治建设实践充分证明，没有全党和全民法律意识的提高，并确立宪法和法律至上的观念，就不可能建立真正的法治社会。这是从新中国成立以来法治建设正反两方面的经验中得出的一个十分重要的结论。

加强社会主义法治建设，坚持依法治国，一个重要的任务是要不断提高广大干部、群众的法律意识和法治观念。法治国家的建立，法律的实现一方面要靠法律的严格执行，另一方面要靠法律被自觉地遵守。人们能否做到这些，能否自觉地运用、遵守和维护法律，都有赖于人们的法律意识。

一、提高公民的法律意识，确立宪法和法律至上的观念，是建立法治社会的首要条件

仅仅有法律制度的存在，并不能说明一个社会已实现了法治。从人类历史的发展来看，在有法律制度的情况下，既可能实行法治，也可能实行人治，甚至是专制独裁。实行法治，并不是一般地制定和完善法律制度就够了，还有赖于全民法律意识的提高和确立对法律的信仰及宪法、法律至上的思想观念，这是实现法治的思想前提。

法治建设不发达，不仅表现为法规欠缺，法律机构不健全，同时还表现在全体公民的心理状态方面。在一个社会成员法律意识不明确的环境中，如果仅限于制定法律法规，建立执法机构，而不使社会成员特别是处于领导地

位的社会成员，从法律观念的蒙昧状态中摆脱出来，就无法实现真正的法治。因此，提高人们的法律意识，确立对法律的信仰及宪法、法律至上的法律观念，是实行法治的一个不可缺少的重要内容。

确立对法律的信仰及宪法、法律至上的观念，就是要求法律在社会生话中具有神圣不可侵犯、至高无上的权威，任何组织和个人都要严格按照法律办事。“法律至上”过去一直被单纯地当作资产阶级的一个口号，受到批判并予以全盘否定，这在今天看来显然是不正确的。“法律至上”是资产阶级针对封建专制主义皇权至上而提出来的。它不仅在当时具有革命意义，而且今天我们进行社会主义市场经济建设，建立法治社会，也是值得借鉴的。

中国是一个有长期专制传统的国家，专制传统的影响渗透到社会生活的各方面，形成了人们迷信权威、畏惧权力、人情至上、重义务轻权利、崇尚人治的传统观念。即使在今天，这种影响仍然严重存在，而且在“文化大革命”中集中地表现出来。正是这种根深蒂固的传统，构成了其社会思想基础。历史上，封建传统观念曾长久地阻碍我国法律制度向现代化的转变；现实中，它又使我国走向法治社会步履维艰，使人治思想难以遏止和彻底根除。

确立对法律的信仰及宪法、法律至上的观念，必须坚持法律面前人人平等的原则，反对一切法外特权。法外特权现象是封建专制主义的产物。破除封建特权，要坚决做到公民在法律和制度面前人人平等，不允许任何人超越法律。任何人犯了法都不能逍遥法外，不管牵涉到谁，都要依法予以制裁。只有坚决地做到了这些，才能彻底解决搞特权和违法乱纪的问题。

实行法治，不仅需要制定法律、执行法律，尤其要普遍遵守法律。邓小平曾说过：“加强法治重要的是要进行教育，根本问题是教育人。”[①] 大力开展法治宣传教育，普及法律知识，提高人们的法治观念，是做到人人守法的一个重要措施。由于我国缺乏执法和守法的传统，从总体上看，人们的现代法律观念还没有确立起来。因此，提高每个公民的法律观念，必须采取切实有效的措施，重视加强对全社会的普法教育和法律实施工作。我国自 1985 年始，

① 《邓小平文选》(第 3 卷)，人民出版社 1993 年版，第 163 页。

连续开展了多个五年普及法律常识教育活动。[①]这些普法活动的开展，已被实践证明是提高人们法律意识的重要途径。但也要充分认识到，目前我国公民法律意识整体水平还不高，要从根本上改变这种状况，任务还十分艰巨，普法工作还要在以下方面做好工作：

（一）进一步完善普法教育，增强普法教育的实效性

健全普法宣传教育机制，各级党委和政府要加强对普法工作的领导，宣传、文化、教育部门和人民团体要在普法教育中发挥职能作用。实行国家机关"谁执法谁普法"的普法责任制，建立法官、检察官、行政执法人员、律师等以案释法制度，加强普法讲师团、普法志愿者队伍建设。把法治教育纳入精神文明创建内容，开展群众性法治文化活动，健全媒体公益普法制度，加强新媒体新技术在普法中的运用，提高普法实效。

在普法教育中，一是要克服形式主义。普法教育不能只停留在做表面文章、走过场上，只有求真务实、真抓实干才能取得工作实效。二是工作形式必须灵活多样。我国人口多，地区差异大，必须因地制宜，既可集中授讲，也可通过广播、电视、报刊等新闻媒体宣传；既可采取就地办案的教育方式，也可以采取法律服务的方式进行，要注重教育材料的典型性、灵活性、生动性。三是要注意普法教育的广泛性和针对性。普法教育要面向群众，要在机关、学校、工厂、农村和群众务工集中地点广泛进行。同时对于不同地域、不同职业、不同层次的人要有针对性。四是把法治教育纳入国民教育体系，从青少年抓起，在中小学设立法治知识课程。

（二）加强对领导干部的法治教育，提高领导干部的法律意识

领导干部的法律意识在实现依法治国、严格依法办事中，具有重要作用。

① "一五"普法1985年—1990年，"二五"普法1991年—1995年，"三五"普法1996年—2000年，"四五"普法2001年—2005年，"五五"普法2006年—2010年，"六五"普法2011年—2015年，"七五"普法2016年—2020年。

提高全民的法律意识，首先要加强对领导干部的法制教育，使他们具备丰富的法律知识，提高他们的法律意识，从而使他们掌握依法管理的本领。干部特别是领导干部积极带头学法、守法，对促进群众学法、守法，对整个法治教育都有着极为重要的意义。领导干部手握权力，只有提高了他们的法律意识，才能使之依法行政。同时，领导干部的责任和影响比普通群众大，增强他们的法治观念，提高其依法办事的能力，使人民群众真正感受到法律面前人人平等，对于提高人民群众的法律意识也是一种积极的影响。

中共十八大以来，对各级领导机关和领导干部要提高运用法治思维和法治方式的能力非常重视，强调全面依法治国，必须抓住领导干部这个“关键少数”，各级党组织和党员领导干部要带头厉行法治，不断提高依法执政能力和水平，不断推进各项治国理政活动的制度化、法律化。

全面推进依法治国，抓住领导干部这个“关键少数”，就是要通过法治宣传教育，提高各级领导干部的法治意识，提高法治思维和依法办事能力；对各级领导干部，不管什么人，不管涉及谁，只要违反法律就要依法追究责任；要把法治建设成效作为衡量各级领导班子和领导干部工作实绩重要内容，把能不能遵守法律、依法办事作为考察干部的重要依据。

通过认认真真讲法治、老老实实抓法治，从而使各级领导干部要对法律怀有敬畏之心，带头依法办事，带头遵守法律，不断提高运用法治思维和法治方式深化改革、推动发展、化解矛盾、维护稳定能力[①]，以此促进我国法治国家建设的进程。

二、在当前构建法治社会中需要确立的主要法律观念

依法治国，建设社会主义法治国家，已成为我国推进政治体制改革，发展社会主义民主政治，建设社会主义政治文明的目标和根本要求。但是，我们也应清醒地看到，由于我国毕竟是一个历经两千年封建专制统治的国家，

① 习近平:《加快建设社会主义法治国家》(2014年10月23日)，载《求是》2015年第1期。

正如邓小平所说："它留给我们的封建专制传统比较多，民主法制传统很少。解放以后，我们也没有自觉地、系统地建立保障人民民主权利的各项制度，法制很不完备，也很不受重视"[①]，长期以来习惯于按政策办事，按领导人的意见办事，这种状况就决定了依法治国、建设社会主义法治国家在当代中国将是一个长久的历史过程，不可能一蹴而就。此外，中国正在进行的依法治国，是一场以政府主导型或政府推进型的法治现代化运动。这种现实决定了中国的法治化进程缺乏与政府协调一致的社会生活的自觉，缺乏广泛的社会法治观念基础。基于此，依法治国、建设中国的法治国家，当前在思想观念上需要解决以下几个主要问题：

（一）确立宪法观念，使宪法原则落到实处

依法治国，首先是依宪治国。这是由宪法本身的性质和其在国家法律体系中的地位决定的。建立法治国家，仅有宪法是不够的。如果宪法制定后，或是未受重视，或是未得到执行，甚或可以随时修改它，这样宪法就会形同虚设，也就更谈不上是具有最高地位的法律了。实行法治，必须实行宪制，亦即使制定的宪法得到实施，使国家政权的组织和活动只能根据其条款来进行统治并受其限制。宪制本身就意味着法治。我们已经有了一部好的宪法，如何确立宪法的权威，使宪法原则进一步具体化，具有可操作性，使之得到实现、落实，确立宪法观念，是当前建立法治国家要着重解决的关键问题。

（二）确立法治观念，正确理解治国方略

依法治国，建设社会主义法治国家已成为我国的治国方略。党的十八大以来又进一步提出全面推进依法治国，加快建设社会主义法治国家，建设社会主义法治体系。在实践中，我们要科学、全面、正确地理解上述内容。依法治国和建设法治国家，两者是不能割裂的统一整体。要避免把依法治国等同于法治的片面理解。依法治国是法治的题中应有之义，但不等同于法治。

① 《邓小平文选》（第2卷），人民出版社1994年第2版，第322页。

依法治国是法治的必然，但不是法治的全部。法治的真谛是以人民主权为基础，是民治，它充分保障公民权利，把国家政权的组织和活动纳入宪法和法律的轨道。片面强调依法治国，或把依法治国等同于法治，而忽视对法治观念的培养和宣传教育，不仅不利于法治国家的建立，最终很可能重蹈把法治视为治民工具的窠臼。因而，确立正确的法治观念，是实现建立法治社会目标的一个重要条件（或基础）。

（三）在全社会树立对法律的信仰

建设法治国家是与公民的法律信仰紧密相连的。实现法治国家建设目标需要两个条件，一是国家要有善法、良法的存在，二是要有公民的法律信仰。其中社会公众对法律的信仰是法治得以实现的关键。法律信仰应当是在一个国家和社会中人们对于国家颁行的法律从心底里信奉并自觉地遵守，意味着人们在工作、学习和生活中，自觉不自觉地从法律出发，以符合法律要求的方式来为或不为一定行为。

在我国法治化的过程中，一个主要障碍是法律并没有在人们的心目中树立起其应有的崇高地位。在社会的各种控制手段中，人们对法律的功能仍缺乏信任，迷信领导，迷信权威。在司法实践中，司法不公、司法腐败，也影响着人们对法律的信任。实行法治，建设法治国家，仅仅制定一些法律制度还不够，必须确立人们对法律的尊重和信仰。

公民法律信仰的形成，首先依赖于公民个人主体意识的觉醒。主体意识包括公民要有权利意识、参与意识、平等意识和法治观念。要通过法治宣传，逐渐培养公民的法治观念和权利意识，唤起人们内心对法律的渴望，促进公民主体意识的觉醒。

其次，立法反映民意，是公民法律信仰形成的基础条件。良好法律制度的产生和存在，是公民法律信仰形成的前提和基础。从立法上来讲，良好的法律必定是充分反映民意的法律。要想促进公民法律信仰的形成，就必须规范立法活动，使立法充分反映民意，法律在制定过程中广泛听取民众的意见，这样容易在公民心目中建立起对于法律的亲切感，有利于法律信仰的建立。

同时，要加强对立法活动的监督，反对各种对立法活动的干涉，杜绝任何一部恶法的产生。

最后，完善司法制度，实现司法公正，是公民法律信仰形成的关键。司法实践活动直接涉及双方当事人的利益，最终决定人们对法律的感受、体验和认识。司法实践活动具体运行情况的好坏是影响公民法律信仰能否真正建立的重要因素。一次不法的处理就会影响一大批人对法律的理解和看法。完善司法制度，提高司法水平，最基本、最核心的问题，是要保证司法的客观公正，实现社会正义。法庭是人们伸张正义的地方。客观公正是法院裁判的灵魂。司法是否客观公正，直接影响着广大人民群众对法律和司法机关的信任程度及法律的权威。人们对法的信任及信仰不可能只靠宣传和教育达到，而要靠对具体的法的经验。如果他们发现幕后活动比公开程序更重要，发现最后的判决取决于法律之外的诸多因素，发现即使是公正的判决也无法执行，发现法官的学识、品格、能力和举止均不可信任，他们就不会产生对法的尊崇与信仰。①

依法治国，建设法治国家还有许多理论观念需要更新，如确立权利观念、权力制约和监督观念、国家是公权力机关的观念等。公民上述观念的确立，一方面要靠大力宣传教育，使之掌握有关法治问题的基本知识；但另一方面也是更重要的还是要靠建构一套完备的法治机制和人们对法治实践（主要是执法和司法）的经验。只要全社会确立了依法治国，实行法治的观念，再加上完备的法治机制的建构，我国建设社会主义法治国家的目标就一定能够实现。

① 梁治平:《转型时期的法律与社会公正》，载《东方》1995年第3期。

参考文献

一、著作

《马克思恩格斯选集》（1—4 卷），人民出版社 2012 年版。

《列宁全集》第 4、20、32 卷，人民出版社 2017 年版。

《列宁全集》第 4、32 卷，人民出版社年版。

《毛泽东选集》全国卷，人民出版社 1991 年版。

《毛泽东著作选读》（下册），人民出版社 1986 年版。

《毛泽东文集》第 6、7 卷，人民出版社 1999 年版。

《周恩来选集》（上卷），人民出版社 1984 年版

《刘少奇选集》（下卷），人民出版社 1985 年版。

《邓小平文选》（第 2 卷），人民出版社 1993 年版。

《邓小平文选》（第 3 卷），人民出版社 1993 年版。

《邓小平年谱（1975—1997）》（上、下），中央文献出版社 2007 年版。

《江泽民文选》，人民出版社 2006 年版。

《江泽民论有中国特色社会主义（专题摘编）》，中央文献出版社 2002 年版。

《胡锦涛文选》，人民出版社 2016 年版。

《习近平谈治国理政》，外文出版社 2018 年版。

习近平：《决胜全面建成小康社会，夺取新时代中国特色社会主义伟大胜利——在中国共产党第十九次全国代表大会上的报告》，人民出版社 2017 年版。

《董必武法学文集》，法律出版社 2001 年版。

全国人大常委会办公厅研究室编著：《人民代表大会制度建设四十年》，

中国民主法制出版社 1991 年版。

《三中全会以来重要文献选编》(上)，人民出版社 1982 年版。

《十二大以来重要文献选编》，人民出版社 1986 年版。

《十三大以来重要文献选编》，人民出版社 1991 年版。

《十四大以来重要文献选编》，人民出版社 1996 年版。

《十五大以来重要文献选编》，人民出版社 2000 年版。

《十六大以来重要文献选编》(上)，中央文献出版社 2005 年版。

《十六大以来重要文献选编》(中)，中央文献出版社 2006 年版。

《十六大以来重要文献选编》(下)，中央文献出版社 2008 年版

《十七大以来重要文献选编》(上)，中央文献出版社 2009 年版。

《中共中央文件选集》，中共中央党校出版社 1989 年版。

《中共中央关于加强和改进新形势下党的建设若干重大问题的决定》，人民出版社 2009 年版。

《中共中央关于全面深化改革若干重大问题的决定》《党的十八届三中全会〈决定〉学习辅导百问》，党建读物出版社、学习出版社 2013 年版。

《中共中央关于全面推进依法治国若干重大问题的决定》《党的十八届四中全会〈决定〉学习辅导百问》，党建读物出版社、学习出版社 2014 年版。

《中共中央关于制定国民经济和社会发展第十三个五年规划的建议》，人民出版社 2015 年版。

中国社会科学院法学研究所编:《中国法治 30 年》，社会科学文献出版社 2008 年版。

陈景良主编:《当代中国法律思想史》，河南大学出版社 1999 年版。

陈光中:《中国司法制度的基础理论专题研究》，北京大学出版社 2005 年版。

程维荣:《当代中国司法行政制度》，学林出版社 2004 年版。

蔡定剑、王晨光主编:《中国走向法治 30 年》，社会科学文献出版社 2008 年版。

法理学编写组:《法理学》，人民出版社、高等教育出版社 2018 年版。

公丕祥:《当代中国的法律革命》，法律出版社 1999 年版。

公丕祥:《法制现代化的理论逻辑》，中国政法大学出版社 1999 年版。

公丕祥:《中国的法制现代化》，中国政法大学出版社 2004 年版。

郭道晖:《民主、法制、法律意识》，人民出版社 1988 年版。

李步云主编:《中国法学——过去、现在和未来》，南京大学出版社 1988 年版。

李步云、汪永清主编:《中国立法的基本理论和制度》，中国法制出版社 1998 年版。

吕世伦:《当代西方理论法学研究》，中国人民大学出版社 1997 年版。

吕世伦主编:《现代西方法学流派》(上卷)，中国大百科全书出版社 2000 年版。

纪坡民:《产权与法》，生活·读书·新知三联书店 2001 年版。

姜明安主编:《行政执法研究》，北京大学出版社 2004 年版。

沈宗灵:《现代西方法理学》，北京大学出版社 1992 年版。

沈国明、王立民主编:《二十世纪中国社会科学法学卷》，上海人民出版社 2005 年版。

苏力:《法治及其本土资源》，中国政法大学出版社 1996 年版。

舒扬主编:《中国法学 30 年》，中山大学出版社 2009 年版。

文正邦主编:《法治政府建构论——依法行政理论与实践研究》，法律出版社 2002 年版。

王名扬:《法国行政法》，中国政法大学出版社 1988 年版。

吴敬琏:《呼唤法治的市场经济》，生活·读书·新知三联书店 2007 年版。

肖蔚云:《我国现行宪法的诞生》，北京大学出版社 1986 年版。

肖扬主编:《当代司法体制》，中国政法大学出版社 1998 年版。

熊先觉主编:《中国司法制度资料选编》，人民法院出版社 1987 年版。

熊先觉、刘运宏:《中国司法制度学》，法律出版社 2007 年版。

应松年、袁曙宏主编:《走向法治政府:依法行政理论研究与实证调查》，法律出版社 2001 年版。

杨一平:《司法正义论》，法律出版社 1999 年版。

俞敏声主编:《中国法制化的历史进程》，安徽人民出版社 1997 年版。

朱勇主编:《中国法制史》，法律出版社 1999 年版。

张文显主编:《马克思主义法理学——理论与方法论》，吉林大学出版社 1993 年版。

张文显:《法学基本范畴研究》，中国政法大学出版社 1993 年版。

张文显:《二十一世纪西方法哲学思潮研究》，法律出版社 1996 年版。

张晋藩:《中国司法制度史》，人民法院出版社 2004 年版

张晋藩:《中国法律的传统与近代转型》，法律出版社 2009 年版。

曾宪义主编:《中国法制史》，北京大学出版社 2000 年版。

[古希腊] 亚里士多德:《政治学》，吴寿彭译，商务印书馆 1965 年版。

[美] 伯尔曼:《法律与革命——西方法律传统的形成》，贺卫方等译，中国大百科全书出版社 1993 年版。

[英] 戴雪:《英宪精义》，雷宾南译，中国法制出版社 2001 年版

二、论文

江泽民:《在纪念党的十一届三中全会召开 20 周年大会上的讲话》，载《光明日报》1998 年 12 月 19 日。

江泽民:《高举邓小平理论的伟大旗帜，全面贯彻“三个代表”要求，与时俱进努力开创建设有中国特色社会主义事业新局面》，载《人民日报》2002 年 6 月 1 日。

胡锦涛:《在首都各界纪念中华人民共和国宪法公布施行二十周年大会上的讲话》，载《人民日报》2002 年 12 月 5 日。

习近平:《在庆祝全国人民代表大会成立 60 周年大会上的讲话》，载《人民日报》2014 年 9 月 6 日。

吴邦国:《全国人民代表大会常务委员会工作报告——2011 年 3 月 10 日在第十一届全国人民代表大会第四次会议上》，载《人民日报》2011 年 3 月 19 日。

罗干:《深入开展社会主义法治理念教育切实加强政法队伍思想政治建

设》，载《求是》2006年第12期。

《社会主义民主和法制的里程碑——评审判林彪、江青反革命集团》，《人民日报》1980年12月22日。

《正义的判决》，载《人民日报》1981年1月26日。

《中共中央办公厅、国务院办公厅印发〈关于进一步把社会主义核心价值观融入法治建设的指导意见〉》，载《人民日报》2016年12月26日。

《中共中央印发〈社会主义核心价值观融入法治建设立法修法规划〉》，载《人民日报》2018年5月8日。

《中共中央办公厅印发〈关于在北京市、山西省、浙江省开展国家监察体制改革试点方案〉》，载《人民日报》2016年11月8日。

《全国人民代表大会常务委员会关于在北京市、山西省、浙江省开展国家监察体制改革试点工作的决定》(2016年12月25日第十二届全国人民代表大会常务委员会第二十五次会议通过)，载《人民日报》2016年12月26日。

《中共中央办公厅印发〈关于在全国各地推开国家监察体制改革试点方案〉》，载《人民日报》2017年10月30日。

《全国人民代表大会常务委员会关于在全国各地推开国家监察体制改革试点工作的决定》(2017年11月4日第十二届全国人民代表大会常务委员会第三十次会议通过)，载《人民日报》2017年11月5日。

《中共中央印发〈深化党和国家机构改革方案〉》，载《人民日报》2018年3月22日。

《推进新时代全面依法治国的重大战略举措》，载《人民日报》2018年8月25日。

周强:《最高人民法院工作报告——2019年3月12日在第十三届全国人民代表大会第二次会议上》，载《人民日报》2019年3月20日。

《必须彻底改革司法工作》，载《人民日报》1952年8月17日。

史良:《关于彻底改造和整顿各级人民法院的报告》(1952年8月13日政务院第148次政务会议批准)，载《人民日报》1952年8月23日。

阿计:《改革开放30年十大经典立法》，载《楚天主人》2008年第11期。

阿计:《中国立法的“社会”转身》,载《中国律师》2007年第10期。

蔡定剑:《中国法制建设五十年回顾》载《人民检察》1999年第10期。

丁邦开:《关于社会主义市场经济法律几个问题的探讨》,载《上海财经大学学报》2002年第5期。

杜清森:《论中国的司法改革》,载《公安大学学报(社会科学版)》1999年第1期。

冯威:《我国30年立法工作的回顾与反思》,载《山东社会科学》2009年2期。

公丕祥:《中国特色社会主义司法改革道路概览》,载《法律科学》2008年第5期。

郭济:《建设法治政府:中国近十年来依法行政回顾和展望》,载《中国行政管理》2006年第1期。

郭道晖:《法治行政与行政权的发展》,载《现代法学》1999年第1期。

黄文艺:《中国法理学30年发展与反思》,载《法制与社会发展》2009年第1期。

韩大元:《宪法是法律体系的基础与核心》,载《法制与社会发展》2009年第6期。

蒋传光:《中国法理学50年的成就和贡献》,载《淮北煤师院学报(哲学社会科学版)》2000年第1期。

蒋传光:《当代中国特色先进法律文化创建的路径思考》,载《河南省政法管理干部学院学报》2007年第5期。

蒋传光:《十八大以来依法治国理论的创新和发展》,载《学习与探索》2016年第6期。

刘雪斌、李拥军、丰霏:《改革开放三十年的中国法理学:1978—2008》,载《法制与社会发展》2008年第5期。

李林:《建国前夕和建国初期对旧法制的废除与新法制的建设》,载《上海党史与党建》2006年第4期。

李林:《改革开放30年与中国立法发展(上、下)》,载《北京联合大学学报（人文社会科学版）》2009年第2期。

李龙：《中国特色社会主义法治理论体系纲要》，载《法学杂志》2010年第1期。

莫于川：《中国行政法治发展进程的回顾与前瞻》，载《河南省政法管理干部学院学报》2004年第3期。

石泰峰：《市场经济与法律发展——一种法社会学思考》，载《中外法学》1993年第5期。

孙国华、郭华成：《我国法学基础理论的回顾与展望》，载《法律学习与研究》1988年第3期。

孙宪忠：《德国社会市场经济法律制度初探》，载《外国法译评》1995年第4期。

石茂生、张伟：《改革开放三十年与中国法理学的发展》，载《河南省政法管理干部学院学报》2008年第6期。

万毅：《转折与展望：评中央成立司法改革领导小组》，载《法学》2003年第8期。

王利明：《物权法是社会主义市场经济的基本法律》，载《求是》2007年第10期。

王良钧：《权利控制与依法行政》，载《现代法学》1999年第5期。

王维国：《改革开放30年人民代表大会制度创新回顾》，载《中国社会科学院研究生院学报》2008年第6期。

项淳一：《党的领导与法制建设—纪念中国共产党诞生七十周年》，载《中国法学》1991年第4期。

信春鹰：《改革开放40年全国人大及其常委会的立法工作》，载《求是》2019年第4期。

徐晓林、王亚平：《人民代表大会制度建设20年来的回顾与新世纪的展望》，载《政治学研究》2000年第4期。

谢鹏程：《论社会主义法治理念》，载《中国社会科学》2007年第1期。

于立深、彭彦文《依法行政的范式转换——从计划帝国迈向法治国家》，载《法制与社会发展》2002 年第 2 期。

袁曙宏:《十六大以来我国依法治国的重大发展》，载《国家行政学院学报》2007 年第 5 期。

张文显:《市场经济与法制建设三论》，载《中国法学》1993 年第 3 期。

张文显:《改革开放新时期的中国法理学》，载《法商研究》2001 年第 1 期。

张文显:《论中国特色社会主义法治道路》，载《中国法学》2009 年第 6 期。

张文显:《建设中国特色社会主义法治体系》，载《法学研究》2014 年第 6 期。

张保生:《论中国特色证据法学体系的建构》，载《法制与社会发展》2009 年第 6 期。

张宝林:《构建社会主义和谐社会视野中的利益均衡机制》，载《江西社会科学》2006 年第 6 期。

周叶中:《关于中国特色社会主义法治道路的几点认识》，《法制与社会发展》2009 年第 6 期。

曾宪义、马小红:《中国传统法的结构与基本概念辨正——兼论古代礼与法的关系》，载《中国社会科学》2003 年第 5 期。

赵钢、王杏飞:《民事司法改革的几个前沿问题——以〈人民法院第二个五年改革纲要（2004—2008）〉为分析对象》，载《法学评论》2006 年第 6 期。

后　记

在中华人民共和国成立70周年之际，回顾新中国70年法治建设发展历程的著作会有很多。从过去已出版的各种版本的“中华人民共和国法制史”写作的模式来看，或者是按照中华人民共和国成立后的几个历史发展阶段，对每个历史发展阶段的法律制度发展状况，从法治建设指导思想和历史背景、立法体制、立法成就、司法组织建设等方面进行全面的描述，这种写作模式占多数；或者是按照部门法的划分方法，以部门法的发展历史为线索，展现中华人民共和国成立以来法治发展的全貌。这两种写作模式只是资料详略的不同，没有实质的差异，其优点在于资料较为翔实，缺点在于仅仅集中展现了立法的历史发展过程，对法律观念和法学研究的发展变化以及这些变化对法治建设的影响，没有充分反映，理论层面的分析不够深入。

一个国家法治之路的探索，体现在理论指导、制度建设、观念的发展变化、法学研究和法学教育等各个方面。本书试图寻求一种不同于上述模式的写作思路，即选取一些侧面，从不同的视角来审视新中国成立以来的法治实践，在描述1949年以来法律制度发展概况的基础上，着重向人们展现新中国成立以来，在法治建设的曲折发展历程中，人们的思想解放过程，法律意识和观念变化和演进的过程。本书的目的在于，让历史告诉我们，今天法治建设的成就和全社会对法治观念的认同，是用深刻的历史教训换来的；社会主义法治建设虽然取得了巨大的成就，但依法治国，建设社会主义法治国家仍然面临诸多需要解决的理论和实践问题，还需我们不懈地努力。由于我们的研究水平和资料所限，距离本书的写作初衷可能会有一定的差距，本书在内容和结构体例上也会存在很多不足之处，敬请读者批评指正。

本书的框架结构、写作思路及提纲由蒋传光拟定。参加本书写作的人员分工如下（以写作章节先后为序）：

蒋传光：前言、第1、2、3、9、10章；徐继强：第4、5、12章；卜晓颖：第6、11章；王逸飞：第7、8章；胡志民：第13章。

全书由蒋传光统稿、修改和补充。

感谢中国法制出版社的陈兴编辑对本书出版给予的大力支持和帮助。

蒋传光

2019年9月4日

图书在版编目（CIP）数据

新中国法治建设70年 / 蒋传光著．—北京：中国法制出版社，2019.11
（新中国法治发展70年观察丛书 / 李步云，郭道晖主编）
ISBN 978-7-5216-0710-9

Ⅰ．①新… Ⅱ．①蒋… Ⅲ．①社会主义法治－建设－研究－中国
Ⅳ．①D920.0

中国版本图书馆CIP数据核字（2019）第264038号

策划编辑：陈　兴（cx_legal@163.com）
责任编辑：谢　雯　白天园　　　封面设计：蒋　怡

新中国法治建设70年

XINZHONGGUO FAZHI JIANSHE 70 NIAN

著者 / 蒋传光
经销 / 新华书店
印刷 / 鸿博睿特（天津）印刷科技有限公司
开本 / 730毫米×1030毫米　16开　　　印张 / 27.5　字数 / 406千
版次 / 2019年11月第1版　　　2019年11月第1次印刷

中国法制出版社出版
书号 ISBN 978-7-5216-0710-9　　　定价：96.00元

北京西单横二条2号　邮政编码 100031　　　传真：010-66031119
网址：http://www.zgfzs.com　　　**编辑部电话：010-66010493**
市场营销部电话：010-66033393　　　**邮购部电话：010-66033288**
（如有印装质量问题，请与本社印务部联系调换。电话：010-66032926）